企业所得税汇算清缴填表指南

Guidelines for Completing Forms for Settlement and Payment of Enterprise Income Tax

祝春敖◎编著

中国经济出版社
CHINA ECONOMIC PUBLISHING HOUSE
北 京

图书在版编目（CIP）数据

企业所得税汇算清缴填表指南 / 祝春敖编著 .
—北京：中国经济出版社，2019.2
ISBN 978-7-5136-5542-2

Ⅰ . ①企… Ⅱ . ①祝… Ⅲ . ①企业所得税—税收管理—中国—指南
Ⅳ . ① F812.424-62

中国版本图书馆 CIP 数据核字（2019）第 025057 号

责任编辑　朱　杰
责任印制　马小宾
封面设计　华子图文

出版发行　中国经济出版社
印 刷 者　北京艾普海德印刷有限公司
经 销 者　各地新华书店
开　　本　787mm × 1092mm　1/16
印　　张　24.25
字　　数　500 千字
版　　次　2019 年 2 月第 1 版
印　　次　2019 年 2 月第 1 次
定　　价　68.00 元
广告经营许可证　京西工商广字第 8179 号

中国经济出版社　**网址** www. economyph. com　**社址** 北京市西城区百万庄北街 3 号　**邮编** 100037
本版图书如存在印装质量问题，请与本社发行中心联系调换（联系电话：010-68330607）

企业所得税汇算清缴填表指南
编写组

总 策 划 庎小洋

副总策划 祝明卫

主　　编 祝春敖

副 主 编 杨若桐　张兆会　庎　楠　孙　冰

参编人员（按汉语拼音排序）：

崔晶晶　韩　文　庎　楠　屈　珊

孙　冰　魏小灵　王诗慧　杨若桐

祝明卫　张兆会　周　楠

前言

2017年12月29日，国家税务总局颁发《关于发布中华人民共和国企业所得税年度纳税申报表（A类，2017年版）》，对“年度申报表（A类2014年版）”进行删改、优化和精简。年度企业所得税申报表的填写涉及知识面宽广，实际填表操作人员首先要对《中华人民共和国企业所得税法》和《中华人民共和国企业所得税法实施条例》及财政部国家税务总局相关法规进行认真的研读和准确理解，同时要全面准确地掌握“企业会计准则”所涉及的各种账务处理业务，明确会计核算和企业所得税法的差异及其纳税调整的具体方法；实际申报时还要熟悉网上申报系统的计算机软件和相关数据库方面的知识。编者从实际填报的操作角度出发，详细阐述表中数字的来龙去脉及会计账务的取数依据，引导实际工作者按图索骥，进行年度企业所得税的申报。

本书对2017年版本的企业所得税申报表主附表共37表的重要内容举例说明进行模拟填写，并对各个模块的一、二、三级附表之间（仅税收优惠有三级附表、但无一级附表）以及附表与主表之间的数字联系进行阐述。本书的主要使用对象为居民企业，对非居民企业、企业所得税核定征收企业、银行及其他非银行金融机构以及民间非营利组织等单位尚未涉及。

本书能够出版问世，首先，要感谢北京恒华房地产集团的鼎力相助，集团董事长邝小洋先生对全书的章节内容、逻辑结构及体系进行了认真的审定；其次，要感谢北京中普惠会计师事务所有限公司和北京中财通会计服务有限公司的有关员工以及北京融和物业有限公司财务总监杨若桐女士积极参与此书的编写工作；最后，要感谢国家税务总局税务干部进修学院王建华副教授对全书进行审定。

本书仅供实际填报年度企业所得税汇算清缴操作时参考，书中如有不妥之处，敬请读者批评指正，如有修改意见或建议，请发送至邮箱zhuchunao@sina.cn，以便日后修订时参考。

企业所得税汇算清缴填报指南编写组

2018年11月

目录

第一章 概述

第一节 企业所得税汇算清缴基本政策

一、企业所得税汇算清缴的概念

企业所得税法，是指国家制定的用以调整企业所得税征收与缴纳之间权利及义务关系的法律规范。现行企业所得税法的基本规范，是2007年3月16日第十届全国人民代表大会第五次全体会议通过的《中华人民共和国企业所得税法》(以下简称《企业所得税法》)和2007年11月28日国务院第197次常务会议通过的《中华人民共和国企业所得税法实施条例》(以下简称《实施条例》)。

企业所得税汇算清缴是依照《实施条例》中关于征收管理办法的规定："按年计征，分月或分季预缴，年终汇算清缴，多退少补"，对企业的生产经营所得、其他所得和清算所得征收的一种税。企业所得税的作用：促进企业改善经营管理活动，提升企业的盈利能力；调节产业结构，促进经济发展；为国家建设筹集财政资金。

企业，是指按国家规定注册、登记的企业。有生产经营所得和其他所得的其他组织，是指经国家有关部门批准，依法注册、登记的，有生产经营所得和其他所得的事业单位、社会团体等组织。独立经济核算是指同时具备以下条件：在银行开设结算账户；独立建立账簿，编制财务会计报表；独立计算盈亏。

汇算清缴，是指纳税人在纳税年度终了后的规定时期内，依照税收法律、法规、规章及其他有关企业所得税的规定，自行计算全年应纳税所得额和应纳所得税额，根据月度或季度预缴的所得税数额，确定该年度应补或者应退税额，并填写年度企业所得税纳税申报表，向主管税务机关办理年度企业所得税纳税申报、提供税务机关要求提供的有关资料、结清全年企业所得税税款的行为。

二、企业所得税汇算清缴的对象

(一) 纳税义务人

企业所得税纳税义务人，是指在中华人民共和国境内的企业和其他取得收入的组织。《企业所得税法》第一条规定：除个人独资企业、合伙企业不适用《企业所得税法》外，凡在中国境内，企业和其他取得收入的组织（以下统称“企业”）为企业所得税的纳税人，依照本法规定缴纳企业所得税。

企业所得税的纳税人分为居民企业和非居民企业，这是根据企业纳税义务范围的宽窄进行的分类方法，不同的企业在向中国政府缴纳所得税时，纳税义务不同。把企业分为居民企业和非居民企业，是为了更好地保障中国税收管辖权的有效行使。税收管辖权是一国政府在征税方面的主权，是国家主权的重要组成部分。根据国际上的通行做法，中国选择了地域管辖权和居民管辖权的双重管辖权标准，最大限度地维护中国的税收利益。

1. 居民企业

居民企业，是指依法在中国境内成立，或者依照外国（地区）法律成立但实际管理机构在中国境内的企业。这里的企业包括国有企业、集体企业、私营企业、联营企业、股份制企业、外商投资企业、外国企业以及有生产、经营所得和其他所得的其他组织。其中，有生产、经营所得和其他所得的其他组织，是指经国家有关部门批准，依法注册登记的事业单位、社会团体等组织。由于中国的一些社会团体组织、事业单位在完成国家事业计划的过程中，开展多种经营和有偿服务活动，取得除财政部门各项拨款、财政部和国家物价部门批准的各项规费收入以外的经营收入，具有了经营的特点，应当视同企业纳入征税范围。

由中国境内的企业或企业集团作为主要控股投资者，在境外依据外国（地区）法律注册成立的企业，即境外中资企业，若符合《国家税务总局关于境外注册中资控股企业依据实际管理机构标准认定为居民企业有关问题的通知》（国税发〔2009〕82 号）第二条规定条件的，根据《企业所得税法》第二条第二款和《实施条例》第四条的规定，应判定其为实际管理机构在中国境内的企业，并实施相应的税收管理，就其来源于中国境内、境外的所得征收企业所得税。其中，实际管理机构，是指对企业的生产经营、人员、账务、财产等实施实质性全面管理和控制的机构。

2. 非居民企业

非居民企业，是指依照外国（地区）法律成立且实际管理机构不在中国境内，但在中国境内设立机构、场所的，或者在中国境内未设立机构、场所，但有来源于中国境内所得的企业，以及依照外国（地区）法律成立的企业和其他取得收入的组织。

3. 境外注册中资控股居民企业（非境内注册居民企业）

境外注册中资控股居民企业（以下简称“非境内注册居民企业”），是指由中国境内的企业或企业集团作为主要控股投资者，在中国内地以外国家或地区（含中国香港、中国澳门、中国台湾）注册成立的企业，且因实际管理机构在中国境内而被认定为中国居民企业的非境内注册居民企业。

（二）扣缴义务人

1. 对非居民企业在中国境内未设立机构、场所的，或者虽设立机构、场所但取得的所得与其所设机构、场所没有实际联系的所得应缴纳的企业所得税，实行源泉扣缴，以支付人为扣缴义务人。税款由扣缴义务人在每次支付或者到期应支付时，从支付或者到期应支付的款项中扣缴。

2. 对非居民企业在中国境内取得工程作业和劳务所得应缴纳的企业所得税，税务机关可以指定工程价款或者劳务费的支付人为扣缴义务人。

3. 扣缴义务人每次代扣代缴的税款，应当自代扣之日起 7 日内缴入国库，并向所在地的税务机关报送扣缴企业所得税报告表。

（三）征税对象

企业所得税的征税对象，是指企业的生产经营所得、其他所得和清算所得。

凡在纳税年度内从事生产、经营（包括试生产、试经营），或在纳税年度中间终止经营活动的纳税人，无论是否在减税、免税期间，也无论盈利或亏损，均应按照《企业所得税法》及其实施条例和《企业所得税汇算清缴管理办法》的有关规定进行企业所得税的汇算清缴。

实行核定定额征收企业所得税的纳税人，不进行汇算清缴。

1. 居民企业的征税对象

居民企业，应当就其来源于中国境内、境外的所得缴纳企业所得税。其所得来源包括销售货物所得、提供劳务所得、转让财产所得、股息红利等权益性投资所得、利息所得、租金所得、特许权使用费所得、接受捐赠所得和其他所得。

2. 非居民企业的征税对象

非居民企业在中国境内设立机构、场所的，应当就其所设机构、场所取得的来源于中国境内的所得，以及发生在中国境外但与其所设机构、场所有实际联系的所得，缴纳企业所得税。非居民企业在中国境内未设立机构、场所的，或虽设立机构、场所但取得的所得与其所设机构、场所没有实际联系的，应当就其于中国境内的所得缴纳企业所得税。

上述所称实际联系，是指非居民企业在中国境内设立的机构、场所拥有的据以取得所得的股权、债权，以及拥有、管理、控制据以取得所得的财产。

（四）适用税率

1. 普通税率

企业所得税税率是体现国家与企业分配关系的核心要素。税率设计的原则是兼顾国家、企业、职工个人三者利益，既要保证财政收入的稳定增长，又要使企业在发展生产、经营方面有一定的财力保证；既要考虑到企业的实际情况和负担能力，又要维护税率的统一性。

企业所得税实行比例税率。比例税率简便易行，透明度高，不会因征税而改变企业间收入分配比例，有利于促进效率的提高。现行规定是：

（1）基本税率为25%。适用于居民企业和在中国境内设有机构、场所且所得与机构、场所有关联的非居民企业。现行企业所得税基本税率设定为25%，既考虑了中国的财政承受能力，又考虑了企业负担水平。

（2）低税率为20%。适用于在中国境内未设立机构、场所的，或者虽设立机构、场所但取得的所得与其机构、场所没有实际联系的非居民企业。但实际征税时适用10%的税率。

2. 优惠税率

（1）高新技术企业

（2）技术先进型服务企业

（3）小型微利企业

（4）特殊行业

三、企业所得税汇算清缴的时间期限

企业所得税的纳税年度，自公历1月1日起至12月31日止。企业在一个纳税年度的中间开业，或者由于合并、关闭等原因终止经营活动，使该纳税年度的实际经营期不足12个月的，应以其实际经营期为1个纳税年度。企业清算时，应以清算期间作为1个纳税年度。自年度终了日起5个月内，向税务机关报送年度企业所得税纳税申报表，并汇算清缴，结清应交应退税款。企业在年度中间终止经营活动的，应当自实际经营终止之日起60日内，向税务机关办理当期企业所得税汇算清缴。

四、企业所得税汇算清缴税前扣除凭证的管理办法

（一）企业所得税汇算清缴税前扣除凭证管理办法的适用原则

国家税务总局2018年6月6日发布〔2018〕28号公告，为加强企业所得税税前扣除凭证管理，规范税收执法，优化营商环境，国家税务总局制定了《企业所得税税前扣除凭证管理办法》（以下简称《办法》）。

《办法》明确收款凭证、内部凭证、分割单等也可以作为税前扣除凭证，将减轻纳税人的办税负担；《办法》在税前扣除凭证的种类、填写内容、取得时间、补开、换开要求等方面进行了详细的规定，有利于企业加强自身财务管理和内控管理，减少税收风险；针对企业未取得外部凭证或者取得不合规外部凭证的情形，《办法》规定了补救

措施，保障了纳税人合法权益。

《办法》适用的纳税人主体为企业所得税法及其实施条例所规定的居民企业和非居民企业。

（二）税前扣除凭证的具体规范

1. 与税前扣除关系：税前扣除凭证是企业计算企业所得税应纳税所得额时，扣除相关支出的依据。企业支出的税前扣除范围和标准应当按照企业所得税法及其实施条例等相关规定执行。

2. 与相关资料关系：企业在经营活动、经济往来中常常伴随有合同协议、付款凭证等相关资料，在某些情形下，可视为支出依据，如法院判决企业支付违约金而出具的裁判文书。以上资料不属于税前扣除凭证，但属于与企业经营活动直接相关且能够证明税前扣除凭证真实性的资料，企业也应按照法律、法规等相关规定，履行保管责任，以备包括税务机关在内的有关部门、机构或者人员核实。

3. 种类：根据税前扣除凭证的取得来源，《办法》将其分为内部凭证和外部凭证。内部凭证是指企业根据国家会计法律、法规等相关规定，在发生支出时，自行填制的用于核算支出的会计原始凭证。如企业支付给员工的工资，工资表等会计原始凭证即为内部凭证。外部凭证是指企业发生经营活动和其他事项时，取得的发票、财政票据、完税凭证、分割单以及其他单位、个人出具的收款凭证等。其中，发票包括纸质发票和电子发票，也包括税务机关代开的发票。

4. 时效：企业应在支出发生时取得符合规定的税前扣除凭证，但是考虑到在某些情形下企业可能需要补开、换开符合规定的税前扣除凭证，为此，《办法》规定了企业应在当年度企业所得税法规定的汇算清缴期结束前取得符合规定的税前扣除凭证。

（三）外部凭证的税务处理

1. 汇算清缴期结束前的税务处理

（1）能够补开、换开符合规定的发票、其他外部凭证的，相应支出可以税前扣除。

（2）因对方注销、撤销、依法被吊销营业执照、被税务机关认定为非正常户等特殊原因无法补开、换开符合规定的发票、其他外部凭证的，凭相关资料证实支出真实性后，相应支出可以税前扣除。

（3）未能补开、换开符合规定的发票、其他外部凭证并且未能凭相关资料证实支出真实性的，相应支出不得在发生年度税前扣除。

2. 汇算清缴期结束后的税务处理

（1）由于一些原因（如购销合同、工程项目纠纷等），企业在规定的期限内未能取得符合规定的发票、其他外部凭证或者取得不合规发票、不合规其他外部凭证，企业主动没有进行税前扣除的，待以后年度取得符合规定的发票、其他外部凭证后，相应支出可以追补至该支出发生年度扣除，追补扣除年限不得超过 5 年。其中，因对方注销、撤销、依法被吊销营业执照、被税务机关认定为非正常户等特殊原因无法补开、换开符合规定的发票、其他外部凭证的，企业在以后年度凭相关资料证实支出真实性后，相应支出也可以追补至该支出发生年度扣除，追补扣除年限不得超过 5 年。

（2）税务机关发现企业应当取得而未取得发票、其他外部凭证或者取得不合规发票、不合规其他外部凭证，企业自被告知之日起 60 日内补开、换开符合规定的发票、其他外部凭证或者按照《办法》第十四条规定凭相关资料证实支出真实性后，相应支出可以在发生年度税前扣除。否则，该支出不得在发生年度税前扣除，也不得在以后年度追补扣除。

（四）税前扣除凭证的特殊规定

1. 国家税务总局对应税项目开具发票另有规定的，以规定的发票或者票据作为税前扣除凭证，如《国家税务总局关于铁路运输和邮政业营业税改征增值税发票及税控系统使用问题的公告》（国家税务总局公告 2013 年第 76 号）规定的中国铁路总公司及其所属运输企业（含分支机构）自行印制的铁路票据等。

2. 企业在境内发生的支出项目虽不属于应税项目，但按国家税务总局规定可以开具发票的，所开具发票作为税前扣除凭证，如《国家税务总局关于增值税发票管理若干事项的公告》（国家税务总局公告 2017 年第 45 号）附件《商品和服务税收分类编码表》中规定的不征税项目等。

五、纳税人的任务

（一）纳税人 12 月份或者第四季度的企业所得税预缴纳税申报，应在纳税年度终了后 15 日内完成，预缴申报后进行当年企业所得税汇算清缴。

（二）纳税人须报经税务机关审批、审核或备案的事项，应按有关程序、时限和要求报送材料等有关规定，在办理企业所得税年度纳税申报前及时办理。

（三）纳税人应当按照《企业所得税法》及其实施条例和企业所得税的有关规定，正确计算应纳税所得额和应纳所得税额，如实、正确填写企业所得税年度纳税申报表及其附表，完整、及时报送相关资料，并对纳税申报的真实性、准确性和完整性负法律责任。

（四）纳税人因不可抗力，不能在汇算清缴期间内办理企业所得税年度纳税申报或备齐企业所得税年度纳税申报资料的，应按《中华人民共和国税收征收管理法》（以下简称《税收征管法》）及其实施细则的规定，申请办理延期纳税申报。

六、纳税人提供资料

（一）居民企业所得税纳税人应提供的资料

纳税人向税务机关申报年度企业所得税时，需如实填写和报送下列8类有关资料。

1. 企业所得税年度纳税申报表及其附表。查账征收居民企业应报送《中华人民共和国企业所得税年度纳税申报表（A类，2017年版）》及其附表，核定征收居民企业应报送《中华人民共和国企业所得税月（季）度和年度纳税申报表（B类，2017年版）》。

2. 财务会计报表。中期报表包括资产负债表、利润表及现金流量表；年度报表包括资产负债表、利润及利润分配表、现金流量表及其附表、所有者权益变动表。

3. 备案事项相关资料，主要包括以下4类：

（1）税收优惠事项备案资料。其中，列入事先备案的税收优惠，纳税人应向税务机关报送相关资料，提请备案，经税务机关登记备案后执行。对需要事先向税务机关备案而未按规定备案的，纳税人不得享受税收优惠；列入事后报送相关资料的税收优惠，纳税人应按照《企业所得税法》及其实施条例和其他有关规定，在纳税年度申报时附报相关资料。

（2）存在资产损失税前扣除情况的企业应报送资产损失申报材料和纳税资料。资产损失按其申报内容和要求的不同，分为清单申报和专项申报两种申报形式。其中，属于清单申报的资产损失，企业可按会计核算科目进行归类、汇总，然后将汇总清单报送税务机关，有关会计核算资料和纳税资料留存备查；属于专项申报的资产损失，企业应逐项（或逐笔）报送申请报告，同时附送会计核算资料及其他相关的纳税资料。

（3）发生政策性搬迁业务的企业应当自搬迁开始年度至次年5月31日前，向主管税务机关（包括迁出地和迁入地）报送政策性搬迁依据、搬迁规划等相关资料，包括政府搬迁文件或公告、搬迁重置总体规划、拆迁补偿协议、资产处置计划以及其他与搬迁相关的事项；企业搬迁完成当年，应向主管税务机关报送《企业政策性搬迁清算损益表》及相关材料。

（4）从事房地产开发企业经营业务的企业应报送房地产开发产品实际毛利额与预计毛利额之间差异调整情况的报告；应报送依据计税成本对象确定原则确定的已完工开发产品成本对象，确定原则、依据，共同成本分配原则、方法以及开发项目基本情况、开发计划等专项报告。

4. 总机构、分支机构基本情况、分支机构征税方式、分支机构的预缴税情况。其中，适用《跨地区经营汇总纳税企业所得税征收管理办法》的汇总纳税企业汇算清缴时，总机构还应报送汇总纳税企业分支机构所得税分配表、各分支机构的年度财务报表和各分支机构参与企业年度纳税调整情况的说明；分支机构除报送《中华人民共和国企业所得税月（季）度预缴纳税申报表（A类，2017年版）》（只填列部分项目）

外，还应报送经总机构所在地主管税务机关手里的汇总纳税企业分支机构所得税分配表、分支机构的年度财务报表（或年度财务状况和营业收支情况）和分支机构参与企业年度纳税调整情况的说明。

5. 委托中介机构代理纳税申报的，应出具双方签订的代理合同，并附送中介机构出具的包括纳税调整的项目、原因、依据、计算过程、调整金额等内容的报告。

6. 实行查账征收的居民企业同时报送《中华人民共和国企业年度关联业务往来报告表》。

7. 居民企业还应附报以下两类与境外所得相关的资料信息：

（1）有适用《企业所得税法》第四十五条情形或者需要适用《特别纳税调整实施办法（试行）》第八十四条规定的居民企业应填报《受控外国企业信息报告表》。

（2）纳入《企业所得税法》第二十四条规定抵免范围的外国企业或符合《企业所得税法》第四十五条规定的受控外国企业应按照中国会计制度编报的年度独立财务报表。

8. 主管税务机关要求报送的其他有关资料。

纳税人采用电子方式办理企业所得税年度纳税申报的，应按照有关规定保存有关资料或附报纸质纳税申报资料。

纳税人未按规定期限进行汇算清缴，或者未报送上述所列资料的，按照《税收征管法》及其实施细则的有关规定处理。

（二）非居民企业所得税纳税人应提供的资料

1. 企业办理所得税年度申报时，应当如实填写和报送下列报表、资料：

（1）企业所得税年度纳税申报表及其附表。据实申报非居民企业报送《中华人民共和国非居民企业所得税年度纳税申报表（适用于据实申报企业）》及其附表，核定征收非居民企业报送《中华人民共和国非居民企业所得税年度纳税申报表（适用于核定征收企业）》。

（2）年度财务会计报告。

（3）在中国境内设立机构、场所并据实申报的非居民企业报送《中华人民共和国企业年度关联申报业务往来报告表》。

（4）非居民企业在中国境内承包工程作业或提供劳务项目的，应报送以下材料：

①工程作业（劳务）决算（结算）报告或其他说明材料。

②参与工程作业或劳务项目外籍人员姓名、国籍、出入境时间、在华工作时间、地点、内容、报酬标准、支付方式、相关费用等情况的书面报告。

③非居民企业根据税收协定在中国境内未构成常设机构，需要享受税收协定待遇的，应提交《非居民享受税收协定待遇备案报告表》、由税收协定缔约对方主管当局在上一公历年度开始以后出具的税收居民身份证明以及税务机关要求提供的与享受税收协定待遇有关的其他资料。

（5）税务机关规定应当报送的其他有关资料。

2. 企业因特殊原因，不能在规定期限内办理年度所得税申报，应当在当年度终了之日起5个月内，向主管税务机关提出延期申报申请。主管税务机关批准后，可以适当延长申报期限。

3. 企业采用电子方式办理纳税申报的，应附报纸质纳税申报资料。

4. 企业委托中介机构代理年度企业所得税纳税申报的，应附送委托人签章的委托书原件。

5. 企业申报年度所得税后，经主管税务机关审核，需补缴或退还所得税的，应在收到主管税务机关送达的《非居民企业所得税汇算清缴涉税事宜通知书》后，按规定时限将税款补缴入库，或按照主管税务机关的要求办理退税手续。

6. 经批准采取汇总申报缴纳所得税的企业，其履行汇总纳税的机构、场所（以下简称汇缴机构），应当于每年5月31日前，向汇算清缴机构所在地主管税务机关索取《非居民企业汇总申报企业所得税证明》（以下简称《汇总申报纳税证明》）；企业其他机构、场所（以下简称其他机构）应当于每年6月30日前将《汇总纳税申报证明》及其财务会计报告送交其所在地主管税务机关。

在上述规定期限内，其他机构未向其所在地主管税务机关提供《汇总申报纳税证明》，且又无汇缴机构延期申报批准文件的，其他机构所在地主管税务机关应负责检查核实或核定该其他机构应纳税所得额，计算征收应补缴税款并实施处罚。

7. 企业补缴税款确因特殊困难需延期缴纳的，按《税收征管法》及其实施细则的有关规定办理。

8. 企业在所得税汇算清缴期限内，发现当年度所得税申报有误的，应当在年度终了之日起5个月内向主管税务机关重新办理年度所得税申报。

9. 企业报送报表期限的最后一日是法定休假日的，以休假日期满的此日为期限的最后一日；在期限内有连续三日以上法定休假日的，按休假日天数顺延。

第二节　企业所得税纳税申报表的结构体系

2008年《企业所得税法》及《实施条例》实施以来，企业所得税纳税申报表经历了多次的修订，不断完善、不断优化，形成了比较完整的企业所得税纳税申报体系，为深化税务系统“放管服”改革、优化营商环境打下了扎实的基础，本书将在介绍企业所得税纳税申报体系的同时，详细说明居民企业所得税年度纳税申报表的相关经济业务及填报方法，便于读者掌握申报表的填报，有效提高企业所得税纳税申报质量，降低纳税申报产生的税务风险。

企业所得税纳税申报表是反映纳税人生产经营所得和计算缴纳企业所得税的有效载体，是税务机关依法征收企业所得税的基础，是具有法律效力的涉税文书。现行企业所得税纳税申报表按申报期可分为月（季）度预缴纳税申报表、年度纳税申报表，按企业所得税纳税人不同可分为居民企业所得税纳税申报表、非居民企业所得税申报表。此外，按照特定业务，企业所得税纳税人还需填报企业清算所得税申报表、企业年度关联业务往来报告表、扣缴企业所得税报告表。具体如图 1-1 所示：

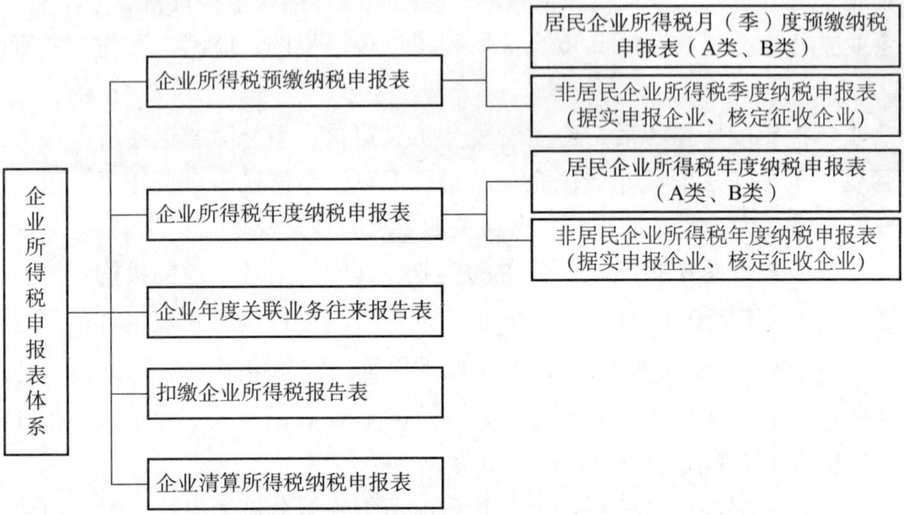

图 1-1　企业所得税申报表体系图

一、年度申报表的基本结构图

（一）2017 年版的居民企业所得税年度纳税申报表的基本结构图

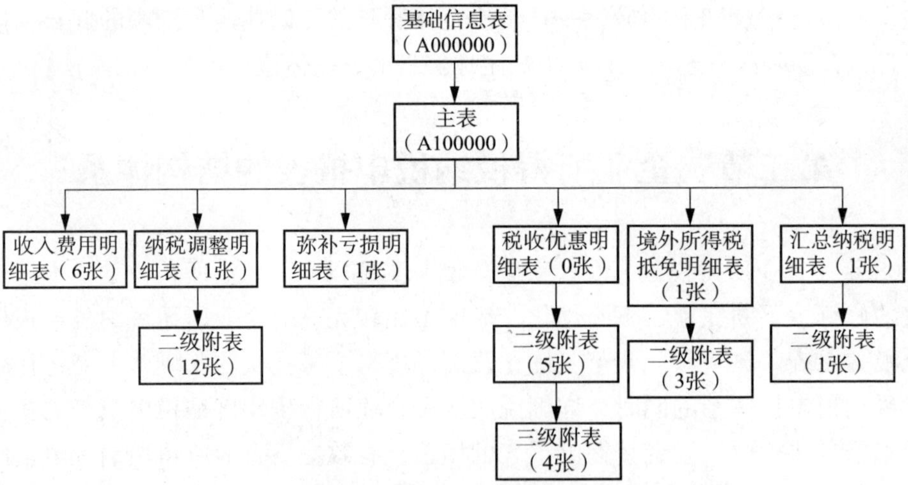

图 1-2　居民企业所得税年度纳税申报表的基本结构图

（二）主要变化

《年度纳税申报表（A 类，2017 年版）》主要在以下几方面进行了优化：

1. 根据政策变化对部分表单和数据项进行了调整，为落实捐赠支出扣除政策、研发费用加计扣除政策、高新技术企业和软件、集成电路企业优惠政策等一系列税收政策，修订了《捐赠支出及纳税调整明细表》（A105070）、《研发费用加计扣除优惠明细表》（A107012）、《高新技术企业优惠情况及明细表》（A107041）、《软件、集成电路企业优惠情况及明细表》（A107042）等表单，调整了《期间费用明细表》（A104000）、《纳税调整项目明细表》（A105000）、《企业重组及递延纳税事项纳税调整明细表》（A105100）、《特殊行业准备金及纳税调整明细表》（A105120）、《符合条件的居民企业之间的股息、红利等权益性投资收益优惠明细表》（A107011）、《抵扣应纳税所得额明细表》（A107030）等表单的部分数据项。

2. 对部分表单进行了精简，为减轻纳税人填报负担，取消原有的《固定资产加速折旧、扣除明细表》（A105081）、《资产损失（专项申报）税前扣除及纳税调整明细表》（A105091）、《综合利用资源生产产品取得的收入优惠明细表》（A107012）和《金融、保险等机构取得的涉农利息、保费收入优惠明细表》（A107013）等 4 张表单。

3. 对部分表单的数据项进行了优化，为减少涉税信息重复填报，对《企业基础信息表》（A000000）、《资产折旧、摊销及纳税调整明细表》（A105080）、《资产损失税前扣除及纳税调整明细表》（A105090）、《免税、减计收入及加计扣除优惠明细表》（A107010）、《所得减免优惠明细表》（A107020）、《减免所得税优惠明细表》（A107040）、《企业所得税汇总纳税分支机构所得税分配表》（A109010）等表单的数据项进行了调整和优化。

4. 对部分表单数据项的填报口径和逻辑关系进行了优化和明确，根据企业所得税政策调整和实施情况，对《中华人民共和国企业所得税年度纳税申报表（A 类）》（A100000）、《职工薪酬支出及纳税调整明细表》（A105050）、《企业所得税弥补亏损明细表》（A106000）、《境外所得税收抵免明细表》（A108000）、《境外所得纳税调整后所得明细表》（A108010）、《境外分支机构弥补亏损明细表》（A108020）、《跨年度结转抵免境外所得税明细表》（A108030）、《跨地区经营汇总纳税企业年度分摊企业所得税明细表》（A109000）部分数据项的填报口径和逻辑关系进行了优化和明确。

二、居民企业所得税年度纳税申报表结构体系

（一）结构体系

2017 年版居民企业所得税年度纳税申报表（A 类）共 45 张，包括 1 张基础信息表、1 张主表、6 张收入费用明细表、13 张纳税调整表、1 张亏损弥补表、9 张税收优惠表、4 张境外所得抵免表、2 张汇总纳税表、8 张特殊性税务处理报告表。

1张基础信息表，即《A000000企业基础信息表》。

1张主表，即《A100000中华人民共和国企业所得税年度纳税申报表（A类）》（以下简称主表）。

6张收入费用明细表，即《A101010一般企业收入明细表》《A101020金融企业收入明细表》《A102010一般企业成本支出明细表》《A102020金融企业支出明细表》《A103000事业单位、民间非营利组织收入、支出明细表》《A104000期间费用明细表》。

13张纳税调整表，即《A105000纳税调整项目明细表》《A105010视同销售和房地产开发企业特定业务纳税调整明细表》《A105020未按权责发生制确认收入纳税调整明细表》《A105030投资收益纳税调整明细表》《A105040专项用途财政性资金纳税调整明细表》《A105050职工薪酬支出及纳税调整明细表》《A105060广告费和业务宣传费跨年度纳税调整明细表》《A105070捐赠支出及纳税调整明细表》《A105080资产折旧、摊销及纳税调整明细表》《A105090资产损失税前扣除及纳税调整明细表》《A105100企业重组及递延纳税事项纳税调整明细表》《A105110政策性搬迁纳税调整明细表》《A105120特殊行业准备金及纳税调整明细表》。

1张亏损弥补表，即《A106000企业所得税弥补亏损明细表》。

9张税收优惠表，即《A107010免税、减计收入及加计扣除优惠明细表》《A107011符合条件的居民企业之间的股息、红利等权益性投资收益优惠明细表》《A107012研发费用加计扣除优惠明细表》《A107020所得减免优惠明细表》《A107030抵扣应纳税所得额明细表》《A107040减免所得税优惠明细表》《A107041高新技术企业优惠情况及明细表》《A107042软件、集成电路企业优惠情况及明细表》《A107050税额抵免优惠明细表》。

4张境外所得抵免表，即《A108000境外所得税收抵免明细表》《A108010境外所得纳税调整后所得明细表》《A108020境外分支机构弥补亏损明细表》《A108030跨年度结转抵免境外所得税明细表》。

2张汇总纳税表，即《A109000跨地区经营汇总纳税企业年度分摊企业所得税明细表》《A109010企业所得税汇总纳税分支机构所得税分配表》。

8张特殊性税务处理报告表，即《非货币性资产投资递延纳税调整明细表》《居民企业资产（股权）划转特殊性税务处理申报表》《企业重组所得税特殊性税务处理报告表》《企业重组所得税特殊性税务处理报告表（债务重组）》《企业重组所得税特殊性税务处理报告表（股权收购）》《企业重组所得税特殊性税务处理报告表（资产收购）》《企业重组所得税特殊性税务处理报告表（企业合并）》《企业重组所得税特殊性税务处理报告表（企业分立）》。

主要特点

（1）结构合理。2017年版企业所得税年度纳税申报表围绕主表进行填报，主表数据大部分从一级附表生成，一级附表主要数据从二级附表生成，三级附表作为二级附表特定项目的数据来源。每张表既能独立体现税收政策，又与主表相互关联，环环相扣，层级分明，内容清晰，填报便捷。

（2）填报内容详细，披露信息丰富。自2014年版企业所得税年度纳税申报表（A类）开始，增加了一张《A000000企业基础信息表》，包括企业的基本情况、会计核算方法、企业重组及递延纳税事项、企业主要股东及分红情况等内容，使采集的企业信息更加丰富。同时，在税收优惠及境外所得抵免相关申报表栏次的设计中，增加了信息采集量，既便于税务机关提取数据、进行内部绩效管理统计和税收风险分析，又有利于企业准确申报、防范纳税风险、维护自身合法权益。

（3）按需选择，繁简适度。2017年版企业所得税年度纳税申报表，一般情况下共计37张，纳税人应根据企业的具体业务情况，选择需要填报的报表，业务不涉及的，则无须填报，并应在《企业所得税年度纳税申报表填报表单》中对本企业需要填报的报表进行勾选。

（二）逻辑联系

2017年12月29日，国家税务总局《关于发布中华人民共和国企业所得税年度纳税申报表（A类，2017年版）》的公告（2017年第54号）指出，在保持"年度纳税申报表（A类，2014年版）"整体架构不变的前提下，遵循"精简表单、优化结构、方便填报"的原则，进一步优化企业填报体验，对企业所得税年度纳税申报表进行了优化、简化，在填报难度上做"减法"，在填报质量上做"加法"，在填报服务上做"乘法"。

2017年版居民企业所得税年度纳税申报表（A类），特殊性税务处理共45张，包括1张基础信息表、1张主表、6张收入费用明细表、13张纳税调整表、1张亏损弥补表、9张税收优惠表、4张境外所得抵免表、2张汇总纳税表、8张特殊性税务处理报告表。

因此，从企业所得税年度纳税申报表的不断变革、调整中，可以看出中国近年来的经济发展情况，主要从重要的企业所得税法规的增加、重要的企业会计准则的调整及企业所得税年度纳税申报表表间的项目变动三方面，深入了解企业所得税法与国家的经济发展、企业的财务核算和填报的科学性、完整性的紧密结合。

第三节　网上申报操作要点

一、根据业务范围及所处行业选择表单填报

随着国家的繁荣富强，国民经济所涉及的领域也越来越广泛、越来越精细，由此派生出了许多各行各业的公司。行业分类，是指从事国民经济中同性质的生产或其他经济社会的经营单位或者个体的组织结构体系的详细划分，行业分类可以解释行业本身所处的发展阶段及其在国民经济中的地位。

无论经营的公司处于哪个行业，均应填报以下报表（以下简称“必填报表”）：

表 1–1　企业所得税年度纳税申报必填报表表单

表单编号	表单名称
A000000	企业基础信息表
A100000	中华人民共和国企业所得税年度纳税申报表（A 类）
A101010/A101020	收入明细表
A102010/A102020/A103000	成本支出明细表
A104000	期间费用明细表
A105000	纳税调整项目明细表
A105050	职工薪酬支出及纳税调整明细表
A105080	资产折旧、摊销及纳税调整明细表
A106000	企业所得税弥补亏损明细表

备注：其中：证券业、保险业、金融业的收入明细表填报《A101020 金融企业收入明细表》，其他企业（除行政、事业单位及民间非营利组织外）的收入明细表填报《A101010 一般企业收入明细表》；证券业、保险业、金融业的成本支出明细表填报《A102020 金融企业支出明细表》，其他企业（除行政、事业单位及民间非营利组织外）的成本支出明细表填报《A102010 一般企业成本支出明细表》；行政、事业单位及民间非营利组织的收入及成本费用填报《A103000 事业单位、民间非营利组织收入、支出明细表》。

二、电子税务局快速指引流程

第一步：访问地址：https://dzswj.bjsat.gov.cn/

第二步：环境要求

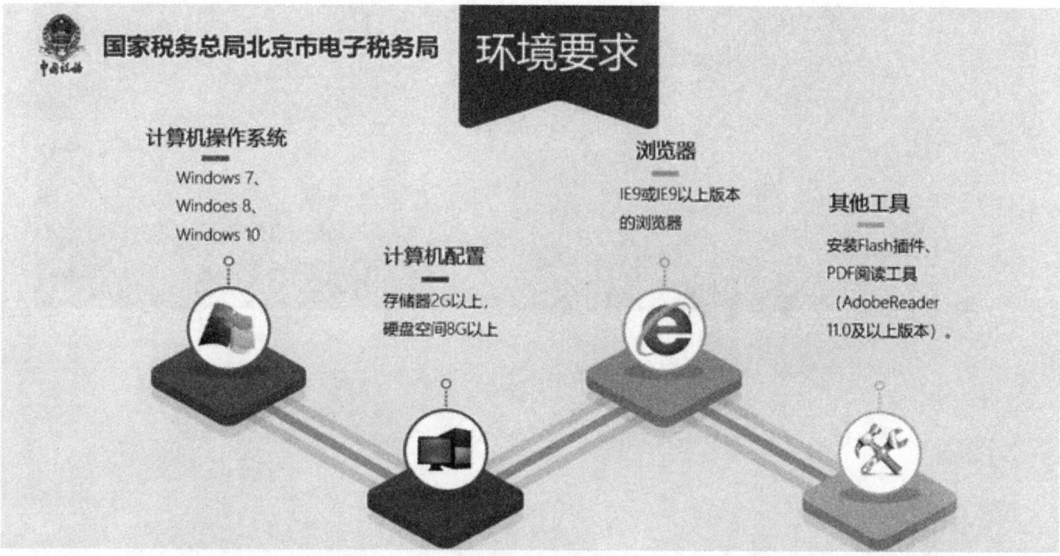

系统支持 WINXP+IE8，但是为了更好的体验，推荐安装 IE9 或以上版本。系统提供环境检测功能（在电子税务局网页的右上角，点击“环境检测”按钮）。环境检测界面如下：

第三步：用户登录

登录图标在登录前页面的右上角。点击系统弹出“登录”窗口。系统支持账号密码、CA、授权人三种登录方式。原网上办税的纳税人，使用原账户、密码或者CA、PIN码，无须重新注册，可以登录。

第四步：新办纳税人登记

未做税务登记的纳税人，可以在首次登录前，点击左下角“税务登记”：

选择“新办纳税人套餐”开始。

第五步：登录后主页

用户登录之后，系统在左侧窗口展示“常用功能”“套餐业务”“特色业务”，在右侧上方窗口展示“我的信息”(用户中心)、“我要办税”(办税中心)、“我要查询”(查询中心)“互动中心”“公众服务”五大中心内容。下方窗口显示“我的待办”“服务提醒”。纳税人通过移动鼠标，可随意切换各中心内容。

系统支持按照关键字搜索功能，在首页标题栏的搜索功能里面搜索关键字“申报”，在“搜索结果”下方选择对应的“按期应申报”。搜索结果如下：

三、财务报表报送与信息采集流程

第一步：操作人员进入网站后，点击“登录”选择企业采取不同登录方式，登录北京市电子税务局。登录后，点击“我要办税”—“税费申报及缴纳”，进入“按期应申报”界面。

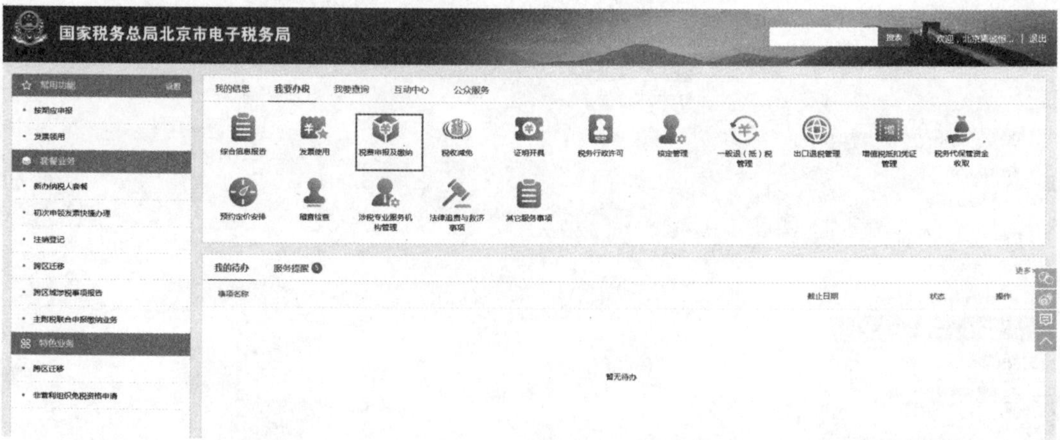

第二步：选择“申报月份”更新税费申报及财务报表报送列表，点击“小企业会计准则/企业会计制度/企业会计准则/事业单位会计制度/企业集团合并财务报表报送与信息采集”对应的“填写财报”按钮，进入报表填写界面。

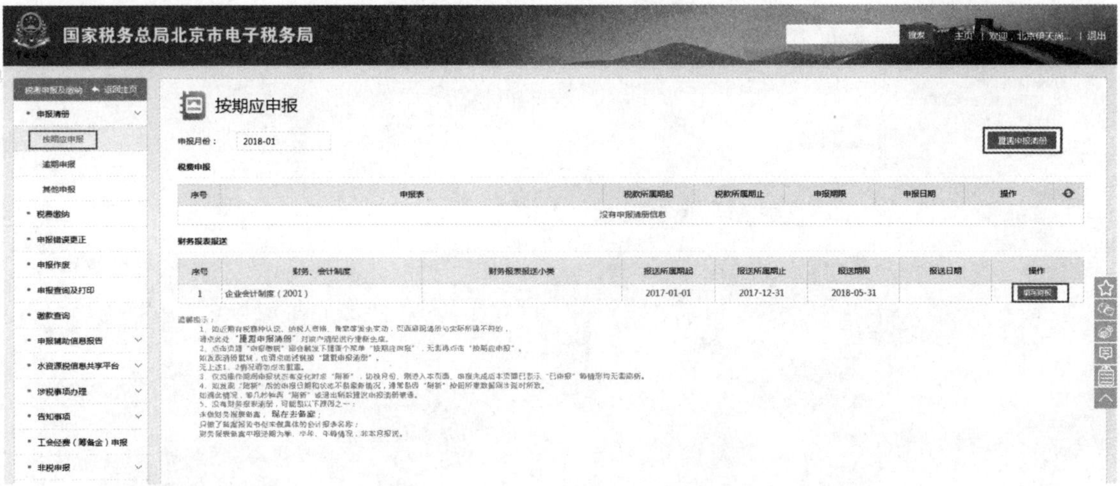

·若纳税人近期有税费种认定、纳税人资格、备案等发生变动，页面展现清册与实际所需不符的，需要点击页面的“重置申报清册”按钮，重新生成应申报清册。

第三步：确认财务报表基础信息后，点击“下一步”按钮。

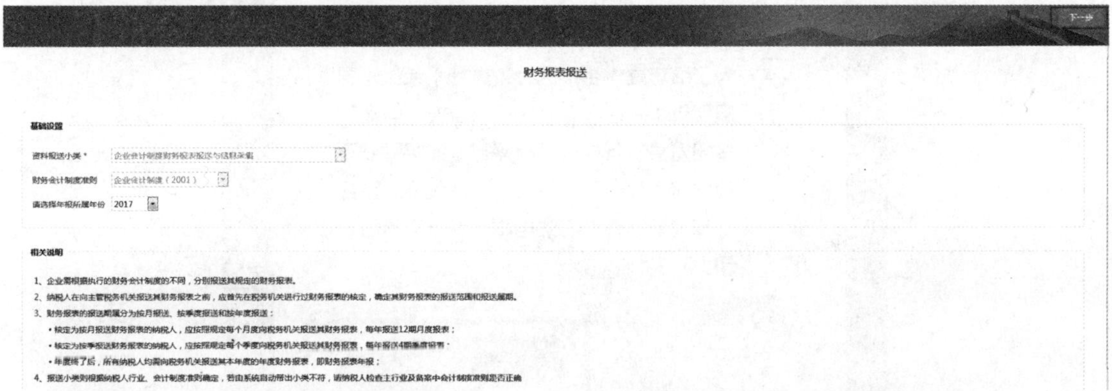

第四步：填写申报表，点击右上角“保存”，若数据填写错误，点击“重置”按钮重置申报表重新填写，若检查数据无误后点击“申报”。

第五步：参照系统提示，点击“申报”按钮，提交申报信息，返回申报结果。

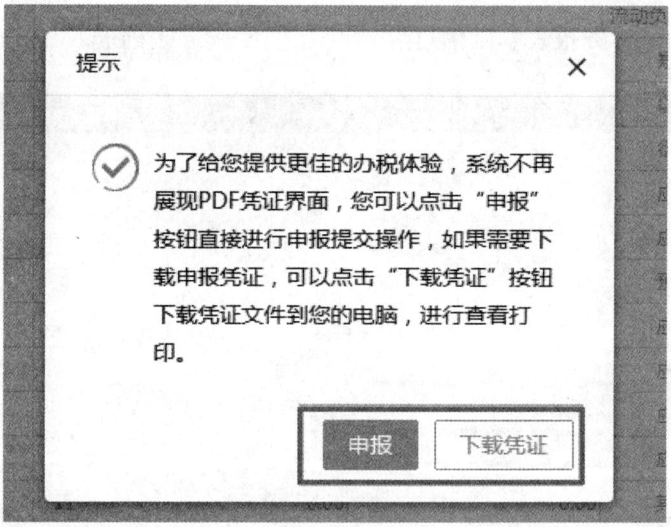

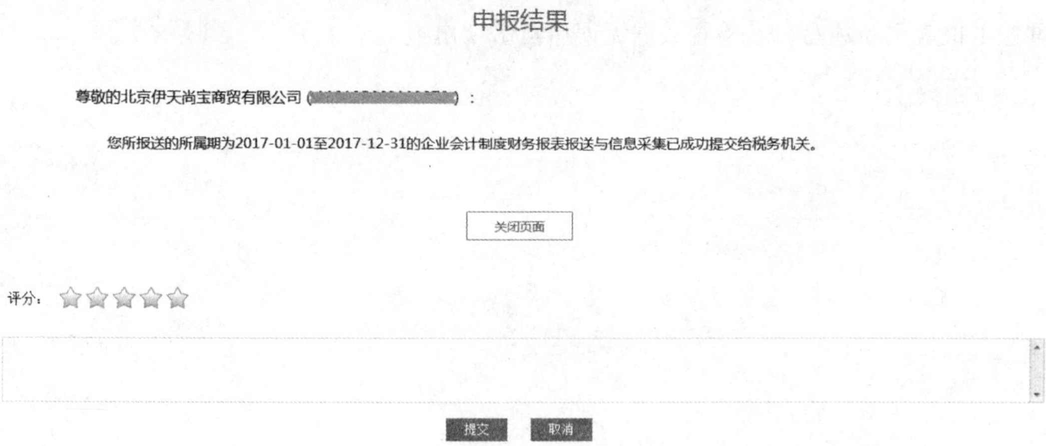

第六步：点击“下载凭证”按钮，可下载当前申报凭证。

四、居民企业年度企业所得税汇算清缴申报流程

本申报操作流程仅以“查账征收”企业为例，“非居民企业（核定征收）”“非居民企业（据实申报）”及“扣缴企业所得税申报”的申报流程不在本节内容中展示。

企业应当自年度终了之日起五个月内，向税务机关报送年度企业所得税纳税申报表，并汇算清缴，结清应缴应退税款。企业在报送企业所得税纳税申报表时，应当按照规定附送财务会计报告和其他有关资料。企业在纳税年度无论盈利或者亏损，都应当按照企业所得税法规定的期限，向税务机关报送年度企业所得税纳税申报表、财务会计报告和税务机关规定的应当报送的其他有关资料。企业在年度中间终止经营活动的，应当自实际经营终止之日起六十日内，向税务机关办理当期企业所得税汇算清缴。企业应当按照企业所得税法及其实施条例和企业所得税的有关规定，正确计算应纳税所得额和应纳所得税额，如实、正确填写企业所得税年度纳税申报表及其附表，完整、及时报送相关资料，并对纳税申报的真实性、准确性和完整性负法律责任。

第一步：操作人员进入网站后，点击“登录”选择企业采取不同登录方式，登录北京市电子税务局。登录后，点击“我要办税”—“税费申报及缴纳”，进入“按期应申报”界面。

第二步：选择要申报的税种，点击“填写申报表”，进入表单页面，根据实际情况进行填写报表。

·若纳税人近期有税费种认定、纳税人资格、备案等发生变动，页面展现清册与实际所需不符的，需要点击页面的蓝色字体“重置申报清册”，重新生成应申报清册。

第三步：填写企业基础信息表，无误后点击“保存”按钮。

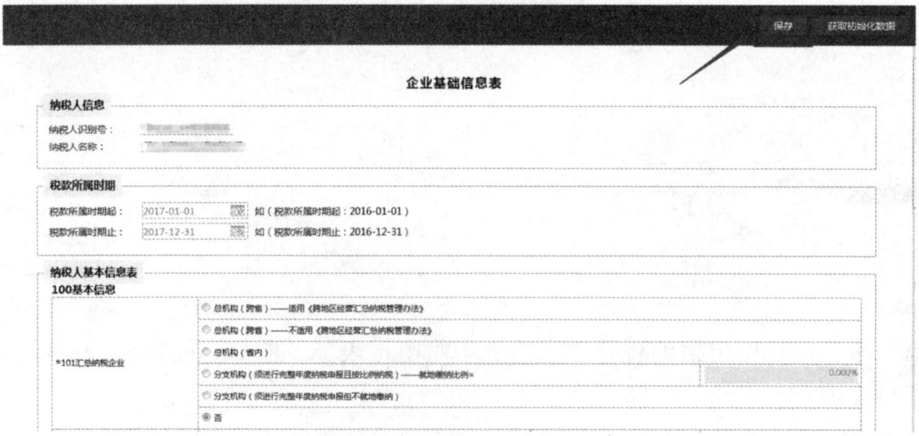

第四步：选择需要填写的表单，点击“下一步”。

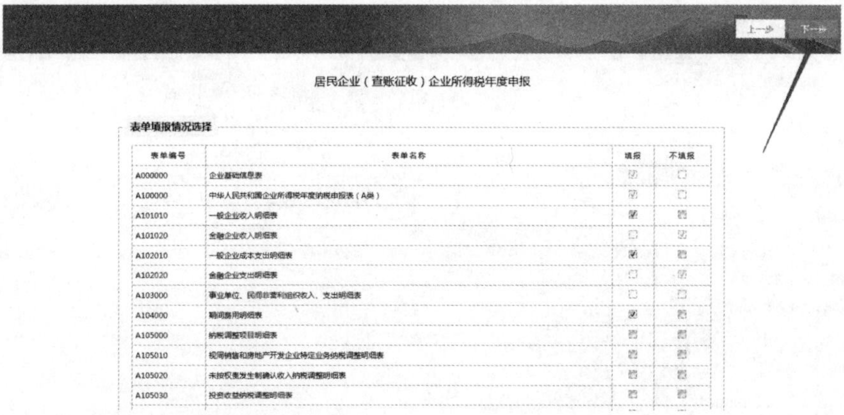

第五步：在“填写申报表”页面，左侧为所有报表列表展示，点击表单可进行切换；点击小竖条可隐藏报表列表，再点击可显示。

· 填写报表后，若不想立即申报，则可点击“暂存”，下次打开报表即会带出填写的数据。

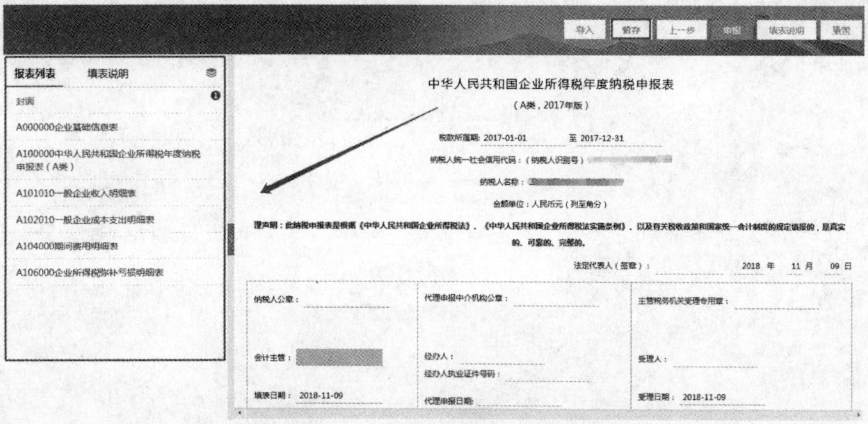

· 若带出的表单或者表单数据不正确，点击“重置”，重新加载表单填写数据。

第六步：操作人员填写完申报表，点击“申报”按钮，提交申报数据。

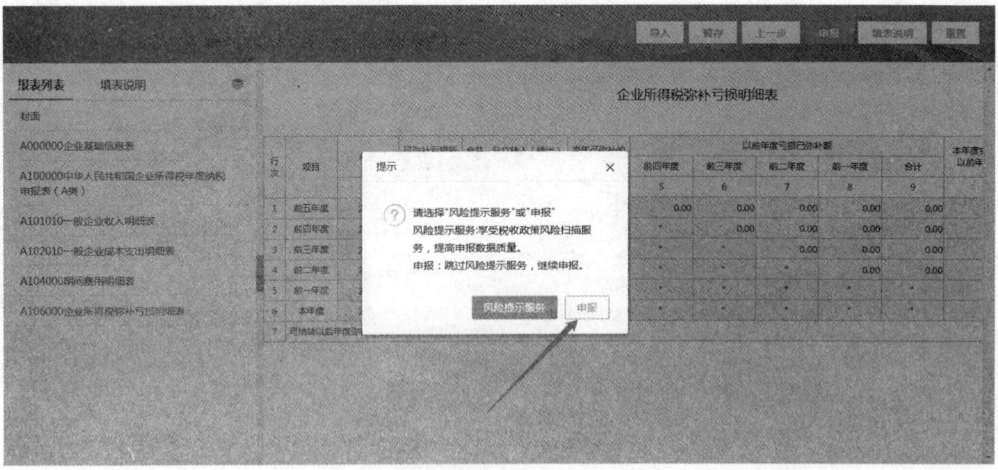

第七步：点击“申报”，出现“申报结果”，完成申报操作。

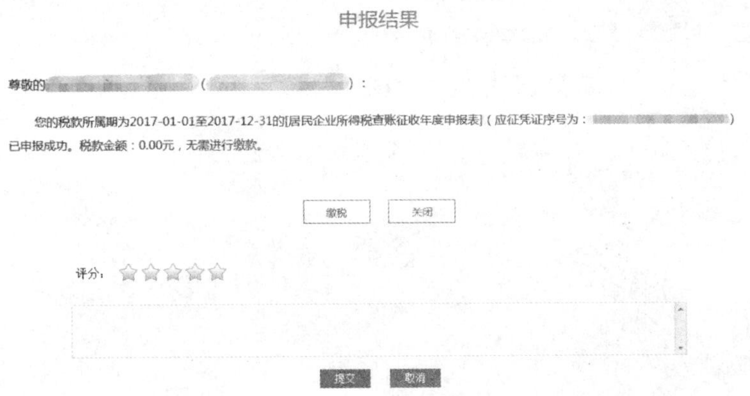

第八步：关闭该申报页面后，点击“刷新”，在操作下显示已申报。

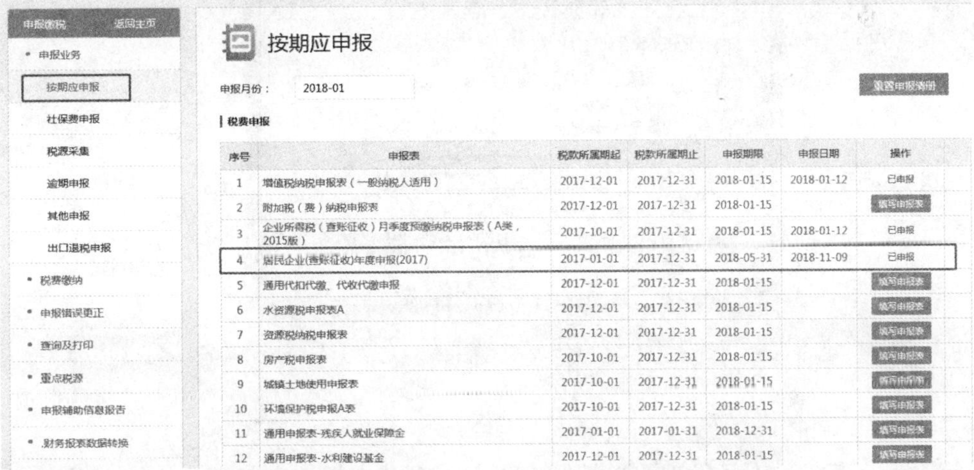

序号	申报表	税款所属期起	税款所属期止	申报期限	申报日期	操作
1	增值税纳税申报表（一般纳税人适用）	2017-12-01	2017-12-31	2018-01-15	2018-01-12	已申报
2	附加税（费）纳税申报表	2017-12-01	2017-12-31	2018-01-15		填写申报表
3	企业所得税（查账征收）月季度预缴纳税申报表（A类，2015版）	2017-10-01	2017-12-31	2018-01-15	2018-01-12	已申报
4	居民企业(查账征收)年度申报(2017)	2017-01-01	2017-12-31	2018-05-31	2018-11-09	已申报
5	通用代扣代缴、代收代缴申报	2017-12-01	2017-12-31	2018-01-15		填写申报表
6	水资源税申报表A	2017-12-01	2017-12-31	2018-01-15		填写申报表
7	资源税纳税申报表	2017-12-01	2017-12-31	2018-01-15		填写申报表
8	房产税申报表	2017-10-01	2017-12-31	2018-01-15		填写申报表
9	城镇土地使用申报表	2017-10-01	2017-12-31	2018-01-15		填写申报表
10	环境保护税申报A表	2017-10-01	2017-12-31	2018-01-15		填写申报表
11	通用申报表-残疾人就业保障金	2017-01-01	2017-01-31	2018-12-31		填写申报表
12	通用申报表-水利建设基金	2017-12-01	2017-12-31	2018-01-15		填写申报表

第九步：操作人员可在“申报查询及打印”模块，对申报的报表进行查询打印。

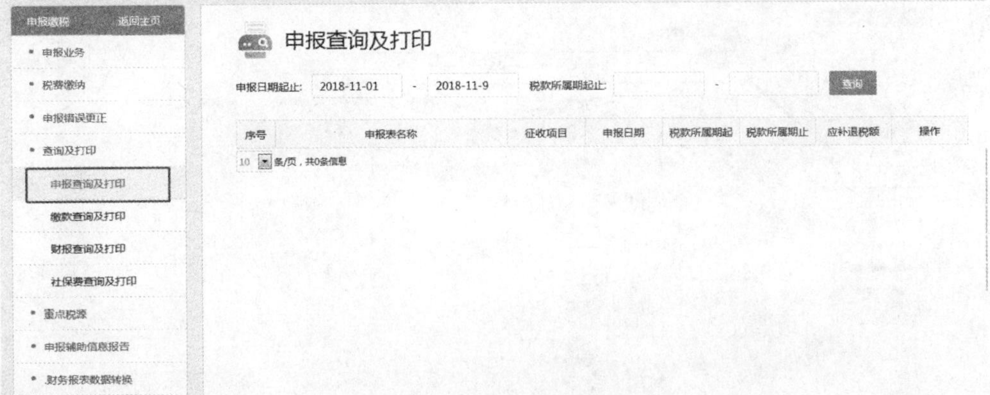

·输入“税款所属期起”“税款所属期止”，点击“查询”。

·点击“下载 PDF”，可“打开”或“保存”报表。

第十步：若操作人员发现表单填写有误，可在“申报作废”模块，作废报表。

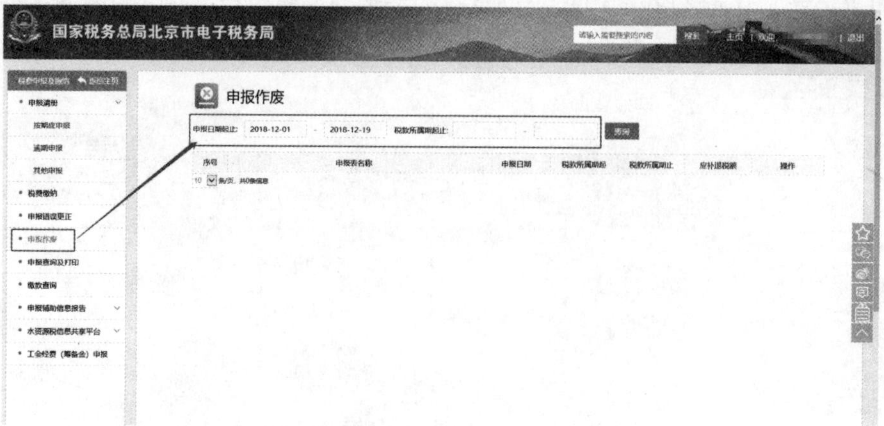

· 输入“申报日期起止”“税款所属期起止”，点击“查询”。
· 查询出申报的报表，点击“申报作废”。

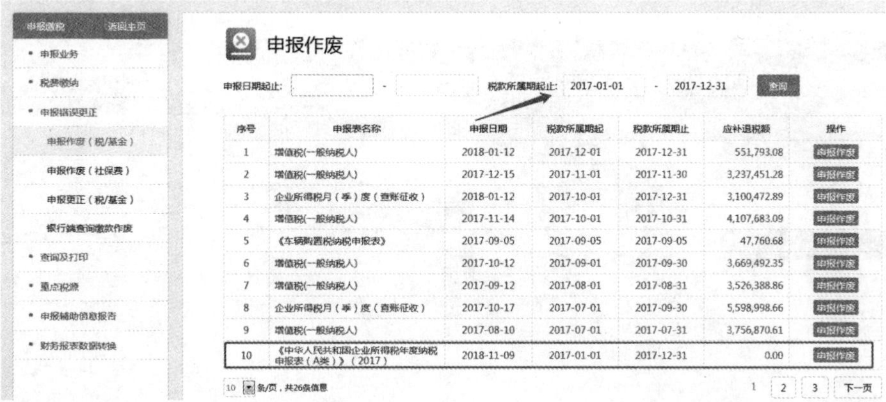

· 填写作废原因，点击“作废提交”进行作废。

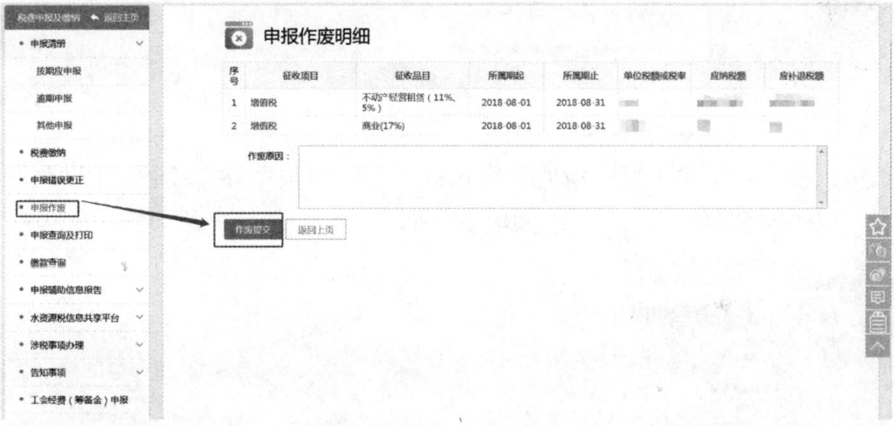

第十一步：点击左侧栏的“税费缴纳”选择任意一种方式进行缴款。

五、关联业务往来年度报告申报流程

第一步：选择“我要办税”，点击进入“税费申报及缴纳”。

第二步：在“申报税（费）清册”中选择“其他申报”，找到企业年度关联业务往来报告表，点击“填写申报表”，进入填表页面。

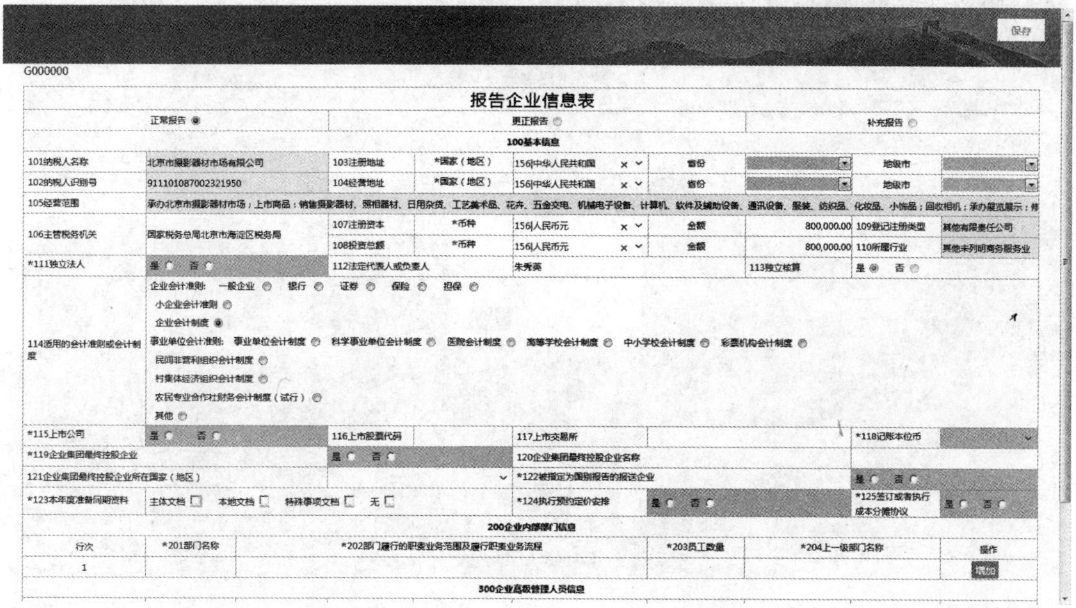

第三步：填写企业信息表完毕，点击“保存”，进入企业年度关联业务往来报告表填报表单，选择相对应的表单，点击“下一步”。

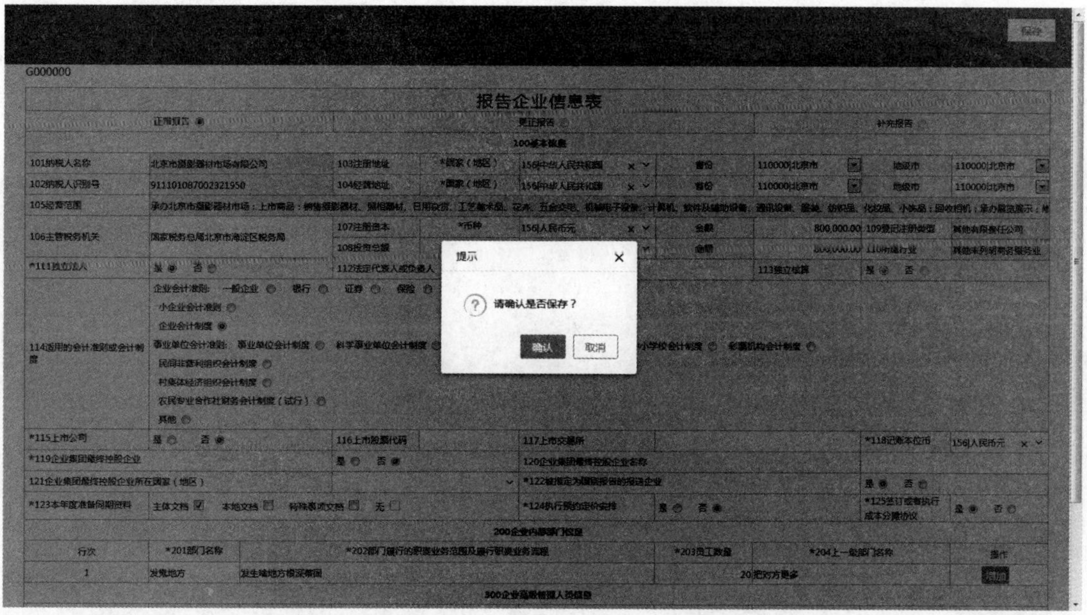

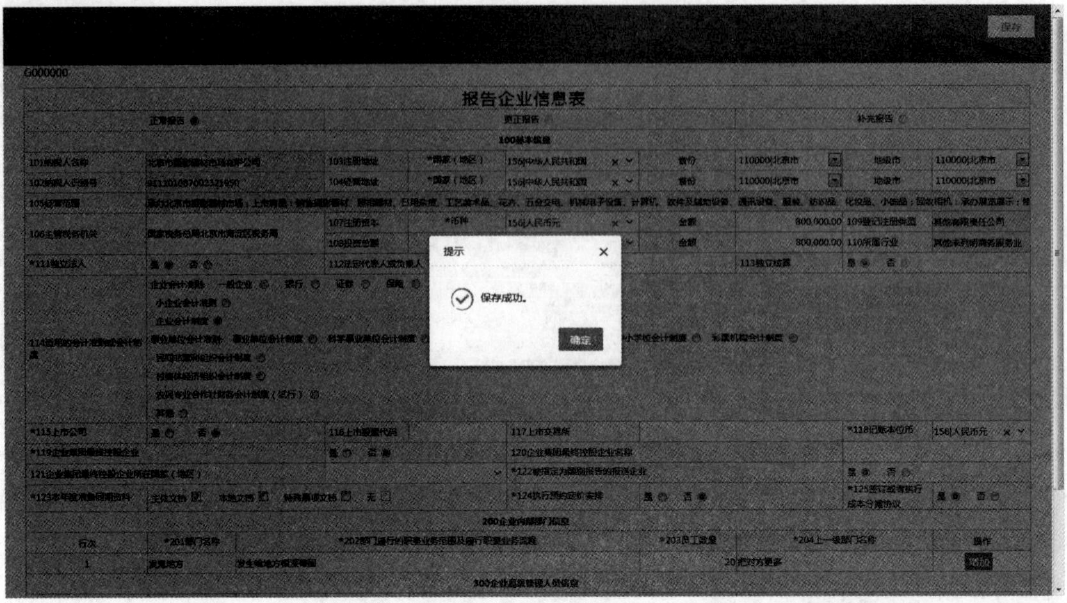

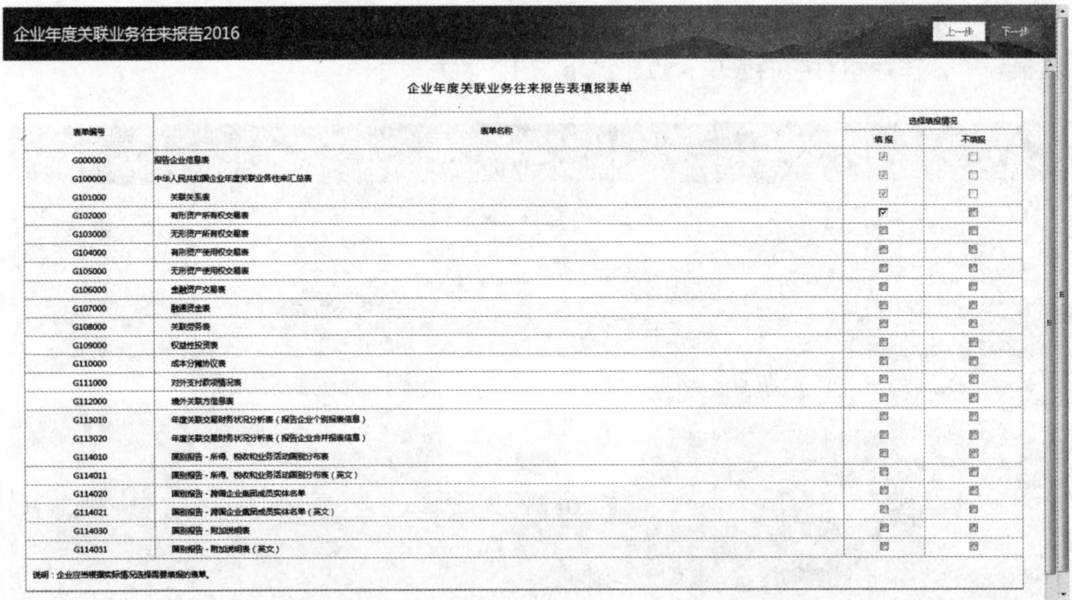

第四步：进入企业年度关联业务往来报告 2016，注意左侧报表列表，包含封面、中华人民共和国企业年度关联业务往来汇总表、关联关系表，带有红底数字的为校验不通过报表名称。填表人需检验自动带出数据是否正确，数据是否填写准确。

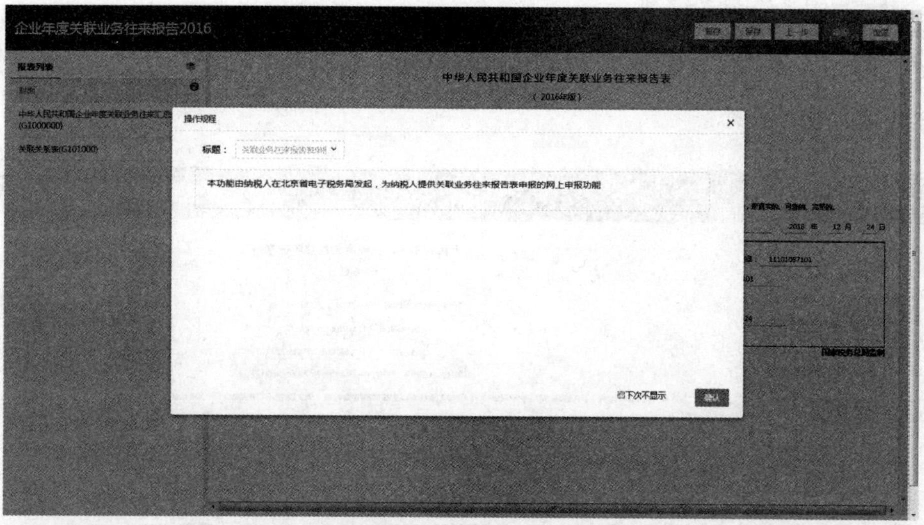
企业年度关联业务往来报告2016
报表列表
封面
关联关系表(G101000)
中华人民共和国企业年度关联业务往来报告表
操作规程
标题：
本功能由纳税人在北京省电子税务局发起，为纳税人提供关联业务往来报告表申报的网上申报功能
下次不显示
确认

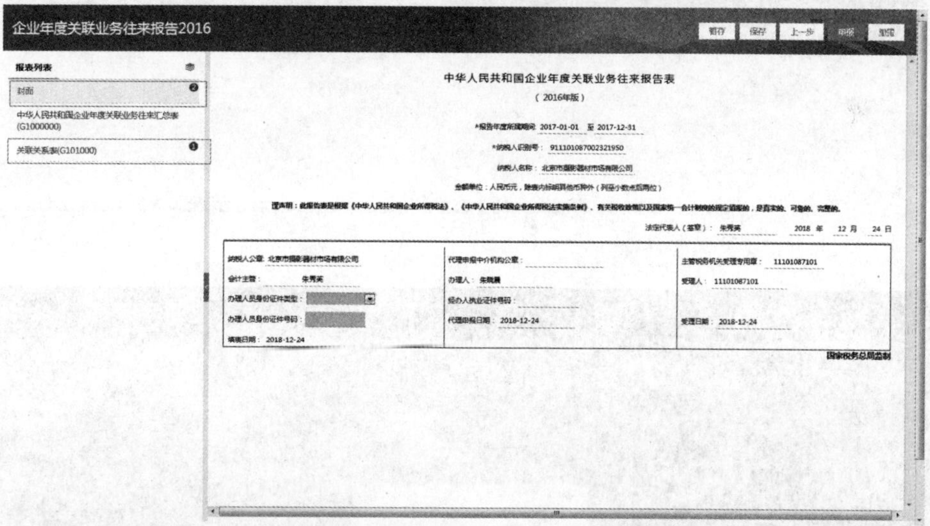
企业年度关联业务往来报告2016
暂存
保存
上一步
申报
报表列表
封面
中华人民共和国企业年度关联业务往来汇总表(G1000000)
关联关系表(G101000)
中华人民共和国企业年度关联业务往来报告表
（2016年版）
国家税务总局监制

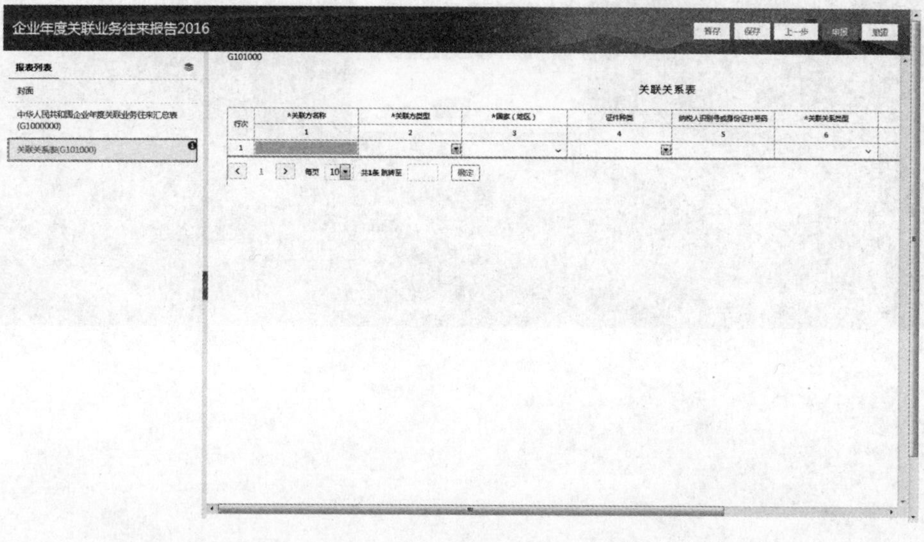
企业年度关联业务往来报告2016
暂存
保存
上一步
报表列表
封面
中华人民共和国企业年度关联业务往来汇总表(G1000000)
关联关系表(G101000)
G101000
关联关系表
行次
*关联方名称
*关联方类型
证件种类
*关联关系类型
确定

第五步：确认无误后，点击“申报”；暂存可以保存填表状态，填表人下次填写时，可以保存上次填写的数据；重置为重新填写表单数据，以便填表人填写错误时可以迅速还原到初始状态。

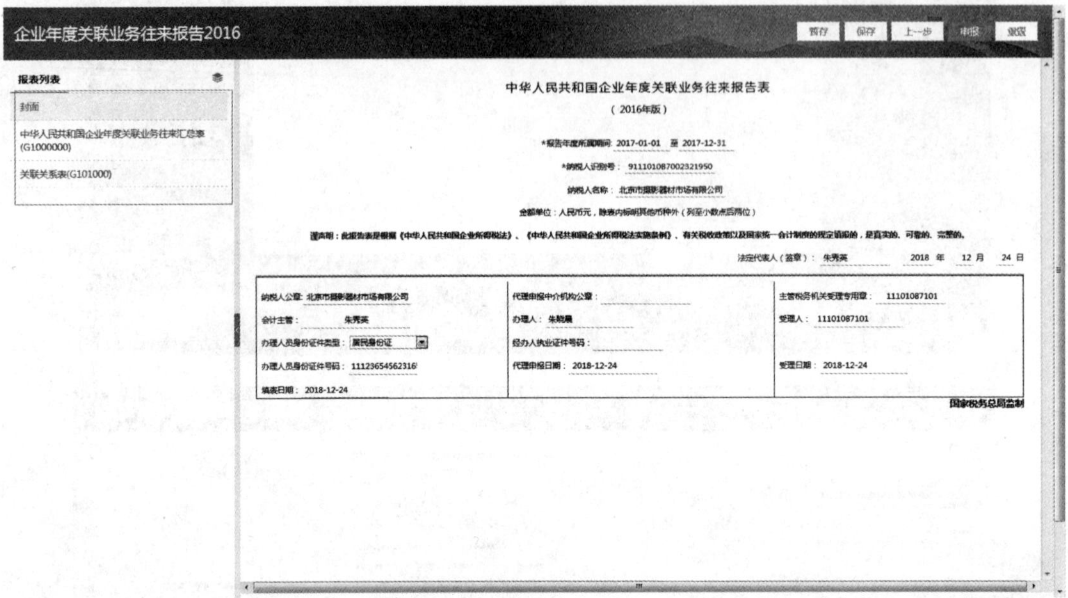

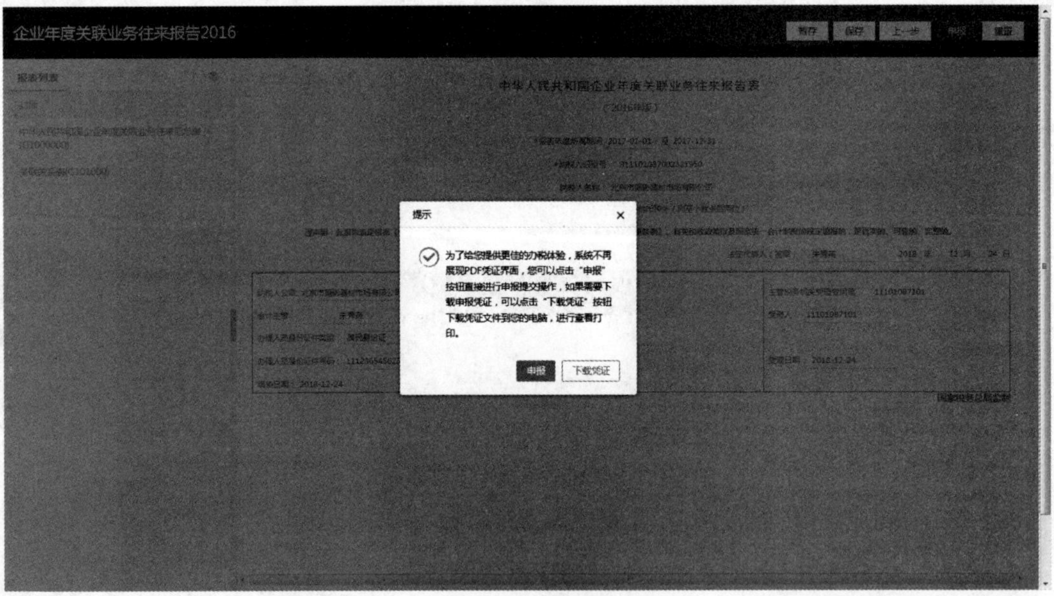

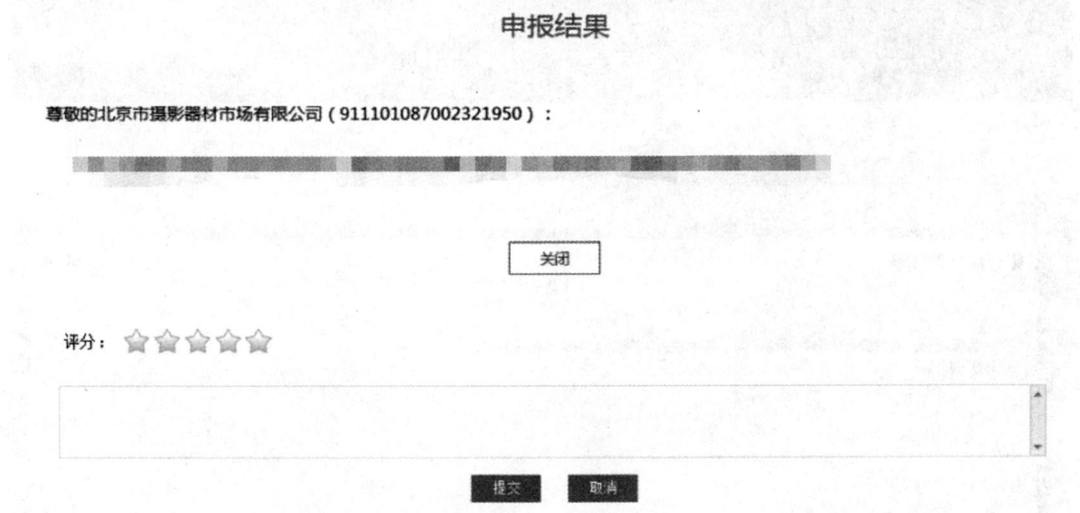

六、税费缴纳操作流程

第一步：进入首页点击“我要办税”—“税费申报及缴纳”—“税费缴纳”。

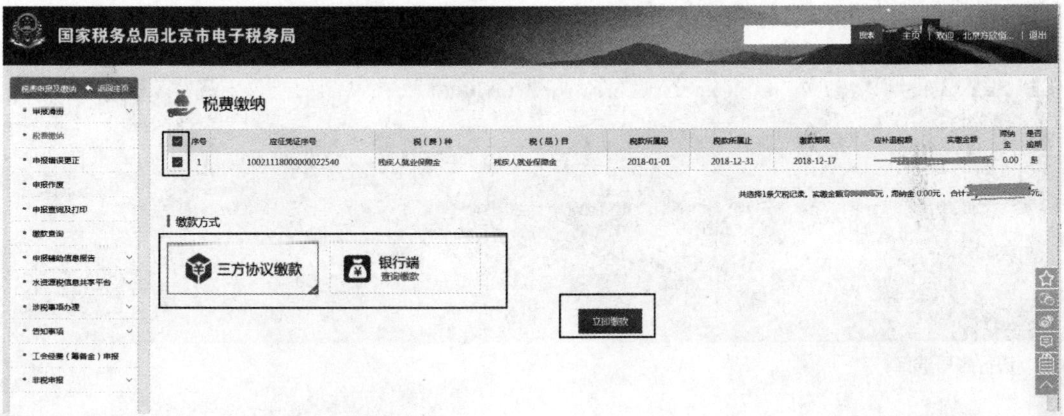

第二步：选择要缴纳税费的条目及缴款方式，点击“立即交款”按钮。

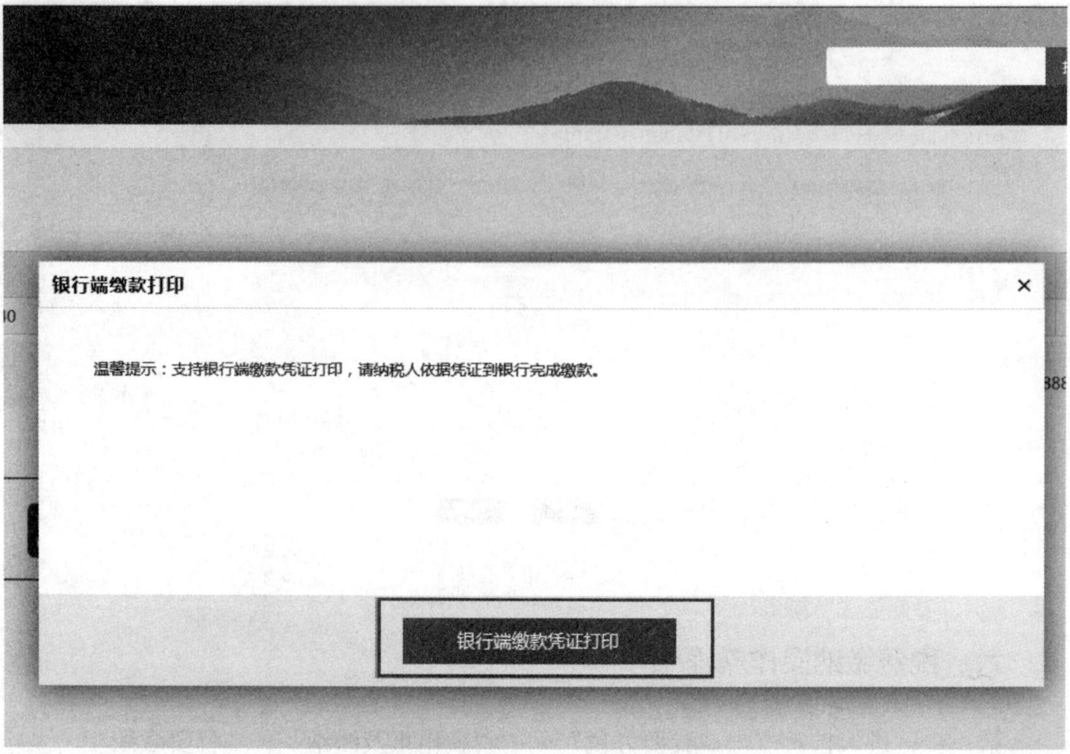

第三步：点击“银行端缴款凭证打印”，选择银行账号。

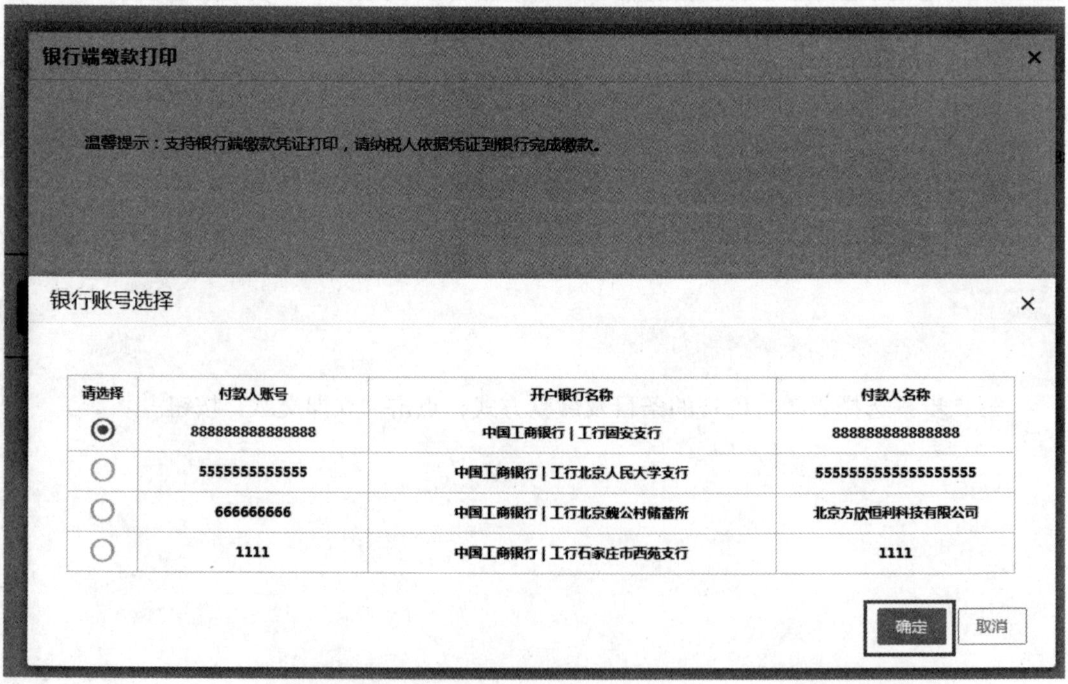

第四步：接收核心征管反馈的缴款结果。

第二章

年度企业所得税申报表表单和基础信息表的填报

第一节 企业年度所得税申报表单填报指南

一、企业所得税年度纳税申报表单

（一）根据国家税务总局 2017 年第 54 号公告，表式如下：

表 2-1 企业所得税年度纳税申报表填报表单

表单编号	表单名称	选择填报情况	
		填报	不填报
A000000	企业基础信息表		
A100000	中华人民共和国企业所得税年度纳税申报表（A 类）		
A101010	一般企业收入明细表		
A101020	金融企业收入明细表		
A102010	一般企业成本支出明细表		
A102020	金融企业支出明细表		
A103000	事业单位、民间非营利组织收入、支出明细表		
A104000	期间费用明细表		
A105000	纳税调整项目明细表		
A105010	视同销售和房地产开发企业特定业务纳税调整明细表		
A105020	未按权责发生制确认收入纳税调整明细表		
A105030	投资收益纳税调整明细表		
A105040	专项用途财政性资金纳税调整明细表		
A105050	职工薪酬支出及纳税调整明细表		
A105060	广告费和业务宣传费跨年度纳税调整明细表		
A105070	捐赠支出及纳税调整明细表		

续表

表单编号	表单名称	选择填报情况	
		填报	不填报
A105080	资产折旧、摊销及纳税调整明细表		
A105090	资产损失税前扣除及纳税调整明细表		
A105100	企业重组及递延纳税事项纳税调整明细表		
A105110	政策性搬迁纳税调整明细表		
A105120	特殊行业准备金及纳税调整明细表		
A106000	企业所得税弥补亏损明细表		
A107010	免税、减计收入及加计扣除优惠明细表		
A107011	符合条件的居民企业之间的股息、红利等权益性投资收益优惠明细表		
A107012	研发费用加计扣除优惠明细表		
A107020	所得减免优惠明细表		
A107030	抵扣应纳税所得额明细表		
A107040	减免所得税优惠明细表		
A107041	高新技术企业优惠情况及明细表		
A107042	软件、集成电路企业优惠情况及明细表		
A107050	税额抵免优惠明细表		
A108000	境外所得税收抵免明细表		
A108010	境外所得纳税调整后所得明细表		
A108020	境外分支机构弥补亏损明细表		
A108030	跨年度结转抵免境外所得税明细表		
A109000	跨地区经营汇总纳税企业年度分摊企业所得税明细表		
A109010	企业所得税汇总纳税分支机构所得税分配表		
	非货币性资产投资递延纳税调整明细表		
	居民企业资产（股权）划转特殊性税务处理申报表		
	企业重组所得税特殊性税务处理报告表		
	企业重组所得税特殊性税务处理报告表（债务重组）		
	企业重组所得税特殊性税务处理报告表（股权收购）		
	企业重组所得税特殊性税务处理报告表（资产收购）		
	企业重组所得税特殊性税务处理报告表（企业合并）		
	企业重组所得税特殊性税务处理报告表（企业分立）		
说明：企业应当根据实际情况选择需要填报的表单。			

（二）根据国家税务总局 2017 年第 54 号公告，填报说明如下：

本表列示申报表全部表单名称及编号。纳税人在填报申报表之前，请仔细阅读这些表单，并根据企业的涉税业务，选择“填报”或“不填报”。选择“填报”的，需完成该表格相关内容的填报；选择“不填报”的，可以不填报该表格。对选择“不填报”的表格，可以不向税务机关报送。有关项目填报说明如下：

1.《企业基础信息表》（A000000）

本表为必填表，主要反映纳税人的基本信息，包括纳税人基本信息、重组事项、企业主要股东及分红情况等。纳税人填报申报表时，首先填报此表，为后续申报提供指引。

2.《中华人民共和国企业所得税年度纳税申报表（A 类）》（A100000）

本表为必填表，是纳税人计算申报缴纳企业所得税的主表。

3.《一般企业收入明细表》（A101010）

本表适用于除金融企业、事业单位和民间非营利组织外的纳税人填报，反映一般企业按照国家统一会计制度规定取得收入情况。

4.《金融企业收入明细表》（A101020）

本表仅适用于金融企业（包括银行、信用社、保险公司、证券公司等金融企业）填报，反映金融企业按照企业会计准则规定取得收入情况。

5.《一般企业成本支出明细表》（A102010）

本表适用于除金融企业、事业单位和民间非营利组织外的纳税人填报，反映一般企业按照国家统一会计制度的规定发生成本支出情况。

6.《金融企业支出明细表》（A102020）

本表仅适用于金融企业（包括银行、信用社、保险公司、证券公司等金融企业）填报，反映金融企业按照企业会计准则规定发生支出情况。

7.《事业单位、民间非营利组织收入、支出明细表》（A103000）

本表适用于事业单位和民间非营利组织填报，反映事业单位、社会团体、民办非企业单位、非营利性组织等按照有关会计制度规定取得收入以及发生支出、费用情况。

8.《期间费用明细表》（A104000）

本表适用于除事业单位和民间非营利组织外的纳税人填报。纳税人根据国家统一会计制度规定，填报期间费用明细项目。

9.《纳税调整项目明细表》（A105000）

本表填报纳税人财务、会计处理办法（以下简称“会计处理”）与税收法律、行政法规的规定（以下简称“税收规定”）不一致，需要进行纳税调整的项目和金额。

10.《视同销售和房地产开发企业特定业务纳税调整明细表》（A105010）

本表填报纳税人发生视同销售行为、房地产开发企业销售未完工产品、未完工产品转完工产品，会计处理与税收规定不一致，需要进行纳税调整的项目和金额。

11.《未按权责发生制确认收入纳税调整明细表》(A105020)

本表填报纳税人会计处理按照权责发生制确认收入，而税收规定不按照权责发生制确认收入，需要进行纳税调整的项目和金额。

12.《投资收益纳税调整明细表》(A105030)

本表填报纳税人发生投资收益，由于会计处理与税收规定不一致，需要进行纳税调整的项目和金额。

13.《专项用途财政性资金纳税调整明细表》(A105040)

本表填报纳税人取得符合不征税收入条件的专项用途财政性资金，由于会计处理与税收规定不一致，需要进行纳税调整的金额。

14.《职工薪酬支出及纳税调整明细表》(A105050)

本表填报纳税人发生的职工薪酬（包括工资薪金、职工福利费、职工教育经费、工会经费、各类基本社会保障性缴款、住房公积金、补充养老保险、补充医疗保险等支出）情况，以及由于会计处理与税收规定不一致，需要进行纳税调整的项目和金额。纳税人只要发生职工薪酬支出，均需填报本表。

15.《广告费和业务宣传费跨年度纳税调整明细表》(A105060)

本表填报纳税人发生的广告费和业务宣传费支出，会计处理与税收规定不一致，需要进行纳税调整的金额。纳税人发生以前年度广告费和业务宣传费未扣除完毕的，也应填报以前年度累计结转情况。

16.《捐赠支出及纳税调整明细表》(A105070)

本表填报纳税人发生捐赠支出的情况，以及由于会计处理与税收规定不一致，需要进行纳税调整的项目和金额。纳税人发生以前年度捐赠支出未扣除完毕的，也应填报以前年度累计结转情况。

17.《资产折旧、摊销及纳税调整明细表》(A105080)

本表填报纳税人资产折旧、摊销情况，以及由于会计处理与税收规定不一致，需要进行纳税调整的项目和金额。

18.《资产损失税前扣除及纳税调整明细表》(A105090)

本表填报纳税人发生的资产损失的项目及金额，以及由于会计处理与税收规定不一致，需要进行纳税调整的项目和金额。

19.《企业重组及递延纳税事项纳税调整明细表》(A105100)

本表填报纳税人发生企业重组、非货币性资产对外投资、技术入股等业务所涉及的所得或损失情况，以及由于会计处理与税收规定不一致，需要进行纳税调整的项目和金额。

20.《政策性搬迁纳税调整明细表》(A105110)

本表填报纳税人发生政策性搬迁所涉及的所得或损失，由于会计处理与税收规定不一致，需要进行纳税调整的项目和金额。

21.《特殊行业准备金及纳税调整明细表》（A105120）

本表填报保险、证券、期货、金融、担保、小额贷款公司等特殊行业纳税人发生特殊行业准备金情况，以及由于会计处理与税收规定不一致，需要进行纳税调整的项目和金额。

22.《企业所得税弥补亏损明细表》（A106000）

本表填报纳税人以前年度发生的亏损需要在本年度结转弥补的金额，本年度可弥补的金额以及可继续结转以后年度弥补的亏损额。

23.《免税、减计收入及加计扣除优惠明细表》（A107010）

本表填报纳税人本年度所享受免税收入、减计收入、加计扣除等优惠的项目和金额。

24.《符合条件的居民企业之间的股息、红利等权益性投资收益优惠明细表》（A107011）

本表填报纳税人本年度享受居民企业之间的股息、红利等权益性投资收益免税优惠的项目和金额。

25.《研发费用加计扣除优惠明细表》（A107012）

本表填报纳税人享受研发费用加计扣除优惠的情况和金额。纳税人以前年度有销售研发活动直接形成产品（包括组成部分）对应材料部分未扣减完毕的，也应填报以前年度未扣减情况。

26.《所得减免优惠明细表》（A107020）

本表填报纳税人本年度享受减免所得额（包括农、林、牧、渔项目和国家重点扶持的公共基础设施项目、环境保护、节能节水项目以及符合条件的技术转让项目等）优惠的项目和金额。

27.《抵扣应纳税所得额明细表》（A107030）

本表填报纳税人本年度享受创业投资企业抵扣应纳税所得额优惠的情况和金额。纳税人有以前年度结转的尚未抵扣的股权投资余额的，也应填报以前年度累计结转情况。

28.《减免所得税优惠明细表》（A107040）

本表填报纳税人本年度享受减免所得税（包括小型微利企业、高新技术企业、民族自治地方企业、其他专项优惠等）的项目和金额。

29.《高新技术企业优惠情况及明细表》（A107041）

本表为高新技术企业资格在有效期内纳税人的必填表，填报高新技术企业本年度有关情况和优惠金额。

30.《软件、集成电路企业优惠情况及明细表》（A107042）

本表填报纳税人本年度享受软件、集成电路企业优惠的有关情况和优惠金额。

31.《税额抵免优惠明细表》（A107050）

本表填报纳税人享受购买专用设备投资额抵免税额情况和金额。纳税人有以前年度结转的尚未抵免的专用设备投资额的，也应填报以前年度已抵免情况。

32.《境外所得税收抵免明细表》（A108000）

本表填报纳税人本年度来源于或发生于不同国家、地区的所得，按照中国税收规定计算应缴纳和应抵免的企业所得税额。

33.《境外所得纳税调整后所得明细表》（A108010）

本表填报纳税人本年度来源于或发生于不同国家、地区的所得，按照中国税收规定计算调整后的所得。

34.《境外分支机构弥补亏损明细表》（A108020）

本表填报纳税人境外分支机构本年度及以前年度发生的税前尚未弥补的非实际亏损额和实际亏损额、结转以后年度弥补的非实际亏损额和实际亏损额。

35.《跨年度结转抵免境外所得税明细表》（A108030）

本表填报纳税人本年度发生的来源于不同国家或地区的境外所得按照中国税收法律、法规的规定可以抵免的所得税额。

36.《跨地区经营汇总纳税企业年度分摊企业所得税明细表》（A109000）

本表由跨地区经营汇总纳税企业的总机构按照规定计算的总机构、分支机构本年度应缴的企业所得税，以及总机构、分支机构应分摊的企业所得税。

37.《企业所得税汇总纳税分支机构所得税分配表》（A109010）

本表填报总机构本年度实际应纳所得税额以及所属分支机构本年度应分摊的所得税额。

（三）填表举例

根据企业的规模大小和业务范围以及行业性质来选择不同的表单：

1. 必选表一般为：

（1）A000000 企业基础信息表

（2）A100000 中华人民共和国企业所得税纳税申报表（A 类）

（3）A101010 一般企业收入明细表

（4）A102010 一般企业成本支出明细表

（5）A104000 期间费用明细表

（6）A105000 纳税调整项目明细表

（7）A105050 职工薪酬支出及纳税调整明细表

（8）A105080 资产折旧、摊销及纳税调整明细表

（9）A106000 企业所得税弥补亏损明细表

必选表 9 张，加上 A101020 金融企业收入明细表、A102020 金融企业支出明细表以及 A103000 事业单位、民间非营利组织收入、支出明细表共 12 张。

2. 其他有关纳税调整表，根据不同行业和不同业务选填下列有关表单：

（1）A105010 视同销售和房地产开发企业特定业务纳税调整明细表
（2）A105020 未按权责发生制确认收入纳税调整明细表
（3）A105030 投资收益纳税调整明细表
（4）A105040 专项用途财政性资金纳税调整明细表
（5）A105060 广告费和业务宣传费跨年度纳税调整明细表
（6）A105070 捐赠支出及纳税调整明细表
（7）A105090 资产损失税前扣除及纳税调整明细表
（8）A105100 企业重组及递延纳税事项纳税调整明细表
（9）A105110 政策性搬迁纳税调整明细表
（10）A105120 特殊行业准备金及纳税调整明细表
以上纳税调整明细表 2 级附表 10 张。

3. 根据不同的优惠政策，选填下列有关表单：

（1）A107010 免税、减计收入及加计扣除优惠明细表
（2）A107011 符合条件的居民企业之间的股息、红利等权益性投资收益优惠明细表
（3）A107012 研发费用加计扣除优惠明细表
（4）A107020 所得减免优惠明细表
（5）A107030 抵扣应纳税所得额明细表
（6）A107040 减免所得税优惠明细表
（7）A107041 高新技术企业优惠情况及明细表
（8）A107042 软件、集成电路企业优惠情况及明细表
（9）A107050 税额抵免优惠明细表
税收优惠无一级附表，二级附表 5 张，三级附表 4 张，共 9 张附表。

4. 如有境外税额抵免业务的选填以下表单：

（1）A108000 境外所得税收抵免明细表
（2）A108010 境外所得纳税调整后所得明细表
（3）A108020 境外分支机构弥补亏损明细表
（4）A108030 跨年度结转抵免境外所得税明细表
以上境外税额抵免业务明细表一级附表 1 张，二级附表 3 张，共 4 张。

5. 如有跨地区经营汇总纳税企业选填以下表单：

（1）A109000 跨地区经营汇总纳税企业年度分摊企业所得税明细表
（2）A109010 企业所得税汇总纳税分支机构所得税分配表
以上跨地区经营汇总纳税企业明细表一级附表 1 张，二级附表 1 张，共 2 张。

二、实行查账征收的纳税人根据企业涉税事项选择有关报表进行填报

必须要填报的表单有：《企业所得税年度纳税申报表填报表单》《企业基础信息表》（A000000）、《中华人民共和国企业所得税年度纳税申报表（A类）》（A100000）、《一般企业收入明细表》（A101010）、《一般企业支出明细表》（A102010）、《期间费用明细表》（A104000）。其他纳税申报表（附表）等由纳税人根据企业的涉税事项进行选择。

第二节　基础信息填报指南

一、A000000 基础信息表

（一）根据国家税务总局 2017 年第 54 号公告，表式如下：

表 2–2　基础信息表（A000000）

<table>
<tr><td colspan="3">100 基本信息</td></tr>
<tr><td>101 汇总纳税企业</td><td colspan="2">□总机构（跨省）——适用《跨地区经营汇总纳税企业所得税征收管理办法》
□总机构（跨省）——不适用《跨地区经营汇总纳税企业所得税征收管理办法》
☑总机构（省内）
□分支机构（须进行完整年度纳税申报且按比例纳税）——就地缴纳比例＝　%
□分支机构（须进行完整年度纳税申报但不就地缴纳）
□否</td></tr>
<tr><td>102 所属行业明细代码</td><td></td><td>103 资产总额（万元）</td></tr>
<tr><td>104 从业人数</td><td></td><td>105 国家限制或禁止行业</td></tr>
<tr><td>106 非营利组织</td><td>□是　☑否</td><td>107 存在境外关联交易</td></tr>
<tr><td>108 上市公司</td><td>是（□境内　□境外）　☑否</td><td>109 从事股权投资业务</td></tr>
<tr><td>110 适用的会计准则或会计制度</td><td colspan="2">企业会计准则（□一般企业　□银行　□证券　□保险　□担保）
□小企业会计准则
□企业会计制度
事业单位会计准则（□事业单位会计制度　□科学事业单位会计制度　□医院会计制度
□高等学校会计制度　□中小学校会计制度　□彩票机构会计制度）
□民间非营利组织会计制度
□村集体经济组织会计制度
□农民专业合作社财务会计制度（试行）
□其他</td></tr>
<tr><td colspan="3">200 企业重组及递延纳税事项</td></tr>
<tr><td colspan="3">201 发生资产（股权）划转特殊性税务处理事项</td></tr>
</table>

续表

202 发生非货币性资产投资递延纳税事项			□是			
203 发生技术入股递延纳税事项			□是			
204 发生企业重组事项			是（□一般性税务处理 □特殊性税务处理） □否			
204-1 重组开始时间	年 月 日	204-2 重组完成时间				
204-3 重组交易类型	□法律形式改变		□股权收购	□资产收购		□分立
204-4 企业在重组业务中所属当事方类型	*		□收购方 □转让方 □被收购企业	□收购方 □转让方		□分立企业 □被分立企业 □被分立企业股东

300 企业主要股东及分红情况

股东名称	证件种类	证件号码	投资比例	当年（决议日）分配的股息、红利等权益性投资收益金额	
其余股东合计	—	—			—

（二）根据国家税务总局 2017 年第 54 号公告，填报说明如下：

纳税人在填报申报表前，首先填报基础信息表，为后续申报提供指引。基础信息表的主要内容包括基本信息、重组事项、企业主要股东及分红情况等部分。有关项目填报说明如下：

1.“101 汇总纳税企业”：纳税人根据情况选择。纳税人为《国家税务总局关于印发〈跨地区经营汇总纳税企业所得税征收管理办法〉的公告》（国家税务总局公告 2012 第 57 号）规定的跨省、自治区、直辖市和计划单列市设立不具有法人资格分支机构的跨地区经营汇总纳税企业总机构，选择“总机构（跨省）—适用《跨地区经营汇总纳税企业所得税征收管理办法》”。

纳税人为《国家税务总局关于印发〈跨地区经营汇总纳税企业所得税征收管理办法〉的公告》（国家税务总局公告 2012 第 57 号）第二条规定的不适用该公告的总机构，选择“总机构（跨省）—不适用《跨地区经营汇总纳税企业所得税征收管理办法》”。

纳税人为仅在同一省、自治区、直辖市和计划单列市（以下称“同一地区”）内设立不具有法人资格分支机构的跨地区经营汇总纳税企业总机构，选择“总机构（省内）”。

纳税人根据相关政策规定为须进行完整年度申报并按比例纳税的分支机构，选择“分支机构（须进行完整年度申报并按比例纳税）”，并填写就地缴纳比例。

纳税人根据相关政策规定为须进行完整年度申报但不就地缴纳所得税的分支机构，选择“分支机构（须进行完整年度申报但不就地缴纳）”。

不是汇总纳税企业的纳税人选择“否”。

2.“102 所属行业明细代码”：根据《国民经济行业分类》标准填报纳税人的行业代码。工业企业所属行业代码为 06** 至 4690，不包括建筑业。所属行业代码为 7010 的房地产开发经营企业，可以填报表 A105010 中第 21 行至第 29 行。

3.“103 资产总额（万元）”：填报纳税人全年资产总额季度平均数，单位为万元，保留小数点后 2 位。资产总额季度平均数，具体计算公式如下：

季度平均值＝（季初值＋季末值）÷2

全年季度平均值＝全年各季度平均值之和 ÷4

年度中间开业或者终止经营活动的，以其实际经营期作为一个纳税年度确定上述相关指标。

4.“104 从业人数”：填报纳税人全年平均从业人数，从业人数是指与企业建立劳动关系的职工人数和企业接受的劳务派遣用工人数之和，依据和计算方法同“资产总额”口径。

5.“105 国家限制或禁止行业”：纳税人从事国家限制和禁止行业，选择“是”，其他选择“否”。

6.“106 非营利组织”：非营利组织选择“是”，其余企业选择“否”。

7.“107 存在境外关联交易”：纳税人存在境外关联交易，选择“是”，不存在选择“否”。

8.“108 上市公司”：纳税人根据情况，在境内上市的选择“境内”；在境外（含香港）上市的选择“境外”；其他选择“否”。

9.“109 从事股权投资业务”：从事股权投资业务的企业（包括集团公司总部、创业投资企业等），选择“是”，其余企业选择“否”。

10.“110 适用的会计准则或会计制度”：纳税人根据采用的会计准则或会计制度选择。

11.“201 发生资产（股权）划转特殊性税务处理事项”：企业根据情况，发生资产（股权）划转特殊性税务处理事项，选择“是”，并填报表 A105100；未发生选择“否”。

12.“202 发生非货币性资产投资递延纳税事项”：企业根据情况，发生非货币性资产投资递延纳税事项，选择“是”，并填报表 A105100；未发生选择“否”。

13.“203 发生技术入股递延纳税事项”：企业发生技术入股递延纳税事项，选择“是”，并填报表 A105100；未发生选择“否”。

14.“204 发生企业重组事项”：企业发生重组事项，根据情况选择税务处理方式，并填报 204-1 至 204-4 及表 A105100；未发生选择“否”。

15.“204-1 重组开始时间”：填报企业本次重组交易开始时间。

16.“204-2 重组完成时间”：填报企业本次重组完成时间或预计完成时间。

17.“204-3 重组交易类型”：企业根据重组交易类型，选择填报“法律形式改变”“债务重组”“股权收购”“资产收购”“合并”“分立”。

18.“204-4 企业在重组业务中所属当事方类型”：企业选择填报在重组业务中所属当事方类型。“交易类型”选择“债务重组”的，选择填报“债务人”或“债权人”；“交易类型”选择“股权收购”的，选择填报“收购方”“转让方”或“被收购企业”；“交易类型”选择“资产收购”的，选择填报“收购方”或“转让方”；“交易类型”选择“合并”的，选择填报“合并企业”“被合并企业”或“被合并企业股东”；“交易类型”选择“分立”的，选择填报“分立企业”“被分立企业”或“被分立企业股东”。

19.“300 企业主要股东及分红情况”，填报本企业投资比例前 10 位的股东情况。包括股东名称，证件种类（营业执照、税务登记证、组织机构代码证、身份证、护照等），证件号码（统一社会信用代码、纳税人识别号、组织机构代码号、身份证号、护照号等），投资比例，当年（决议日）分配的股息、红利等权益性投资收益金额，国籍（注册地址）。超过十位的其余股东，有关数据合计后填在“其余股东合计”行。

企业主要股东为国外非居民企业的，证件种类和证件号码可不填写。

（三）A000000 基础信息表的构成

A000000 基础信息表的结构，主要由 5 大部分组成，每一个部分单独看起来意义不大，但纵向和横向联系起来看，和其他 36 张表多少有关。

1.“101 汇总纳税企业”，主要是加强跨省市分支机构税收监管。自 2012 年 6 月 12 日财政部　国家税务总局　中国人民银行《关于印发〈跨省市总分机构企业所得税分配及预算管理办法〉的通知》（财预字〔2012〕40 号）和国家税务总局《关于印发〈跨地区经营汇总纳税企业所得税征收管理办法〉的公告》（〔2012〕57 号）以来，规定计算汇总纳税企业每一年度应缴的企业所得税、总机构和分支机构应分摊的企业所得税，对总分支机构缴纳企业所得税的监管逐步加强，管理逐步完善。

2. 基本信息模块，反映的是企业的主要信息与资产总额、从业人数、有无境外关联交易，是否为境内境外上市公司、企业的组织形式等基本情况，和企业所得税的计算息息相关，如“104 从业人数”与企业个税全员申报代扣代缴个人所得税有关。

3.“110 使用的会计准则或会计制度”，企业所得税申报的涉及面广，涉及行业多，因此涉及不同的会计制度，企业应根据财政部的有关规定选用不同的会计准则或会计制度。

4.“200 企业重组及递延纳税事项”，企业重组分为债务重组、股权收购、企业合并、企业分立，可能产生一般税务处理和特殊税务处理，根据不同的重组形式和处理方法有可能产生递延税款。例如，企业债务重组确认的应纳税所得额占该企业当年应纳税所得额的 50% 以上，可以在 5 个纳税年度的期间内，均匀计入各年度的应纳税所得额。

5.“300 企业主要股东及分红情况”，反映企业的股权结构情况，特别是自然人股东参与企业的分红情况，监控代扣代缴个人所得税，完善个人所得税的管理。

二、基础信息表的作用

一是纳税人自行披露重要涉税基础信息的平台，二是为主管税务机关企业所得税后续管理提供企业的重要基本情况，三是便于了解企业重组及递延纳税事项、企业主要股东及分红情况。

第三章

企业所得税年度纳税申报表（A类）的填报

第一节　企业所得税年度纳税申报表主表的结构

一、结构

（一）列标：四大列标

1. 行次
2. 类别
3. 项目
4. 金额

（二）行号，分为1至36行

二、列标“类别”的说明

（一）利润总额的计算。第1–13行参照《企业会计准则》利润表的说明编制和填报。

利润总额 = 营业利润 + 营业外收入 – 营业外支出

营业利润 = 营业收入 – 营业成本 – 税金及附加 – 期间费用 – 资产减值损失 + 公允价值变动损益 + 投资收益

期间费用 = 销售费用 + 管理费用 + 财务费用

纳税调整后所得 = 利润总额 – 境外所得 + 纳税调整增加额 – 纳税调整减少额 – 免税、减计收入及加计扣除 + 境外所得抵减境内亏损

（二）应纳税所得额。第23行“应纳税所得额”：金额等于本表第19–20–21–22行计算结果。本行不得为负数。本行第19行或者按照上述行次顺序计算结果本行为负数，本行金额填零。

（三）应纳税额计算

应纳所得税额 = 应纳税所得额 ×25%

应纳税额 = 应纳所得税额 – 减免所得税额 – 抵免所得税额

实际应纳税所得额 = 应纳税额 + 境外所得应纳所得税额 – 境外所得抵免所得税额

本年应补（退）所得税额 = 实际应纳所得税额 – 本年累计实际已缴纳的所得税额

三、主表与附表的关系

（一）主表“利润总额”计算和财务报表的关系

主表“利润总额”取自财务报表利润表的“利润总额”（亏损总额以“–”填列），这是根据《企业会计准则》计算出来的年度企业的总利润。计算依据根据损益类账户的年度借方发生额和贷方发生额相加减取得。会计分录如下：

借：主营业务收入
　　其他业务收入
　　公允价值变动损益（或贷方）
　　投资收益（或贷方）
　　其他收益
　　资产处置损益（或贷方）【新会计准则下的新增科目】
　　营业外收入
　　贷：本年利润

借：本年利润
　　贷：主营业务成本
　　　　其他业务成本
　　　　税金及附加
　　　　销售费用
　　　　管理费用
　　　　财务费用
　　　　研发费用【新会计准则下的新增科目】
　　　　信用减值损失【新会计准则下的新增科目，仅用于应收款项的减值处理】
　　　　资产减值损失【用于除应收款项减值外的资产项目的减值处理】
　　　　营业外支出

（二）主表与附表的关系（不含金融企业和非营利组织）

1. 主表“行次 1”：营业收入根据 A101010《一般企业收入明细表》的“主营业务收入”“其他业务收入”的数额计算填列。

2. 主表“行次 2”：营业成本根据 A102010《一般企业成本支出明细表》的“主营

业务成本”“其他业务成本”的数额计算填列。

3. 主表“行次 3”：税金及附加，应根据财政部财会〔2016〕22 号文关于印发《增值税会计处理规定》的通知“全面试行营业税改证增值税”后，“营业税金及附加”科目名称调整为“税金及附加”科目，该科目核算企业经营活动发生的消费税、城市维护建设税、资源税、教育费附加及房产税、土地使用税、土地增值税、车船使用税、印花税等相关税费；利润表中的“营业税金及附加”项目调整为“税金及附加”项目。本项目取自会计“税金及附加”科目的借方发生额。

4. 主表“行次 4”：销售费用根据 A104000《期间费用明细表》第一列 26 行的合计数填列。

5. 主表“行次 5”：管理费用根据 A104000《期间费用明细表》第三列 26 行的合计数填列。

6. 主表“行次 5”：财务费用根据 A104000《期间费用明细表》第五列 26 行的合计数填列。

7. 主表“行次 7”：资产减值损失根据企业会计资产减值损失的借方发生额填列。

8. 主表“行次 8”：公允价值变动收益根据企业会计“公允价值变动损益”账户借方发生额和贷方发生额分析填列。

9. 主表“行次 9”：投资收益根据企业会计“投资收益”账户借方发生额和贷方发生额分析填列。

10. 主表“行次 11”：营业外收入根据 A101010《一般企业收入明细表》的“营业外收入”的数额填列。

11. 主表“行次 12”：营业外支出根据 A102010《一般企业成本支出明细表》的“营业外支出”的数额填列。

12. 主表“行次 14”：境外所得根据 A108010《境外所得纳税调整后所得明细表》第 14 列合计 - 第 11 列合计填列。

13. 主表“行次 15”：纳税调整增加额根据 A105000《纳税调整项目明细表》第 45 行第 3 列填列。

14. 主表“行次 16”：纳税调整减少额根据 A105000《纳税调整项目明细表》第 45 行第 4 列填列。

15. 主表“行次 17”：免税、减计收入及加计扣除根据 A107010《免税、减计收入及加计扣除优惠明细表》第 31 行填列。

16. 主表“行次 18”：境外应税所得抵减境内亏损应根据计算的不同情况分析填列：

（1）当 A100000 第 13-14+15-16-17 行大于或等于 0，则第 18 行 =0;

（2）当 A100000 第 13-14+15-16-17 小于 0 且表 A108000 第 5 列合计大于或等于 0，表 A108000 第 6 列合计大于 0 时，第 18 行 = 表 A108000 第 5 列合计行与表 A100000 第 13-14+15-16-17 行绝对值的孰小值;

（3）当 A100000 第 13-14+15-16-17 小于 0 且表 A108000 第 5 列合计行大于或等于 0，表 A108000 第 6 列合计行 =0，第 18 行 =0。

17. 主表“行次 20”：所得减免根据 A107020《所得减免优惠明细表》计算分析填列，当 19 行小于或等于 0 时，本行填 0；当 19 行大于 0 时：

（1）A107020 表合计行第 11 列小于或等于表 A100000 第 19 行，本行 = 表 A107020 合计行第 11 列；

（2）A107020 表合计行第 11 列大于表 A100000 第 19 行，本行 = 表 A100000 第 19 行。

18. 主表“行次 21”：弥补以前年度亏损根据 A106000《企业所得税弥补亏损明细表》第 6 行第 10 列本年实际弥补的以前年度亏损额填列。

19. 主表“行次 22”：抵扣应纳税所得额根据 A107030《抵扣应纳税所得额明细表》第 15 行第 1 列填列。

20. 主表“行次 26”：减免所得税额根据 A107040《减免所得税优惠明细表》第 32 行合计金额填列。

21. 主表“行次 27”：抵免所得税额根据 A107050《税额抵免优惠明细表》第 7 行第 11 列本年实际抵免的各年度税额填列。

22. 主表“行次 29 行”：境外所得应纳税所得额根据 A108000《境外所得税收抵免明细表》第 9 列境外所得应纳税额合计填列。

23. 主表“行次 30”：境外所得抵免税所得额根据 A108000《境外所得税收抵免明细表》第 19 列境外所得抵免所得税额合计填列。

24. 主表“行次 32”：本年累计实际已缴纳的所得税额根据会计账户当年应交税费 - 应交企业所得税账户借方发生额分析填列。

25. 主表“行次 34”：总机构分摊本年应补（退）所得税额根据 A109000《跨地区经营汇总纳税企业年度分摊企业所得税明细表》第 12+13+15+16 行合计填列。

26. 主表“行次 35”：财政集中分配本年应补（退）所得税额根据 A109000《跨地区经营汇总纳税企业年度分摊企业所得税明细表》第 13 行填列。

27. 主表“行次 36”：总机构主体生产经营部门分摊本年应补（退）所得税额根据 A109000《跨地区经营汇总纳税企业年度分摊企业所得税明细表》第 15 行填列。

第二节　企业所得税年度纳税申报表填表指南

一、A100000 主表的填报

（一）根据国家税务总局 2017 年第 54 号公告，表式如下：

表 3-1　中华人民共和国企业所得税年度纳税申报表（A 类）（A100000）

行次	类别	项　目	金　额
1	利润总额计算	一、营业收入（填写 A101010\101020\103000）	
2		减：营业成本（填写 A102010\102020\103000）	

续表

行次	类别	项 目	金 额
3		减：税金及附加	
4		减：销售费用（填写 A104000）	
5		减：管理费用（填写 A104000）	
6		减：财务费用（填写 A104000）	
7		减：资产减值损失	
8		加：公允价值变动收益	
9		加：投资收益	
10		二、营业利润（1-2-3-4-5-6-7+8+9）	
11		加：营业外收入（填写 A101010\101020\103000）	
12		减：营业外支出（填写 A102010\102020\103000）	
13		三、利润总额（10+11-12）	
14	应纳税所得额计算	减：境外所得（填写 A108010）	
15		加：纳税调整增加额（填写 A105000）	
16		减：纳税调整减少额（填写 A105000）	
17		减：免税、减计收入及加计扣除（填写 A107010）	
18		加：境外应税所得抵减境内亏损（填写 A108000）	
19		四、纳税调整后所得（13-14+15-16-17+18）	
20		减：所得减免（填写 A107020）	
21		减：弥补以前年度亏损（填写 A106000）	
22		减：抵扣应纳税所得额（填写 A107030）	
23		五、应纳税所得额（19-20-21-22）	
24	应纳税额计算	税率（25%）	25%
25		六、应纳所得税额（23×24）	
26		减：减免所得税额（填写 A107040）	
27		减：抵免所得税额（填写 A107050）	
28		七、应纳税额（25-26-27）	
29		加：境外所得应纳所得税额（填写 A108000）	
30		减：境外所得抵免所得税额（填写 A108000）	
31		八、实际应纳所得税额（28+29-30）	
32		减：本年累计实际已缴纳的所得税额	
33		九、本年应补（退）所得税额（31-32）	
34		其中：总机构分摊本年应补（退）所得税额（填写 A109000）	
35		财政集中分配本年应补（退）所得税额（填写 A109000）	
36		总机构主体生产经营部门分摊本年应补（退）所得税额（填写 A109000）	

（二）根据国家税务总局 2017 年第 54 号公告，填报说明如下：

本表为企业所得税年度纳税申报表主表，企业应该根据《中华人民共和国企业所得税法》及其实施条例（以下简称税法）、相关税收政策，以及国家统一会计制度（企业会计准则、小企业会计准则、企业会计制度、事业单位会计准则和民间非营利组织会计制度等）的规定，计算填报纳税人利润总额、应纳税所得额和应纳税额等有关项目。

企业在计算应纳税所得额及应纳所得税时，企业会计处理与税收规定不一致的，应当按照税收规定计算。税收规定不明确的，在没有明确规定之前，暂按国家统一会计制度计算。

1. 有关项目填报说明

（1）表体项目

本表是在纳税人会计利润总额的基础上，加减纳税调整等金额后计算出“纳税调整后所得”。会计与税法的差异（包括收入类、扣除类、资产类等差异）通过《纳税调整项目明细表》（A105000）集中填报。

本表包括利润总额计算、应纳税所得额计算、应纳税额计算三个部分。

①“利润总额计算”中的项目，按照国家统一会计制度规定计算填报。实行企业会计准则、小企业会计准则、企业会计制度、分行业会计制度的纳税人其数据直接取自利润表；实行事业单位会计准则的纳税人其数据取自收入支出表；实行民间非营利组织会计制度的纳税人其数据取自业务活动表；实行其他国家统一会计制度的纳税人，根据本表项目进行分析填报。

②“应纳税所得额计算”和“应纳税额计算”中的项目，除根据主表逻辑关系计算的外，通过附表相应栏次填报。

（2）行次说明

第 1–13 行参照国家统一会计制度规定填写：

①第 1 行“营业收入”：填报纳税人主要经营业务和其他经营业务取得的收入总额。本行根据“主营业务收入”和“其他业务收入”的数额填报。一般企业纳税人根据《一般企业收入明细表》（A101010）填报；金融企业纳税人根据《金融企业收入明细表》（A101020）填报；事业单位、社会团体、民办非企业单位、非营利组织等纳税人根据《事业单位、民间非营利组织收入、支出明细表》（A103000）填报。

②第 2 行“营业成本”项目：填报纳税人主要经营业务和其他经营业务发生的成本总额。本行根据“主营业务成本”和“其他业务成本”的数额填报。一般企业纳税人根据《一般企业成本支出明细表》（A102010）填报；金融企业纳税人根据《金融企业支出明细表》（A102020）填报；事业单位、社会团体、民办非企业单位、非营利组织等纳税人，根据《事业单位、民间非营利组织收入、支出明细表》（A103000）填报。

③第 3 行“税金及附加”：填报纳税人经营活动发生的消费税、城市维护建设税、

资源税、土地增值税和教育费附加等相关税费。本行根据纳税人相关会计科目填报。纳税人在其他会计科目核算的税金不得重复填报。

④第4行“销售费用”：填报纳税人在销售商品和材料、提供劳务的过程中发生的各种费用。本行根据《期间费用明细表》（A104000）中对应的“销售费用”填报。

⑤第5行“管理费用”：填报纳税人为组织和管理企业生产经营发生的管理费用。本行根据《期间费用明细表》（A104000）中对应的“管理费用”填报。

⑥第6行“财务费用”：填报纳税人为筹集生产经营所需资金等发生的筹资费用。本行根据《期间费用明细表》（A104000）中对应的“财务费用”填报。

⑦第7行“资产减值损失”：填报纳税人计提各项资产准备发生的减值损失。本行根据企业“资产减值损失”科目上的数额填报。实行其他会计制度的比照填报。

⑧第8行“公允价值变动收益”：填报纳税人在初始确认时划分为以公允价值计量且其变动计入当期损益的金融资产或金融负债（包括交易性金融资产或负债，直接指定为以公允价值计量且其变动计入当期损益的金融资产或金融负债），以及采用公允价值模式计量的投资性房地产、衍生工具和套期业务中公允价值变动形成的应计入当期损益的利得或损失。本行根据企业“公允价值变动损益”科目的数额填报，损失以“-”号填列。

⑨第9行“投资收益”：填报纳税人以各种方式对外投资确认所取得的收益或发生的损失。根据企业“投资收益”科目的数额计算填报，实行事业单位会计准则的纳税人根据“其他收入”科目中的投资收益金额分析填报，损失以“-”号填列。实行其他会计制度的纳税人比照填报。

⑩第10行“营业利润”：填报纳税人当期的营业利润。根据上述项目计算填列。

⑪第11行“营业外收入”：填报纳税人取得的与其经营活动无直接关系的各项收入的金额。一般企业纳税人根据《一般企业收入明细表》（A101010）填报；金融企业纳税人根据《金融企业收入明细表》（A101020）填报；实行事业单位会计准则或民间非营利组织会计制度的纳税人根据《事业单位、民间非营利组织收入、支出明细表》（A103000）填报。

⑫第12行“营业外支出”：填报纳税人发生的与其经营活动无直接关系的各项支出的金额。一般企业纳税人根据《一般企业成本支出明细表》（A102010）填报；金融企业纳税人根据《金融企业支出明细表》（A102020）填报；实行事业单位会计准则或民间非营利组织会计制度的纳税人根据《事业单位、民间非营利组织收入、支出明细表》（A103000）填报。

⑬第13行“利润总额”：填报纳税人当期的利润总额。根据上述项目计算填列。

⑭第14行“境外所得”：填报纳税人取得的境外所得且已计入利润总额的金额。本行根据《境外所得纳税调整后所得明细表》（A108010）填报。

⑮第15行“纳税调整增加额”：填报纳税人会计处理与税收规定不一致，进行纳税调整增加的金额。本行根据《纳税调整项目明细表》（A105000）“调增金额”列填报。

⑯第16行“纳税调整减少额”：填报纳税人会计处理与税收规定不一致，进行纳税调整减少的金额。本行根据《纳税调整项目明细表》（A105000）“调减金额”列填报。

⑰第17行“免税、减计收入及加计扣除”：填报属于税收规定免税收入、减计收入、加计扣除金额。本行根据《免税、减计收入及加计扣除优惠明细表》（A107010）填报。

⑱第18行“境外应税所得抵减境内亏损”：当纳税人选择不用境外所得抵减境内亏损时，填报零；当纳税人选择用境外所得抵减境内亏损时，填报境外所得抵减当年度境内亏损的金额，用境外所得弥补以前年度境内亏损的，填报《境外所得税收抵免明细表》（A108000）。

⑲第19行“纳税调整后所得”：填报纳税人经过纳税调整、税收优惠、境外所得计算后的所得额。

⑳第20行“所得减免”：填报属于税收规定所得减免金额。本行根据《所得减免优惠明细表》（A107020）填报。

㉑第21行“弥补以前年度亏损”：填报纳税人按照税收规定可在税前弥补的以前年度亏损数额，本行根据《企业所得税弥补亏损明细表》（A106000）填报。

㉒第22行“抵扣应纳税所得额”：填报根据税收规定应抵扣的应纳税所得额。本行根据《抵扣应纳税所得额明细表》（A107030）填报。

㉓第23行“应纳税所得额”：金额等于本表第19-20-21-22行计算结果。本行不得为负数。按照上述行次顺序计算结果本行为负数，本行金额填零。

㉔第24行“税率”：填报税收规定的税率25%。

㉕第25行“应纳所得税额”：金额等于本表第23×24行。

㉖第26行“减免所得税额”：填报纳税人按税收规定实际减免的企业所得税额。本行根据《减免所得税优惠明细表》（A107040）填报。

㉗第27行“抵免所得税额”：填报企业当年的应纳所得税额中抵免的金额。本行根据《税额抵免优惠明细表》（A107050）填报。

㉘第28行“应纳税额”：金额等于本表第25-26-27行。

㉙第29行“境外所得应纳所得税额”：填报纳税人来源于中国境外的所得，按照中国税收规定计算的应纳所得税额。本行根据《境外所得税收抵免明细表》（A108000）填报。

㉚第30行“境外所得抵免所得税额”：填报纳税人来源于中国境外所得依照中国境外税收法律以及相关规定应缴纳并实际缴纳（包括视同已实际缴纳）的企业所得税性质的税款（准予抵免税款）。本行根据《境外所得税收抵免明细表》（A108000）填报。

㉛第31行“实际应纳所得税额”：填报纳税人当期的实际应纳所得税额。金额等于本表第28+29-30行。

㉜第 32 行“本年累计实际已缴纳的所得税额”：填报纳税人按照税收规定本纳税年度已在月（季）度累计预缴的所得税额，包括按照税收规定的特定业务已预缴（征）的所得税额，建筑企业总机构直接管理的跨地区设立的项目部按规定向项目所在地主管税务机关预缴的所得税额。

㉝第 33 行“本年应补（退）的所得税额”：填报纳税人当期应补（退）的所得税额。金额等于本表第 31–32 行。

㉞第 34 行“总机构分摊本年应补（退）所得税额”：填报汇总纳税的总机构按照税收规定在总机构所在地分摊本年应补（退）所得税额。本行根据《跨地区经营汇总纳税企业年度分摊企业所得税明细表》（A109000）填报。

㉟第 35 行“财政集中分配本年应补（退）所得税额”：填报汇总纳税的总机构按照税收规定财政集中分配本年应补（退）所得税款。本行根据《跨地区经营汇总纳税企业年度分摊企业所得税明细表》（A109000）填报。

㊱第 36 行“总机构主体生产经营部门分摊本年应补（退）所得税额”：填报汇总纳税的总机构所属的具有主体生产经营职能的部门按照税收规定应分摊的本年应补（退）所得税额。本行根据《跨地区经营汇总纳税企业年度分摊企业所得税明细表》（A109000）填报。

2. 表内、表间关系

（1）表内关系

①第 10 行＝第 1–2–3–4–5–6–7+8+9 行。

②第 13 行＝第 10+11–12 行。

③第 19 行＝第 13–14+15–16–17+18 行。

④第 23 行＝第 19–20–21–22 行。

⑤第 25 行＝第 23 × 24 行。

⑥第 28 行＝第 25–26–27 行。

⑦第 31 行＝第 28+29–30 行。

⑧第 33 行＝第 31–32 行。

（2）表间关系

①第 1 行＝表 A101010 第 1 行或表 A101020 第 1 行或表 A103000 第 2+3+4+5+6 行或表 A103000 第 11+12+13+14+15 行。

②第 2 行＝表 A102010 第 1 行或表 A102020 第 1 行或表 A103000 第 19+20+21+22 行或表 A103000 第 25+26+27 行。

③第 4 行＝表 A104000 第 26 行第 1 列。

④第 5 行＝表 A104000 第 26 行第 3 列。

⑤第 6 行＝表 A104000 第 26 行第 5 列。

⑥第 9 行＝表 A103000 第 8 行或者第 16 行（仅限于填报表 A103000 的纳税人，其

他纳税人根据财务核算情况自行填写）。

⑦第 11 行＝表 A101010 第 16 行或表 A101020 第 35 行或表 A103000 第 9 行或第 17 行。

⑧第 12 行＝表 A102010 第 16 行或表 A102020 第 33 行或表 A103000 第 23 行或第 28 行。

⑨第 14 行＝表 A108010 第 14 列合计 - 第 11 列合计。

⑩第 15 行＝表 A105000 第 45 行第 3 列。

⑪第 16 行＝表 A105000 第 45 行第 4 列。

⑫第 17 行＝表 A107010 第 31 行。

⑬第 18 行：

A. 当 A100000 第 13–14+15–16–17 行≥ 0，第 18 行＝ 0；

B. 当 A100000 第 13–14+15–16–17 ＜ 0 且表 A108000 第 5 列合计行 ≥ 0，表 A108000 第 6 列合计行＞ 0 时，第 18 行＝表 A108000 第 5 列合计行与表 A100000 第 13–14+15–16–17 行绝对值的孰小值；

C. 当 A100000 第 13–14+15–16–17 ＜ 0 且表 A108000 第 5 列合计行 ≥ 0，表 A108000 第 6 列合计行＝ 0 时，第 18 行＝ 0。

⑭第 19 行＝表 A100000 第 13–14+15–16–17+18 行。

⑬第 20 行：

当第 19 行≤ 0 时，本行填报 0；

当第 19 行＞ 0 时，

A. A107020 表合计行第 11 列≤表 A100000 第 19 行，本行＝表 A107020 合计行第 11 列；

B. A107020 表合计行第 11 列>表 A100000 第 19 行，本行＝表 A100000 第 19 行。

⑯第 21 行＝表 A106000 第 6 行第 10 列。

⑰第 22 行＝表 A107030 第 15 行第 1 列。

⑱第 26 行＝表 A107040 第 32 行。

⑲第 27 行＝表 A107050 第 7 行第 11 列。

⑳第 29 行＝表 A108000 第 9 列合计。

㉑第 30 行＝表 A108000 第 19 列合计。

㉒第 34 行＝表 A109000 第 12+16 行。

㉓第 35 行＝表 A109000 第 13 行。

㉔第 36 行＝表 A109000 第 15 行。

（三）填表举例

【例 3–1】资料如下：

1. 根据《一般企业收入明细表》（A101010）中主营业务收入 1300 万元，其他业务收入200万元，营业外收入5万元；

2. 根据《一般企业成本支出明细表》（A102010）中主营业务成本500万元，其他业务成本100万元，营业外支出10万元；

3. 根据《境外所得纳税调整后所得明细表》（A108010）中第14列境外税前所得合计数为50万元，减去该表第11列间接负担的所得税额合计数10万元；

4. 根据会计账簿记载税金及附加为50万元；

5. 根据《期间费用明细表》（A104000）中管理费用为70万元，销售费用80万元，财务费用50万元；

6. 根据会计账簿记载资产减值损失为20万元，公允价值变动损益为30万元，投资收益为80万元；

7. 根据《纳税调整项目明细表》（A105000）中纳税调整增加额为150万元，纳税调整减少额200万元；

8. 根据《免税、减计收入及加计扣除优惠明细表》（A107010）中第31行免税收入、减计收入及加计扣除合计金额为100万元；

9. 根据《所得减免优惠明细表》（A107020）中第11列减免所得额合计金额为40万元；

10. 根据《境外所得税收抵免明细表》（A108000）中第9列境外所得应纳税额合计为20万元；

11. 根据《境外所得税收抵免明细表》（A108000）中第19列境外所得抵免所得税额合计为15万元；

12. 本年累计实际已缴纳的所得税额为96万元。

根据以上资料，填报如下：

表3-2 中华人民共和国企业所得税年度纳税申报表（A类）（A100000）

单位：万元

行次	类别	项 目	金 额
1	利润总额计算	一、营业收入（填写A101010\101020\103000）	1500.00
2		减：营业成本（填写A102010\102020\103000）	600.00
3		减：税金及附加	50.00
4		减：销售费用（填写A104000）	80.00
5		减：管理费用（填写A104000）	70.00
6		减：财务费用（填写A104000）	50.00
7		减：资产减值损失	20.00
8		加：公允价值变动收益	30.00

续表

行次	类别	项目	金额
9	利润总额计算	加：投资收益	80.00
10		二、营业利润（1-2-3-4-5-6-7+8+9）	740.00
11		加：营业外收入（填写 A101010\101020\103000）	5.00
12		减：营业外支出（填写 A102010\102020\103000）	10.00
13		三、利润总额（10+11-12）	735.00
14	应纳税所得额计算	减：境外所得（填写 A108010）	40.00
15		加：纳税调整增加额（填写 A105000）	150.00
16		减：纳税调整减少额（填写 A105000）	200.00
17		减：免税、减计收入及加计扣除（填写 A107010）	100.00
18		加：境外应税所得抵减境内亏损（填写 A108000）	
19		四、纳税调整后所得（13-14+15-16-17+18）	545.00
20		减：所得减免（填写 A107020）	40.00
21		减：弥补以前年度亏损（填写 A106000）	
22		减：抵扣应纳税所得额（填写 A107030）	
23		五、应纳税所得额（19-20-21-22）	505.00
24	应纳税额计算	税率（25%）	25%
25		六、应纳所得税额（23×24）	126.25
26		减：减免所得税额（填写 A107040）	
27		减：抵免所得税额（填写 A107050）	
28		七、应纳税额（25-26-27）	126.25
29		加：境外所得应纳所得税额（填写 A108000）	20.00
30		减：境外所得抵免所得税额（填写 A108000）	15.00
31		八、实际应纳所得税额（28+29-30）	131.25
32		减：本年累计实际已缴纳的所得税额	96.00
33		九、本年应补（退）所得税额（31-32）	35.25
34		其中：总机构分摊本年应补（退）所得税额（填写 A109000）	
35		财政集中分配本年应补（退）所得税额（填写 A109000）	
36		总机构主体生产经营部门分摊本年应补（退）所得税额（填写 A109000）	

根据表 3-2 可知：利润总额为 735.00 万元；应纳税所得额为 505.00 万元；应纳税额为 126.25 万元；实际应纳所得税额为 131.25 万元；本年应补（退）所得税额为 35.25 万元。

第四章

一般企业收入、成本支出和期间费用申报指南

第一节 收入、成本、期间费用与企业会计科目的比较分析

一、收入对应的会计科目

（一）主营业务收入主要是销售商品、提供劳务或提供服务的收入，相关会计分录：借记：银行存款 / 应收账款等，贷记：主营业务收入 / 应交税费—应交增值税—销项税额，如为小规模纳税人，贷记：应交税费—应交增值税；若为按照简易办法计税的纳税人，贷记：应交税费—简易计税。

（二）其他业务收入主要是除主营业务以外的其他经营活动实现的收入，包括出租固定资产、出租无形资产、出租包装物和商品、销售材料、用材料进行非货币性交换或债务重组实现的收入。会计分录如下：借记：银行存款 / 应收账款等，贷记：其他业务收入 / 应交税费—应交增值税—销项税额，如为小规模纳税人，贷记：应交税费—应交增值税；若为按照简易办法计税的纳税人，贷记：应交税费—简易计税。

（三）营业外收入主要核算企业发生的除主营业务收入和其他业务收入以外的收入，主要包括非流动资产处置利得、非货币性资产交换利得、债务重组利得、政府补助、盘盈利得、捐赠利得等。主要会计分录如下：借记：库存现金 / 银行存款有关科目，贷记：营业外收入，若涉及增值税的应税行为，还应贷记：应交税费—应交增值税—销项税额或贷记：应交税费—应交增值税；或贷记：应交税费—简易计税。

（四）以上收入科目的填表取数采用该科目的贷方发生额即某一时间段的时期数，实际工作中特别要注意贷方发生额的采用，有可能进行必要的调整。

二、成本支出对应的会计科目

（一）主营业务成本主要是核算企业销售商品、提供劳务和提供服务等主营业务收

入时相对应的成本结转，相关会计分录：借记：主营业务成本，贷记：库存商品、劳务成本等科目。

（二）其他业务成本主要是核算除主营业务成本以外的其他经营活动所发生的支出，包括销售材料的成本、出租固定资产折旧额、出租无形资产摊销额、出租包装物的成本或摊销额等，相关会计分录：借记：其他业务成本，贷记：原材料、周转材料、累计折旧、累计摊销、应付职工薪酬、银行存款等科目。

（三）营业外支出主要核算企业发生各项营业外支出，包括非流动资产处置损失、非货币性资产交换损失、债务重组损失、公益性捐赠支出、非常损失、盘亏损失等，相关会计分录：

1. 固定资产清理发生的损失，借记：营业外支出，贷记：固定资产清理。

2. 固定资产盘亏，借记：营业外支出，贷记：待处理财产损益（盘亏时批准前借记：待处理财产损益，贷记：固定资产）。

3. 发生的罚款支出、捐赠支出，借记：营业外支出，贷记：银行存款。

（四）以上成本科目的填表取数采用该科目的借方发生额即某一时间段的时期数，实际工作中特别要注意借方生额的采用，有可能进行必要的调整。

三、期间费用对应的会计科目

（一）期间费用主要包括销售费用、管理费用、财务费用，会计明细科目的设置各个企业有所不同，填写《期间费用明细表》（A104000）时要进行合并和拆分，符合期间费用明细表的相关要求，如有境外支付需单独在境外支付填列，项目明细如下：职工薪酬，劳务费，咨询顾问费，业务招待费，广告费和业务宣传费，佣金和手续费，资产折旧摊销费，财产损耗、盘亏及毁损损失，办公费，董事会费，租赁费，诉讼费，差旅费，保险费，运输仓储费，修理费，包装费，技术转让费，研究费用，各项税费，利息收支，汇总差额，现金折扣，党组织工作经费，其他。

（二）以上期间费用科目的填表取数采用该科目的借方发生额即某一时间段的时期数，实际工作中特别要注意借方生额的采用，有可能进行必要的调整。

第二节　收入、成本支出、期间费用报表填报指南

一、A101010 一般企业收入明细表

（一）根据国家税务总局 2017 年第 54 号公告，表式如下：

表 4–1　一般企业收入明细表（A101010）

行次	项目	金额
1	一、营业收入（2+9）	
2	（一）主营业务收入（3+5+6+7+8）	—
3	1. 销售商品收入	
4	其中：非货币性资产交换收入	
5	2. 提供劳务收入	
6	3. 建造合同收入	
7	4. 让渡资产使用权收入	
8	5. 其他	
9	（二）其他业务收入（10+12+13+14+15）	
10	1. 销售材料收入	
11	其中：非货币性资产交换收入	
12	2. 出租固定资产收入	
13	3. 出租无形资产收入	
14	4. 出租包装物和商品收入	
15	5. 其他	
16	二、营业外收入（17+18+19+20+21+22+23+24+25+26）	
17	（一）非流动资产处置利得	
18	（二）非货币性资产交换利得	
19	（三）债务重组利得	
20	（四）政府补助利得	
21	（五）盘盈利得	
22	（六）捐赠利得	
23	（七）罚没利得	
24	（八）确实无法偿付的应付款项	
25	（九）汇兑收益	
26	（十）其他	

（二）根据国家税务总局 2017 年第 54 号公告，填报说明如下：

本表适用于除金融企业、事业单位和民间非营利组织外的企业填报。纳税人应根据国家统一会计制度的规定，填报“主营业务收入”“其他业务收入”和“营业外收入”。

1. 有关项目填报说明

（1）第 1 行“营业收入”：根据主营业务收入、其他业务收入的数额计算填报。

（2）第 2 行“主营业务收入”：根据不同行业的业务性质分别填报纳税人核算的主营业务收入。

（3）第 3 行“销售商品收入”：填报纳税人从事工业制造、商品流通、农业生产以及其他商品销售活动取得的主营业务收入。房地产开发企业销售开发产品（销售未完工开发产品除外）取得的收入也在此行填报。

（4）第 4 行“其中：非货币性资产交换收入”：填报纳税人发生的非货币性资产交换按照国家统一会计制度应确认的销售商品收入。

（5）第 5 行“提供劳务收入”：填报纳税人从事建筑安装、修理修配、交通运输、仓储租赁、邮电通信、咨询经纪、文化体育、科学研究、技术服务、教育培训、餐饮住宿、中介代理、卫生保健、社区服务、旅游、娱乐、加工以及其他劳务活动取得的主营业务收入。

（6）第 6 行“建造合同收入”：填报纳税人建造房屋、道路、桥梁、水坝等建筑物，以及生产船舶、飞机、大型机械设备等取得的主营业务收入。

（7）第 7 行“让渡资产使用权收入”：填报纳税人在主营业务收入核算的，让渡无形资产使用权而取得的使用费收入以及出租固定资产、无形资产、投资性房地产取得的租金收入。

（8）第 8 行“其他”：填报纳税人按照国家统一会计制度核算、上述未列举的其他主营业务收入。

（9）第 9 行“其他业务收入”：填报根据不同行业的业务性质分别填报纳税人核算的其他业务收入。

（10）第 10 行“销售材料收入”：填报纳税人销售材料、下脚料、废料、废旧物资等取得的收入。

（11）第 11 行“其中：非货币性资产交换收入”：填报纳税人发生的非货币性资产交换按照国家统一会计制度应确认的材料销售收入。

（12）第 12 行“出租固定资产收入”：填报纳税人将固定资产使用权让与承租人获取的其他业务收入。

（13）第 13 行“出租无形资产收入”：填报纳税人让渡无形资产使用权取得的其他业务收入。

（14）第 14 行“出租包装物和商品收入”：填报纳税人出租、出借包装物和商品取得的其他业务收入。

（15）第 15 行“其他”：填报纳税人按照国家统一会计制度核算，上述未列举的其他业务收入。

（16）第 16 行“营业外收入”：填报纳税人计入本科目核算的与生产经营无直接关系的各项收入。

（17）第 17 行“非流动资产处置利得”：填报纳税人处置固定资产、无形资产等取得的净收益。

（18）第 18 行“非货币性资产交换利得”：填报纳税人发生非货币性资产交换应确认的净收益。

（19）第 19 行“债务重组利得”：填报纳税人发生的债务重组业务确认的净收益。

（20）第 20 行“政府补助利得”：填报纳税人从政府无偿取得货币性资产或非货币性资产应确认的净收益。

（21）第 21 行“盘盈利得”：填报纳税人在清查财产过程中查明的各种财产盘盈应确认的净收益。

（22）第 22 行“捐赠利得”：填报纳税人接受的来自企业、组织或个人无偿给予的货币性资产、非货币性资产捐赠应确认的净收益。

（23）第 23 行“罚没利得”：填报纳税人在日常经营管理活动中取得的罚款、没收收入应确认的净收益。

（24）第 24 行“确实无法偿付的应付款项”：填报纳税人因确实无法偿付的应付款项而确认的收入。

（25）第 25 行“汇兑收益”：填报纳税人取得企业外币货币性项目因汇率变动形成的收益应确认的收入（该项目为执行小企业会计准则企业填报）。

（26）第 26 行“其他”：填报纳税人取得的上述项目未列举的其他营业外收入，包括执行企业会计准则纳税人按权益法核算长期股权投资对初始投资成本调整确认的收益，执行小企业会计准则纳税人取得的出租包装物和商品的租金收入、逾期未退包装物押金收益等。

2. 表内、表间关系

（1）表内关系

①第 1 行=第 2+9 行。

②第 2 行=第 3+5+6+7+8 行。

③第 9 行=第 10+12+13+14+15 行。

④第 16 行=第 17+18+19+20+21+22+23+24+25+26 行。

（2）表间关系

①第 1 行=表 A100000 第 1 行。

②第 16 行=表 A100000 第 11 行。

（三）填表举例

【例 4-1】资料：某企业 2018 年有关收入的账面数如下：主营业务收入 500 万元，

其中销售商品收入400万元，提供劳务收入60万元，提供服务收入40万元。该企业其他业务收入300万元，其中销售材料收入200万元，出租固定资产100万元。该企业营业外收入2万元，其中罚款收入0.8万元，政府补助收入1万元，汇兑收益0.2万元。

根据以上资料填表如下：

表4-2　一般企业收入明细表（A101010）

单位：元

行次	项目	金额
1	一、营业收入（2+9）	8,000,000.00
2	（一）主营业务收入（3+5+6+7+8）	5,000,000.00
3	1. 销售商品收入	4,000,000.00
4	其中：非货币性资产交换收入	
5	2. 提供劳务收入	600,000.00
6	3. 建造合同收入	
7	4. 让渡资产使用权收入	
8	5. 其他	400,000.00
9	（二）其他业务收入（10+12+13+14+15）	3,000,000.00
10	1. 销售材料收入	2,000,000.00
11	其中：非货币性资产交换收入	
12	2. 出租固定资产收入	1,000,000.00
13	3. 出租无形资产收入	
14	4. 出租包装物和商品收入	
15	5. 其他	
16	二、营业外收入（17+18+19+20+21+22+23+24+25+26）	20,000.00
17	（一）非流动资产处置利得	
18	（二）非货币性资产交换利得	
19	（三）债务重组利得	
20	（四）政府补助利得	10,000.00
21	（五）盘盈利得	
22	（六）捐赠利得	
23	（七）罚没利得	8,000.00
24	（八）确实无法偿付的应付款项	
25	（九）汇兑收益	2,000.00
26	（十）其他	

二、A102010 一般企业成本支出明细表

（一）根据国家税务总局 2017 年第 54 号公告，表式如下：

表 4–3　一般企业成本支出明细表（A102010）

行次	项目	金额
1	一、营业成本（2+9）	—
2	（一）主营业务成本（3+5+6+7+8）	—
3	1. 销售商品成本	
4	其中：非货币性资产交换成本	
5	2. 提供劳务成本	
6	3. 建造合同成本	
7	4. 让渡资产使用权成本	
8	5. 其他	
9	（二）其他业务成本（10+12+13+14+15）	—
10	1. 销售材料成本	
11	其中：非货币性资产交换成本	
12	2. 出租固定资产成本	
13	3. 出租无形资产成本	
14	4. 包装物出租成本	
15	5. 其他	
16	二、营业外支出（17+18+19+20+21+22+23+24+25+26）	
17	（一）非流动资产处置损失	
18	（二）非货币性资产交换损失	
19	（三）债务重组损失	
20	（四）非常损失	
21	（五）捐赠支出	
22	（六）赞助支出	
23	（七）罚没支出	
24	（八）坏账损失	
25	（九）无法收回的债券股权投资损失	
26	（十）其他	

（二）根据国家税务总局 2017 年第 54 号公告，填报说明如下：

本表适用于除金融企业、事业单位和民间非营利组织外的企业填报。纳税人应根据国家统一会计制度的规定，填报“主营业务成本”“其他业务成本”和“营业外支出”。

1. 有关项目填报说明

（1）第 1 行“营业成本”：填报纳税人主要经营业务和其他经营业务发生的成本总额。本行根据“主营业务成本”和“其他业务成本”的数额计算填报。

（2）第 2 行“主营业务成本”：根据不同行业的业务性质分别填报纳税人核算的主营业务成本。

（3）第 3 行“销售商品成本”：填报纳税人从事工业制造、商品流通、农业生产以及其他商品销售活动发生的主营业务成本。房地产开发企业销售开发产品（销售未完工开发产品除外）发生的成本也在此行填报。

（4）第 4 行“其中：非货币性资产交换成本”：填报纳税人发生的非货币性资产交换按照国家统一会计制度应确认的销售商品成本。

（5）第 5 行“提供劳务成本”：填报纳税人从事建筑安装、修理修配、交通运输、仓储租赁、邮电通信、咨询经纪、文化体育、科学研究、技术服务、教育培训、餐饮住宿、中介代理、卫生保健、社区服务、旅游、娱乐、加工以及其他劳务活动发生的主营业务成本。

（6）第 6 行“建造合同成本”：填报纳税人建造房屋、道路、桥梁、水坝等建筑物，以及生产船舶、飞机、大型机械设备等发生的主营业务成本。

（7）第 7 行“让渡资产使用权成本”：填报纳税人在主营业务成本核算的，让渡无形资产使用权而发生的使用费成本以及出租固定资产、无形资产、投资性房地产发生的租金成本。

（8）第 8 行“其他”：填报纳税人按照国家统一会计制度核算、上述未列举的其他主营业务成本。

（9）第 9 行“其他业务成本”：根据不同行业的业务性质分别填报纳税人按照国家统一会计制度核算的其他业务成本。

（10）第 10 行“销售材料成本”：填报纳税人销售材料、下脚料、废料、废旧物资等发生的成本。

（11）第 11 行“其中：非货币性资产交换成本”：填报纳税人发生的非货币性资产交换按照国家统一会计制度应确认的材料销售成本。

（12）第 12 行“出租固定资产成本”：填报纳税人将固定资产使用权让与承租人形成的出租固定资产成本。

（13）第 13 行“出租无形资产成本”：填报纳税人让渡无形资产使用权形成的出租无形资产成本。

（14）第 14 行“包装物出租成本”：填报纳税人出租、出借包装物形成的包装物出租成本。

（15）第 15 行“其他”：填报纳税人按照国家统一会计制度核算，上述未列举的其他业务成本。

（16）第 16 行“营业外支出”：填报纳税人计入本科目核算的与生产经营无直接关系的各项支出。

（17）第 17 行“非流动资产处置损失”：填报纳税人处置非流动资产形成的净损失。

（18）第 18 行“非货币性资产交换损失”：填报纳税人发生非货币性资产交换应确认的净损失。

（19）第 19 行“债务重组损失”：填报纳税人进行债务重组应确认的净损失。

（20）第 20 行“非常损失”：填报纳税人在营业外支出中核算的各项非正常的财产损失。

（21）第 21 行“捐赠支出”：填报纳税人无偿给予其他企业、组织或个人的货币性资产、非货币性资产的捐赠支出。

（22）第 22 行“赞助支出”：填报纳税人发生的货币性资产、非货币性资产赞助支出。

（23）第 23 行“罚没支出”：填报纳税人在日常经营管理活动中对外支付的各项罚款、没收收入的支出。

（24）第 24 行“坏账损失”：填报纳税人发生的各项坏账损失（该项目为使用小企业会计准则企业填报）。

（25）第 25 行“无法收回的债券股权投资损失”：填报纳税人各项无法收回的债券股权投资损失（该项目为使用小企业会计准则企业填报）。

（26）第 26 行“其他”：填报纳税人本期实际发生的在营业外支出核算的其他损失及支出。

2. 表内、表间关系

（1）表内关系

①第 1 行=第 2+9 行。

②第 2 行=第 3+5+6+7+8 行。

③第 9 行=第 10+12+13+14+15 行。

④第 16 行=第 17+18+⋯+26 行。

（2）表间关系

①第 1 行=表 A100000 第 2 行。

②第 16 行=表 A100000 第 12 行。

（三）填表举例

【例 4-2】资料：某企业 2018 年有关主营业务成本的账面数如下：主营业务成本借方发生额 350 万元，其中销售商品成本 280 万元，提供劳务成本 42 万元，提供服务成本 28 万元；该企业其他业务成本 210 万元，其中销售材料成本 140 万元，出租固定资产成本 70 万元；该企业营业外支出 2 万元，其中滞纳金支出 1.5 万元，捐赠支出 0.5 万元。

根据以上资料填表如下：

表 4-4　一般企业成本支出明细表（A102010）

单位：元

行次	项目	金额
1	一、营业成本（2+9）	5,600,000.00
2	（一）主营业务成本（3+5+6+7+8）	3,500,000.00
3	1. 销售商品成本	2,800,000.00
4	其中：非货币性资产交换成本	
5	2. 提供劳务成本	420,000.00
6	3. 建造合同成本	
7	4. 让渡资产使用权成本	
8	5. 其他	280,000.00
9	（二）其他业务成本（10+12+13+14+15）	2,100,000.00
10	1. 销售材料成本	1,400,000.00
11	其中：非货币性资产交换成本	
12	2. 出租固定资产成本	700,000.00
13	3. 出租无形资产成本	
14	4. 包装物出租成本	
15	5. 其他	
16	二、营业外支出（17+18+19+20+21+22+23+24+25+26）	20,000.00
17	（一）非流动资产处置损失	
18	（二）非货币性资产交换损失	
19	（三）债务重组损失	
20	（四）非常损失	
21	（五）捐赠支出	5,000.00
22	（六）赞助支出	
23	（七）罚没支出	
24	（八）坏账损失	
25	（九）无法收回的债券股权投资损失	
26	（十）其他	15,000.00

三、A104000 期间费用明细表

（一）根据国家税务总局 2017 年第 54 号公告，表式如下：

表 4–5　期间费用明细表（A104000）

行次	项　目	销售费用	其中：境外支付	管理费用	其中：境外支付	财务费用	其中：境外支付
		1	2	3	4	5	6
1	一、职工薪酬		*		*	*	*
2	二、劳务费					*	*
3	三、咨询顾问费					*	*
4	四、业务招待费		*		*	*	*
5	五、广告费和业务宣传费		*		*	*	*
6	六、佣金和手续费						
7	七、资产折旧摊销费		*		*	*	*
8	八、财产损耗、盘亏及毁损损失		*		*	*	*
9	九、办公费		*		*	*	*
10	十、董事会费		*		*	*	*
11	十一、租赁费					*	*
12	十二、诉讼费		*		*	*	*
13	十三、差旅费		*		*	*	*
14	十四、保险费		*		*	*	*
15	十五、运输、仓储费					*	*
16	十六、修理费					*	*
17	十七、包装费		*		*	*	*
18	十八、技术转让费					*	*
19	十九、研究费用					*	*
20	二十、各项税费		*		*	*	*
21	二十一、利息收支	*	*	*	*		
22	二十二、汇兑差额	*	*	*	*		
23	二十三、现金折扣	*	*	*	*		*
24	二十四、党组织工作经费	*	*		*	*	*
25	二十五、其他						
26	合计（1+2+3+…25）	—	—	—	—	—	—

（二）根据国家税务总局 2017 年第 54 号公告，填报说明如下：

本表适用于执行企业会计准则、小企业会计准则、企业会计制度、分行业会计制度的查账征收居民纳税人填报。纳税人应根据企业会计准则、小企业会计准则、企业会计、分行业会计制度规定，填报“销售费用”“管理费用”和“财务费用”等项目。

1. 有关项目填报说明

（1）第 1 列“销售费用”：填报在销售费用科目进行核算的相关明细项目的金额，其中金融企业填报在业务及管理费科目进行核算的相关明细项目的金额。

（2）第 2 列“其中：境外支付”：填报在销售费用科目进行核算的向境外支付的相关明细项目的金额，其中金融企业填报在业务及管理费科目进行核算的相关明细项目的金额。

（3）第 3 列“管理费用”：填报在管理费用科目进行核算的相关明细项目的金额。

（4）第 4 列“其中：境外支付”：填报在管理费用科目进行核算的向境外支付的相关明细项目的金额。

（5）第 5 列“财务费用”：填报在财务费用科目进行核算的有关明细项目的金额。

（6）第 6 列“其中：境外支付”：填报在财务费用科目进行核算的向境外支付的有关明细项目的金额。

（7）第 1 行至第 25 行：根据费用科目核算的具体项目金额进行填报，如果贷方发生额大于借方发生额，应填报负数。

（8）第 26 行第 1 列：填报第 1 行至第 25 行第 1 列的合计金额。

（9）第 26 行第 2 列：填报第 1 行至第 25 行第 2 列的合计金额。

（10）第 26 行第 3 列：填报第 1 行至第 25 行第 3 列的合计金额。

（11）第 26 行第 4 列：填报第 1 行至第 25 行第 4 列的合计金额。

（12）第 26 行第 5 列：填报第 1 行至第 25 行第 5 列的合计金额。

（13）第 26 行第 6 列：填报第 1 行至第 25 行第 6 列的合计金额。

2. 表内、表间关系

（1）表内关系

①第 26 行第 1 列＝第 1 列第 1+2+…+20+25 行。

②第 26 行第 2 列＝第 2 列第 2+3+6+11+15+16+18+19+25 行。

③第 26 行第 3 列＝第 3 列第 1+2+…+20+24+25 行。

④第 26 行第 4 列＝第 4 列第 2+3+6+11+15+16+18+19+25 行。

⑤第 26 行第 5 列＝第 5 列第 6+21+22+23+25 行。

⑥第 26 行第 6 列＝第 6 列第 6+21+22+25 行。

（2）表间关系

①第 26 行第 1 列＝表 A100000 第 4 行。

②第 26 行第 3 列＝表 A100000 第 5 行。

③第 26 行第 5 列＝表 A100000 第 6 行。

（三）填报举例

【例 4–3】资料：某企业销售费用账面资料如下：工资 50 万元，福利费 8 万元，咨询费 3 万元，广告宣传费 3 万元，折旧费 1 万元，运费 1 万元，包装费 1.5 万元，办公用品 1 万元；该企业管理费用账面资料如下：工资 80 万元，福利费 10 万元，咨询费 5 万元，餐费 3 万元，折旧费 0.7 万元，水电费 2 万元，差旅费 3 万元，租赁费 10 万元，办公用品费用 3 万元，临时工佣金 3 万元；该企业财务费用账面资料如下：利息支出 5 万元，利息收入 0.8 万元，汇兑收益 0.2 万元，银行手续费 0.6 万元。

根据以上资料填表如下：

表 4–6 期间费用明细表（A104000）

单位：元

行次	项 目	销售费用	其中：境外支付	管理费用	其中：境外支付	财务费用	其中：境外支付
		1	2	3	4	5	6
1	一、职工薪酬	580,000.00	*	900,000.00	*	*	*
2	二、劳务费					*	*
3	三、咨询顾问费	30,000.00		50,000.00		*	*
4	四、业务招待费		*	30,000.00	*	*	*
5	五、广告费和业务宣传费	30,000.00	*		*	*	*
6	六、佣金和手续费			30,000.00		6,000.00	
7	七、资产折旧摊销费	10,000.00	*	7,000.00	*	*	*
8	八、财产损耗、盘亏及毁损损失		*		*	*	*
9	九、办公费	10,000.00	*	50,000.00	*	*	*
10	十、董事会费		*		*	*	*
11	十一、租赁费			100,000.00		*	*
12	十二、诉讼费		*		*	*	*
13	十三、差旅费		*	30,000.00	*	*	*
14	十四、保险费		*		*	*	*
15	十五、运输、仓储费	10,000.00				*	*
16	十六、修理费					*	*
17	十七、包装费	15,000.00	*		*	*	*
18	十八、技术转让费					*	*
19	十九、研究费用					*	*
20	二十、各项税费		*		*	*	*
21	二十一、利息收支	*	*	*	*	42,000.00	
22	二十二、汇兑差额	*	*	*	*	2,000.00	
23	二十三、现金折扣	*	*	*	*		*
24	二十四、党组织工作经费	*	*		*	*	*
25	二十五、其他						
26	合计（1+2+3+⋯25）	685,000.00	—	1,197,000.00	—	50,000.00	—

第五章

纳税调整项目明细表的填报

第一节　收入类调整项目填报指南

一、A105010 视同销售和房地产开发企业特定业务纳税调整明细表

（一）根据国家税务总局 2017 年第 54 号公告，表式如下：

表 5-1　视同销售和房地产开发企业特定业务纳税调整明细表（A105010）

行次	项目	税收金额	纳税调整金额
		1	2
1	一、视同销售（营业）收入（2+3+4+5+6+7+8+9+10）		
2	（一）非货币性资产交换视同销售收入		
3	（二）用于市场推广或销售视同销售收入		
4	（三）用于交际应酬视同销售收入		
5	（四）用于职工奖励或福利视同销售收入		
6	（五）用于股息分配视同销售收入		
7	（六）用于对外捐赠视同销售收入		
8	（七）用于对外投资项目视同销售收入		
9	（八）提供劳务视同销售收入		
10	（九）其他		
11	二、视同销售（营业）成本（12+13+14+15+16+17+18+19+20）		
12	（一）非货币性资产交换视同销售成本		
13	（二）用于市场推广或销售视同销售成本		
14	（三）用于交际应酬视同销售成本		
15	（四）用于职工奖励或福利视同销售成本		
16	（五）用于股息分配视同销售成本		

续表

行次	项目	税收金额	纳税调整金额
		1	2
17	（六）用于对外捐赠视同销售成本		
18	（七）用于对外投资项目视同销售成本		
19	（八）提供劳务视同销售成本		
20	（九）其他		
21	三、房地产开发企业特定业务计算的纳税调整额（22–26）		
22	（一）房地产企业销售未完工开发产品特定业务计算的纳税调整额（24–25）		
23	1. 销售未完工产品的收入		*
24	2. 销售未完工产品预计毛利额		
25	3. 实际发生的税金及附加、土地增值税		
26	（二）房地产企业销售的未完工产品转完工产品特定业务计算的纳税调整额（28–29）		
27	1. 销售未完工产品转完工产品确认的销售收入		*
28	2. 转回的销售未完工产品预计毛利额		
29	3. 转回实际发生的税金及附加、土地增值税		

（二）根据国家税务总局2017年第54号公告，填报说明如下：

本表适用于发生视同销售、房地产企业特定业务纳税调整项目的纳税人填报。纳税人根据税法、《国家税务总局关于企业处置资产所得税处理问题的通知》（国税函〔2008〕828号）、《国家税务总局关于印发〈房地产开发经营业务企业所得税处理办法〉的通知》（国税发〔2009〕31号）、《国家税务总局关于企业所得税有关问题的公告》（国家税务总局公告2016年第80号）等相关规定以及国家统一企业会计制度，填报视同销售行为、房地产企业销售未完工产品、未完工产品转完工产品特定业务的税收规定及纳税调整情况。

1. 有关项目填报说明

（1）第1行"一、视同销售收入"：填报会计处理不确认销售收入，而税收规定确认为应税收入的金额，本行为第2行至第10行小计数。第1列"税收金额"填报税收确认的应税收入金额；第2列"纳税调整金额"等于第1列"税收金额"。

（2）第2行"（一）非货币性资产交换视同销售收入"：填报发生非货币性资产交换业务，会计处理不确认销售收入，而税收规定确认为应税收入的金额。第1列"税收金额"填报税收确认的应税收入金额；第2列"纳税调整金额"等于第1列"税收金额"。

（3）第3行“（二）用于市场推广或销售视同销售收入”：填报发生将货物、财产用于市场推广、广告、样品、集资、销售等，会计处理不确认销售收入，而税收规定确认为应税收入的金额。填列方法同第2行。

（4）第4行“（三）用于交际应酬视同销售收入”：填报发生将货物、财产用于交际应酬，会计处理不确认销售收入，而税收规定确认为应税收入的金额。填列方法同第2行。

（5）第5行“（四）用于职工奖励或福利视同销售收入”：填报发生将货物、财产用于职工奖励或福利，会计处理不确认销售收入，而税收规定确认为应税收入的金额。企业外购资产或服务不以销售为目的，用于替代职工福利费用支出，且购置后在一个纳税年度内处置的，以公允价值确定视同销售收入。填列方法同第2行。

（6）第6行“（五）用于股息分配视同销售收入”：填报发生将货物、财产用于股息分配，会计处理不确认销售收入，而税收规定确认为应税收入的金额。填列方法同第2行。

（7）第7行“（六）用于对外捐赠视同销售收入”：填报发生将货物、财产用于对外捐赠或赞助，会计处理不确认销售收入，而税收规定确认为应税收入的金额。填列方法同第2行。

（8）第8行“（七）用于对外投资项目视同销售收入”：填报发生将货物、财产用于对外投资，会计处理不确认销售收入，而税收规定确认为应税收入的金额。填列方法同第2行。

（9）第9行“（八）提供劳务视同销售收入”：填报发生对外提供劳务，会计处理不确认销售收入，而税收规定确认为应税收入的金额。填列方法同第2行。

（10）第10行“（九）其他”：填报发生除上述列举情形外，会计处理不作为销售收入核算，而税收规定确认为应税收入的金额。填列方法同第2行。

（11）第11行“一、视同销售成本”：填报会计处理不确认销售收入，税收规定确认为应税收入对应的视同销售成本金额。本行为第12行至第20行小计数。第1列“税收金额”填报予以税前扣除的视同销售成本金额；将第1列税收金额以负数形式填报第2列“纳税调整金额”。

（12）第12行“（一）非货币性资产交换视同销售成本”：填报发生非货币性资产交换业务，会计处理不确认销售收入，税收规定确认为应税收入所对应的应予以税前扣除的视同销售成本金额。第1列“税收金额”填报予以扣除的视同销售成本金额；将第1列税收金额以负数形式填报第2列“纳税调整金额”。

（13）第13行“（二）用于市场推广或销售视同销售成本”：填报发生将货物、财产用于市场推广、广告、样品、集资、销售等，会计处理不确认销售收入，税收规定确认为应税收入时，其对应的应予以税前扣除的视同销售成本金额。填列方法同第12行。

（14）第14行“（三）用于交际应酬视同销售成本”：填报发生将货物、财产用于交际应酬，会计处理不确认销售收入，税收规定确认为应税收入时，其对应的应予以税前扣除的视同销售成本金额。填列方法同第12行。

（15）第15行“（四）用于职工奖励或福利视同销售成本”：填报发生将货物、财产用于职工奖励或福利，会计处理不确认销售收入，税收规定确认为应税收入时，其对应的应予以税前扣除的视同销售成本金额。填列方法同第12行。

（16）第16行“（五）用于股息分配视同销售成本”：填报发生将货物、财产用于股息分配，会计处理不确认销售收入，税收规定确认为应税收入时，其对应的应予以税前扣除的视同销售成本金额。填列方法同第12行。

（17）第17行“（六）用于对外捐赠视同销售成本”：填报发生将货物、财产用于对外捐赠或赞助，会计处理不确认销售收入，税收规定确认为应税收入时，其对应的应予以税前扣除的视同销售成本金额。填列方法同第12行。

（18）第18行“（七）用于对外投资项目视同销售成本”：填报会计处理发生将货物、财产用于对外投资，会计处理不确认销售收入，税收规定确认为应税收入时，其对应的应予以税前扣除的视同销售成本金额。填列方法同第12行。

（19）第19行“（八）提供劳务视同销售成本”：填报会计处理发生对外提供劳务，会计处理不确认销售收入，税收规定确认为应税收入时，其对应的应予以税前扣除视同销售成本金额。填列方法同第12行。

（20）第20行“（九）其他”：填报发生除上述列举情形外，会计处理不确认销售收入，税收规定确认为应税收入的同时，予以税前扣除视同销售成本金额。填列方法同第12行。

（21）第21行“三、房地产开发企业特定业务计算的纳税调整额”：填报房地产企业发生销售未完工产品、未完工产品结转完工产品业务，按照税收规定计算的特定业务的纳税调整额。第1列“税收金额”填报第22行第1列减去第26行第1列的余额；第2列“纳税调整金额”等于第1列“税收金额”。

（22）第22行“（一）房地产企业销售未完工开发产品特定业务计算的纳税调整额”：填报房地产企业销售未完工开发产品取得销售收入，按税收规定计算的纳税调整额。第1列“税收金额”填报第24行第1列减去第25行第1列的余额；第2列“纳税调整金额”等于第1列“税收金额”。

（23）第23行“1. 销售未完工产品的收入”：第1列“税收金额”填报房地产企业销售未完工开发产品，会计核算未进行收入确认的销售收入金额。

（24）第24行“2. 销售未完工产品预计毛利额”：第1列“税收金额”填报房地产企业销售未完工产品取得的销售收入按税收规定预计计税毛利率计算的金额；第2列“纳税调整金额”等于第1列“税收金额”。

（25）第25行“3. 实际发生的税金及附加、土地增值税”：第1列“税收金额”填报房地产企业销售未完工产品实际发生的税金及附加、土地增值税，且在会计核算中未计入当期损益的金额；第2列“纳税调整金额”等于第1列“税收金额”。

（26）第26行“（二）房地产企业销售的未完工产品转完工产品特定业务计算的纳税调整额”：填报房地产企业销售的未完工产品转完工产品，按税收规定计算的纳税调整额。第1列“税收金额”填报第28行第1列减去第29行第1列的余额；第2列“纳税调整金额”等于第1列“税收金额”。

（27）第27行“1.销售未完工产品转完工产品确认的销售收入”：第1列“税收金额”填报房地产企业销售的未完工产品，此前年度已按预计毛利额征收所得税，本年度结转为完工产品，会计上符合收入确认条件，当年会计核算确认的销售收入金额。

（28）第28行“2.转回的销售未完工产品预计毛利额”：第1列“税收金额”填报房地产企业销售的未完工产品，此前年度已按预计毛利额征收所得税，本年结转完工产品，会计核算确认为销售收入，转回原按税收规定预计计税毛利率计算的金额；第2列“纳税调整金额”等于第1列“税收金额”。

（29）第29行“3.转回实际发生的税金及附加、土地增值税”：填报房地产企业销售的未完工产品结转完工产品后，会计核算确认为销售收入，同时将对应实际发生的税金及附加、土地增值税转入当期损益的金额；第2列“纳税调整金额”等于第1列“税收金额”。

2.表内、表间关系

（1）表内关系

①第1行＝第2+3+…+10行。

②第11行＝第12+13+…+20行。

③第21行＝第22–26行。

④第22行＝第24–25行。

⑤第26行＝第28–29行。

（2）表间关系

①第1行第1列＝表A105000第2行第2列。

②第1行第2列＝表A105000第2行第3列。

③第11行第1列＝表A105000第13行第2列。

④第11行第2列的绝对值＝表A105000第13行第4列。

⑤第21行第1列＝表A105000第40行第2列。

⑥若第21行第2列≥0，第21行第2列＝表A105000第40行第3列；若第21行第2列＜0，第21行第2列的绝对值＝表A105000第40行第4列。

（三）填表举例

【例5–1】某公司（一般纳税人）为扩大营销规模，需要用公司生产的一台设备用于市场推广，该设备成本价85万元（同期同类产品不含税销售价格100万元，该业务发生在2018年5月1日前，适用增值税率17%）。

（1）会计处理：

根据有关规定，该公司的分录应为：

借：销售费用　　1 020 000

　　贷：库存商品　　850 000

　　　　应交税费—应交增值税（销项税额）　　170 000

（2）纳税处理：

年度终了公司财务报表对外报出后，进行企业所得税汇算清缴纳税申报时，该设备应视同销售调整增加应纳税所得额150000元，同时申报缴纳企业所得税。假设该企业所得税适用税率为25%，其他项目纳税所得均为零，则应纳企业所得税为37500元（150000×25%）。应做如下分录：

借：以前年度损益调整　　37 500

　　贷：应交税费—应交企业所得税　　37 500

（3）填报技巧：

税法规定："企业发生非货币性资产交换，以及将货物、财产、劳务用于捐赠、偿债、赞助、集资、广告、样品、职工福利和利润分配等用途的，应当视同销售货物、转让财产和提供劳务，但国务院财政、税务主管部门另有规定的除外。"

上述收入在"纳税调整项目明细表"（A105000）第2行"视同销售收入"中填列，同时在"视同销售和房地产开发企业特定业务纳税调整明细表"（A105010）第1至10行中填列。

见表5-2："纳税调整项目明细表"（A105000）

表5-2　纳税调整项目明细表（A105000）

单位：万元

行次	项　目	账载金额	税收金额	调增金额	调减金额
		1	2	3	4
1	一、收入类调整项目（2+3+…8+10+11）	*	15	15	
2	（一）视同销售收入（填写A105010）	*	15	15	*

见表5-3："视同销售和房地产开发企业特定业务纳税调整明细表"（A105010）

表5-3　视同销售和房地产开发企业特定业务纳税调整明细表（A105010）

单位：万元

行次	项目	税收金额	纳税调整金额
		1	2
1	一、视同销售（营业）收入（2+3+4+5+6+7+8+9+10）	15	15
2	（一）非货币性资产交换视同销售收入		
3	（二）用于市场推广或销售视同销售收入	15	15
4	（三）用于交际应酬视同销售收入		

续表

行次	项目	税收金额	纳税调整金额
		1	2
5	（四）用于职工奖励或福利视同销售收入		
6	（五）用于股息分配视同销售收入		
7	（六）用于对外捐赠视同销售收入		
8	（七）用于对外投资项目视同销售收入		
9	（八）提供劳务视同销售收入		
10	（九）其他		

【例 5-2】甲房地产开发企业发生第一期与第二期开发业务。第一期 2017 年预收收入 3500 万元，2018 年结转开发产品收入 3500 万元，结转开发产品成本 2500 万元，实际发生税金及附加 262.5 万元，并在 2018 年转入当期损益。第二期 2018 年新开发项目当年预收收入 4000 万元，实际发生流转税的税金及附加 52.80 万元，其中影响二期项目的税金及附加为 2 万元，其余为该企业副业及一期房地产项目的税金及附加（假定第一期、第二期开发项目预计毛利率为 15%，房地产开发老项目增值税率为 5%，新项目增值税率为 11%，土地增值税预征率为 2%；其他相关税费暂不考虑）。

（1）会计处理：

第一期开发项目：2018 年结转产品收入、成本和税金及附加。

借：预收账款　　35 000 000

　　贷：主营业务收入　　35 000 000

借：主营业务成本　　25 000 000

　　贷：开发产品　　25 000 000

借：税金及附加　　2 625 000

　　贷：其他应收款—预付税金及附加　　2 625 000

第二期开发项目：2018 年预收收入。

借：银行存款　　40 000 000

　　贷：预收账款　　40 000 000

借：应交税费—应交增值税（转出未交增值税）　　3 963 963.96

　　贷：应交税费—未交增值税　　3 963 963.96

借：其他应收款—预付税金及附加　　1 196 396.40

　　税金及附加　　20 000

　　贷：应交税费—城建税　　277 477.48

　　　　—教育费附加　　118 918.92

　　　　—地方教育附加　　79 279.28

　　　　—土地增值税　　720 720.72

—印花税　　　　　　　　　　　　　　　　　　　　　　　20 000

借：应交税费　　　　　　　　　　　　　　　　　5 180 360.36

　　贷：银行存款　　　　　　　　　　　　　　　　　5 180 360.36

（2）税务处理：

第一期开发项目：2018 年结转完工产品收入、成本和税金及附加。对原已进行纳税调整增加的预计毛利额 525 万元（3500×15%）进行纳税调减，对已转入当期损益的税金及附加 262.5 万元进行纳税调减。

第二期开发项目：2018 年销售未完工产品，应按税收规定计算预计毛利率 600 万元（4000×15%），进行纳税调增，其缴纳的 119.64 万元税金及附加，进行纳税调增。

根据以上计算 2017 年填表如下：

表 5–4　视同销售和房地产开发企业特定业务纳税调整明细表（A105010）

单位：万元

行次	项目	税收金额	纳税调整金额
		1	2
21	三、房地产开发企业特定业务计算的纳税调整额（22–26）	262.5	262.5
22	（一）房地产企业销售未完工开发产品特定业务计算的纳税调整额（24–25）	262.5	262.5
23	1. 销售未完工产品的收入	3500	*
24	2. 销售未完工产品预计毛利额	525	525
25	3. 实际发生的税金及附加、土地增值税	262.5	262.5
26	（二）房地产企业销售的未完工产品转完工产品特定业务计算的纳税调整额（28–29）		
27	1. 销售未完工产品转完工产品确认的销售收入		*
28	2. 转回的销售未完工产品预计毛利额		
29	3. 转回实际发生的税金及附加、土地增值税		

根据以上计算 2018 年填表如下：

表 5–5　视同销售和房地产开发企业特定业务纳税调整明细表（A105010）

单位：万元

行次	项目	税收金额	纳税调整金额
		1	2
21	三、房地产开发企业特定业务计算的纳税调整额（22–26）	217.86	217.86
22	（一）房地产企业销售未完工开发产品特定业务计算的纳税调整额（24–25）	480.36	480.36
23	1. 销售未完工产品的收入	4000	*
24	2. 销售未完工产品预计毛利额	600	600

续表

行次	项目	税收金额	纳税调整金额
		1	2
25	3. 实际发生的税金及附加、土地增值税	119.64	119.64
26	（二）房地产企业销售的未完工产品转完工产品特定业务计算的纳税调整额（28-29）	262.5	262.5
27	1. 销售未完工产品转完工产品确认的销售收入	3500	*
28	2. 转回的销售未完工产品预计毛利额	525	525
29	3. 转回实际发生的税金及附加、土地增值税	262.5	262.5

二、A105020 未按权责发生制确认的收入纳税调整明细表

（一）根据国家税务总局 2017 年第 54 号公告，表式如下：

表 5-6　未按权责发生制确认的收入纳税调整明细表（A105020）

行次	项　目	合同金额（交易金额）	账载金额		税收金额		纳税调整金额
			本年	累计	本年	累计	
		1	2	3	4	5	6（4-2）
1	一、跨期收取的租金、利息、特许权使用费收入（2+3+4）	—	—	—	—	—	—
2	（一）租金						
3	（二）利息						
4	（三）特许权使用费						
5	二、分期确认收入（6+7+8）	—	—	—	—	—	—
6	（一）分期收款方式销售货物收入						
7	（二）持续时间超过 12 个月的建造合同收入						
8	（三）其他分期确认收入						
9	三、政府补助递延收入（10+11+12）	—	—	—	—	—	—
10	（一）与收益相关的政府补助						
11	（二）与资产相关的政府补助						
12	（三）其他						
13	四、其他未按权责发生制确认收入						—
14	合计（1+5+9+13）	—	—	—	—	—	—

（二）根据国家税务总局 2017 年第 54 号公告，填报说明如下：

本表适用于会计处理按权责发生制确认收入、税收规定未按权责发生制确认收入

需纳税调整的纳税人填报。纳税人根据税法、《国家税务总局关于贯彻落实企业所得税法若干税收问题的通知》（国税函〔2010〕79号）、《国家税务总局关于确认企业所得税收入若干问题的通知》（国税函〔2008〕875号）等相关规定，以及国家统一企业会计制度，填报会计处理按照权责发生制确认收入、税收规定未按权责发生制确认收入的会计处理、税收规定，以及纳税调整情况。符合税收规定不征税收入条件的政府补助收入，本表不做调整，在《专项用途财政性资金纳税调整明细表》（A105040）中纳税调整。

1. 有关项目填报说明

（1）第1列"合同金额或交易金额"：填报会计处理按照权责发生制确认收入、税收规定未按权责发生制确认收入的项目的合同总额或交易总额。

（2）第2列"账载金额—本年"：填报纳税人会计处理按权责发生制在本期确认金额。

（3）第3列"账载金额—累计"：填报纳税人会计处理按权责发生制累计确认金额（含本年）。

（4）第4列"税收金额—本年"：填报纳税人按税收规定未按权责发生制在本期确认金额。

（5）第5列"税收金额—累计"：填报纳税人按税收规定未按权责发生制累计确认金额（含本年）。

（6）第6列"纳税调整金额"：填报纳税人会计处理按权责发生制确认收入、税收规定未按权责发生制确认收入的差异需纳税调整金额，为第4–2列的余额。

2. 表内、表间关系

（1）表内关系

①第1行=第2+3+4行。

②第5行=第6+7+8行。

③第9行=第10+11+12行。

④第14行=第1+5+9+13行。

⑤第6列=第4–2列。

（2）表间关系

①第14行第2列=表A105000第3行第1列。

②第14行第4列=表A105000第3行第2列。

③若第14行第6列≥0，第14行第6列=表A105000第3行第3列；若第14行第6列＜0，第14行第6列绝对值=表A105000第3行第4列。

（三）填表举例

1. 跨期收取的租金收入

【例 5-3】A 公司与 D 公司（承租人）签订了 2 年房屋租赁合同，租期为 2017 年 1 月 1 日至 2018 年 12 月 31 日，年租金 18 万元，合同约定 2 年租金于合同签订日一次性支付，假设不考虑增值税因素。

（1）会计处理

2017 年 1 月 1 日收到租金 36 万元

借：银行存款　　360 000

　　贷：预收账款　　360 000

2017 年度确认租金收入

借：预收账款　　180 000

　　贷：营业收入　　180 000

（2）税务处理：

根据《实施条例》第十九条规定："企业所得税法第六条第（六）项所称租金收入，是指企业提供固定资产、包装物或其他有形资产的使用权取得的收入。租金收入，按照合同约定的承租人应付租金的日起确认收入的实现。"A 公司可以选择在 2017 年度一次性确认租金收入，也可以根据《关于贯彻落实企业所得税法若干税收问题的通知》（国税函〔2010〕79 号）的规定，选择分次均匀确认租金收入。若 A 公司选择第一种税务处理方法，则税务处理和会计处理存在差异，2017 年会计确认租金收入 18 万元，税收确认租金收入 36 万元，应纳税调增 18 万元，2017 年进行纳税调整减少。若 A 公司选择第二种税务处理方法，则税务处理和会计处理是一致的，无须纳税调整。（根据《关于贯彻落实企业所得税法若干税收问题的通知》（国税函〔2010〕79 号）第一条"关于租金收入确认问题"的规定：如果交易合同或协议中规定租赁期限跨年度，且租金提前一次性支付的，根据《实施条例》第九条规定的收入与费用配比原则出租人可对已收的跨年度租金收入，在租赁期内分期均匀计入相关年度收入。

【例 5-4】资料同**【例 5-3】**，A 公司 2018 年会计处理、税务处理。

（1）会计处理：

2018 年确认租金收入

借：预收账款　　180 000

　　贷：营业收入　　180 000

（2）税务处理：

2018 年会计确认租金收入 18 万元，税务处理在 2017 年已确认租金收入 36 万元，2018 年度不再需要确认租金收入，应纳税所得额调减 18 万元。

2017 年填表如下：

表 5-7 未按权责发生制确认的收入纳税调整明细表（A105020）

单位：万元

行次	项　目	合同金额（交易金额）	账载金额		税收金额		纳税调整金额
			本年	累计	本年	累计	
		1	2	3	4	5	6（4–2）
1	一、跨期收取的租金、利息、特许权使用费收入（2+3+4）	36	18	18	36	36	18
2	（一）租金	36	18	18	36	36	18

2018 年填表如下：

表 5-8 未按权责发生制确认的收入纳税调整明细表（A105020）

单位：万元

行次	项　目	合同金额（交易金额）	账载金额		税收金额		纳税调整金额
			本年	累计	本年	累计	
		1	2	3	4	5	6（4–2）
1	一、跨期收取的租金、利息、特许权使用费收入（2+3+4）	36	18	36	0	36	–18
2	（一）租金	36	18	36	0	36	–18

2. 分期确认的销售货物收入

分期收款销售是指商品已经交付使用，但货物分期收回的一种销售形式。由于会计制度和所得税的目标取向不同，分期收款销售的会计处理和所得税规定之间必然产生差异。企业不仅要正确进行会计处理，还要按照企业所得税法的规定进行纳税调整，以准确核算企业所得税的计税基础。

【例 5-5】2017 年 1 月 1 日，甲公司采用分期收款方式向乙公司销售一台大型设备，合同约定的销售价格为 2100 万元，分 3 次于 2017 年 12 月 31 日、2018 年 12 月 31 日、2019 年 12 月 31 日收到货款，即每年年末收到 700 万元，增值税的销项税额 357 万元于 2017 年 1 月 1 日一次付清。该大型设备的成本为 1500 万元。在现销方式下，该大型设备的销售价格为 1800 万元。假定各年年末应抵减财务费用的未确认融资收益分别为 117 万元、98 万元、85 万元。

会计处理：

2017 年 1 月 1 日销售实现：

借：长期应收款　　21 000 000

　　银行存款　　3 570 000

　　贷：主营业务收入　　18 000 000

应交税费—应交增值税（销项税额）　　3 570 000
未实现融资收益　　3 000 000
借：主营业务成本　　15 000 000
贷：库存商品　　15 000 000
2017 年 12 月 31 日收取货款
借：银行存款　　7 000 000
贷：长期应收款　　7 000 000
借：未实现融资收益　　1 170 000
贷：财务费用　　1 170 000

填表说明：

2017 年度对分期收款方式销售货物税收上应确认销售收入为 700 万元，会计核算的销售收入为 1800 万元，应调减应纳税所得额 1100 万元（见表 5-9）。

需要注意的是，企业对主营业务成本还需要通过表《纳税调整项目明细表》（A105000）第 26 行“跨期扣除项目”进行纳税调整，会计核算结转销售成本 1500 万元，税务处理应分期确认销售成本 500 万元，本期要调增应纳税所得额 1000 万元。对抵减财务费用的未确认融资收益要通过表 A105000 第 22 行“与未实现融资收益相关在当期确认的财务费用”进行纳税调整，本期要调减应纳税所得税 117 万元（见表 5-10）。

表 5-9　未按权责发生制确认的收入纳税调整明细表（A105020）

单位：万元

行次	项　目	合同金额（交易金额）	账载金额		税收金额		纳税调整金额
			本年	累计	本年	累计	
		1	2	3	4	5	6（4-2）
5	二、分期确认收入（6+7+8）	2100	1800	1800	700	700	-1100
6	（一）分期收款方式销售货物收入	2100	1800	1800	700	700	-1100

表 5-10　纳税调整项目明细表（A105000）

单位：万元

行次	项　目	账载金额	税收金额	调增金额	调减金额
		1	2	3	4
3	（二）未按权责发生制原则确认的收入（填写 A105020）	1800	700	-	1100
22	（十）与未实现融资收益相关在当期确认的财务费用		117		117
26	（十三）跨期扣除项目	1500	500	1000	

2018年12月31日、2019年12月31日收取货款的会计处理：

借：银行存款 7 000 000

贷：长期应收款 7 000 000

借：未实现融资收益 980 000

贷：财务费用 980 000

借：未实现融资收益 850 000

贷：财务费用 850 000

填表说明：

2018年度、2019年度对分期收款方式销售货物税收上各应确认销售收入700万元，会计核算已经在2017年度确认收入，各年应调增应纳税所得额700万元。2018年度《未按权责发生制确认的收入纳税调整明细表》（A105020）的填报如表5-11所示，同时还需要调整成本和未确认的融资收益。

表5-11 未按权责发生制确认的收入纳税调整明细表（A105020）

单位：万元

行次	项 目	合同金额（交易金额）	账载金额		税收金额		纳税调整金额
			本年	累计	本年	累计	
		1	2	3	4	5	6（4-2）
5	二、分期确认收入（6+7+8）	2100		1800	700	1400	700
6	（一）分期收款方式销售货物收入	2100		1800	700	1400	700

3. 政府补助递延收入

政府补助是指企业从政府无偿取得货币性资产或非货币性资产。其主要形式包括政府对企业的无偿拨款、税收返还、财政补息，以及无偿给予非货币性资产等。直接免征、增加计税抵扣额、抵免部分税额等不涉及资产直接转移的经济资源，不适用政府补助准则。政府补助准则规定，企业无论通过何种形式取得的政府补助，在会计处理上都应当划分为与资产相关的政府补助和与收益相关的政府补助。与资产相关的政府补助，企业在收到补助资金时，有两种会计处理方法可供选择：一是总额法，即按照补助资金的金额借记有关资产科目，贷记“递延收益”科目；然后在相关资产使用寿命内按合理、系统的方法分期计入损益。二是净额法，将补助冲减相关资产账面价值，企业按照扣减了政府补助后的资产价值对相关资产计提折旧或进行摊销。对于与收益相关的政府补助，企业应当选择采用总额法或净额法进行会计处理。选择总额法的，应当计入其他收益或营业外收入。选择净额法的，应当冲减相关成本费用或营业外支出。

【例5-6】A公司于2017年7月收到政府拨付的扶持企业发展专项资金150万元，

用于扶持A公司的生产经营发展及补偿各项费用支出。公司当月购进一台设备，价值80万元（不含税价格，使用寿命5年，采用直线法计提折旧，假定无残值），发生安装费用10万元。2017年8月底达到使用状态。2017年12月，支付项目相关费用25万元。2018年10月，支付项目相关费用35万元。

会计处理（本题采用总额法）：

2017年

（1）7月收到政府拨款150万元

借：银行存款 1 500 000

贷：递延收益 1 500 000

（2）7月购进设备

借：在建工程 800 000

应交税费—应交增值税（进项税额） 136 000

贷：银行存款 936 000

（3）8月支付安装费用及转固定资产

借：在建工程 100 000

贷：银行存款 100 000

借：固定资产 900 000

贷：在建工程 900 000

（4）12月，支付项目相关费用25万元

借：管理费用 250 000

贷：银行存款 250 000

借：递延收益 250 000

贷：其他收益 250 000

（5）计提9~12月折旧

借：管理费用—折旧 60 000（900000/5×4/12）

贷：累计折旧 60 000

借：递延收益 60 000

贷：其他收益 60 000

2018年度

（1）10月，支付相关费用35万元

借：管理费用 350 000

贷：银行存款 350 000

借：递延收益 350 000

贷：其他收益 350 000

（2）计提2018年度设备折旧

借：管理费用—折旧 180 000

贷：累计折旧　　180 000

借：递延收益　　180 000

贷：其他收益　　180 000

填表说明：

财税〔2008〕151号文（《财政部、国家税务总局关于财政性资金、行政事业性收费、政府性基金有关企业所得税政策问题的通知》）第一条第一款规定，企业取得的各类财政性资金，除属于国家投资和资金使用后要求归还本金的外，均应计入企业当年收入总额。

国家税务总局公告2012年第15号第七条规定，企业取得的不征税收入，应按照《财政部　国家税务总局关于专项用途财政性资金企业所得税处理问题的通知》的规定进行处理。

A公司于2017年度企业所得税汇算清缴时，填报下列表格：

表5-12　未按权责发生制确认的收入纳税调整明细表（A105020）

单位：万元

行次	项　目	合同金额（交易金额）	账载金额		税收金额		纳税调整金额
			本年	累计	本年	累计	
		1	2	3	4	5	6（4-2）
9	三、政府补助递延收入（10+11+12）	150	31	31	115	115	84
10	（一）与收益相关的政府补助	25	25	25	25	25	
11	（二）与资产相关的政府补助	90	6	6	90	90	84
12	（三）其他	35					
14	合计（1+5+9+13）	150	31	31	115	115	84

注：收到的财政补贴，无法准确判断与收益相关的政府补贴和与资产相关的政府补贴的金额填入"（三）其他"。

表5-13　纳税调整项目明细表（A105000）

单位：万元

行次	项　目	账载金额	税收金额	调增金额	调减金额
		1	2	3	4
1	一、收入类调整项目（2+3+…8+10+11）	*	*	84	
3	（二）未按权责发生制原则确认的收入（填写A105020）	31	115	84	

A公司2018年度企业所得税汇算清缴时，需填报下列表格：

表 5-14　未按权责发生制确认的收入纳税调整明细表（A105020）

单位：万元

行次	项　目	合同金额（交易金额）	账载金额		税收金额		纳税调整金额
			本年	累计	本年	累计	
		1	2	3	4	5	6（4-2）
9	三、政府补助递延收入（10+11+12）	150	53	84	35	150	-18
10	（一）与收益相关的政府补助	60	35	60	35	60	
11	（二）与资产相关的政府补助	90	18	24		90	-18
12	（三）其他						
14	合计（1+5+9+13）	150	53	84	35	150	-18

表 5-15　纳税调整项目明细表（A105000）

单位：万元

行次	项　目	账载金额	税收金额	调增金额	调减金额
		1	2	3	4
1	一、收入类调整项目（2+3+…8+10+11）	*	*		18
3	（二）未按权责发生制原则确认的收入（填写 A105020）	53	35		18

4. 其他未按权责发生制确认收入

企业会计核算应遵循权责发生制。其他未按权责发生制确认收入内容如下：

（1）企业搬迁资产处置收入

在政策性搬迁业务中，作为搬迁收入组成部分的企业搬迁资产处置收入，依据《国家税务总局关于发布〈企业政策性搬迁所得税管理办法〉的公告》（国家税务总局公告 2012 年第 40 号）的规定，暂不计入当期应纳税所得额，而在完成搬迁的年度参与企业所得税汇算清缴。在会计处理上，企业搬迁资产处置收入通过“固定资产处置”贷方核算，最终计入当期损益。因此，对计入企业当期损益的搬迁资产处置收入应通过《未按权责发生制确认的收入纳税调整明细表》（A105020）进行纳税调减。

（2）利息收入的确认

对应利息收入的确认，会计上遵循的是按权责发生制原则。即属于当期的收入，不论款项是否收到，均作为当期的收入。税法上，利息收入按照合同约定的债务人应付利息的日期确认收入的实现。例如，A 公司将资金贷出，合同约定期限 3 年，即 2018 年 7 月 1 日至 2021 年 6 月 30 日，每年利息 2 万元，按照合同约定开始日一次性支付利息 6 万元。会计上，该公司于贷款期开始日将 1 万元计入收入。但按税法规定，第一年该公司应调增所得 5 万元，第二、三年各调减 2 万元，第四年调减 1 万元。

（3）租金收入的确认

会计上，对经营租赁租金收入按照权责发生制确认收入的实现。税法上，租金收入按照合同约定的承租人应付租金的日期，确认收入的实现。确认租金收入时，款项收取与否不是关键，只要合同约定了收款日期不论约定收款是否收到款项，也不管收入是在什么时间收到，都要确认当期收入。根据《国家税务总局关于贯彻落实企业所得税法若干税收问题的通知》（国税函〔2010〕79号）第十九条的规定，企业提供固定资产、包装物或者其他有形资产的使用权取得的租金收入，应按交易合同或者协议规定的承租人应付租金的日期确认收入的实现。其中，如果交易合同或协议中规定租赁期限跨年度，且租金提前“一次性”支付的，出租人可对上述已经确认的收入，在租赁期内，分期均匀计入相关年度收入。具体可详见本章【例5-3】和【例5-4】的处理。

（4）特许权使用费收入的确认

会计上，对特许权使用费收入是按权责发生制确认收入的实现。税法上，特许权使用费收入按照合同约定的特许权使用人应付特许权使用费的日期确认收入的实现。纳税处理可参照利息收入或租金收入。

三、A105030投资收益纳税调整明细表

（一）根据国家税务总局2017年第54号公告，表式如下：

表5-16　投资收益纳税调整明细表（A105030）

行次	项　目	持有收益			处置收益							纳税调整金额
		账载金额	税收金额	纳税调整金额	会计确认的处置收入	税收计算的处置收入	处置投资的账面价值	处置投资的计税基础	会计确认的处置所得或损失	税收计算的处置所得	纳税调整金额	
		1	2	3（2-1）	4	5	6	7	8（4-6）	9（5-7）	10（9-8）	11（3+10）
1	一、交易性金融资产											
2	二、可供出售金融资产											
3	三、持有至到期投资											
4	四、衍生工具											
5	五、交易性金融负债											
6	六、长期股权投资											

续表

行次	项　目	持有收益			处置收益							纳税调整金额
		账载金额	税收金额	纳税调整金额	会计确认的处置收入	税收计算的处置收入	处置投资的账面价值	处置投资的计税基础	会计确认的处置所得或损失	税收计算的处置所得	纳税调整金额	
		1	2	3（2–1）	4	5	6	7	8（4–6）	9（5–7）	10(9–8)	11（3+10）
7	七、短期投资											
8	八、长期债券投资											
9	九、其他											
10	合计（1+2+3+4+5+6+7+8+9）											

（二）根据国家税务总局 2017 年第 54 号公告，填报说明如下：

本表适用于发生投资收益纳税调整项目的纳税人及从事股权投资业务的纳税人填报。纳税人根据税法、《国家税务总局关于贯彻落实企业所得税法若干税收问题的通知》（国税函〔2010〕79 号）等相关规定，以及国家统一企业会计制度，填报投资收益的会计处理、税收规定，以及纳税调整情况。发生持有期间投资收益，并按税收规定为减免税收入的（如国债利息收入等），本表不做调整。处置投资项目按税收规定确认为损失的，本表不做调整，在《资产损失税前扣除及纳税调整明细表》（A105090）进行纳税调整。处置投资项目符合企业重组且适用特殊性税务处理规定的，本表不做调整，在《企业重组及递延纳税事项纳税调整明细表》（A105100）进行纳税调整。

1. 有关项目填报说明

（1）第 1 列“账载金额”：填报纳税人持有投资项目，会计核算确认的投资收益。

（2）第2列“税收金额”：填报纳税人持有投资项目，按照税收规定确认的投资收益。

（3）第 3 列“纳税调整金额”：填报纳税人持有投资项目，会计核算确认投资收益与税收规定投资收益的差异需纳税调整金额，为第 2–1 列的余额。

（4）第 4 列“会计确认的处置收入”：填报纳税人收回、转让或清算处置投资项目，会计核算确认的扣除相关税费后的处置收入金额。

（5）第 5 列“税收计算的处置收入”：填报纳税人收回、转让或清算处置投资项目，按照税收规定计算的扣除相关税费后的处置收入金额。

（6）第 6 列“处置投资的账面价值”：填报纳税人收回、转让或清算处置的投资项目，会计核算的处置投资的账面价值。

（7）第 7 列“处置投资的计税基础”：填报纳税人收回、转让或清算处置的投资项目，按税收规定计算的处置投资的计税金额。

（8）第 8 列“会计确认的处置所得或损失”：填报纳税人收回、转让或清算处置投资项目，会计核算确认的处置所得或损失，为第 4–6 列的余额，损失以“–”号填列。

（9）第 9 列“税收计算的处置所得”：填报纳税人收回、转让或清算处置投资项目，按照税收规定计算的处置所得，为第 5–7 列的余额。

（10）第 10 列“纳税调整金额”：填报纳税人收回、转让或清算处置投资项目，会计处理与税收规定不一致需纳税调整金额，为第 9–8 列的余额。

（11）第 11 列“纳税调整金额”：填报第 3+10 列金额。

2. 表内、表间关系

（1）表内关系

①第 10 行＝第 1+2+3+4+5+6+7+8+9 行。

②第 3 列＝第 2–1 列。

③第 8 列＝第 4–6 列。

④第 9 列＝第 5–7 列。

⑤第 10 列＝第 9–8 列。

⑥第 11 列＝第 3+10 列。

（2）表间关系

①第 10 行 1+8 列＝表 A105000 第 4 行第 1 列。

②第 10 行 2+9 列＝表 A105000 第 4 行第 2 列。

③若第 10 行第 11 列≥ 0，第 10 行第 11 列＝表 A105000 第 4 行第 3 列；若第 10 行第 11 列＜ 0，第 10 行第 11 列绝对值＝表 A105000 第 4 行第 4 列。

（三）填表举例

1. 交易性金融资产持有收益和处置收益

交易性金融资产的会计核算包括交易性金融资产的取得、持有期间取得股利和利息的处理、交易性金融资产的期末计价和交易性金融资产的处置等方面的内容。由于会计准则和税法在规定上存在差异，以致纳税申报有所不同。

（1）税收规定

企业取得的利息收入和股息、红利等权益性投资收益应依法缴纳企业所得税。但企业取得的符合条件的居民企业之间的股息、红利等权益性投资收益（不包括连续持有居民企业公开发行并上市流通的股票不足 12 个月取得的投资收益），以及在中国境内设立机关、场所的非居民企业从居民企业取得的与该机构、场所有实际联系的股息、红利等权益性投资收益属于免税收入。

（2）会计规定

企业以公允价值计量且变动计入当期损益金融资产的股票、债券、基金以及不作为有效套期工具的衍生工具，应当按照取得时的公允价值作为初始确认，相关的交易费用在发生时计入当期损益。取得以公允价值计量且变动计入当期损益金融资产所支付价款中包含的已宣告发放的现金股利或债券利息，应作为应收款项。企业取得交易性金融资产时，按公允价，借记“交易性金融资产—成本”科目，按交易发生的费用，借记“投资收益”科目，按已到付息期但尚未领取的利息或股利，借记“应收利息”或“应收股利”科目。

持有交易性金融资产期间被投资单位宣告发放现金股利或在资产负债日按债券票面利率计算利息时，借记“应收股利”或“应收利息”科目，贷记“投资收益”科目。收到现金股利或债券利息时，借记“银行存款”科目，贷记“应收股利”或“应收利息”科目。

企业处置交易性金融资产时，将处置时的该交易性金融资产的公允价值与初始入账金额之间的差额确认为投资收益，同时调整公允价值变动损益。

【例 5-7】2016 年 3 月甲公司购入 D 公司股票，作为交易性金融资产核算。2018 年 3 月 15 日，D 公司宣告发放现金股利，甲公司按其持股比例确认投资收益 20 万元，2018 年 6 月 30 日收到现金股利。

（1）会计处理：

宣告发放现金股利时：

借：应收股利	200 000	
贷：投资收益		200 000

收到现金股利时：

借：银行存款	200 000	
贷：应收股利		200 000

（2）税务处理：

持有期间超过 12 个月，可以作为免税收入处理，此时，应在《符合条件的居民企业之间的股息、红利等权益性投资收益优惠明细表》（A107011）及《免税、减计收入及加计扣除优惠明细表》（A107010）中填报，不必在《投资收益纳税调整明细表》（A105030）中填报。

表 5-17　免税、减计收入及加计扣除优惠明细表（A107010）

单位：万元

行次	项　目	金　额
3	（二）符合条件的居民企业之间的股息、红利等权益性投资收益免征企业所得税（填写 A107011）	20

表 5-18 符合条件的居民企业之间的股息、红利等权益性投资收益优惠明细表（A107011）

单位：万元

行次	被投资企业	被投资企业统一社会信用代码	投资性质	投资成本	投资比例	被投资企业利润分配确认金额		被投资企业清算确认金额			撤回或减少投资确认金额						合计
						被投资企业做出利润分配或转股决定时间	依决定归属于本公司的股息、红利等权益性投资收益金额	分得的被投资企业清算剩余资产	被清算企业累计未分配利润和累计盈余公积应享有部分	应确认的股息所得	从被投资企业撤回或减少投资取得的资产	减少投资比例	收回初始投资成本	取得资产中超过收回初始投资成本部分	撤回或减少投资应享有被投资企业累计未分配利润和累计盈余公积	应确认的股息所得	
	1	2	3	4	5	6	7	8	9	10（8与9孰小）	11	12	13（4×12）	14（11−13）	15	16（14与15孰小）	17（7+10+16）
1	D公司					3月15日	20										20

2. 权益性可供出售金融资产持有收益和处理收益

（1）税收规定

《企业所得税实施条例》第71条规定，投资资产按照以下方法确认成本：第一，通过支付现金方式取得的投资资产，以购买价款为成本；第二，通过支付现金以外的方式取得的投资资产，以该资产的公允价值和支付的相关税费为成本。股息、红利等权益性投资收益，除国务院财政、税务主管部门另有规定外，按照被投资方作出利润分配决定的日期确认收入的实现。利息收入，按照合同约定的债务人应付利息的日期确认收入的实现。企业取得的利息收入和股息、红利等权益性投资收益应依法缴纳企业所得税。但企业取得的符合条件的居民企业之间的股息、红利等权益性投资收益（不包括连续持有居民企业公开发行并上市流通的股票不足12个月取得的投资收益），以及在中国境内设立机构、场所的非居民企业从居民企业取得的与该机构、场所有实际联系的股息、红利等权益性投资收益属于免税收入。

（2）会计规定

可供出售金融资产主要是指企业没有划分为以公允价值计量且其变动计入当期损益的金融资产、持有至到期投资、贷款和应收款项的金融资产。企业购入的在活跃市场上有报价的股票、债券和基金等，没有划分为以公允价值计量且其变动计入当期损益的金融资产、持有至到期投资等金融资产，可以归为此类。相对于交易性金融资产而言，可供出售的金融资产的持有意图不明确。可供出售的金融资产初始确认时，应当按照公允价值计量和相关交易费用之和作为初始入账金额。资产负债表日，可供出售金融资产应当按公允价值进行后续计量，公允价值变动计入所有者权益（其他综合收益），在该金融资产终止确认时，将“其他综合收益”的金额转出，计入“投资收益”科目。

【例5-8】2017年5月4日，甲公司从二级市场购入股票100万股，每股市价14元，手续费3万元；初始确认时，该股票划分为可供出售金融资产。甲公司至2017年12月31日仍持有该股票，该股票当时的市价为16元。2018年3月1日，甲公司将该股票售出，售价为每股15元，另支付交易费用3万元。

会计处理：

2017年5月4日，购入股票

借：可供出售金融资产—成本　　14 030 000

　　贷：银行存款　　14 030 000

2017年12月31日，确认股票价格变动

借：可供出售金融资产—公允价值变动　　1 970 000

　　贷：其他综合收益　　1 970 000

税务处理：

购入时，可供出售金融资产的计价基础与会计账面价值一致，没有差异。由于公允价值变动计入其他综合收益，不影响当年会计利润，不需要进行纳税调整。

2018年3月1日，出售股票

借：银行存款　　14 970 000

　　其他综合收益　　1 970 000

　　贷：可供出售金融资产—成本　　14 030 000

　　　　　　　　　　　—公允价值变动　　1 970 000

　　　　投资收益　　940 000

税务处理：

税务上要确认投资收益=14 970 000−14 030 000=940 000（元），与会计处理一致。

3. 成本法下长期股权投资持有收益和处置收益

（1）持有阶段

税法规定，投资方持有长期股权投资的过程中，除国务院财政、税务主管部门另有规定外，按照被投资方作出利润分配决定的日期确认收入的实现。同时，符合条件的居民企业之间的股息、红利等权益性投资收益属于免税收入。

会计规定，成本法下长期股权投资，被投资单位宣告分派的现金股利或利润，应当确认为当期投资收益。

【例 5-9】2017 年 6 月 20 日，甲公司以 1500 万元购入乙公司 80% 的股权。甲公司取得该部分股权后，能够有权力主导乙公司的相关活动并获得可变回报。2018 年 8 月 31 日，乙公司宣告分派现金股利，甲公司按照其持股比例确认可分回 20 万元。

会计处理：

2017 年 6 月 20 日购入股权

借：长期股权投资—乙公司　　15 000 000

　贷：银行存款　　15 000 000

2018 年 8 月 31 日分派股利

借：应收股利　　200 000

　贷：投资收益　　200 000

税务处理：

在持有阶段，成本法下会计与税法对投资收益的确认时间是相同的，不存在税务与会计之间的差异，但需要填写“投资收益纳税调整明细表”（A105030）。此外，由于税法对股息、红利有免税待遇，因此需要进行纳税调减，该差异属于税收优惠的范畴，需要填写“符合条件的居民企业之间的股息、红利等权益性投资收益优惠明细表”（A107011），之后相应数字结转入“免税、减计收入及加计扣除优惠明细表”（A107010）表格，该差异属于会计与税务处理的永久性差异。

表 5-19　投资收益纳税调整明细表（A105030）

单位：万元

行次	项目	持有收益			处置收益							纳税调整金额
		账载金额	税收金额	纳税调整金额	会计确认的处置收入	税收计算的处置收入	处置投资的账面价值	处置投资的计税基础	会计确认的处置所得或损失	税收计算的处置所得	纳税调整金额	
		1	2	3（2-1）	4	5	6	7	8（4-6）	9（5-7）	10（9-8）	11（3+10）
6	六、长期股权投资	20	20									

表 5-20　免税、减计收入及加计扣除优惠明细表（A107010）

单位：万元

行次	项目	金额
3	（二）符合条件的居民企业之间的股息、红利等权益性投资收益免征企业所得税（填写 A107011）	20

表 5-21　符合条件的居民企业之间的股息、红利等权益性投资收益优惠明细表（A107011）

单位：万元

行次						被投资企业利润分配确认金额			被投资企业清算确认金额		撤回或减少投资确认金额						
	被投资企业	被投资企业统一社会信用代码	投资性质	投资成本	投资比例	被投资企业做出利润分配或转股决定时间	依决定归属于本公司的股息、红利等权益性投资收益金额	分得的被投资企业清算剩余资产	被清算企业累计未分配利润和累计盈余公积应享有部分	应确认的股息所得	从被投资企业撤回或减少投资取得的资产	减少投资比例	收回初始投资成本	取得资产中超过收回初始投资成本部分	撤回或减少投资应享有被投资企业累计未分配利润和累计盈余公积	应确认的股息所得	合计
	1	2	3	4	5	6	7	8	9	10（8与9孰小）	11	12	13（4×12）	14（11-13）	15	16（14与15孰小）	17（7+10+16）
1	乙公司					8月31日	20										20

（2）处置阶段

税法规定，企业可以采取转让股权、撤资或减少投资等方式收回股权投资。首先看一下转让股权转让方式。企业转让股权收入，应于转让协议生效且完成股权变更手续时，确认收入的实现。转让股权收入扣除为取得该股权发生的成本后，为股权转让所得。企业在计算股权转让所得时，不得扣除被投资单位未分配利润等股东留存收益中按该股权所得分配的金额。其次看一下撤资或减少投资方式。投资企业从被投资企业撤回或减少投资，其取得的资产中，相当于初始出资的部分，应确认为投资收回；相当于被投资企业累计未分配利润和累计盈余公积按减少实收资本比例计算的部分，应确认为股息所得，享受免税待遇；其余部分确认为投资资产转让所得。

会计规定，成本法先处置长期股权投资，其账面价值和实际取得价款之间的差额，应当计入当期损益。

【例 5-10】资料见**【例 5-9】**，2019 年 5 月 10 日，甲公司撤回对乙公司的投资，共收回 1650 万元货币资金。收回投资时，乙公司的累计未分配利润和累计盈余公积合计为 160 万元。

会计处理：

2019年5月10日，甲公司撤资

借：银行存款　　16 500 000

　　贷：长期股权投资—乙公司　　15 000 000

　　　　投资收益　　1 500 000

税务处理：

税收也需要确认150万元投资收益，但是128万元（被投资单位累计未分配利润和累计盈余公积按持股比例享有的部分，即：160×80%享受免税待遇，因此不但需要填写“投资收益纳税调整明细表”（A105030），而且需要填写“符合条件的居民企业之间的股息、红利等权益性投资收益优惠明细表”（A107011），之后相应数字结转入“免税、减计收入及加计扣除优惠明细表”（A107010）表格，该差异属于会计与税务处理的永久性差异。填表如下：

表5-22　投资收益纳税调整明细表（A105030）

单位：万元

行次	项　目	持有收益			处置收益							纳税调整金额
		账载金额	税收金额	纳税调整金额	会计确认的处置收入	税收计算的处置收入	处置投资的账面价值	处置投资的计税基础	会计确认的处置所得或损失	税收计算的处置所得	纳税调整金额	
		1	2	3（2-1）	4	5	6	7	8（4-6）	9（5-7）	10（9-8）	11（3+10）
6	六、长期股权投资				1650	1650	1500	1500	150	150		

表5-23　免税、减计收入及加计扣除优惠明细表（A107010）

单位：万元

行次	项　目	金　额
3	（二）符合条件的居民企业之间的股息、红利等权益性投资收益免征企业所得税（填写A107011）	128

表 5-24　符合条件的居民企业之间的股息、红利等权益性投资收益优惠明细表（A107011）

单位：万元

行次						被投资企业利润分配确认金额		被投资企业清算确认金额		撤回或减少投资确认金额							
	被投资企业	被投资企业统一社会信用代码	投资性质	投资成本	投资比例	被投资企业做出利润分配或转股决定时间	依决定归属于本公司的股息、红利等权益性投资收益金额	分得的被投资企业清算剩余资产	被清算企业累计未分配利润和累计盈余公积应享有部分	应确认的股息所得	从被投资企业撤回或减少投资取得的资产	减少投资比例	收回初始投资成本	取得资产中超过收回初始投资成本部分	撤回或减少投资应享有被投资企业累计未分配利润和累计盈余公积	应确认的股息所得	合计
	1	2	3	4	5	6	7	8	9	10（8与9孰小）	11	12	13（4×12）	14（11–13）	15	16（14与15孰小）	17（7+10+16）
1	乙公司			1500							1650	100	1500	150	128	128	128

4. 权益法下长期股权投资持有收益和处置收益

（1）持有阶段

税法规定，《企业所得税法实施条例》第七十一条规定：投资资产，是指企业对外进行权益性投资和债权性投资形成的资产。《企业所得税法实施条例》第十七条规定：股息红利等权益性投资收益，指企业因权益性投资从该被投资方取得的收入。除特殊规定外，按照被投资方作出利润分配决定的日期确认收入的实现。

会计规定，权益法下投资方取得长期股权投资后，应当按照应享有或应分担的被投资单位实现的净损益和其他综合收益的份额，分别确认投资收益和其他综合收益，同时调整长期股权投资的账面价值；投资方按照被投资单位宣告分配的利润或现金股利计算应享有的部分，相应减少长期股权投资的账面价值；投资方对于被投资单位除净损益、其他综合收益和利润分配以外所有者权益的其他变动，应当调整长期股权投资的账面价值并计入所有者权益。换言之，会计上按照被投资方所有者权益的变动情况，分别确认投资收益和其他综合收益。

税法与会计差异及纳税申报表的填写。无论会计上采用何种核算方式，税法上仍旧按照被投资方作出利润分配决定的时间确认投资收益的实现。因此在权益法下，长期股权投资在持有阶段税会存在两项差异：第一项，由于投资收益确认时间不一致导致的差异。会计上按照被投资方所有者权益的变化确认投资收益，而税法则按照被投资方作出利润分配决定的时间确认投资收益的实现。该项差异属于时间性差异，当投资方处置长期股权投资时，该项差异消失。投资方需要通过填写“投资收益纳税调整明细表”（A105030）体现该差异，之后该项差异转入“纳税调整项目明细表”（A105000）的第4行“（三）投资收益”。第二项，由于符合条件的居民企业之间的股息、红利等权益性投资收益属于免税收入，因此税法要做纳税调减处理，该项差异属于永久性差异，差异一经形成，不会消失。

（2）处置阶段

会计规定，权益法先处置长期股权投资，其账面价值与实际取得价款之间的差额，应该计入当期损益。

税法与会计差异及纳税申报表的填写。在处置阶段，大多数情况下，税法与会计对长期股权处置收入的确认是相同的。但是由于会计处置投资的账面价值与税法处置投资的计税基础不同，导致会计确认的处置所得或损失不同于税法计算的处置所得，需要进行纳税调整，此时需要通过填写“投资收益纳税调整明细表”（A105030）体现两者的差异，同时该项差异的出现也使得投资阶段和持有阶段税法与会计之间的时间性差异消失。在填写过程中需要注意以下两点：

第一，如果投资方以撤资或减少投资方式收回投资，则收回资产中被投资单位累计未分配利润和累计盈余公积按减少实收资本的比例计算的部分应确认为股息所得，享受免税收入。

第二，处置投资项目按税法规定确认为损失的，不在“投资收益纳税调整明细表”（A105030）中进行调整，而应该在“资产损失税前扣除及纳税调整明细表”（A105090）中进行纳税调整。在确定处置投资项目究竟是有所得还是有损失时，应该按税法为标准判断。

四、A105040 专项用途财政性资金纳税调整明细表

（一）根据国家税务总局2017年第54号公告，表式如下：

表5-25　专项用途财政性资金纳税调整明细表（A105040）

行次	项目	取得年度	财政性资金	其中：符合不征税收入条件的财政性资金		以前年度支出情况					本年支出情况		本年结余情况		
				金额	其中：计入本年损益的金额	前五年度	前四年度	前三年度	前二年度	前一年度	支出金额	其中：费用化支出金额	结余金额	其中：上缴财政金额	应计入本年应税收入金额
		1	2	3	4	5	6	7	8	9	10	11	12	13	14
1	前五年度														

续表

行次	项目	取得年度	财政性资金	其中：符合不征税收入条件的财政性资金		以前年度支出情况					本年支出情况		本年结余情况		
				金额	其中：计入本年损益的金额	前五年度	前四年度	前三年度	前二年度	前一年度	支出金额	其中：费用化支出金额	结余金额	其中：上缴财政金额	应计入本年应税收入金额
		1	2	3	4	5	6	7	8	9	10	11	12	13	14
2	前四年度					*									
3	前三年度					*	*								
4	前二年度					*	*	*							
5	前一年度					*	*	*	*						
6	本　年					*	*	*	*	*					
7	合计（1+2+⋯+6）														

（二）根据国家税务总局2017年第54号公告，填报说明如下：

《专项用途财政性资金纳税调整明细表》（A105040）填报说明：

本表适用于发生符合不征税收入条件的专项用途财政性资金纳税调整项目的纳税人填报。纳税人根据税法、《财政部　国家税务总局关于专项用途财政性资金企业所得税处理问题的通知》（财税〔2011〕70号）等相关规定，以及国家统一企业会计制度，填报纳税人专项用途财政性资金会计处理、税收规定，以及纳税调整情况。本表对不征税收入用于费用化的支出进行调整，资本化支出通过《资产折旧、摊销及纳税调整明细表》（A105080）进行纳税调整。

1. 有关项目填报说明

（1）第1列“取得年度”：填报取得专项用途财政性资金的公历年度。第5行至第1行依次从6行往前倒推，第6行为申报年度。

（2）第2列“财政性资金”：填报纳税人相应年度实际取得的财政性资金金额。

（3）第3列“其中：符合不征税收入条件的财政性资金”：填报纳税人相应年度实际取得的符合不征税收入条件且已作不征税收入处理的财政性资金金额。

（4）第4列“其中：计入本年损益的金额”：填报第3列“其中：符合不征税收入条件的财政性资金”中，会计处理时计入本年（申报年度）损益的金额。本列第7行金额为《纳税调整项目明细表》（A105000）第9行“其中：专项用途财政性资金”的第4列“调减金额”。

（5）第5列至第9列“以前年度支出情况”：填报纳税人作为不征税收入处理的符

合条件的财政性资金，在申报年度以前的5个纳税年度发生的支出金额。前一年度，填报本年的上一纳税年度，以此类推。

（6）第10列“支出金额”：填报纳税人历年作为不征税收入处理的符合条件的财政性资金，在本年（申报年度）用于支出的金额。

（7）第11列“其中：费用化支出金额”：填报纳税人历年作为不征税收入处理的符合条件的财政性资金，在本年（申报年度）用于支出计入本年损益的费用金额，本列第7行金额为《纳税调整项目明细表》（A105000）第25行“其中：专项用途财政性资金用于支出所形成的费用”的第3列“调增金额”。

（8）第12列“结余金额”：填报纳税人历年作为不征税收入处理的符合条件的财政性资金，减除历年累计支出（包括费用化支出和资本化支出）后尚未使用的不征税收入余额。

（9）第13列“其中：上缴财政金额”：填报第12列“结余金额”中向财政部门或其他拨付资金的政府部门缴回的金额。

（10）第14列“应计入本年应税收入金额”：填报企业以前年度取得财政性资金且已作为不征税收入处理后，在5年（60个月）内未发生支出且未缴回财政部门或其他拨付资金的政府部门，应计入本年应税收入的金额。本列第7行金额为《纳税调整项目明细表》（A105000）第9行“其中：专项用途财政性资金”的第3列“调增金额”。

2. 表内、表间关系

（1）表内关系

①第1行第12列＝第1行第3-5-6-7-8-9-10列。

②第2行第12列＝第2行第3-6-7-8-9-10列。

③第3行第12列＝第3行第3-7-8-9-10列。

④第4行第12列＝第4行第3-8-9-10列。

⑤第5行第12列＝第5行第3-9-10列。

⑥第6行第12列＝第6行第3-10列。

⑦第7行＝第1+2+3+4+5+6行。

（2）表间关系

①第7行第4列＝表A105000第9行第4列。

②第7行第11列＝表A105000第25行第3列。

③第7行第14列＝表A105000第9行第3列。

（三）填表举例

1. 取得财政拨款的会计处理和纳税调整

税法规定：

在税务处理上，《中华人民共和国企业所得税法》第七条规定，收入总额中的下列收入为不征税收入：（一）财政拨款；（二）依法收取并纳入财政管理的行政事业性收费、政府性基金；（三）国务院规定的其他不征税收入。

《中华人民共和国企业所得税法实施细则》第二十六条规定，企业所得税法第七条第（一）项所称的财政拨款，是指各级政府对纳入预算管理的事业单位、社会团体等组织拨付的财政资金，但国务院和国务院财政、税务主管部门另有规定的除外。

财政部、国家税务总局《关于专项用途财政性资金企业所得税处理问题的通知》（财税〔2011〕70号）文件，就企业取得的专项用途财政性资金企业所得税处理问题通知如下：企业从县级以上各级人民政府财政部门及其他部门取得的应计入收入总额的财政性资金，凡同时符合以下条件的，可以作为不征税收入，在计算应纳税所得额时从收入总额中减除：（一）企业能够提供规定资金专项用途的资金拨付文件；（二）财政部门或其他拨付资金的政府部门对该资金有专门的资金管理办法或具体管理要求；（三）企业对该资金以及以该资金发生的支出单独进行核算。根据《中华人民共和国企业所得税法实施细则》第二十八条规定，上述不征税收入用于支出所形成的费用，不得在计算应纳税所得额时扣除；用于支出所形成的资产，其计算的折旧、摊销不得在计算应纳税所得额时扣除。企业将符合本通知第一条规定条件的财政性资金作不征税收入处理后，在5年（60个月）内未发生支出且未缴回财政部门或其他拨付资金的政府部门的部分，应计入该资金第六年的应税收入总额；计入应税收入总额的财政性资金发生的支出，允许在计算应纳税所得额时扣除。

会计规定：

在会计处理上，财政拨款属于政府补助的主要形式之一。政府补助分为与资产相关的政府补助和与收益相关的政府补助。

与资产相关的政府补助是指企业取得的、用于构建或以其他方式形成长期资产的政府补助。与资产相关的政府补助，企业在收到补助资金时，有两种会计处理方法可供选择：一是总额法，即按照补助资金的金额借记有关资产科目，贷记“递延收益”科目；然后在相关资产使用寿命内按合理、系统的方法分期计入损益。二是净额法，将补助冲减相关资产账面价值，企业按照扣减了政府补助后的资产价值对相关资产计提折旧或进行摊销。

对于与收益相关的政府补助，企业应当选择采用总额法或净额法进行会计处理。选择总额法的，应当计入其他收益或营业外收入。选择净额法的，应当冲减相关成本费用或营业外支出。

税法与会计差异：

政府补助为应税收入的：（一）与资产相关的政府补助，如果会计上选择确认为递延收益，按税收规定作为应税收入，应调增应纳税所得额；资产使用期间，会计规定将上述递延收益按合理、系统的方法分期计提损益，税收规定不确认应税收入，应调减应纳税所得额；（二）与收益相关的政府补助，用于补偿以后期间的相关成本费用或损失的，纳税调整与资产相关的政府补助相同，税务处理和会计处理无差异；与收益相关的政府补助，用于补偿以前期间的相关成本费用或损失的，会计规定直接计入当期损益或冲减相关成本费用，税收规定作为应税收入，从当期应纳税所得额的计算来看，税务处理和会计处理无差异。

政府补助为不征税收入的：（一）与资产相关的政府补助，会计上应当冲减相关资产的账面价值或确认为递延收益，税收规定作为不征税收入，此时税务处理和会计处理无差异；如果以后年度会计上以相同的金额分别计提折旧和确认营业外收入，税务处理和会计处理无差异；（二）与收益相关的政府补助，用于补偿以后期间的相关成本费用或损失的，与资产相关的政府补助相同，税务处理和会计处理无差异；用于补偿以前期间的相关费用和损失的，会计规定直接计入当期损益或冲减相关成本费用，税收规定作为不征税收入，应调减应纳税所得额。

【例 5-11】2014 年 A 公司向政府某部门申请财政资金 80 万元用来购买专业设备，74 万元用于购买设备，6 万元用于支付专门的测试费。经过相关规定的流程，政府于 2014 年 12 月 15 日拨付资金到账。企业在收到上述财政资金后，于 2014 年 12 月底购买了 74 万元（不含税价）的专业设备，并于当月投入使用，折旧年限为 5 年，不留残值。公司于 2015 年支付了 3 万元的测试费用。

会计处理：

2014 年 12 月 15 日政府拨款到账

借：银行存款　　800 000

　　贷：递延收益　　800 000

2014 年 12 月底购入固定资产

借：固定资产　　740 000

　　贷：银行存款　　740 000

2015 年度计提折旧

借：管理费用—折旧　　148 000

　　贷：累计折旧　　148 000

借：递延收益　　148 000

　　贷：其他收益　　148 000

2015 年度支付测试费用

借：管理费用—测试费　　30 000

　　贷：银行存款　　30 000

借：递延收益　　30 000

　　贷：其他收益　　30 000

税务处理：

专项用途财政性资金作为不征税收入，在计算应纳税所得额时从收入总额中减除，上述不征税收入用于支出所形成的费用，不得在计算应纳税所得额时扣除，用于支出所形成的资产，其计算的折旧、摊销不得在计算应纳税所得额时扣除。上述不征税收入在5年（60个月）内未发生支出且未缴回财政部门或其他拨付资金的政府部门的部分，应计入取得该资金第6年的应税收入总额；计入应税收入总额的财政性资金发生的支出，允许在计算应纳税所得额时扣除。

2014年度企业所得税汇算清缴填表如下：

表5-26　专项用途财政性资金纳税调整明细表（A105040）

单位：万元

行次	项目	取得年度	财政性资金	其中：符合不征税收入条件的财政性资金		以前年度支出情况					本年支出情况		本年结余情况		
				金额	其中：计入本年损益的金额	前五年度	前四年度	前三年度	前二年度	前一年度	支出金额	其中：费用化支出金额	结余金额	其中：上缴财政金额	应计入本年应税收入金额
		1	2	3	4	5	6	7	8	9	10	11	12	13	14
6	本　　年	2014	80	80		*	*	*	*	*	74		6		
7	合计（1+2+…+6）	*				*	*	*	*	*					

2015年度企业所得税汇算清缴填表如下：

表5-27　专项用途财政性资金纳税调整明细表（A105040）

单位：万元

行次	项目	取得年度	财政性资金	其中：符合不征税收入条件的财政性资金		以前年度支出情况					本年支出情况		本年结余情况		
				金额	其中：计入本年损益的金额	前五年度	前四年度	前三年度	前二年度	前一年度	支出金额	其中：费用化支出金额	结余金额	其中：上缴财政金额	应计入本年应税收入金额
		1	2	3	4	5	6	7	8	9	10	11	12	13	14
5	前一年度	2014	80	80		*	*	*	*		74		6		
6	本　　年	2015			17.8	*	*	*	*	*	3	3	3		
7	合计（1+2+…+6）	*				*	*	*	*	*					

表 5-28　资产折旧、摊销及纳税调整明细表（A105080）

单位：万元

行次	项　目	账载金额			税收金额					纳税调整金额
		资产原值	本年折旧、摊销额	累计折旧、摊销额	资产计税基础	税收折旧额	享受加速折旧政策的资产按税收一般规定计算的折旧、摊销额	加速折旧统计额	累计折旧、摊销额	
		1	2	3	4	5	6	7=5-6	8	9（2-5）
1	一、固定资产（2+3+4+5+6+7）						*	*		
4	（三）与生产经营活动有关的器具、工具、家具等	74	14.8	14.8	0	0	*	*	0	14.8

表 5-29　纳税调整项目明细表（A105000）

单位：万元

行次	项　目	账载金额	税收金额	调增金额	调减金额
		1	2	3	4
1	一、收入类调整项目（2+3+…8+10+11）	*	*		
8	（七）不征税收入	*	*		17.8
9	其中：专项用途财政性资金（填写 A105040）	*	*		17.8
12	二、扣除类调整项目（13+14+…24+26+27+28+29+30）	*	*		
24	（十二）不征税收入用于支出所形成的费用	*	*	3	*
25	其中：专项用途财政性资金用于支出所形成的费用（填写 A105040）	*	*	3	*
31	三、资产类调整项目（32+33+34+35）	*	*	14.8	
32	（一）资产折旧、摊销（填写 A105080）			14.8	

第二节　扣除类调整项目填报指南

一、A105050 职工薪酬支出及纳税调整明细表

（一）根据国家税务总局 2017 年第 54 号公告，表式如下：

表 5-30 职工薪酬支出及纳税调整明细表（A105050）

行次	项目	账载金额	实际发生额	税收规定扣除率	以前年度累计结转扣除额	税收金额	纳税调整金额	累计结转以后年度扣除额
		1	2	3	4	5	6（1-5）	7（1+4-5）
1	一、工资薪金支出			*	*			*
2	其中：股权激励			*	*			*
3	二、职工福利费支出				*			*
4	三、职工教育经费支出			*				
5	其中：按税收规定比例扣除的职工教育经费							
6	按税收规定全额扣除的职工培训费用				*			*
7	四、工会经费支出				*			*
8	五、各类基本社会保障性缴款			*	*			*
9	六、住房公积金			*	*			*
10	七、补充养老保险				*			*
11	八、补充医疗保险				*			*
12	九、其他			*	*			*
13	合计（1+3+4+7+8+9+10+11+12）			*				

（二）根据国家税务总局 2017 年第 54 号公告，填报说明如下：

纳税人根据税法、《国家税务总局关于企业工资薪金及职工福利费扣除问题的通知》（国税函〔2009〕3 号）、《财政部　国家税务总局关于扶持动漫产业发展有关税收政策问题的通知》（财税〔2009〕65 号）、《财政部　国家税务总局关于进一步鼓励软件产业和集成电路产业发展企业所得税政策的通知》（财税〔2012〕27 号）、《国家税务总局关于我国居民企业实行股权激励计划有关企业所得税处理问题的公告》（国家税务总局公告 2012 年第 18 号）、《财政部　国家税务总局　商务部　科技部国家发展改革委关于完善技术先进型服务企业有关企业所得税政策问题的通知》（财税〔2014〕59 号）、《国家税务总局关于企业工资薪金和职工福利费等支出税前扣除问题的公告》（国家税务总局公告 2015 年第 34 号）、《财政部　国家税务总局关于高新技术企业职工教育经费税前扣除政策的通知》（财税〔2015〕63 号）等相关规定以及国家统一企业会计制度，填报纳税人职工薪酬会计处理、税收规定，以及纳税调整情况。纳税人只要发生相关支出，不论是否纳税调整，均需填报。

1. 有关项目填报说明

（1）第 1 行“一、工资薪金支出”：填报纳税人本年度支付给在本企业任职或者受雇的员工的所有现金形式或非现金形式的劳动报酬及其会计核算、纳税调整等金额，具体如下：

①第 1 列“账载金额”：填报纳税人会计核算计入成本费用的职工工资、奖金、津贴和补贴金额。

②第 2 列“实际发生额”：分析填报纳税人“应付职工薪酬”会计科目借方发生额（实际发放的工资薪金）。

③第 5 列“税收金额”：填报纳税人按照税收规定允许税前扣除的金额，按照第 1 列和第 2 列分析填报。

④第 6 列“纳税调整金额”：填报第 1–5 列的余额。

（2）第 2 行“其中：股权激励”：本行由执行《上市公司股权激励管理办法》（中国证券监督管理委员会令第 126 号）的纳税人填报，具体如下：

①第 1 列“账载金额”：填报纳税人按照国家有关规定建立职工股权激励计划，会计核算计入成本费用的金额。

②第 2 列“实际发生额”：填报纳税人根据本年实际行权时股权的公允价格与激励对象实际行权支付价格的差额和数量计算确定的金额。

③第 5 列“税收金额”：填报行权时按照税收规定允许税前扣除的金额。按照第 1 列和第 2 列孰小值填报。

④第 6 列“纳税调整金额”：填报第 1–5 列的余额。

（3）第 3 行“二、职工福利费支出”：填报纳税人本年度发生的职工福利费及其会计核算、纳税调整等金额，具体如下：

①第 1 列“账载金额”：填报纳税人会计核算计入成本费用的职工福利费的金额。

②第 2 列“实际发生额”：分析填报纳税人“应付职工薪酬”会计科目下的职工福利费用实际发生额。

③第 3 列“税收规定扣除率”：填报税收规定的扣除比例（14%）。

④第 5 列“税收金额”：填报按照税收规定允许税前扣除的金额，按第 1 行第 5 列“工资薪金支出 / 税收金额”×14%、本表第 3 行第 1 列、本表第 3 行第 2 列三者孰小值填报。

⑤第 6 列“纳税调整金额”：填报第 1–5 列的余额。

（4）第 4 行“三、职工教育经费支出”：填报第 5 行或者第 5+6 行金额。

（5）第 5 行“其中：按税收规定比例扣除的职工教育经费”：适用于按照税收规定职工教育经费按比例税前扣除的纳税人填报，具体如下：

①第 1 列“账载金额”填报纳税人会计核算计入成本费用的金额，不包括第 6 行可全额扣除的职工培训费用金额。

②第 2 列“实际发生额”：分析填报纳税人“应付职工薪酬”会计科目下的职工教育经费实际发生额，不包括第 6 行可全额扣除的职工培训费用金额。

③第 3 列“税收规定扣除率”：填报税收规定的扣除比例。

④第 4 列“以前年度累计结转扣除额”：填报纳税人以前年度累计结转准予扣除的职工教育经费支出余额。

⑤第5列“税收金额”：填报纳税人按照税收规定允许税前扣除的金额（不包括第6行可全额扣除的职工培训费用金额），按第1行第5列“工资薪金支出—税收金额”×扣除比例与本行第1+4列之和的孰小值填报。

⑥第6列“纳税调整金额”：填报第1–5列的余额。

⑦第7列“累计结转以后年度扣除额”：填报第1+4–5列的金额。

（6）第6行“其中：按税收规定全额扣除的职工培训费用”：适用于按照税收规定职工培训费用允许全额税前扣除的纳税人填报，具体如下：

①第1列“账载金额”：填报纳税人会计核算计入成本费用。

②第2列“实际发生额”：分析填报纳税人“应付职工薪酬”会计科目下的职工教育经费本年实际发生额（可全额扣除的职工培训费用金额）。

③第3列“税收规定扣除率”：填报税收规定的扣除比例（100%）。

④第5列“税收金额”：填报按照税收规定允许税前扣除的金额。

⑤第6列“纳税调整金额”：填报第1–5列的余额。

（7）第7行“四、工会经费支出”：填报纳税人本年度拨缴工会经费及其会计核算、纳税调整等金额，具体如下：

①第1列“账载金额”：填报纳税人会计核算计入成本费用的工会经费支出金额；

②第2列“实际发生额”：分析填报纳税人“应付职工薪酬”会计科目下的工会经费本年实际发生额。

③第3列“税收规定扣除率”：填报税收规定的扣除比例（2%）。

④第5列“税收金额”：填报按照税收规定允许税前扣除的金额，按第1行第5列“工资薪金支出 / 税收金额”×2%与本行第1列、本行第2列三者孰小值填报。

⑤第6列“纳税调整金额”：填报第1–5列的余额。

（8）第8行“五、各类基本社会保障性缴款”：填报纳税人依照国务院有关主管部门或者省级人民政府规定的范围和标准为职工缴纳的基本社会保险费及其会计核算、纳税调整金额，具体如下：

①第1列“账载金额”：填报纳税人会计核算的各类基本社会保障性缴款的金额。

②第2列“实际发生额”：分析填报纳税人“应付职工薪酬”会计科目下的各类基本社会保障性缴款本年实际发生额。

③第5列“税收金额”：填报按照税收规定允许税前扣除的各类基本社会保障性缴款的金额，按本行第1列、第2列以及税收规定允许税前扣除的各类基本社会保障性缴款的金额孰小值填报。

④第6列“纳税调整金额”：填报第1–5列的余额。

（9）第9行“六、住房公积金”：填报纳税人依照国务院有关主管部门或者省级人民政府规定的范围和标准为职工缴纳的住房公积金及其会计核算、纳税调整金额，具体如下：

①第1列“账载金额”：填报纳税人会计核算的住房公积金金额。

②第2列“实际发生额”：分析填报纳税人“应付职工薪酬”会计科目下的住房公

积金本年实际发生额。

③第5列“税收金额”：填报按照税收规定允许税前扣除的住房公积金金额，按本行第1列、第2列以及税收规定允许税前扣除的住房公积金的金额孰小值填报。

④第6列“纳税调整金额”：填报第1–5列的余额。

（10）第10行“七、补充养老保险”：填报纳税人为投资者或者职工支付的补充养老保险费的会计核算、纳税调整金额，具体如下：

①第1列“账载金额”：填报纳税人会计核算的补充养老保险金额。

②第2列“实际发生额”：分析填报纳税人“应付职工薪酬”会计科目下的补充养老保险本年实际发生额。

③第3列“税收规定扣除率”：填报税收规定的扣除比例（5%）。

④第5列“税收金额”：填报按照税收规定允许税前扣除的补充养老保险的金额，按第1行第5列“工资薪金支出 / 税收金额”×5%、本行第1列、本行第2列的孰小值填报。

⑤第6列“纳税调整金额”：填报第1–5列的余额。

（11）第11行“八、补充医疗保险”：填报纳税人为投资者或者职工支付的补充医疗保险费的会计核算、纳税调整金额，具体如下：

①第1列“账载金额”：填报纳税人会计核算的补充医疗保险金额。

②第2列“实际发生额”：分析填报纳税人“应付职工薪酬”会计科目下的补充医疗保险本年实际发生额。

③第3列“税收规定扣除率”：填报税收规定的扣除比例（5%）。

④第5列“税收金额”：填报按照税收规定允许税前扣除的补充医疗保险的金额，按第1行第5列“工资薪金支出 / 税收金额”×5%、本行第1列、本行第2列的孰小值填报。

⑤第6列“纳税调整金额”：填报第1–5列的余额。

（12）第12行“九、其他”：填报其他职工薪酬的金额。

（13）第13行“合计”：填报第1+3+4+7+8+9+10+11+12行的合计金额。

2. 表内、表间关系

（1）表内关系

①第4行＝第5行或第5+6行。

②第13行＝第1+3+4+7+8+9+10+11+12行。

③第6列＝第1–5列。

④第7列＝第1+4–5列。

（2）表间关系

①第13行第1列＝表A105000第14行第1列。

②第13行第5列＝表A105000第14行第2列。

③若第13行第6列≥0，第13行第6列＝表A105000第14行第3列；若第13

行第6列＜0，第13行第6列的绝对值＝表A105000第14行第4列。

（三）相关政策

1. 相关税收政策

（1）《中华人民共和国所得税法实施条例》

第三十四条　企业发生的合理的工资、薪金支出，准予扣除。

前款所称工资、薪金，是指企业每一纳税年度支付给在本企业任职或者受雇的员工的所有现金形式或者非现金形式的劳动报酬，包括基本工资、奖金、津贴、补贴、年终加薪、加班工资，以及与员工任职或者受雇有关的其他支出。

第三十五条　企业依照国务院有关主管部门或者省级人民政府规定的范围和标准为职工缴纳的基本养老保险费、基本医疗保险费、失业保险费、工伤保险费、生育保险费等基本社会保险费和住房公积金，准予扣除。

企业为投资者或者职工支付的补充养老保险费、补充医疗保险费，在国务院财政、税务主管部门规定的范围和标准内，准予扣除。

第三十六条　除企业依照国家有关规定为特殊工种职工支付的人身安全保险费和国务院财政、税务主管部门规定可以扣除的其他商业保险费外，企业为投资者或者职工支付的商业保险费，不得扣除。

第四十条　企业发生的职工福利费支出，不超过工资、薪金总额14%的部分，准予扣除。

第四十一条　企业拨缴的工会经费，不超过工资、薪金总额2%的部分，准予扣除。

第四十二条　除国务院财政、税务主管部门另有规定外，企业发生的职工教育经费支出，不超过工资、薪金总额2.5%的部分，准予扣除；超过部分，准予在以后纳税年度结转扣除。

（2）《国家税务总局关于企业工资薪金及职工福利费扣除问题的通知》（国税函［2009］3号）

一、关于合理工资薪金问题

《实施条例》第三十四条所称的“合理工资薪金”，是指企业按照股东大会、董事会、薪酬委员会或相关管理机构制定的工资薪金制度规定实际发放给员工的工资薪金。税务机关在对工资薪金进行合理性确认时，可按以下原则掌握：

（一）企业制定了较为规范的员工工资薪金制度；

（二）企业所制定的工资薪金制度符合行业及地区水平；

（三）企业在一定时期所发放的工资薪金是相对固定的，工资薪金的调整是有序进行的；

（四）企业对实际发放的工资薪金，已依法履行了代扣代缴个人所得税义务。

（五）有关工资薪金的安排，不以减少或逃避税款为目的；

二、关于工资薪金总额问题

《实施条例》第四十、四十一、四十二条所称的“工资薪金总额”，是指企业按照本通知第一条规定实际发放的工资薪金总和，不包括企业的职工福利费、职工教育经费、工会经费以及养老保险费、医疗保险费、失业保险费、工伤保险费、生育保险费等社会保险费和住房公积金。属于国有性质的企业，其工资薪金，不得超过政府有关部门给予的限定数额；超过部分，不得计入企业工资薪金总额，也不得在计算企业应纳税所得额时扣除。

三、关于职工福利费扣除问题

《实施条例》第四十条规定的企业职工福利费，包括以下内容：

（一）尚未实行分离办社会职能的企业，其内设福利部门所发生的设备、设施和人员费用，包括职工食堂、职工浴室、理发室、医务所、托儿所、疗养院等集体福利部门的设备、设施及维修保养费用和福利部门工作人员的工资薪金、社会保险费、住房公积金、劳务费等。

（二）为职工卫生保健、生活、住房、交通等所发放的各项补贴和非货币性福利，包括企业向职工发放的因公外地就医费用、未实行医疗统筹企业职工医疗费用、职工供养直系亲属医疗补贴、供暖费补贴、职工防暑降温费、职工困难补贴、救济费、职工食堂经费补贴、职工交通补贴等。

（三）按照其他规定发生的其他职工福利费，包括丧葬补助费、抚恤费、安家费、探亲假路费等。

（3）《国家税务总局关于我国居民企业实行股权激励计划有关企业所得税处理问题的公告》（国家税务总局公告 2012 年第 18 号）

上市公司依照《管理办法》要求建立职工股权激励计划，并按我国企业会计准则的有关规定，在股权激励计划授予激励对象时，按照该股票的公允价格及数量，计算确定作为上市公司相关年度的成本或费用，作为换取激励对象提供服务的对价。上述企业建立的职工股权激励计划，其企业所得税的处理，按以下规定执行：

（一）对股权激励计划实行后立即可以行权的，上市公司可以根据实际行权时该股票的公允价格与激励对象实际行权支付价格的差额和数量，计算确定作为当年上市公司工资薪金支出，依照税法规定进行税前扣除。

（二）对股权激励计划实行后，需待一定服务年限或者达到规定业绩条件（以下简称等待期）方可行权的。上市公司等待期内会计上计算确认的相关成本费用，不得在对应年度计算缴纳企业所得税时扣除。在股权激励计划可行权后，上市公司方可根据该股票实际行权时的公允价格与当年激励对象实际行权支付价格的差额及数量，计算确定作为当年上市公司工资薪金支出，依照税法规定进行税前扣除。

（三）本条所指股票实际行权时的公允价格，以实际行权日该股票的收盘价格确定。

（4）《国家税务总局关于企业所得税应纳税所得额若干税务处理问题的公告》（国

家税务总局公告2012年第15号）

一、关于季节工、临时工等费用税前扣除问题

企业因雇佣季节工、临时工、实习生、返聘离退休人员实际发生的费用，应区分为工资薪金支出和职工福利费支出，并按《企业所得税法》规定在企业所得税前扣除。其中属于工资薪金支出的，准予计入企业工资薪金总额的基数，作为计算各项相关费用扣除的依据。

（5）《财政部　国家税务总局　商务部　科技部　国家发展改革委关于将技术先进型服务企业所得税政策推广至全国实施的通知》（财税〔2017〕79号）

自2017年1月1日起，在全国范围内，经认定的技术先进型发生的职工教育经费支出，不超过工资薪金总额8%的部分，准予在计算应纳税所得额时扣除；超过部分，准予在以后纳税年度结转扣除。

（6）《国家税务总局关于工会经费企业所得税税前扣除凭据问题的公告》（国家税务总局公告2010年第24号）

自2010年7月1日起，企业拨缴的职工工会经费，不超过工资薪金总额2%的部分，凭工会组织开具的《工会经费收入专用收据》在企业所得税税前扣除。

（7）《财政部　国家税务总局关于补充养老保险费补充医疗保险费有关企业所得税政策问题的通知》（财税〔2009〕27号）

自2008年1月1日起，企业根据国家有关政策规定，为在本企业任职或者受雇的全体员工支付的补充养老保险、补充医疗保险费，分别在不超过职工工资总额5%标准内的部分，在计算应纳税所得额时准予扣除；超过部分，不予扣除。

（8）《财政部　国家税务总局关于高新技术企业职工教育经费税前扣除政策的通知》（财税〔2015〕63号）

高新技术企业发生的职工教育经费支出，不超过工资薪金总额8%的部分，准予在计算企业所得税应纳税所得额时扣除；超过部分，准予在以后纳税年度结转扣除。

（9）《财政部　国家税务总局关于企业所得税若干优惠政策的通知》（财税〔2008〕1号）

软件企业发生的职工教育经费中的职工培训费用，可以全额在企业所得税前扣除。软件生产企业应全额划分职工教育经费中的职工培训费支出，对于不能准确划分的，以及准确划分后职工教育经费中扣除职工培训费用的余额，一律按照《实施条例》第四十二条规定的比例扣除。

（10）《财政部　国家税务总局关于进一步鼓励软件产业和集成电路产业发展企业所得税政策的通知》（财税〔2012〕27号）

六、集成电路设计企业和符合条件软件企业的职工培训费用，应单独进行核算并

按实际发生额在计算应纳税所得额时扣除。

（11）《财政部、国家税务总局关于扶持动漫产业发展有关税收政策问题的通知》（财税〔2009〕65号）

二、经认定的动漫企业自主开发、生产动漫产品，可申请享受国家现行鼓励软件产业发展的所得税优惠政策。

（12）《财政部　税务总局关于企业职工教育经费税前扣除政策的通知》(财税〔2018〕51号)

自2018年1月1日起，企业发生的职工教育经费支出，不超过工资薪金总额8%的部分，准予在计算企业所得税应纳税所得额时扣除；超过部分，准予在以后纳税年度结转扣除。

2. 关注要点

（1）计算职工薪酬纳税调整项目时，首先应该调整纳税人会计核算计入成本费用但未实际发生的金额，其次调整纳税人会计核算计入成本费用且实际发生额超过税前允许扣除部分。

（2）职工福利费、职工教育经费、工会经费等税前扣除限额应按照当年度的工资薪金可税前扣除的金额的规定比例计算，税收金额按照账载金额、实际发生额、税前扣除限额三者孰小值进行分析填报。

（四）填表举例

【例5-12】2018年，A企业按照工资薪金制度规定在成本费用中列支工资薪金200万元，在2018年度企业所得税汇算清缴结束前已实际发放上述工资薪金160万元；已计入成本费用的职工福利费30万元，实际发生职工福利费支出25万元；已计入成本费用的职工教育经费5万元，实际发生职工教育费支出5万元；计入成本费用且实际拨缴工会经费4万元（上年度无结转扣除项目，其他与职工薪酬相关项目略；2018年1月1日起，企业发生的职工教育经费支出，不超过工资薪金总额8%，准予在计算企业所得税应纳税所得额时扣除；超过部分，准予在以后纳税年度结转扣除）。

当年职工薪酬纳税调整情况如下：

（1）工资薪金账载金额 =200(万元)

工资薪金税收金额 =160（万元）

工资薪金纳税调整额 =200−160=40（万元）

（2）职工福利费账载金额 =30（万元）

职工福利费税收金额 =min{25,160 × 14%}=22.4（万元）

职工福利费纳税调整额 =30−22.4=7.6（万元）

（3）职工教育经费账载金额 =5（万元）

职工教育经费税收金额 =min{5,160×8%}=5（万元）

职工教育经费纳税调整额 =5−5=0（万元）

（4）工会经费账载金额 =4（万元）

工会经费税收金额 =min{4,160×2%}=3.2（万元）

工会经费纳税调整额 =4−3.2=0.8（万元）

表 5-31 职工薪酬支出及纳税调整明细表（A105050）

单位：万元

行次	项目	账载金额	实际发生额	税收规定扣除率	以前年度累计结转扣除额	税收金额	纳税调整金额	累计结转以后年度扣除额
		1	2	3	4	5	6（1−5）	7（1+4−5）
1	一、工资薪金支出	200	160	*	*	160	40	*
2	其中：股权激励			*	*			*
3	二、职工福利费支出	30	25		*	22.4	7.6	*
4	三、职工教育经费支出	5	5	*		5		
5	其中：按税收规定比例扣除的职工教育经费	5	5	8%		5		
6	按税收规定全额扣除的职工培训费用				*			*
7	四、工会经费支出	4	4	2%	*	3.2	0.8	*
…	…			*	*			*
13	合计（1+3+4+7+8+9+10+11+12）	239	194	*		190.6	48.4	

申报表 A105000《纳税调整项目明细表》相关指标填报如下：

表 5-32 纳税调整项目明细表（A105000）

单位：万元

行次	项目	账载金额	税收金额	调增金额	调减金额
		1	2	3	4
14	（二）职工薪酬（填写 A105050）	239	190.6	48.4	

【例 5-13】2018 年，A 企业按照工资薪金制度规定在成本费用中列支工资薪金 200 万元，在 2018 年度企业所得税汇算清缴结束前已实际发放 240 万元（包括上年度纳税调整的 40 万元在本年发放）；已计入成本费用的职工福利费 20 万元，实际发生职工福利费支出 20 万元；已计入成本费用的职工教育经费 2 万元，实际发生职工教育经费支出 2 万元，以前年度累计未扣除的职工教育经费 5 万元；已经计入成本费用并且实际拨缴工会经费 3 万元。（其他与职工薪酬相关项目略）

当年职工薪酬纳税调整情况如下：

（1）工资薪金账载金额 =200(万元)

工资薪金税收金额 =240（万元）

工资薪金纳税调整额 =200−240=−40（万元）

（2）职工福利费账载金额 =20（万元）

职工福利费税收金额 =min{20,240×14%}=20（万元）

职工福利费纳税调整额 =20−20=0（万元）

（3）职工教育经费账载金额 =2（万元）

职工教育经费税前扣除限额 =240×8%=19.2（万元）

职工教育经费以前年度累计结转扣除额 =5（万元）

职工教育经费剩余扣除限额 =19.2−2=17.2（万元）

本年扣除往年结转的职工教育经费 =5（万元）

职工教育经费税收金额 =2+5=7（万元）

职工教育经费纳税调整额 =2−7=−5（万元）

（4）工会经费账载金额 =3（万元）

工会经费税收金额 =min{3,240×2%}=3（万元）

工会经费纳税调整额 =3−3=0（万元）

表 5-33 职工薪酬支出及纳税调整明细表 (A105050)

单位：万元

行次	项目	账载金额	实际发生额	税收规定扣除率	以前年度累计结转扣除额	税收金额	纳税调整金额	累计结转以后年度扣除额
		1	2	3	4	5	6（1−5）	7（1+4−5）
1	一、工资薪金支出	200	240	*	*	240	−40	*
2	其中：股权激励			*	*			*
3	二、职工福利费支出	20	20		*	20		*
4	三、职工教育经费支出	2	2	*	5	7	−5	
5	其中：按税收规定比例扣除的职工教育经费	2	2	8%	5	7	−5	
6	按税收规定全额扣除的职工培训费用				*			*
7	四、工会经费支出	3	3	2%	*	3		*
…	…			*	*			*
13	合计（1+3+4+7+8+9+10+11+12）	225	265	*		270	−45	

申报表 A105000《纳税调整项目明细表》相关指标填报如下：

表 5-34　纳税调整项目明细表（A105000）

单位：万元

行次	项目	账载金额	税收金额	调增金额	调减金额
		1	2	3	4
14	（二）职工薪酬（填写 A105050）	225	270		45

二、A105060 广告费和业务宣传费跨年度纳税调整明细表

（一）根据国家税务总局 2017 年第 54 号公告，表式如下：

表 5-35　广告费和业务宣传费跨年度纳税调整明细表（A105060）

行次	项目	金额
1	一、本年广告费和业务宣传费支出	
2	减：不允许扣除的广告费和业务宣传费支出	
3	二、本年符合条件的广告费和业务宣传费支出（1–2）	
4	三、本年计算广告费和业务宣传费扣除限额的销售（营业）收入	
5	乘：税收规定扣除率	
6	四、本企业计算的广告费和业务宣传费扣除限额（4×5）	
7	五、本年结转以后年度扣除额（3＞6，本行 =3–6；3≤6，本行 =0）	
8	加：以前年度累计结转扣除额	
9	减：本年扣除的以前年度结转额［3＞6，本行 =0；3≤6，本行 =8 与（6–3）孰小值］	
10	六、按照分摊协议归集至其他关联方的广告费和业务宣传费（10≤3 与 6 孰小值）	
11	按照分摊协议从其他关联方归集至本企业的广告费和业务宣传费	
12	七、本年广告费和业务宣传费支出纳税调整金额 （3＞6，本行 =2+3–6+10–11；3≤6，本行 =2+10–11–9）	
13	八、累计结转以后年度扣除额（7+8–9）	

（二）根据国家税务总局 2017 年第 54 号公告，填报说明如下：

本表适用于发生广告费和业务宣传费纳税调整项目（含广告费和业务宣传费结转）的纳税人填报。纳税人根据税法、《财政部　国家税务总局关于广告费和业务宣传费支出税前扣除政策的通知》（财税〔2012〕48 号）等相关规定以及国家统一企业会计制度，填报广告费和业务宣传费会计处理、税收规定以及跨年度纳税调整情况。

1. 有关项目填报说明

（1）第 1 行“一、本年广告费和业务宣传费支出”：填报纳税人会计核算计入本年

损益的广告费和业务宣传费用金额。

（2）第 2 行“减：不允许扣除的广告费和业务宣传费支出”：填报税收规定不允许扣除的广告费和业务宣传费支出金额。

（3）第3行“二、本年符合条件的广告费和业务宣传费支出”：填报第1–2行的余额。

（4）第 4 行“三、本年计算广告费和业务宣传费扣除限额的销售（营业）收入”：填报按照税收规定计算广告费和业务宣传费扣除限额的当年销售（营业）收入。

（5）第 5 行“税收规定扣除率”：填报税收规定的扣除比例。

（6）第 6 行“四、本企业计算的广告费和业务宣传费扣除限额”：填报第 4×5 行的金额。

（7）第 7 行“五、本年结转以后年度扣除额”：若第 3 行>第 6 行，填报第 3–6 行的余额；若第 3 行≤第 6 行，填报 0。

（8）第 8 行“加：以前年度累计结转扣除额”：填报以前年度允许税前扣除但超过扣除限额未扣除、结转扣除的广告费和业务宣传费的金额。

（9）第 9 行“减：本年扣除的以前年度结转额”：若第 3 行>第 6 行，填 0；若第 3 行≤第 6 行，填报第 6–3 行与第 8 行的孰小值。

（10）第 10 行“六、按照分摊协议归集至其他关联方的广告费和业务宣传费”：填报签订广告费和业务宣传费分摊协议（以下简称分摊协议）的关联企业的一方，按照分摊协议，将其发生的不超过当年销售（营业）收入税前扣除限额比例内的广告费和业务宣传费支出归集至其他关联方扣除的广告费和业务宣传费，本行应≤第 3 行与第 6 行的孰小值。

（11）第 11 行“按照分摊协议从其他关联方归集至本企业的广告费和业务宣传费”：填报签订广告费和业务宣传费分摊协议（以下简称分摊协议）的关联企业的一方，按照分摊协议，从其他关联方归集至本企业的广告费和业务宣传费。

（12）第 12 行“七、本年广告费和业务宣传费支出纳税调整金额”：若第 3 行>第 6行，填报第2+3–6+10–11行的金额；若第3行≤第6行，填报第2+10–11–9行的金额。

（13）第 13 行“八、累计结转以后年度扣除额”：填报第 7+8–9 行的金额。

2. 表内、表间关系

（1）表内关系

①第 3 行=第 1–2 行。

②第 6 行=第 4×5 行。

③若第 3 > 6 行，第 7 行=第 3–6 行；若第 3 ≤ 6 行，第 7 行= 0。

④若第3>6行，第9行=0；若第3≤6行，第9行=第8行与第6–3行的孰小值。

⑤若第 3 > 6 行，第 12 行 = 2+3–6+10–11 行；若第 3 ≤ 6 行，第 12 行 = 第 2–9+10–11 行。

⑥第 13 行=第 7+8–9 行。

（2）表间关系

若第12行≥0，第12行=表A105000第16行第3列；若第12行<0，第12行的绝对值=表A105000第16行第3列。

（三）相关政策

1.相关税收政策

（1）《企业所得税法实施条例》

第四十四条　企业发生的符合条件的广告费和业务宣传费支出，除国务院财政、税务主管部门另有规定外，不超过当年销售（营业）收入15%的部分，准予扣除；超过部分，准予在以后纳税年度结转扣除。

（2）《国家税务总局关于企业所得税执行中若干税务处理问题的通知》（国税函〔2009〕202号）

一、关于销售（营业）收入基数的确定问题

企业在计算业务招待费、广告费和业务宣传费等费用扣除限额时，其销售（营业）收入额应包括《实施条例》第二十五条规定的视同销售（营业）收入额。

（3）《财政部　税务总局关于广告费和业务宣传费支出税前扣除政策的通知》（财税〔2017〕41号）

一、对化妆品制造或销售、医药制造和饮料制造（不含酒类制造）企业发生的广告费和业务宣传费支出，不超过当年销售（营业）收入30%的部分，准予扣除；超过部分，准予在以后纳税年度结转扣除。

二、对签订广告费和业务宣传费分摊协议（以下简称分摊协议）的关联企业，其中一方发生的不超过当年销售（营业）收入税前扣除限额比例内的广告费和业务宣传费支出可以在本企业扣除，也可以将其中的部分或全部按照分摊协议归集至另一方扣除。另一方在计算本企业广告费和业务宣传费支出企业所得税税前扣除限额时，可将按照上述办法归集至本企业的广告费和业务宣传费不计算在内。

三、烟草企业的烟草广告费和业务宣传费支出，一律不得在计算应纳税所得额时扣除。

四、本通知自2016年1月1日起至2020年12月31日止执行。

（4）《国家税务总局关于企业所得税应纳税所得额若干税务处理问题的公告》（国家税务总局公告2012年第15号）

五、关于筹办期业务招待费等费用税前扣除问题

企业在筹建期间，发生的与筹办活动有关的业务招待费支出，可按实际发生额的60%计入企业筹办费，并按有关规定在税前扣除；发生的广告费和业务宣传费，可按实际发生额计入企业筹办费，并按有关规定在税前扣除。

2.关注要点

（1）广告性赞助支出在本表填报。

（2）若企业将预提以后年度或摊销以前年度广告费和业务宣传费列入本年度期间费用，并填入第1行“本年度广告费和业务宣传费支出”，需在第2行“不允许扣除的广告费和业务宣传费支出”中调整预提或摊销金额。

（3）第4行“本年计算广告费和业务宣传费扣除限额的销售收入”=A100000表的第1行“营业收入”+A105010表第1行“视同销售收入”+A105010第23行“销售未完工产品的收入”-A105010第27行“销售未完工产品转完工产品确认的销售收入”。（A105010表为《视同销售和房地产开发企业特定业务纳税调整明细表》）

（4）归集到关联企业另一方扣除的广告宣传费只能是费用发生企业依法可扣除限额内的部分或者全部，而不是实际发生额；另一方在计算本企业广告和业务宣传费支出扣除限额时，可将关联企业归集至本企业的广告费和业务宣传费不计算在内。

（四）填表举例

【例5-14】2018年，A企业主营业务收入2500万元，其他业务收入200万元，视同销售收入150万元，营业外收入40万元。A企业2018年发生的符合条件的广告费及业务宣传费300万元，以前年度累计结转广告费及业务宣传费180万元。B企业为A企业的关联企业，A企业与B企业签订广告费和业务宣传费分摊协议，协议约定由B企业将其50万元的广告费和业务宣传费分摊至A企业扣除。B企业2018年主营业务收入600万元，其他业务收入220万元，营业外收入80万元，B企业2018年发生的广告费及业务宣传费100万元，以前年度累计结转扣除的广告费和业务宣传费为0。不考虑其他调整事项，假定A、B企业的广告费和业务宣传费扣除比例为15%。

A企业：

2018年度允许扣除的广告费和业务宣传费限额为：（2500+200+150）×15%=427.5（万元）

扣除以前年度结转广告费和业务宣传费=427.5-300=127.5（万元）

累计结转以后年度扣除广告费和业务宣传费：180-127.5=52.5（万元）

按照分摊协议从关联企业B归集至本企业的广告费和业务宣传费50万元，可全额扣除。

2018年广告费和业务宣传费纳税调整=-50-127.5=-177.5（万元）

表5-36　广告费和业务宣传费跨年度纳税调整明细表（A105060）

单位：万元

行次	项目	金额
1	一、本年广告费和业务宣传费支出	300
2	减：不允许扣除的广告费和业务宣传费支出	
3	二、本年符合条件的广告费和业务宣传费支出（1-2）	300
4	三、本年计算广告费和业务宣传费扣除限额的销售（营业）收入	2850
5	乘：税收规定扣除率	15%
6	四、本企业计算的广告费和业务宣传费扣除限额（4×5）	427.5

续表

行次	项目	金额
7	五、本年结转以后年度扣除额（3＞6，本行=3-6；3≤6，本行=0）	
8	加：以前年度累计结转扣除额	180
9	减：本年扣除的以前年度结转额［3＞6，本行=0；3≤6，本行=8与（6-3）孰小值］	127.5
10	六、按照分摊协议归集至其他关联方的广告费和业务宣传费（10≤3与6孰小值）	
11	按照分摊协议从其他关联方归集至本企业的广告费和业务宣传费	50
12	七、本年广告费和业务宣传费支出纳税调整金额 （3＞6，本行=2+3-6+10-11；3≤6，本行=2+10-11-9）	-177.5
13	八、累计结转以后年度扣除额（7+8-9）	52.5

表 5-37　纳税调整项目明细表（A105000）

单位：万元

行次	项目	账载金额	税收金额	调增金额	调减金额
		1	2	3	4
12	二、扣除类调整项目	*	*		
…	…				
16	（四）广告费和业务宣传费支出（填写A105060）	300	477.5		177.5

B企业：

2018年度允许扣除的广告费和业务宣传费限额为：(600+220)×15%=123（万元）

实际发生符合条件的支出100万元，则税收允许扣除支出为100万元。

按照分摊协议归集至关联企业A广告费和业务宣传费50万元，由A企业税前扣除，该部分B企业应调整增加。

2018年广告费和业务宣传费纳税调整为：100−50=50（万元）。

表 5-38　广告费和业务宣传费跨年度纳税调整明细表（A105060）

单位：万元

行次	项目	金额
1	一、本年广告费和业务宣传费支出	100
2	减：不允许扣除的广告费和业务宣传费支出	
3	二、本年符合条件的广告费和业务宣传费支出（1-2）	100
4	三、本年计算广告费和业务宣传费扣除限额的销售（营业）收入	820
5	乘：税收规定扣除率	15%
6	四、本企业计算的广告费和业务宣传费扣除限额（4×5）	123
7	五、本年结转以后年度扣除额（3＞6，本行=3-6；3≤6，本行=0）	
8	加：以前年度累计结转扣除额	

续表

行次	项目	金额
9	减：本年扣除的以前年度结转额［3＞6，本行=0；3≤6，本行=8与（6-3）孰小值］	
10	六、按照分摊协议归集至其他关联方的广告费和业务宣传费（10≤3与6孰小值）	50
11	按照分摊协议从其他关联方归集至本企业的广告费和业务宣传费	
12	七、本年广告费和业务宣传费支出纳税调整金额 （3＞6，本行=2+3-6+10-11；3≤6，本行=2+10-11-9）	50
13	八、累计结转以后年度扣除额（7+8-9）	

表 5-39　纳税调整项目明细表（A105000）

单位：万元

行次	项目	账载金额	税收金额	调增金额	调减金额
		1	2	3	4
12	二、扣除类调整项目	*	*		
…	…				
16	（四）广告费和业务宣传费支出（填写A105060）	100	50	50	

三、A105070 捐赠支出及纳税调整明细表

（一）根据国家税务总局 2017 年第 54 号公告，表式如下：

表 5-40　捐赠支出及纳税调整明细表（A105070）

行次	项　目	账载金额	以前年度结转可扣除的捐赠额	按税收规定计算的扣除限额	税收金额	纳税调增金额	纳税调减金额	可结转以后年度扣除的捐赠额
		1	2	3	4	5	6	7
1	一、非公益性捐赠		*	*	*		*	*
2	二、全额扣除的公益性捐赠		*	*		*	*	*
3	三、限额扣除的公益性捐赠（4+5+6+7）							
4	前三年度（　　　　年）	*		*	*	*		*
5	前二年度（　　　　年）	*		*	*	*		
6	前一年度（　　　　年）	*		*	*	*		
7	本　　年（　　　　年）		*				*	
8	合计（1+2+3）							

（二）根据国家税务总局2017年第54号公告，填报说明如下：

本表适用于发生捐赠支出（含捐赠支出结转）的纳税人填报。纳税人根据税法、《财政部　国家税务总局关于公益性捐赠税前扣除有关问题的通知》（财税〔2008〕160号）等相关规定，以及国家统一企业会计制度，填报捐赠支出会计处理、税收规定的税前扣除额、捐赠支出结转额以及纳税调整额。纳税人发生相关支出（含捐赠支出结转），无论是否纳税调整，均应填报本表。

1. 有关项目填报说明

（1）第1行“非公益性捐赠支出”：填报纳税人本年发生且已计入本年损益的税收规定公益性捐赠以外的其他捐赠支出的会计核算、纳税调整情况。具体如下：

①第1列“账载金额”：填报纳税人会计核算计入本年损益的税收规定公益性捐赠以外的其他捐赠支出金额。

②第5列“纳税调增额”：填报非公益性捐赠支出纳税调整增加额，金额等于第1列“账载金额”。

（2）第2行“全额扣除的公益性捐赠支出”：填报纳税人发生的可全额税前扣除的公益性捐赠支出。具体如下：

①第1列“账载金额”：填报纳税人本年发生的会计核算计入本年损益的按税收规定可全额税前扣除的捐赠支出金额。

②第4列“税收金额”：等于第1列“账载金额”。

（3）第3行“限额扣除的公益性捐赠支出”：填报纳税人本年发生的限额扣除的公益性捐赠支出、纳税调整额、以前年度结转扣除捐赠支出等。第3行等于第4+5+6+7行。其中本行第4列“税收金额”：当本行第1列+第2列大于第3列时，第4列=第3列；当本行第1列+第2列小于等于第3列时，第4列=第1列+第2列。

（4）第4行“前三年度”：填报纳税人前三年度发生的未税前扣除的公益性捐赠支出在本年度扣除的金额。具体如下：

①第2列“以前年度结转可扣除的捐赠额”：填报前三年度发生的尚未税前扣除的公益性捐赠支出金额。

②第6列“纳税调减额”：根据本年扣除限额以及前三年度未扣除的公益性捐赠支出分析填报。

（5）第5行“前二年度”：填报纳税人前二年度发生的未税前扣除的公益性捐赠支出在本年度扣除的捐赠额以及结转以后年度扣除的捐赠额。具体如下：

①第2列“以前年度结转可扣除的捐赠额”：填报前二年度发生的尚未税前扣除的公益性捐赠支出金额。

②第6列“纳税调减额”：根据本年剩余扣除限额、本年扣除前三年度捐赠支出、前二年度未扣除的公益性捐赠支出分析填报。

③第7列“可结转以后年度扣除的捐赠额”：填报前二年度未扣除、结转以后年度扣除的公益性捐赠支出金额。

（6）第6行“前一年度”：填报纳税人前一年度发生的未税前扣除的公益性捐赠支

出在本年度扣除的捐赠额以及结转以后年度扣除的捐赠额。具体如下：

①第 2 列“以前年度结转可扣除的捐赠额”：填报前一年度发生的尚未税前扣除的公益性捐赠支出金额。

②第 6 列“纳税调减额”：根据本年剩余扣除限额、本年扣除前三年度捐赠支出、本年扣除前二年度捐赠支出、前一年度未扣除的公益性捐赠支出分析填报。

③第 7 列“可结转以后年度扣除的捐赠额”：填报前一年度未扣除、结转以后年度扣除的公益性捐赠支出金额。

（7）第 7 行“本年”：填报纳税人本年度发生、本年税前扣除、本年纳税调增以及结转以后年度扣除的公益性捐赠支出。具体如下：

①第 1 列“账载金额”：填报本年会计核算计入本年损益的公益性捐赠支出金额。

②第 3 列“按税收规定计算的扣除限额”：填报按照本年利润总额乘以 12% 的金额，若利润总额为负数，则以 0 填报。

③第 4 列“税收金额”：填报本年实际发生的公益性捐赠支出以及结转扣除以前年度公益性捐赠支出情况分析填报。

④第 5 列“纳税调增额”：填报本年公益性捐赠支出账载金额超过税收规定的税前扣除额的部分。

⑤第 7 列“可结转以后年度扣除的捐赠额”：填报本年度未扣除、结转以后年度扣除的公益性捐赠支出金额。

（8）第 8 行“合计”：填报第 1+2+3 行的合计金额。

2. 表内、表间关系

（1）表内关系

①第 1 行第 5 列＝第 1 行第 1 列。

②第 2 行第 4 列＝第 2 行第 1 列。

③第 3 行＝第 4+5+6+7 行。

④第 8 行＝第 1+2+3 行。

（2）表间关系

①第 7 行第 3 列＝表 A100000 第 13 行 ×12%（当表 A100000 第 13 行≤0，第 7 行第 3 列＝0）。

②第 8 行第 1 列＝表 A105000 第 17 行第 1 列；第 8 行第 4 列＝表 A105000 第 17 行第 2 列；第 8 行第 5 列＝表 A105000 第 17 行第 3 列；第 8 行第 6 列＝表 A105000 第 17 行第 4 列。

（三）相关政策

1. 相关税收政策

（1）《中华人民共和国企业所得税法》（2017 年 2 月 24 日修订）

第九条　企业发生的公益性捐赠支出，在年度利润总额 12% 以内的部分，准予在计算应纳税所得额时扣除；超过年度利润总额 12% 的部分，准予结转以后三年内在计算应纳税所得额时扣除。

（2）《中华人民共和国企业所得税法实施条例》

第五十一条　企业所得税法第九条所称公益性捐赠，是指企业通过公益性社会团体或者县级以上人民政府及其部门，用于《中华人民共和国公益事业捐赠法》规定的公益事业的捐赠。

第五十二条　本条例第五十一条所称公益性社会团体，是指同时符合下列条件的基金会、慈善组织等社会团体：

（一）依法登记，具有法人资格；

（二）以发展公益事业为宗旨，且不以营利为目的；

（三）全部资产及其增值为该法人所有；

（四）收益和营运结余主要用于符合该法人设立目的的事业；

（五）终止后的剩余财产不归属任何个人或者营利组织；

（六）不经营与其设立目的无关的业务；

（七）有健全的财务会计制度；

（八）捐赠者不以任何形式参与社会团体财产的分配；

（九）国务院财政、税务主管部门会同国务院民政部门等登记管理部门规定的其他条件。

第五十三条　企业发生的公益性捐赠支出，不超过年度利润总额 12% 的部分，准予扣除。

年度利润总额，是指企业依照国家统一会计制度的规定计算的年度会计利润。

第五十四条　企业所得税法第十条第（六）项所称赞助支出，是指企业发生的与生产经营活动无关的各种非广告性质支出。

（3）《财政部　国家税务总局关于公益性捐赠税前扣除有关问题的通知》（财税〔2008〕160 号）

一、企业通过公益性社会团体或者县级以上人民政府及其部门，用于公益事业的捐赠支出，在年度利润总额 12% 以内的部分，准予在计算应纳税所得额时扣除。年度利润总额，是指企业依照国家统一会计制度的规定计算的大于零的数额。

三、本通知第一条所称的用于公益事业的捐赠支出，是指《中华人民共和国公益事业捐赠法》规定的向公益事业的捐赠支出，具体范围包括：

（一）救助灾害、救济贫困、扶助残疾人等困难的社会群体和个人的活动；

（二）教育、科学、文化、卫生、体育事业；

（三）环境保护、社会公共设施建设；

（四）促进社会发展和进步的其他社会公共和福利事业。

五、本通知第一条所称的县级以上人民政府及其部门和第二条所称的国家机关均指县级（含县级，下同）以上人民政府及其组成部门和直属机构。

八、公益性社会团体和县级以上人民政府及其组成部门和直属机构在接受捐赠时，应按照行政管理级次分别使用由财政部或省、自治区、直辖市财政部门印制的公益性捐赠票据，并加盖本单位的印章；对个人索取捐赠票据的，应予以开具。

新设立的基金会在申请获得捐赠税前扣除资格后，原始基金的捐赠人可凭捐赠票据依法享受税前扣除。

九、公益性社会团体和县级以上人民政府及其组成部门和直属机构在接受捐赠时，捐赠资产的价值，按以下原则确认：

（一）接受捐赠的货币性资产，应当按照实际收到的金额计算；

（二）接受捐赠的非货币性资产，应当以其公允价值计算。捐赠方在向公益性社会团体和县级以上人民政府及其组成部门和直属机构捐赠时，应当提供注明捐赠非货币性资产公允价值的证明，如果不能提供上述证明，公益性社会团体和县级以上人民政府及其组成部门和直属机构不得向其开具公益性捐赠票据。

（4）《财政部　国家税务总局关于公共租赁住房税收优惠政策的通知》（财税〔2015〕139号）

五、企事业单位、社会团体以及其他组织捐赠住房作为公共租赁住房房源，符合税收法律法规规定的，对其公益性捐赠支出在年度利润总额12%以内的部分，准予在计算应纳税所得额时扣除。

（5）《财政部　国家税务总局关于公益股权捐赠企业所得税政策问题的通知》（财税〔2016〕45号）

一、企业向公益性社会团体实施的股权捐赠，应按规定视同转让股权，股权转让收入额以企业所捐赠股权取得时的历史成本确定。

前款所称的股权，是指企业持有的其他企业的股权、上市公司股票等。

二、企业实施股权捐赠后，以其股权历史成本为依据确定捐赠额，并依此按照企业所得税法有关规定在所得税前予以扣除。公益性社会团体接受股权捐赠后，应按照捐赠企业提供的股权历史成本开具捐赠票据。

三、本通知所称公益性社会团体，是指注册在中华人民共和国境内，以发展公益事业为宗旨、且不以营利为目的，并经确定为具有接受捐赠税前扣除资格的基金会、慈善组织等公益性社会团体。

四、本通知所称股权捐赠行为，是指企业向中华人民共和国境内公益性社会团体实施的股权捐赠行为。企业向中华人民共和国境外的社会组织或团体实施的股权捐赠行为不适用本通知规定。

（6）《财政部　国家税务总局　海关总署关于北京2022年冬奥会和冬残奥会税收政策的通知》（财税〔2017〕60号）

三、对北京2022年冬奥会、冬残奥会、测试赛参与者实行以下税收政策：

（一）对企业、社会组织和团体赞助、捐赠北京2022年冬奥会、冬残奥会、测试赛的资金、物资、服务支出，在计算企业应纳税所得额时予以全额扣除。

（7）《财政部　国家税务总局关于公益性捐赠支出企业所得税税前结转扣除有关政策的通知》（财税〔2018〕15号）

一、企业通过公益性社会组织或者县级（含县级）以上人民政府及其组成部门和直属机构，用于慈善活动、公益事业的捐赠支出，在年度利润总额12%以内的部分，准予在计算应纳税所得额时扣除；超过年度利润总额12%的部分，准予结转以后三年内在计算应纳税所得额时扣除。

本条所称公益性社会组织，应当依法取得公益性捐赠税前扣除资格。

本条所称年度利润总额，是指企业依照国家统一会计制度的规定计算的大于零的数额。

二、企业当年发生及以前年度结转的公益性捐赠支出，准予在当年税前扣除的部分，不能超过企业当年年度利润总额的12%。

三、企业发生的公益性捐赠支出未在当年税前扣除的部分，准予向以后年度结转扣除，但结转年限自捐赠发生年度的次年起计算最长不得超过三年。

四、企业在对公益性捐赠支出计算扣除时，应先扣除以前年度结转的捐赠支出，再扣除当年发生的捐赠支出。

五、本通知自2017年1月1日起执行。2016年9月1日至2016年12月31日发生的公益性捐赠支出未在2016年税前扣除的部分，可按本通知执行。

2. 关注要点

（1）企业发生的全部捐赠支出均应填报本表。

（2）企业发生的赞助支出不在本表填报，直接填报于《纳税调整明细表》（A105000）第21行“（九）赞助支出”。

（3）企业发生的非公益性捐赠支出和不符合税前扣除条件的公益性捐赠支出填报于本表第1行第1列“账载金额”、第5列“纳税调增金额”。

（4）企业发生的可全额税前扣除的公益性捐赠支出填报于本表第2行第1列“账载金额”，第4列“税收金额”。

（四）填报举例

【例5-15】A企业2018年度利润总额200万元，共发生捐赠支出30万元。其中，向北京2022年冬奥会捐赠10万元；向某红十字会（已取得公益性捐赠税前扣除资格）捐赠20万元。2017年度结转可扣除的捐赠额为6万元。

2018年度，A企业实际发生的公益性捐赠支出纳税调整如下：

税前扣除限额：200×12%=24（万元）
全额扣除的捐赠额 =10（万元）
限额扣除的捐赠额 =20（万元）
本年扣除 2017 年结转的捐赠额：6-6=0（万元）
本年剩余扣除限额：24-6=18（万元）
本年捐赠支出纳税调增额：20-18=2（万元）

表 5-41 《捐赠支出及纳税调整明细表》（A105070）

单位：万元

行次	项 目	账载金额	以前年度结转可扣除的捐赠额	按税收规定计算的扣除限额	税收金额	纳税调增金额	纳税调减金额	可结转以后年度扣除的捐赠额
		1	2	3	4	5	6	7
1	一、非公益性捐赠		*	*	*		*	*
2	二、全额扣除的公益性捐赠	10	*	*	10	*	*	*
3	三、限额扣除的公益性捐赠（4+5+6+7）	20	6	24	24	2	6	2
4	前三年度（____年）	*		*	*	*		*
5	前二年度（____年）	*		*	*	*		
6	前一年度（2017 年）	*	6	*	*	*	6	
7	本　　年（2018 年）	20	*	24	24	2	*	2
8	合计（1+2+3）	30	6	24	34	2	6	2

表 5-42 纳税调整项目明细表（A105000）

单位：万元

行次	项目	账载金额	税收金额	调增金额	调减金额
		1	2	3	4
12	二、扣除类调整项目	*	*		
…	…				
17	（五）捐赠支出（填写 A105070）	30	34	2	6

第三节　资产类调整项目填报指南

一、A105080 资产折旧、摊销及纳税调整明细表

（一）根据国家税务总局 2017 年第 54 号公告，表式如下：

表 5-43　资产折旧、摊销及纳税调整明细表（A105080）

行次	项目		账载金额			税收金额					纳税调整金额
			资产原值	本年折旧、摊销额	累计折旧、摊销额	资产计税基础	税收折旧额	享受加速折旧政策的资产按税收一般规定计算的折旧、摊销额	加速折旧统计额	累计折旧、摊销额	
			1	2	3	4	5	6	7=5-6	8	9（2-5）
1	一、固定资产（2+3+4+5+6+7）							*	*		
2	所有固定资产	（一）房屋、建筑物						*	*		
3		（二）飞机、火车、轮船、机器、机械和其他生产设备						*	*		
4		（三）与生产经营活动有关的器具、工具、家具等						*	*		
5		（四）飞机、火车、轮船以外的运输工具						*	*		
6		（五）电子设备						*	*		
7		（六）其他						*	*		
8	其中：享受固定资产加速折旧及一次性扣除政策的资产加速折旧额大于一般折旧额的部分	（一）重要行业固定资产加速折旧（不含一次性扣除）									*
9		（二）其他行业研发设备加速折旧									*
10		（三）允许一次性扣除的固定资产（11+12+13）									*
11		1.单价不超过100万元专用研发设备									*
12		2.重要行业小型微利企业单价不超过100万元研发生产共用设备									*
13		3.5000元以下固定资产									*
14		（四）技术进步、更新换代固定资产									*
15		（五）常年强震动、高腐蚀固定资产									*
16		（六）外购软件折旧									*
17		（七）集成电路企业生产设备									*
18	二、生产性生物资产（19+20）							*	*		

续表

行次	项目	账载金额			税收金额					纳税调整金额
		资产原值	本年折旧、摊销额	累计折旧、摊销额	资产计税基础	税收折旧额	享受加速折旧政策的资产按税收一般规定计算的折旧、摊销额	加速折旧统计额	累计折旧、摊销额	
		1	2	3	4	5	6	7=5-6	8	9（2-5）
19	（一）林木类						*	*		
20	（二）畜类						*	*		
21	三、无形资产（22+23+24+25+26+27+28+30）						*	*		
22	（一）专利权						*	*		
23	（二）商标权						*	*		
24	（三）著作权						*	*		
25	（四）土地使用权						*	*		
26	（五）非专利技术						*	*		
27	（六）特许权使用费						*	*		
28	（七）软件						*	*		
29	其中：享受企业外购软件加速摊销政策									*
30	（八）其他						*	*		
31	四、长期待摊费用（32+33+34+35+36）						*	*		
32	（一）已足额提取折旧的固定资产的改建支出						*	*		
33	（二）租入固定资产的改建支出						*	*		
34	（三）固定资产的大修理支出						*	*		
35	（四）开办费						*	*		
36	（五）其他						*	*		
37	五、油气勘探投资						*	*		
38	六、油气开发投资						*	*		
39	合计（1+18+21+31+37+38）									
附列资料	全民所有制改制资产评估增值政策资产						*	*		

（二）根据国家税务总局 2017 年第 54 号公告，填报说明如下：

本表适用于发生资产折旧、摊销的纳税人，无论是否纳税调整，均须填报。纳税人根据税法、《国家税务总局关于企业固定资产加速折旧所得税处理有关问题的通知》（国税发〔2009〕81 号）、《国家税务总局关于融资性售后回租业务中承租方出售资产行为有关税收问题的公告》（国家税务总局公告 2010 年第 13 号）、《国家税务总局关于企业所得税若干问题的公告》（国家税务总局公告 2011 年第 34 号）、《国家税务总局关于发布〈企业所得税政策性搬迁所得税管理办法〉的公告》（国家税务总局公告 2012 年第 40 号）、《财政部　国家税务总局关于进一步鼓励软件产业和集成电路产业发展企业所得税政策的通知》（财税〔2012〕27 号）、《国家税务总局关于企业所得税应纳税所得额若干问题的公告》（国家税务总局公告 2014 年第 29 号）、《财政部　国家税务总局关于完善固定资产加速折旧税收政策有关问题的通知》（财税〔2014〕75 号）、《财政部　国家税务总局关于进一步完善固定资产加速折旧企业所得税政策的通知》（财税〔2015〕106 号）、《国家税务总局关于全民所有制企业公司制改制企业所得税处理问题的公告》（国家税务总局公告 2017 年第 34 号）等相关规定以及国家统一企业会计制度，填报资产折旧、摊销的会计处理、税收规定以及纳税调整情况。

1. 有关项目填报说明

（1）列次填报

①第 1 列“资产原值”：填报纳税人会计处理计提折旧、摊销的资产原值（或历史成本）的金额。

②第 2 列“本年折旧、摊销额”：填报纳税人会计核算的本年资产折旧、摊销额。

③第 3 列“累计折旧、摊销额”：填报纳税人会计核算的累计（含本年）资产折旧、摊销额。

④第 4 列“资产计税基础”：填报纳税人按照税收规定据以计算折旧、摊销的资产原值（或历史成本）的金额。

⑤第 5 列“税收折旧额”：填报纳税人按照税收规定计算的允许税前扣除的本年资产折旧、摊销额。

对于不征税收入形成的资产，其折旧、摊销额不得税前扣除。第 4 列至第 8 列税收金额不包含不征税收入所形成资产的折旧、摊销额。

对于第 8 行至第 17 行、第 29 行对应的“税收折旧额”，填报享受各种加速折旧政策的资产，当年享受加速折旧后的税法折旧额合计。本列仅填报加速后的税法折旧额大于一般折旧额月份的金额合计。即对于本年度某些月份，享受加速折旧政策的固定资产，其加速后的税法折旧额大于一般折旧额、某些月份税法折旧额小于一般折旧额的，仅填报税法折旧额大于一般折旧额月份的税法折旧额合计。

⑥第 6 列“享受加速折旧政策的资产按税收一般规定计算的折旧、摊销额”：仅适用于第 8 行至第 17 行、第 29 行，填报纳税人享受加速折旧政策的资产按照税法一般规定计算的允许税前扣除的本年资产折旧、摊销额。按照税法一般规定计算的折旧

额，是指该资产在不享受加速折旧情况下，按照税收规定的最低折旧年限以直线法计算的折旧额。本列仅填报加速后的税法折旧额大于按照税法一般规定计算折旧额对应月份的金额。

⑦第 7 列“加速折旧统计额”：用于统计纳税人享受各类固定资产加速折旧政策的优惠金额。

⑧第 8 列“累计折旧、摊销额”：填报纳税人按照税收规定计算的累计（含本年）资产折旧、摊销额。

⑨第 9 列“纳税调整金额”：填报第 2–5 列的余额。

（2）行次填报

①第 2 行至第 7 行、第 19 行至第 20 行、第 22 行至第 28 行、第 30 行、第 32 行至第 38 行，根据资产类别填报对应的行次。

②第 8 行至第 17 行、第 29 行：用于填报享受各类固定资产加速折旧政策的资产加速折旧情况，分类填报各项固定资产加速折旧政策优惠情况。

第 8 行“（一）重要行业固定资产加速折旧”：填报按照财税〔2014〕75 号和财税〔2015〕106 号文件规定，生物药品制造业，专用设备制造业，铁路、船舶、航空航天和其他运输设备制造业，计算机、通信和其他电子设备制造业，仪器仪表制造业，信息传输、软件和信息技术服务业 6 个行业，以及轻工、纺织、机械、汽车四大领域 18 个行业的纳税人（简称“重要行业”），对于新购进固定资产在税收上采取加速折旧的情况。该行次不填报重要行业纳税人按照以上两个文件规定，享受一次性扣除政策的资产。

第 9 行“（二）其他行业研发设备加速折旧”；由重要行业以外的其他企业填报。填写单位价值超过 100 万元以上专用研发设备采取缩短折旧年限或加速折旧方法的纳税调减或者加速折旧优惠统计情况。

第 10 行“（三）允许一次性扣除的固定资产”：填报新购进单位价值不超过 100 万元研发设备和单位价值不超过 5000 元固定资产，按照税收规定一次性在当期扣除金额。本行＝第 11+12+13 行。

第 11 行“1. 单价不超过 100 万元专用研发设备”：填报“重要行业”中的非小型微利企业和“重要行业”以外的企业，对新购进专门用于研发活动的仪器、设备，单位价值不超过 100 万元的，享受一次性扣除政策的有关情况。

第 12 行“2. 重要行业小型微利企业单价不超过 100 万元研发生产共用设备”：填报“重要行业”中的小型微利企业，对其新购进研发和生产经营共用的仪器、设备，单位价值不超过 100 万元的，享受一次性扣除政策的有关情况。

第 13 行“3.5000 元以下固定资产”：填写纳税人单位价值不超过 5000 元的固定资产，按照政策规定一次性在当期税前扣除的有关情况。

第 14 行“（四）技术进步、更新换代固定资产”：填写企业固定资产因技术进步，产品更新换代较快，按税收规定享受固定资产加速折旧的有关情况。

第 15 行“（五）常年强震动、高腐蚀固定资产”：填写常年处于强震动、高腐蚀状态的固定资产，按税收规定享受固定资产加速折旧有关情况。

第 16 行“（六）外购软件折旧”：填写企业外购软件作为固定资产处理，按财税〔2012〕27 号文件规定享受加速折旧的有关情况。

第 17 行“（七）集成电路企业生产设备”：填报集成电路生产企业的生产设备，按照财税〔2012〕27 号文件规定享受加速折旧政策的有关情况。

第 29 行“其中：享受企业外购软件加速摊销政策”：填写企业外购软件作无形资产处理，按财税〔2012〕27 号文件规定享受加速摊销的有关情况。

附列资料“享受全民所有制改制资产评估增值政策资产”：填写企业按照国家税务总局公告 2017 年第 34 号文件规定，执行“改制中资产评估增值不计入应纳税所得额；资产的计税基础按其原有计税基础确定；资产增值部分的折旧或者摊销不得在税前扣除”政策的情况。本行不参与计算，仅用于列示享受全民所有制改制资产评估增值政策资产的有关情况，相关资产折旧（摊销）及调整情况在本表第1行至第39行按规定填报。

2. 表内、表间关系

（1）表内关系

①第 1 行＝第 2+3+…+7 行。

②第 10 行＝第 11+12+13 行。

③第 18 行＝第 19+20 行。

④第 21 行＝第 22+23+24+25+26+27+28+30 行。

⑤第 31 行＝第 32+33+34+35+36 行。

⑥第 39 行＝第 1+18+21+31+37+38 行。（其中第 39 行第 6 列＝第 8+9+10+14+15+16+17+29 行第 6 列；第 39 行第 7 列＝第 8+9+10+14+15+16+17+29 行第 7 列）

⑦第 7 列＝第 5–6 列。

⑧第 9 列＝第 2–5 列。

（2）表间关系

①第 39 行第 2 列＝表 A105000 第 32 行第 1 列。

②第 39 行第 5 列＝表 A105000 第 32 行第 2 列。

③若第 39 行第 9 列⩾ 0，第 39 行第 9 列＝表 A105000 第 32 行第 3 列；若第 39 行第 9 列＜ 0，第 39 行第 9 列的绝对值＝表 A105000 第 32 行第 4 列。

（三）相关政策

1. 税收政策解析

（1）《中华人民共和国企业所得税法》

第十一条　在计算应纳税所得额时，企业按照规定计算的固定资产折旧，准予扣除。

下列固定资产不得计算折旧扣除：

（一）房屋、建筑物以外未投入使用的固定资产；

（二）以经营租赁方式租入的固定资产；

（三）以融资租赁方式租出的固定资产；

（四）已足额提取折旧仍继续使用的固定资产；

（五）与经营活动无关的固定资产；

（六）单独估价作为固定资产入账的土地；

（七）其他不得计算折旧扣除的固定资产。

第十二条　在计算应纳税所得额时，企业按照规定计算的无形资产摊销费用，准予扣除。

下列无形资产不得计算摊销费用扣除：

（一）自行开发的支出已在计算应纳税所得额时扣除的无形资产；

（二）自创商誉；

（三）与经营活动无关的无形资产；

（四）其他不得计算摊销费用扣除的无形资产。

第十三条　在计算应纳税所得额时，企业发生的下列支出作为长期待摊费用，按照规定摊销的，准予扣除：

（一）已足额提取折旧的固定资产的改建支出；

（二）租入固定资产的改建支出；

（三）固定资产的大修理支出；

（四）其他应当作为长期待摊费用的支出。

（2）《中华人民共和国企业所得税法实施条例》

第五十六条　企业的各项资产，包括固定资产、生物资产、无形资产、长期待摊费用、投资资产、存货等，以历史成本为计税基础。

前款所称历史成本，是指企业取得该项资产时实际发生的支出。

企业持有各项资产期间资产增值或者减值，除国务院财政、税务主管部门规定可以确认损益外，不得调整该资产的计税基础。

第五十七条　企业所得税法第十一条所称固定资产，是指企业为生产产品、提供劳务、出租或者经营管理而持有的、使用时间超过12个月的非货币性资产，包括房屋、建筑物、机器、机械、运输工具以及其他与生产经营活动有关的设备、器具、工具等。

第五十八条　固定资产按照以下方法确定计税基础：

（一）外购的固定资产，以购买价款和支付的相关税费以及直接归属于使该资产达到预定用途发生的其他支出为计税基础；

（二）自行建造的固定资产，以竣工结算前发生的支出为计税基础；

（三）融资租入的固定资产，以租赁合同约定的付款总额和承租人在签订租赁合同过程中发生的相关费用为计税基础，租赁合同未约定付款总额的，以该资产的公允价值和承租人在签订租赁合同过程中发生的相关费用为计税基础；

（四）盘盈的固定资产，以同类固定资产的重置完全价值为计税基础；

（五）通过捐赠、投资、非货币性资产交换、债务重组等方式取得的固定资产，以该资产的公允价值和支付的相关税费为计税基础；

（六）改建的固定资产，除企业所得税法第十三条第（一）项和第（二）项规定的支出外，以改建过程中发生的改建支出增加计税基础。

第五十九条　固定资产按照直线法计算的折旧，准予扣除。

企业应当自固定资产投入使用月份的次月起计算折旧；停止使用的固定资产，应当自停止使用月份的次月起停止计算折旧。

企业应当根据固定资产的性质和使用情况，合理确定固定资产的预计净残值。固定资产的预计净残值一经确定，不得变更。

第六十条　除国务院财政、税务主管部门另有规定外，固定资产计算折旧的最低年限如下：

（一）房屋、建筑物，为20年；

（二）飞机、火车、轮船、机器、机械和其他生产设备，为10年；

（三）与生产经营活动有关的器具、工具、家具等，为5年；

（四）飞机、火车、轮船以外的运输工具，为4年；

（五）电子设备，为3年。

第六十一条　从事开采石油、天然气等矿产资源的企业，在开始商业性生产前发生的费用和有关固定资产的折耗、折旧方法，由国务院财政、税务主管部门另行规定。

第六十二条　生产性生物资产按照以下方法确定计税基础：

（一）外购的生产性生物资产，以购买价款和支付的相关税费为计税基础；

（二）通过捐赠、投资、非货币性资产交换、债务重组等方式取得的生产性生物资产，以该资产的公允价值和支付的相关税费为计税基础。

前款所称生产性生物资产，是指企业为生产农产品、提供劳务或者出租等而持有的生物资产，包括经济林、薪炭林、产畜和役畜等。

第六十三条　生产性生物资产按照直线法计算的折旧，准予扣除。

企业应当自生产性生物资产投入使用月份的次月起计算折旧；停止使用的生产性生物资产，应当自停止使用月份的次月起停止计算折旧。

企业应当根据生产性生物资产的性质和使用情况，合理确定生产性生物资产的预计净残值。生产性生物资产的预计净残值一经确定，不得变更。

第六十四条　生产性生物资产计算折旧的最低年限如下：

（一）林木类生产性生物资产，为10年；

（二）畜类生产性生物资产，为3年。

第六十五条　企业所得税法第十二条所称无形资产，是指企业为生产产品、提供劳务、出租或者经营管理而持有的、没有实物形态的非货币性长期资产，包括专利权、商标权、著作权、土地使用权、非专利技术、商誉等。

第六十六条　无形资产按照以下方法确定计税基础：

（一）外购的无形资产，以购买价款和支付的相关税费以及直接归属于使该资产达到预定用途发生的其他支出为计税基础；

（二）自行开发的无形资产，以开发过程中该资产符合资本化条件后至达到预定用途前发生的支出为计税基础；

（三）通过捐赠、投资、非货币性资产交换、债务重组等方式取得的无形资产，以该资产的公允价值和支付的相关税费为计税基础。

第六十七条　无形资产按照直线法计算的摊销费用，准予扣除。

无形资产的摊销年限不得低于10年。

作为投资或者受让的无形资产，有关法律规定或者合同约定了使用年限的，可以按照规定或者约定的使用年限分期摊销。

外购商誉的支出，在企业整体转让或者清算时，准予扣除。

第六十八条　企业所得税法第十三条第（一）项和第（二）项所称固定资产的改建支出，是指改变房屋或者建筑物结构、延长使用年限等发生的支出。

企业所得税法第十三条第（一）项规定的支出，按照固定资产预计尚可使用年限分期摊销；第（二）项规定的支出，按照合同约定的剩余租赁期限分期摊销。

改建的固定资产延长使用年限的，除企业所得税法第十三条第（一）项和第（二）项规定外，应当适当延长折旧年限。

第六十九条　企业所得税法第十三条第（三）项所称固定资产的大修理支出，是指同时符合下列条件的支出：

（一）修理支出达到取得固定资产时的计税基础50%以上；

（二）修理后固定资产的使用年限延长2年以上。

企业所得税法第十三条第（三）项规定的支出，按照固定资产尚可使用年限分期摊销。

第七十条　企业所得税法第十三条第（四）项所称其他应当作为长期待摊费用的支出，自支出发生月份的次月起，分期摊销，摊销年限不得低于3年。

（3）《国家税务总局关于企业固定资产加速折旧所得税处理有关问题的通知》（国税发〔2009〕81号）

三、企业采取缩短折旧年限方法的，对其购置的新固定资产，最低折旧年限不得低于《实施条例》第六十条规定的折旧年限的60%（这个比例较以前有所上浮）；若为购置已使用过的固定资产，其最低折旧年限不得低于《实施条例》规定的最低折旧年限减去已使用年限后剩余年限的60%. 最低折旧年限一经确定，一般不得变更。

四、企业拥有并使用符合本通知第一条规定条件的固定资产采取加速折旧方法的，可以采用双倍余额递减法或者年数总和法。加速折旧方法一经确定，不得随意变更。

（4）《国家税务总局关于融资性售后回租业务中承租方出售资产行为有关税收问题的公告》（国家税务总局公告2010年第13号）

二、企业所得税

根据现行企业所得税法及有关收入确定规定，融资性售后回租业务中，承租人出售资产的行为，不确认为销售收入，对融资性租赁的资产，仍按承租人出售前原账面价值作为计税基础计提折旧。租赁期间，承租人支付的属于融资利息的部分，作为企业财务费用在税前扣除。

（5）《国家税务总局关于企业所得税若干问题的公告》（国家税务总局公告2011年第34号）

四、关于房屋、建筑物固定资产改扩建的税务处理问题

企业对房屋、建筑物固定资产在未足额提取折旧前进行改扩建的，如属于推倒重置的，该资产原值减除提取折旧后的净值，应并入重置后的固定资产计税成本，并在该固定资产投入使用后的次月起，按照税法规定的折旧年限，一并计提折旧；如属于提升功能、增加面积的，该固定资产的改扩建支出，并入该固定资产计税基础，并从改扩建完工投入使用后的次月起，重新按税法规定的该固定资产折旧年限计提折旧，如该改扩建后的固定资产尚可使用的年限低于税法规定的最低年限的，可以按尚可使用的年限计提折旧。

（6）《财政部　国家税务总局关于进一步鼓励软件产业和集成电路产业发展企业所得税政策的通知》（财税〔2012〕27号）

企业外购的软件，凡符合固定资产或无形资产确认条件的，可以按照固定资产或无形资产进行核算，其折旧或摊销年限可以适当缩短，最短可为2年（含）。集成电路生产企业的生产设备，其折旧年限可以适当缩短，最短可为3年（含）。

（7）《财政部　国家税务总局关于完善固定资产加速折旧企业所得税政策的通知》（财税〔2014〕75号）

一、对生物药品制造业，专用设备制造业，铁路、船舶、航空航天和其他运输设备制造业，计算机、通信和其他电子设备制造业，仪器仪表制造业，信息传输、软件和信息技术服务业等6个行业的企业2014年1月1日后新购进的固定资产，可缩短折旧年限或采取加速折旧的方法。

对上述6个行业的小型微利企业2014年1月1日后新购进的研发和生产经营共用的仪器、设备，单位价值不超过100万元的，允许一次性计入当期成本费用在计算应纳税所得额时扣除，不再分年度计算折旧；单位价值超过100万元的，可缩短折旧年限或采取加速折旧的方法。

二、对所有行业企业2014年1月1日后新购进的专门用于研发的仪器、设备，单位价值不超过100万元的，允许一次性计入当期成本费用在计算应纳税所得额时扣除，不再分年度计算折旧；单位价值超过100万元的，可缩短折旧年限或采取加速折旧的方法。

三、对所有行业企业持有的单位价值不超过5000元的固定资产，允许一次性计入当期成本费用在计算应纳税所得额时扣除，不再分年度计算折旧。

（8）《财政部　国家税务总局关于进一步完善固定资产加速折旧企业所得税政策的通知》（财税〔2015〕106号）

一、对轻工、纺织、机械、汽车等四个领域重点行业（具体范围见附件）的企业2015年1月1日后新购进的固定资产，可由企业选择缩短折旧年限或采取加速折旧的方法。

二、对上述行业的小型微利企业2015年1月1日后新购进的研发和生产经营共用

的仪器、设备，单位价值不超过100万元的，允许一次性计入当期成本费用在计算应纳税所得额时扣除，不再分年度计算折旧；单位价值超过100万元的，可由企业选择缩短折旧年限或采取加速折旧的方法。

三、企业按本通知第一条、第二条规定缩短折旧年限的，最低折旧年限不得低于企业所得税法实施条例第六十条规定折旧年限的60%；采取加速折旧方法的，可采取双倍余额递减法或者年数总和法。

按照企业所得税法及其实施条例有关规定，企业根据自身生产经营需要，也可选择不实行加速折旧政策。

（四）填表举例

【例5-16】固定资产及折旧情况如下：

（1）2014年12月，购入一套房产，价值900万元，折旧年限15年，采用直线法计提折旧。

（2）2016年12月，购入一台不需要安装的机器设备，固定资产入账价值90万元。已于2015年12月31日取得增值税专用发票，价税合计金额为105.3万元。折旧年限为10年，会计上采用直线法计提折旧。税法规定可加速折旧，采用双倍余额递减法计提折旧。

（3）2016年12月，购入一辆办公用小轿车，原值20万元，折旧年限5年，采用直线法计提折旧。

（4）2015年12月，购入三套办公电脑，原值1.5万元，折旧年限5年，采用直线法计提折旧。

假定该公司不属于加速折旧新政策规定的重点行业，计提折旧均不考虑预计净残值，资产的初始入账价值与计税基础相同。机械设备折旧的税务处理，选择采用双倍余额递减法，按照10年计提折旧。

2018年各项资产会计折旧和税收折旧计算如下：

房产：会计计提的折旧额：900÷15=60（万元），累计折旧额=60×4=240（万元）；

税收计算的折旧额：900÷20=45（万元），累计折旧额：45×4=180（万元）；纳税调整金额：60−45=15（万元）。

机械设备：会计计提的折旧额：90÷10=9（万元），累计折旧额：9×2=18（万元）；

税收计算的折旧额：2017年折旧额=90×2/10=18（万元），2018年折旧额=（90−18）×2/10=14.4（万元）；累计折旧额：18+14.4=32.4（万元）；纳税调整金额：9−14.4=−5.4（万元）。

车辆：会计计提的折旧额：20÷5=4（万元），累计折旧额：4×2=8（万元）；税收计算的折旧额：20÷5=4（万元），累计折旧额：4×2=8（万元）。

电子设备：会计计提的折旧额：1.5÷5=0.3（万元）；累计折旧额：0.3×3=0.9（万元）；税收计算的折旧额：1.5÷5=0.3（万元），累计折旧额：0.3×3=0.9（万元）。

表 5–44　资产折旧、摊销及纳税调整明细表（A105080）

单位：万元

行次	项　目		账载金额			税收金额					纳税调整金额
			资产原值	本年折旧、摊销额	累计折旧、摊销额	资产计税基础	税收折旧额	享受加速折旧政策的资产按税收一般规定计算的折旧、摊销额	加速折旧统计额	累计折旧、摊销额	
			1	2	3	4	5	6	7=5–6	8	9（2–5）
1	一、固定资产（2+3+4+5+6+7）		1011.5	73.3	266.9	1011.5	63.7	*	*	221.3	9.6
2	所有固定资产	（一）房屋、建筑物	900	60	240	900	45	*	*	180	15
3		（二）飞机、火车、轮船、机器、机械和其他生产设备	90	9	18	90	14.4	*	*	32.4	–5.4
4		（三）与生产经营活动有关的器具、工具、家具等						*	*		
5		（四）飞机、火车、轮船以外的运输工具	20	4	8	20	4	*	*	8	
6		（五）电子设备	1.5	0.3	0.9	1.5	0.3	*	*	0.9	
7		（六）其他						*	*		
8	其中：享受固定资产加速折旧及一次性扣除政策的资产加速折旧额大于一般折旧额的部分	（一）重要行业固定资产加速折旧（不含一次性扣除）									*
9		（二）其他行业研发设备加速折旧	90	9	18	90	14.4	9	5.4	32.4	*

二、A105090 资产损失税前扣除及纳税调整明细表

（一）根据国家税务总局 2017 年第 54 号公告，表式如下：

表 5–45　资产损失税前扣除及纳税调整明细表（A105090）

行次	项目	资产损失的账载金额	资产处置收入	赔偿收入	资产计税基础	资产损失的税收金额	纳税调整金额
		1	2	3	4	5（4–2–3）	6（1–5）
1	一、清单申报资产损失（2+3+4+5+6+7+8）						
2	（一）正常经营管理活动中，按照公允价格销售、转让、变卖非货币资产的损失						
3	（二）存货发生的正常损耗						
4	（三）固定资产达到或超过使用年限而正常报废清理的损失						
5	（四）生产性生物资产达到或超过使用年限而正常死亡发生的资产损失						
6	（五）按照市场公平交易原则，通过各种交易场所、市场等买卖债券、股票、期货、基金以及金融衍生产品等发生的损失						
7	（六）分支机构上报的资产损失						
8	（七）其他						
9	二、专项申报资产损失（10+11+12+13）						
10	（一）货币资产损失						
11	（二）非货币资产损失						
12	（三）投资损失						
13	（四）其他						
14	合计（1+9）						

（二）根据国家税务总局 2017 年第 54 号公告，填报说明如下：

适用于发生资产折旧、摊销的纳税人，无论是否纳税调整，均须填报。纳税人根据税法、《国家税务总局关于企业固定资产加速折旧所得税处理有关问题的通知》（国税发〔2009〕81 号）、《国家税务总局关于融资性售后回租业务中承租方出售资产行为

有关税收问题的公告》（国家税务总局公告 2010 年第 13 号）、《国家税务总局关于企业所得税若干问题的公告》（国家税务总局公告 2011 年第 34 号）、《国家税务总局关于发布〈企业所得税政策性搬迁所得税管理办法〉的公告》（国家税务总局公告 2012 年第 40 号）、《财政部　国家税务总局关于进一步鼓励软件产业和集成电路产业发展企业所得税政策的通知》（财税〔2012〕27 号）、《国家税务总局关于企业所得税应纳税所得额若干问题的公告》（国家税务总局公告 2014 年第 29 号）、《财政部　国家税务总局关于完善固定资产加速折旧税收政策有关问题的通知》（财税〔2014〕75 号）、《财政部　国家税务总局关于进一步完善固定资产加速折旧企业所得税政策的通知》（财税〔2015〕106 号）、《国家税务总局关于全民所有制企业公司制改制企业所得税处理问题的公告》（国家税务总局公告 2017 年第 34 号）等相关规定，以及国家统一企业会计制度，填报资产折旧、摊销的会计处理、税收规定，以及纳税调整情况。

1. 有关项目填报说明

（1）列次填报

①第 1 列“资产原值”：填报纳税人会计处理计提折旧、摊销的资产原值（或历史成本）的金额。

②第 2 列“本年折旧、摊销额”：填报纳税人会计核算的本年资产折旧、摊销额。

③第 3 列“累计折旧、摊销额”：填报纳税人会计核算的累计（含本年）资产折旧、摊销额。

④第 4 列“资产计税基础”：填报纳税人按照税收规定据以计算折旧、摊销的资产原值（或历史成本）的金额。

⑤第 5 列“税收折旧额”：填报纳税人按照税收规定计算的允许税前扣除的本年资产折旧、摊销额。

对于不征税收入形成的资产，其折旧、摊销额不得税前扣除。第 4 列至第 8 列税收金额不包含不征税收入所形成资产的折旧、摊销额。

对于第 8 行至第 17 行、第 29 行对应的“税收折旧额”，填报享受各种加速折旧政策的资产，当年享受加速折旧后的税法折旧额合计。本列仅填报加速后的税法折旧额大于一般折旧额月份的金额合计。即对于本年度某些月份，享受加速折旧政策的固定资产，其加速后的税法折旧额大于一般折旧额、某些月份税法折旧额小于一般折旧额的，仅填报税法折旧额大于一般折旧额月份的税法折旧额合计。

⑥第 6 列“享受加速折旧政策的资产按税收一般规定计算的折旧、摊销额”：仅适用于第 8 行至第 17 行、第 29 行，填报纳税人享受加速折旧政策的资产按照税法一般规定计算的允许税前扣除的本年资产折旧、摊销额。按照税法一般规定计算的折旧额，是指该资产在不享受加速折旧情况下，按照税收规定的最低折旧年限以直线法计算的折旧额。本列仅填报加速后的税法折旧额大于按照税法一般规定计算折旧额对应月份的金额。

⑦第 7 列“加速折旧统计额”：用于统计纳税人享受各类固定资产加速折旧政策的优惠金额。

⑧第 8 列“累计折旧、摊销额”：填报纳税人按照税收规定计算的累计（含本年）资产折旧、摊销额。

⑨第 9 列“纳税调整金额”：填报第 2–5 列的余额。

（2）行次填报

①第 2 行至第 7 行、第 19 行至第 20 行、第 22 行至第 28 行、第 30 行、第 32 行至第 38 行，根据资产类别填报对应的行次。

②第 8 行至第 17 行、第 29 行：用于填报享受各类固定资产加速折旧政策的资产加速折旧情况，分类填报各项固定资产加速折旧政策优惠情况。

第 8 行“（一）重要行业固定资产加速折旧”：填报按照财税〔2014〕75 号和财税〔2015〕106 号文件规定，生物药品制造业，专用设备制造业，铁路、船舶、航空航天和其他运输设备制造业，计算机、通信和其他电子设备制造业，仪器仪表制造业，信息传输、软件和信息技术服务业 6 个行业，以及轻工、纺织、机械、汽车四大领域 18 个行业的纳税人（简称“重要行业”），对于新购进固定资产在税收上采取加速折旧的情况。该行次不填报重要行业纳税人按照以上两个文件规定，享受一次性扣除政策的资产。

第 9 行“（二）其他行业研发设备加速折旧”：由重要行业以外的其他企业填报。填写单位价值超过 100 万元以上专用研发设备采取缩短折旧年限或加速折旧方法的纳税调减或者加速折旧优惠统计情况。

第 10 行“（三）允许一次性扣除的固定资产”：填报新购进单位价值不超过 100 万元研发设备和单位价值不超过 5000 元固定资产，按照税收规定一次性在当期扣除金额。本行＝第 11+12+13 行。

第 11 行“1. 单价不超过 100 万元专用研发设备”：填报“重要行业”中的非小型微利企业和“重要行业”以外的企业，对新购进专门用于研发活动的仪器、设备，单位价值不超过 100 万元的，享受一次性扣除政策的有关情况。

第 12 行“2. 重要行业小型微利企业单价不超过 100 万元研发生产共用设备”：填报“重要行业”中的小型微利企业，对其新购进研发和生产经营共用的仪器、设备，单位价值不超过 100 万元的，享受一次性扣除政策的有关情况。

第 13 行“3.5000 元以下固定资产”：填写纳税人单位价值不超过 5000 元的固定资产，按照政策规定一次性在当期税前扣除的有关情况。

第 14 行“（四）技术进步、更新换代固定资产”：填写企业固定资产因技术进步，产品更新换代较快，按税收规定享受固定资产加速折旧的有关情况。

第 15 行“（五）常年强震动、高腐蚀固定资产”：填写常年处于强震动、高腐蚀状态的固定资产，按税收规定享受固定资产加速折旧有关情况。

第 16 行“（六）外购软件折旧”：填写企业外购软件作为固定资产处理，按财税

〔2012〕27号文件规定享受加速折旧的有关情况。

第17行“（七）集成电路企业生产设备”：填报集成电路生产企业的生产设备，按照财税〔2012〕27号文件规定享受加速折旧政策的有关情况。

第29行“其中：享受企业外购软件加速摊销政策”：填写企业外购软件作无形资产处理，按财税〔2012〕27号文件规定享受加速摊销的有关情况。

附列资料“享受全民所有制改制资产评估增值政策资产”：填写企业按照国家税务总局公告2017年第34号文件规定，执行“改制中资产评估增值不计入应纳税所得额；资产的计税基础按其原有计税基础确定；资产增值部分的折旧或者摊销不得在税前扣除”政策的情况。本行不参与计算，仅用于列示享受全民所有制改制资产评估增值政策资产的有关情况，相关资产折旧（摊销）及调整情况在本表第1行至第39行按规定填报。

2. 表内、表间关系

（1）表内关系

①第1行＝第2+3+…+7行。

②第10行＝第11+12+13行。

③第18行＝第19+20行。

④第21行＝第22+23+24+25+26+27+28+30行。

⑤第31行＝第32+33+34+35+36行。

⑥第39行＝第1+18+21+31+37+38行。（其中第39行第6列＝第8+9+10+ 14+15+16+17+29行第6列；第39行第7列＝第8+9+10+14+15+16+17+29行第7列）

⑦第7列＝第5–6列。

⑧第9列＝第2–5列。

（2）表间关系

①第39行第2列＝表A105000第32行第1列。

②第39行第5列＝表A105000第32行第2列。

③若第39行第9列≥0，第39行第9列＝表A105000第32行第3列；若第39行第9列＜0，第39行第9列的绝对值＝表A105000第32行第4列。

（三）相关政策

1. 税收政策解析

（1）《国家税务总局关于发布〈企业资产损失所得税税前扣除管理办法〉的公告》（国家税务总局公告2011年第25号）

第四条　企业实际资产损失，应当在其实际发生且会计上已作损失处理的年度申报扣除；法定资产损失，应当在企业向主管税务机关提供证据资料证明该项资产已符合法定资产损失确认条件，且会计上已作损失处理的年度申报扣除。

第五条　企业发生的资产损失，应按规定的程序和要求向主管税务机关申报后方能在税前扣除。未经申报的损失，不得在税前扣除。

第六条　企业以前年度发生的资产损失未能在当年税前扣除的，可以按照本办法的规定，向税务机关说明并进行专项申报扣除。其中，属于实际资产损失，准予追补至该项损失发生年度扣除，其追补确认期限一般不得超过五年，但因计划经济体制转轨过程中遗留的资产损失、企业重组上市过程中因权属不清出现争议而未能及时扣除的资产损失、因承担国家政策性任务而形成的资产损失以及政策定性不明确而形成资产损失等特殊原因形成的资产损失，其追补确认期限经国家税务总局批准后可适当延长。属于法定资产损失，应在申报年度扣除。

企业因以前年度实际资产损失未在税前扣除而多缴的企业所得税税款，可在追补确认年度企业所得税应纳税款中予以抵扣，不足抵扣的，向以后年度递延抵扣。

企业实际资产损失发生年度扣除追补确认的损失后出现亏损的，应先调整资产损失发生年度的亏损额，再按弥补亏损的原则计算以后年度多缴的企业所得税税款，并按前款办法进行税务处理。

第七条　企业在进行企业所得税年度汇算清缴申报时，可将资产损失申报材料和纳税资料作为企业所得税年度纳税申报表的附件一并向税务机关报送。

第八条　企业资产损失按其申报内容和要求的不同，分为清单申报和专项申报两种申报形式。其中，属于清单申报的资产损失，企业可按会计核算科目进行归类、汇总，然后再将汇总清单报送税务机关，有关会计核算资料和纳税资料留存备查；属于专项申报的资产损失，企业应逐项（或逐笔）报送申请报告，同时附送会计核算资料及其他相关的纳税资料。

企业在申报资产损失税前扣除过程中不符合上述要求的，税务机关应当要求其改正，企业拒绝改正的，税务机关有权不予受理。

第九条　下列资产损失，应以清单申报的方式向税务机关申报扣除：

（一）企业在正常经营管理活动中，按照公允价格销售、转让、变卖非货币资产的损失；

（二）企业各项存货发生的正常损耗；

（三）企业固定资产达到或超过使用年限而正常报废清理的损失；

（四）企业生产性生物资产达到或超过使用年限而正常死亡发生的资产损失；

（五）企业按照市场公平交易原则，通过各种交易场所、市场等买卖债券、股票、期货、基金以及金融衍生产品等发生的损失。

第十条　前条以外的资产损失，应以专项申报的方式向税务机关申报扣除。企业无法准确判别是否属于清单申报扣除的资产损失，可以采取专项申报的形式申报扣除。

第四十六条　下列股权和债权不得作为损失在税前扣除：

（一）债务人或者担保人有经济偿还能力，未按期偿还的企业债权；

（二）违反法律、法规的规定，以各种形式、借口逃废或悬空的企业债权；

（三）行政干预逃废或悬空的企业债权；

（四）企业未向债务人和担保人追偿的债权；

（五）企业发生非经营活动的债权；

（六）其他不应当核销的企业债权和股权。

（2）《财政部　国家税务总局关于企业资产损失税前扣除政策的通知》（财税〔2009〕57号）

一、本通知所称资产损失，是指企业在生产经营活动中实际发生的、与取得应税收入有关的资产损失，包括现金损失，存款损失，坏账损失，贷款损失，股权投资损失，固定资产和存货的盘亏、毁损、报废、被盗损失，自然灾害等不可抗力因素造成的损失以及其他损失。

七、对企业盘亏的固定资产或存货，以该固定资产的账面净值或存货的成本减除责任人赔偿后的余额，作为固定资产或存货盘亏损失在计算应纳税所得额时扣除。

八、对企业毁损、报废的固定资产或存货，以该固定资产的账面净值或存货的成本减除残值、保险赔款和责任人赔偿后的余额，作为固定资产或存货毁损、报废损失在计算应纳税所得额时扣除。

九、对企业被盗的固定资产或存货，以该固定资产的账面净值或存货的成本减除保险赔款和责任人赔偿后的余额，作为固定资产或存货被盗损失在计算应纳税所得额时扣除。

十、企业因存货盘亏、毁损、报废、被盗等原因不得从增值税销项税额中抵扣的进项税额，可以与存货损失一起在计算应纳税所得额时扣除。

十一、企业在计算应纳税所得额时已经扣除的资产损失，在以后纳税年度全部或者部分收回时，其收回部分应当作为收入计入收回当期的应纳税所得额。

十二、企业境内、境外营业机构发生的资产损失应分开核算，对境外营业机构由于发生资产损失而产生的亏损，不得在计算境内应纳税所得额时扣除。

十三、企业对其扣除的各项资产损失，应当提供能够证明资产损失确属已实际发生的合法证据，包括具有法律效力的外部证据、具有法定资质的中介机构的经济鉴证证明、具有法定资质的专业机构的技术鉴定证明等。

（3）《国家税务总局关于商业零售企业存货损失税前扣除问题的公告》（国家税务总局公告2014年第3号）

一、商业零售企业存货因零星失窃、报废、废弃、过期、破损、腐败、鼠咬、顾客退换货等正常因素造成的损失，为存货正常损失。存货正常损失可以采用清单申报的方式进行企业所得税纳税申报。同时，企业在进行清单申报时，还需要出具损失情况的分析报告。

二、商业零售企业存货因风、火、雷、震等自然灾害，仓储、运输失事，重大案件等多种非正常因素形成的损失，为存货非正常损失。根据25号公告有关规定，存货非正常损失应当以专项形式进行企业所得税纳税申报。

三、存货单笔（单项）损失超过500万元以上的，由于金额较大，因此，无论何种因素形成的，均应当以专项申报方式进行企业所得税纳税申报。

（4）《国家税务总局关于电网企业输电线路部分报废损失税前扣除问题的公告》（国家税务总局公告2010年第30号）

一、由于加大水电送出和增强电网抵御冰雪能力需要等原因，电网企业对原有输电线路进行改造，部分铁塔和线路拆除报废，形成部分固定资产损失。考虑到该部分资产已形成实质性损失，可以按照有关税收规定作为企业固定资产损失允许税前扣除。

二、上述部分固定资产损失，应按照该固定资产的总计税价格，计算每基铁塔和每公里线路的计税价格后，根据报废的铁塔数量和线路长度以及已计提折旧情况确定。

三、上述报废的部分固定资产，其中部分能够重新利用的，应合理计算价格，冲减当年度固定资产损失。

四、新投资建设的线路和铁塔，应单独作为固定资产，在投入使用后，按照税收的规定计提折旧。

2. 关注要点

本表第10行至第13行填报以专项申报的方式向税务机关申报扣除的资产损失的账载金额、资产处置收入、赔偿收入、资产计税基础、资产损失的税收金额以及纳税调整金额。其中各行内容需要企业结合实际情况，对同类型资产损失合并填报。货币资产损失包括现金损失、银行存款损失、应收及预付款项损失等；非货币资产损失包括存货损失、固定资产损失、无形资产损失、在建工程损失、生产性生物资产损失等；投资损失包括债权性投资损失和股权（权益）性投资损失；其他资产损失主要有资产捆绑出售损失、刑事案件形成的损失和抵押资产形成的损失等。专项申报的资产损失，企业应逐项报送申请报告，同时附送会计核算资料及其他相关的纳税资料。

（四）填表举例

【例5–17】A企业为增值税一般纳税人，2018年度报废清理一批已计提完折旧并超过正常使用年限的电脑，固定资产原值200000元，累计折旧170000元，清理收入为11700元（含增值税1700元）。清理损失为20000元，清理损失企业会计核算计入“营业外支出”科目。

（1）会计处理：

借：银行存款	11 700	
贷：固定资产清理		10 000
应交税费—应交增值税（销项税额）		1 700
借：固定资产清理	30 000	
累计折旧	170 000	
贷：固定资产		200 000

借：营业外支出　　20 000

　　贷：固定资产清理　　20 000

（2）税务处理：

判断该项损失应属于清单申报的资产损失；允许税前扣除的损失金额为20000元，会计上计入损益的固定资产清理损失金额为20000元，该项资产损失的税会差异为0，不需进行纳税调整，但仍需填报《资产损失税前扣除及纳税调整明细表》（A105090）。

表5–46　资产损失税前扣除及纳税调整明细表（A105090）

单位：元

行次	项目	资产损失的账载金额	资产处置收入	赔偿收入	资产计税基础	资产损失的税收金额	纳税调整金额
		1	2	3	4	5（4–2–3）	6（1–5）
1	一、清单申报资产损失（2+3+4+5+6+7+8）	20,000.00	–	–	20,000.00	20,000.00	—
2	（一）正常经营管理活动中，按照公允价格销售、转让、变卖非货币资产的损失					—	—
3	（二）存货发生的正常损耗					—	—
4	（三）固定资产达到或超过使用年限而正常报废清理的损失	20,000.00			20,000.00	20,000.00	—
5	（四）生产性生物资产达到或超过使用年限而正常死亡发生的资产损失					—	—
6	（五）按照市场公平交易原则，通过各种交易场所、市场等买卖债券、股票、期货、基金以及金融衍生产品等发生的损失					—	—
7	（六）分支机构上报的资产损失					—	—
8	（七）其他					—	—

【例5–18】A企业为增值税一般纳税人，2018年度发生存货盘亏，存货账面成本200000元，增值税进项税额32000元，该存货已计提存货跌价准备20000元，收到负责人赔偿10000元。盘亏损失企业会计核算计入“营业外支出”科目（假定该批盘亏存货的购买时间在2018年5月1日以后）。

（1）会计处理：

借：银行存款　10000

　　营业外支出　202000

　　存货跌价准备　20 000

　　贷：库存商品　200 000

　　　　应交税费—应交增值税（进项税额转出）　32 000

（2）税务处理：

判断该项损失应属于专项申报扣除的资产损失，企业应按规定随汇缴申报报送相关证据资料。

允许税前扣除的损失金额 =200000+32000−10000=222000 元

会计上计入损益的存货损失金额 =200000−20000+32000−10000=202000 元

该项资产损失的税会差异为 20000 元，应进行纳税调减处理。

表 5–47　资产损失税前扣除及纳税调整明细表（A105090）

单位：元

行次	项目	资产损失的账载金额	资产处置收入	赔偿收入	资产计税基础	资产损失的税收金额	纳税调整金额
		1	2	3	4	5（4–2–3）	6（1–5）
…	…						
9	二、专项申报资产损失（10+11+12+13）	202,000.00	—	10,000.00	232,000.00	222,000.00	–20,000.00
10	（一）货币资产损失					—	—
11	（二）非货币资产损失	202,000.00		10,000.00	232,000.00	222,000.00	–20,000.00
12	（三）投资损失					—	—
13	（四）其他					—	—

若【例 5–18】中，该项库存商品未计提存货跌价准备，则税会差异为 0，不需进行纳税调整，但仍需填报《资产损失税前扣除及纳税调整明细表》（A105090）。

表 5–48　资产损失税前扣除及纳税调整明细表（A105090）

单位：元

行次	项目	资产损失的账载金额	资产处置收入	赔偿收入	资产计税基础	资产损失的税收金额	纳税调整金额
		1	2	3	4	5（4–2–3）	6（1–5）
…	…						
9	二、专项申报资产损失（10+11+12+13）	222,000.00	—	10,000.00	232,000.00	222,000.00	—
10	（一）货币资产损失					—	—

续表

行次	项目	资产损失的账载金额	资产处置收入	赔偿收入	资产计税基础	资产损失的税收金额	纳税调整金额
		1	2	3	4	5（4-2-3）	6（1-5）
11	（二）非货币资产损失	222,000.00		10,000.00	232,000.00	222,000.00	—
12	（三）投资损失					—	—
13	（四）其他					—	—

第四节　特殊事项和特别纳税调整填报指南

一、A105100 企业重组及递延纳税事项纳税调整明细表

（一）根据国家税务总局 2017 年第 54 号公告，表式如下：

表 5-49　企业重组及递延纳税事项纳税调整明细表（A105100）

行次	项　目	一般性税务处理			特殊性税务处理（递延纳税）			纳税调整金额
		账载金额	税收金额	纳税调整金额	账载金额	税收金额	纳税调整金额	
		1	2	3（2-1）	4	5	6（5-4）	7（3+6）
1	一、债务重组							
2	其中：以非货币性资产清偿债务							
3	债转股							
4	二、股权收购							
5	其中：涉及跨境重组的股权收购							
6	三、资产收购							
7	其中：涉及跨境重组的资产收购							
8	四、企业合并（9+10）							
9	（一）同一控制下企业合并							
10	（二）非同一控制下企业合并							
11	五、企业分立							

续表

行次	项　目	一般性税务处理			特殊性税务处理（递延纳税）			纳税调整金额
		账载金额	税收金额	纳税调整金额	账载金额	税收金额	纳税调整金额	
		1	2	3（2–1）	4	5	6（5–4）	7（3+6）
12	六、非货币性资产对外投资							
13	七、技术入股							
14	八、股权划转、资产划转							
15	九、其他							
16	合计（1+4+6+8+11+12+13+14+15）							

（二）根据国家税务总局2017年第54号公告，填报说明如下：

本表适用于发生企业重组、非货币性资产对外投资、技术入股等业务的纳税人填报。纳税人发生企业重组事项的，在企业重组日所属纳税年度分析填报。纳税人根据税法、《财政部　国家税务总局关于企业重组业务企业所得税处理若干问题的通知》（财税〔2009〕59号）、《国家税务总局关于发布〈企业重组业务企业所得税管理办法〉的公告》（国家税务总局公告2010年第4号）、《财政部　国家税务总局关于中国（上海）自由贸易试验区内企业以非货币性资产对外投资等资产重组行为有关企业所得税政策问题的通知》（财税〔2013〕91号）、《财政部　国家税务总局关于非货币性资产投资企业所得税政策问题的通知》（财税〔2014〕116号）、《财政部　国家税务总局关于促进企业重组有关企业所得税处理问题的通知》（财税〔2014〕109号）、《国家税务总局关于非货币性资产投资企业所得税有关征管问题的公告》（国家税务总局公告2015年第33号）、《国家税务总局关于资产（股权）划转企业所得税征管问题的公告》（国家税务总局公告2015年第40号）、《国家税务总局关于企业重组业务企业所得税征收管理若干问题的公告》（国家税务总局公告2015年第48号）、《财政部　国家税务总局关于完善股权激励和技术入股有关所得税政策的通知》（财税〔2016〕101号）、《国家税务总局关于股权激励和技术入股所得税征管问题的公告》（国家税务总局公告2016年第62号）等相关规定，以及国家统一企业会计制度，填报企业重组、非货币资产对外投资、技术入股等业务的会计核算及税收规定，以及纳税调整情况。对于发生债务重组业务且选择特殊性税务处理（即债务重组所得可以在5个纳税年度均匀计入应纳税所得额）的纳税人，重组日所属纳税年度的以后纳税年度，也在本表进行债务重组的纳税调整。除上述债务重组所得可以分期确认应纳税所得额的企业重组外，其他涉及资产计税基础与会计核算成本差异调整的企业重组，本表不做调整，在《资产折旧、摊销及纳税调整明细表》（A105080）进行纳税调整。

1. 有关项目填报说明

（1）行次填报

①第1行“一、债务重组”：填报企业发生债务重组业务的相关金额。

②第2行“其中：以非货币性资产清偿债务”：填报企业发生以非货币性资产清偿债务的债务重组业务的相关金额。

③第3行“债转股”：填报企业发生债权转股权的债务重组业务的相关金额。

④第4行“二、股权收购”：填报企业发生股权收购重组业务的相关金额。

⑤第5行“其中：涉及跨境重组的股权收购”：填报企业发生涉及中国境内与境外之间、内地与港澳之间、大陆与台湾地区之间的股权收购交易重组业务的相关金额。

⑥第6行“三、资产收购”：填报企业发生资产收购重组业务的相关金额。

⑦第7行“其中：涉及跨境重组的资产收购”：填报企业发生涉及中国境内与境外之间、内地与港澳之间、大陆与台湾地区之间的资产收购交易重组业务的相关金额。

⑧第8行“四、企业合并”：填报第9行和第10行的合计金额。

⑨第9行“（一）同一控制下企业合并”：填报企业发生同一控制下企业合并重组业务的相关金额。

⑩第10行“（二）非同一控制下企业合并”：填报企业发生非同一控制下企业合并重组业务的相关金额。

⑪第11行“五、企业分立”：填报企业发生非同一控制下企业分立重组业务的相关金额。

⑫第12行“六、非货币性资产对外投资”：填报企业发生非货币性资产对外投资的相关金额，符合《财政部　国家税务总局关于非货币性资产投资企业所得税政策问题的通知》（财税〔2014〕116号）和《国家税务总局关于非货币性资产投资企业所得税有关征管问题的公告》（国家税务总局公告2015年第33号）规定执行递延纳税政策的填写“特殊性税务处理（递延纳税）”相关列次。

⑬第13行“七、技术入股”：填报企业以技术成果投资入股到境内居民企业，被投资企业支付对价全部为股票（权）的技术入股业务的相关金额，符合《财政部　国家税务总局关于完善股权激励和技术入股有关所得税政策的通知》（财税〔2016〕101号）、《国家税务总局关于股权激励和技术入股所得税征管问题的公告》（国家税务总局公告2016年第62号）规定适用递延纳税政策的填写“特殊性税务处理（递延纳税）”相关列次。

⑭第14行“八、股权划转、资产划转”：填报企业发生资产（股权）划转业务的相关金额。

（2）列次填报

本表数据栏设置“一般性税务处理”“特殊性税务处理（递延纳税）”两大栏次，纳税人应根据企业重组所适用的税务处理办法，分别按照企业重组类型进行累计填报，损失以“-”号填列。

①第 1 列“一般性税务处理—账载金额”：填报企业重组适用一般性税务处理或企业未发生递延纳税业务，会计核算确认的企业损益金额。

②第 2 列“一般性税务处理—税收金额”：填报企业重组适用一般性税务处理或企业未发生递延纳税业务，按税收规定确认的所得（或损失）。

③第 3 列“一般性税务处理—纳税调整金额”：填报企业重组适用一般性税务处理或企业未发生递延纳税业务，按税收规定确认的所得（或损失）与会计核算确认的损益金额的差。为第 2-1 列的余额。

④第 4 列“特殊性税务处理（递延纳税）—账载金额”：填报企业重组适用特殊性税务处理或企业发生递延纳税业务，会计核算确认的损益金额。

⑤第 5 列“特殊性税务处理（递延纳税）—税收金额”：填报企业重组适用特殊性税务处理或企业发生递延纳税业务，按税收规定确认的所得（或损失）。

⑥第 6 列“特殊性税务处理（递延纳税）—纳税调整金额”：填报企业重组适用特殊性税务处理或企业发生递延纳税业务，按税收规定确认的所得（或损失）与会计核算确认的损益金额的差额。为第 5-4 列的余额。

⑦第 7 列“纳税调整金额”：填报第 3+6 列的合计金额。

2. 表内、表间关系

（1）表内关系

①第 8 行＝第 9+10 行。

②第 16 行＝第 1+4+6+8+11+12+13+14+15 行。

③第 3 列＝第 2-1 列。

④第 6 列＝第 5-4 列。

⑤第 7 列＝第 3+6 列。

（2）表间关系

①第 16 行第 1+4 列＝表 A105000 第 37 行第 1 列。

②第 16 行第 2+5 列＝表 A105000 第 37 行第 2 列。

③若第 16 行第 7 列≥0，第 16 行第 7 列＝表 A105000 第 37 行第 3 列；若第 16 行第 7 列＜0，第 16 行第 7 列的绝对值＝表 A105000 第 37 行第 4 列。

（三）相关概念

企业重组，是指企业在日常经营活动以外发生的法律结构或经济结构重大改变的交易，包括企业法律形式改变、债务重组、股权收购、资产收购、合并、分立等。

1. 企业法律形式改变，是指企业注册名称、住所以及企业组织形式等的简单改变，但符合本通知规定其他重组的类型除外。

2. 债务重组，是指债务人发生财务困难的情况下，债权人按照其与债务人达成的书面协议或者法院裁定书，就其债务人的债务做出让步的事项。债务重组中当事各方，指债务人、债权人。

3. 股权收购，是指一家企业（以下称为收购企业）购买另一家企业（以下称为被收购企业）的股权，以实现对被收购企业控制的交易。收购企业支付对价的形式包括股权支付、非股权支付或两者的组合。股权收购中当事各方，指收购方、转让方及被收购企业。

4. 资产收购，是指一家企业（以下称为受让企业）购买另一家企业（以下称为转让企业）实质经营性资产的交易。受让企业支付对价的形式包括股权支付、非股权支付或两者的组合。经营性资产，是指企业用于从事生产经营活动、与生产经营收入直接相关的资产，包括经营所用各类资产、企业拥有的商业信息和技术、经营活动产生的应收款项、投资资产等。资产收购中当时各方，指收购方、转让方。

5. 合并，是指一家或多家企业（以下称为被合并企业）将其全部资产和负债转让给另一家现存或新设企业（以下称为合并企业），被合并企业股东换取合并企业的股权或非股权支付，实现两个或两个以上企业的依法合并。合并中当事各方，指合并企业、被合并企业及被合并企业股东。

6. 分立，是指一家企业（以下称为被分立企业）将部分或全部资产分离转让给现存或新设的企业（以下称为分立企业），被分立企业股东换取分立企业的股权或非股权支付，实现企业的依法分立。分立中当事各方，指分立企业、被分立企业及被分立企业股东。

（四）填表举例

【例 5-19】债务重组

资料：A 公司欠 B 公司 70 万元，由于 A 公司发生财务困难，在可预见的将来不能支付 2018 年 2 月 1 日到期的货款，2018 年 3 月 1 日，经双方协商一致，B 公司同意 A 公司以产品偿还到期债务，B 公司于 2018 年 4 月 1 日收到 A 公司抵债产品，并作为库存商品验收入库，该抵债产品的公允价值（不含增值税）为 40 万元，实际成本为 24 万元，A 公司为增值税一般纳税人，适用的增值税税率为 17%，A 公司 2018 年度应纳税所得额为 40 万元。

债务重组完成日为 2018 年 4 月 1 日。债务重组双方应在 2018 年企业所得税年度纳税申报时，就上述债务重组损益进行申报。

（1）债务人 A 公司

① 账务处理（单位：万元）：

借：应付账款—B 公司　　70

　　贷：主营业务收入　　40

　　　　应交税费—应交增值税（销项税额）　　6.8

　　　　营业外收入—债务重组利得　　23.2

借：主营业务成本　　24

　贷：库存商品　　24

② 税务处理：

债务重组利得 =70（应付账款的计税基础）−40（抵债产品的公允价值）−6.8（抵债产品增值税销项税额）=23.2 万元

该债务重组利得占 A 公司 2018 年应纳税所得的比重为：23.2÷40×100%=58%. 假设 A 公司按规定选择特殊性税务处理，则债务重组利得可分期确认。2018 年税收上确认债务重组利得 23.2÷5=4.64 万元。当年度因该债务重组事项，甲公司可以纳税调整减少 18.56 万元。在 2018 年度以后连续四个纳税年度内，企业需要就上述债务重组事项等额调整每个纳税年度应纳税所得额 4.64 万元。

（2）债权人 B 公司

① 账务处理（单位：万元）：

借：库存商品　　40

　应交税费—应交增值税（进项税额）　　6.8

　营业外支出—债务重组损失　　23.2

　贷：应收账款—A 公司　　70

② 税务处理：

债务重组损失＝ 70（应收账款的计税基础）−40（抵债产品的公允价值）−6.8（抵债产品增值税进项税额）＝ 23.2 万元

按税收规定，B 公司发生的债务重组损失应履行专项申报手续，如果 B 公司债务重组损失已履行专项申报手续，则在 2018 年度企业所得税年度纳税申报时，该债务重组损失可以直接在税前扣除，应填写《资产损失税前扣除及纳税调整明细表》（A105090）。

（3）纳税调整如下表：

表 5-50　企业重组及递延纳税事项纳税调整明细表（A105100）

单位：万元

行次	项目	特殊性税务处理（递延纳税）			纳税调整金额
		账载金额	税收金额	纳税调整金额	
		4	5	6（5—4）	7（3+6）
1	一、债务重组				
2	其中：以非货币性资产清偿债务	23.2	4.64	−18.56	−18.56

注：以上只体现部分表单内容。

【例 5-20】股权收购

资料：2018 年 8 月，A 公司通过向 B 公司定向增发的方式，收购 B 公司持有的 C 公司 100% 的股权。C 公司股权的公允价值为 2000 万元，B 公司对 C 公司股权投资的计税基础为1200万元（假设与账面价值一致）。A公司定向增发的股票为400万股，公允价值为2000万元。假设该交易在2018年8月完成C公司股权变更手续。

（1）股权转让方B公司

①账务处理（单位：万元）：

借：长期股权投资—A公司　　2000

　贷：长期股权投资—C公司　　1200

　　投资收益　　800

②税务处理：

该例中，A公司收购C公司100%的股权，A公司支付的对价为本公司股权，股权支付金额为100%，假定特殊性税务处理的其他条件均符合，且重组各方均已按要求向主管税务机关备案。因此，该股权收购使用特殊性税务处理。

因此B公司转让C公司股权的所得，税务上暂不确认。B公司取得的A公司股权以被收购企业C公司股权的原有计税基础确定，即B公司持有A公司股权的计税基础为1200万元，与账面价值存在800万元的差异。B公司在未来处置该股权时，应作纳税调增处理。2018年度申报时，应纳税调整减少800万元，B公司持有的A公司股权投资计税基础的调整不在本表予以反映。

（2）收购方A公司

①账务处理（单位：万元）：

借：长期股权投资—C公司　　2000

　贷：股本　　400

　　资本公积—资本溢价　　1600

②税务处理：

假设股权收购业务交易当事方一致采取特殊性税务处理办法，则A公司收购C公司股权的计税基础，以被收购C公司股权的原有计税基础确定，即A公司持有的C公司股权的计税基础1200万元，与账面价值存在800万元的差异。A公司在未来处置该股权时，应按处置比例作相应的纳税调增处理。2018年企业所得税年度纳税申报时，收购方A公司无须填报本附表。

（3）B公司纳税调整如表5-51所示

表5-51　企业重组及递延税事项纳税调整明细表（A105100）

单位：万元

行次	项目	特殊性税务处理（递延纳税）			纳税调整金额
		账载金额	税收金额	纳税调整金额	
		4	5	6（5-4）	7（3+6）
4	二、股权收购	800	0	-800	-800

注：以上只体现部分表单内容。

【例 5-21】资产收购

资料：2018 年 3 月，甲公司收购乙公司计税基础为 1400 万元（假设与账面价值一致），公允价格为 2000 万元的实质性经营资产。甲公司支付的对价全部是本公司增发的股份，增发股份公允价值为 2000 万元（1000 万股，每股面额为 1 元）。增发后甲公司股本为 2000 万元，乙公司占甲公司股权比例为 50%，重组日乙公司全部资产公允价值为 2400 万元。不考虑除企业所得税以外的其他税费。假设 2018 年 3 月资产收购协议生效且办妥资产权属转移手续。

（1）资产转让方（乙公司）

① 账务处理（单位：万元）：

借：长期股权投资—甲公司	2000	
贷：资产类科目		1400
损益类科目		600

② 税务处理：

首先，应判定该资产收购交易是否符合特殊性税务处理条件。在本交易中，收购资产比例 =2000÷2400=83.33%，大于 50%，甲公司支付的对价中权支付金额为 100%；假定其他条件均符合特殊性税务处理的适用条件，且重组各方均已按要求向主管税务机关备案。因此，该资产收购适用特殊性税务处理。

在特殊性税务处理条件下，资产转让方取得甲公司股权的计税基础以被转让资产的原有计税基础确定，即 1400 万元，资产转让所得暂不予以确认。2018 年度纳税申报时，纳税调减 600 万元。

（2）资产收购方（甲公司）

① 账务处理（单位：万元）：

借：资产类科目	2000	
贷：股本		1000
资本公积—股本溢价		1000

② 税务处理：

假定该资产收购业务交易当事方一致选择特殊性税务处理，且重组双方已经主管税务机关按特殊性税务处理备案。则甲公司取得乙公司资产的计税基础以被转让资产的原有计税基础确定，即 1400 万元。在收购资产的折旧、摊销期间，资产的折旧、摊销额计税基础与会计成本之间的差异需调整，在《资产折旧、摊销及纳税调整明细表》（A105080）中填报。

（3）乙公司纳税调整如表 5-52 所示：

表 5-52 企业重组及递延税事项纳税调整明细表（A105100）

单位：万元

行次	项目	特殊性税务处理（递延纳税）			纳税调整金额
		账载金额	税收金额	纳税调整金额	
		4	5	6（5-4）	7（3+6）
6	三、资产收购	600	0	-600	-600

注：以上只体现部分表单内容。

【例 5-22】非货币性资产对外投资

资料：2018 年 4 月，甲公司以自己生产的一批存货，对外投资成立乙公司。该批存货账面价值（与计税基础一致）160 万元，市场价格 200 万元。

（1）账务处理（单位：万元）：

借：长期股权投资—乙公司　　234

　贷：主营业务收入　　200

　　应交税费—应交增值税（销项税额）　　34

借：主营业务成本　　160

　贷：库存商品　　160

（2）税务处理：

甲公司以非货币性资产对外投资确认的非货币性资产转让所得 = 非货币性资产进行评估并按评估后的公允价值 200 万元 - 计税基础 160 万元 =40 万元，可在不超过 5 年期限内，分期均匀计入相应年度的应纳税所得额，按规定计算缴纳企业所得税，即会计核算所得为 40 万元，税收可以只确认当年所得为 8 万元，当年纳税调减 32 万元；以后 4 年税收每年确认所得 8 万元，进行纳税调增 8 万元。

（3）纳税调整如表 5-53 所示：

表 5-53 企业重组及递延纳税事项纳税调整明细表（A105100）

单位：万元

行次	项目	一般性税务处理			特殊性税务处理（递延纳税）			纳税调整金额
		账载金额	税收金额	纳税调整金额	账载金额	税收金额	纳税调整金额	
		1	2	3（2-1）	4	5	6（5-4）	7（3+6）
12	六、非货币性资产对外投资				40	8	-32	-32

注：以上只体现部分表单内容。

【例 5-23】技术成果入股

资料：2018 年 10 月，A 公司以其拥有的一项发明专利的所有权对 B 公司进行投资。该专利权的账面原值为 2400 万元，投资时已计提的累计摊销为 400 万元，公允价值为 4000 万元。假设不考虑增值税等其他税费，无其他纳税调整项目。

2018 年，A 公司以专利权换取 B 公司的股权

（1）账务处理：

借：长期股权投资—B 公司　　4000

　　累计摊销　　400

　　贷：无形资产　　2400

　　　　资产处置损益　　2000

（2）税务处理

A 公司经向主管税务机关备案后，投资入股当期可暂不纳税，允许递延至转让股权时，按股权转让收入减去技术成果原值和合理税费后差额计算纳税所得税。因此，应调减应纳税所得额 =4000-（2400-400）=2000（万元）。

（3）纳税调整如表 5-54 所示：

表 5-54　企业重组及递延纳税事项纳税调整明细表（A105100）

单位：万元

行次	项目	一般性税务处理			特殊性税务处理（递延纳税）			纳税调整金额
		账载金额	税收金额	纳税调整金额	账载金额	税收金额	纳税调整金额	
		1	2	3（2-1）	4	5	6（5-4）	7（3+6）
13	七、技术入股				2000		-2000	-2000

注：以上只体现部分表单内容。

二、A105110 政策搬迁纳税调整明细表

（一）根据国家税务总局 2017 年第 54 号公告，表式如下：

表 5-55　政策性搬迁纳税调整明细表（A105110）

行次	项目	金额
1	一、搬迁收入（2+8）	
2	（一）搬迁补偿收入（3+4+5+6+7）	
3	1. 对被征用资产价值的补偿	
4	2. 因搬迁、安置而给予的补偿	
5	3. 对停产停业形成的损失而给予的补偿	
6	4. 资产搬迁过程中遭到毁损而取得的保险赔款	
7	5. 其他补偿收入	
8	（二）搬迁资产处置收入	

续表

行次	项目	金额
9	二、搬迁支出（10+16）	
10	（一）搬迁费用支出（11+12+13+14+15）	
11	1. 安置职工实际发生的费用	
12	2. 停工期间支付给职工的工资及福利费	
13	3. 临时存放搬迁资产而发生的费用	
14	4. 各类资产搬迁安装费用	
15	5. 其他与搬迁相关的费用	
16	（二）搬迁资产处置支出	
17	三、搬迁所得或损失（1-9）	
18	四、应计入本年应纳税所得额的搬迁所得或损失（19+20+21）	
19	其中：搬迁所得	
20	搬迁损失一次性扣除	
21	搬迁损失分期扣除	
22	五、计入当期损益的搬迁收益或损失	
23	六、以前年度搬迁损失当期扣除金额	
24	七、纳税调整金额（18-22-23）	

（二）根据国家税务总局2017年第54号公告，填报说明如下：

本表适用于发生政策性搬迁纳税调整项目的纳税人在完成搬迁年度及以后进行损失分期扣除的年度填报。纳税人根据税法、《国家税务总局关于发布〈企业政策性搬迁所得税管理办法〉的公告》（国家税务总局公告2012年第40号）、《国家税务总局关于企业政策性搬迁所得税有关问题的公告》（国家税务总局公告2013年第11号）等相关规定，以及国家统一企业会计制度，填报企业政策性搬迁项目的相关会计处理、税收规定及纳税调整情况。

1. 有关项目填报说明

本表第1行“一、搬迁收入”至第21行“搬迁损失分期扣除”的金额，按照税收规定确认的政策性搬迁清算累计数填报。

（1）第1行“一、搬迁收入”：填报第2+8行的合计金额。

（2）第2行“（一）搬迁补偿收入”：填报按税收规定确认的，纳税人从本企业以外取得的搬迁补偿收入金额，此行为第3行至第7行的合计金额。

（3）第3行“1. 对被征用资产价值的补偿”：填报按税收规定确认的，纳税人被征用资产价值补偿收入累计金额。

（4）第 4 行“2. 因搬迁、安置而给予的补偿”：填报按税收规定确认的，纳税人因搬迁、安置而取得的补偿收入累计金额。

（5）第 5 行“3. 对停产停业形成的损失而给予的补偿”：填报按税收规定确认的，纳税人停产停业形成损失而取得的补偿收入累计金额。

（6）第 6 行“4. 资产搬迁过程中遭到毁损而取得的保险赔款”：填报按税收规定确认，纳税人资产搬迁过程中遭到毁损而取得的保险赔款收入累计金额。

（7）第 7 行“5. 其他补偿收入”：填报按税收规定确认，纳税人其他补偿收入累计金额。

（8）第 8 行“（二）搬迁资产处置收入”：填报按税收规定确认，纳税人由于搬迁而处置各类资产所取得的收入累计金额。

（9）第 9 行“二、搬迁支出”：填报第 10+16 行的合计金额。

（10）第 10 行“（一）搬迁费用支出”：填报按税收规定确认，纳税人搬迁过程中发生的费用支出累计金额，为第 11 行至第 15 行的合计金额。

（11）第 11 行“1. 安置职工实际发生的费用”：填报按税收规定确认，纳税人安置职工实际发生费用支出的累计金额。

（12）第 12 行“2. 停工期间支付给职工的工资及福利费”：填报按税收规定确认，纳税人因停工支付给职工的工资及福利费支出累计金额。

（13）第 13 行“3. 临时存放搬迁资产而发生的费用”：填报按税收规定确认，纳税人临时存放搬迁资产发生的费用支出累计金额。

（14）第 14 行“4. 各类资产搬迁安装费用”：填报按税收规定确认，纳税人各类资产搬迁安装费用支出累计金额。

（15）第 15 行“5. 其他与搬迁相关的费用”：填报按税收规定确认，纳税人其他与搬迁相关的费用支出累计金额。

（16）第 16 行“（二）搬迁资产处置支出”：填报按税收规定确认的，纳税人搬迁资产处置支出累计金额。符合《国家税务总局关于企业政策性搬迁所得税有关问题的公告》（国家税务总局公告 2013 年第 11 号）规定的资产购置支出，填报在本行。

（17）第 17 行“三、搬迁所得或损失”：填报政策性搬迁所得或损失，填报第 1–9 行的余额，损失以“–”号填列。

（18）第 18 行“四、应计入本年应纳税所得额的搬迁所得或损失”：填报政策性搬迁所得或损失按照税收规定计入本年应纳税所得额的金额，填报第 19 行至第 21 行的合计金额，损失以“–”号填列。

（19）第 19 行“其中：搬迁所得”：填报按税法相关规定，搬迁完成年度政策性搬迁所得的金额。

（20）第 20 行“搬迁损失一次性扣除”：由选择一次性扣除搬迁损失的纳税人填报，填报搬迁完成年度按照税收规定计算的搬迁损失金额，损失以“–”号填列。

（21）第 21 行“搬迁损失分期扣除”：由选择分期扣除搬迁损失的纳税人填报，

填报搬迁完成年度按照税收规定计算的搬迁损失在本年扣除的金额，损失以“-”号填列。

（22）第22行“五、计入当期损益的搬迁收益或损失”：填报政策性搬迁项目会计核算计入当期损益的金额，损失以“-”号填列。

（23）第23行“六、以前年度搬迁损失当期扣除金额”：以前年度完成搬迁形成的损失，按照税收规定在当期扣除的金额。

（24）第24行“七、纳税调整金额”：填报第18-22-23行的余额。

2. 表内、表间关系

（1）表内关系

①第1行=第2+8行。

②第2行=第3+4+…+7行。

③第9行=第10+16行。

④第10行=第11+12+…+15行。

⑤第17行=第1-9行。

⑥第18行=第19+20+21行。

⑦第24行=第18-22-23行。

（2）表间关系

若第24行≥0，第24行=表A105000第38行第3列；若第24行<0，第24行的绝对值=表A105000第38行第4列。

注：以上为根据国家税务总局2017年第54号公告，填报说明。

（三）填表举例

【例5-24】资料：甲公司2016年8月与政府签订《搬迁补偿协议》。按照《搬迁补偿协议》约定，2017年9月收到政府拨付的10000万元用于异地重建，土地使用权由政府收回。2017年11月甲公司被搬迁当月固定资产账面原值为3000万元，累计折旧1000万元；无形资产（土地使用权）账面价值1200万元（按税法规定摊销后的余额）；处置相关资产取得收入为100万元。按照企业重建计划，企业在实施搬迁过程中，2017年12月共购置管理部门使用固定资产4000万元投入使用，预计使用10年，按直线法计提折旧，按50年摊销。2017年12月支付职工安置费200万元。2018年12月搬迁完成。企业搬迁符合政策性搬迁的条件，并向税务机关报送相关资料。

根据甲企业上述搬迁业务，进行如下账务处理和税务处理（单位：万元）：

（1）2017年9月，收到政府补偿款时，其会计处理为：

借：银行存款　　10000

　　贷：专项应付款　　10000

税务处理：该搬迁收入可暂不计入2017年度应纳税所得额，待搬迁完成年度汇总清算。该收入会计上也未计入当年利润总额。会计与税务处理无差异。

（2）2017 年 11 月，处置被搬迁资产时，其会计处理为：

将固定资产转入清理：

借：固定资产清理　　2000

　　累计折旧　　1000

　　贷：固定资产　　3000

收到处置资产收入 100 万元；

借：银行存款　　100

　　贷：固定资产清理　　100

结转固定资产处置净损失：

借：资产处置损益　　1900

　　贷：固定资产清理　　1900

处置无形资产时：

借：资产处置损益　　1200

　　贷：无形资产　　1200

对搬迁中发生的资产损失，自专项应付款转入递延收益：

借：专项应付款　　3100

　　贷：递延收益　　3100

借：递延收益　　3100

　　贷：其他收益　　3100

税务处理：企业搬迁资产处置收入 100 万元，搬迁资产处置支出 3200 万元（2000+1200），可暂不计入 2017 年度应纳税所得额，待搬迁完成年度汇总清算。

（3）2017 年 12 月支付给职工安置费的会计处理为：

借；管理费用　　200

　　贷：银行存款　　200

将搬迁中有关费用性支出自专项应付款转入递延收益：

借：专项应付款　　200

　　贷：递延收益　　200

借：递延收益　　200

　　贷：其他收益　　200

税务处理：职工安置费 200 万元，可暂不计入 2017 年度应纳税所得额，待搬迁完成年度汇总清算。会计上已计入当年利润总额应做纳税调整处理。“管理费用”中列支的职工安置费 200 万元进行纳税调增，自递延收益转入营业外收入的 200 万元应做纳税调减处理。

（4）2017 年 12 月购置固定资产的会计处理为：

借：固定资产　　4000

贷：银行存款 4000

同时，结转专项应付款：

借：专项应付款 4000

贷：递延收益 4000

税务处理：该甲公司在40号公告生效前已经签订搬迁协议且尚未完成搬迁清算，其在搬迁过程中购置的资产，可以作为搬迁支出，从搬迁收入中扣除。但应剔除该搬迁补偿收入后，作为该资产的计税基础，并按规定计算折旧或费用摊销。除此以外，企业发生的购置资产支出，不得从搬迁收入中扣除。因而，该固定资产的计税基础为0，而固定资产账面原值为4000万元。

（5）2018年1月购置土地使用权的会计处理为：

借：无形资产 1000

贷：银行存款 1000

同时，结转专项应付款：

借：专项应付款 1000

贷：递延收益 1000

税务处理：同上，该无形资产的计税基础为0。而无形资产账面原值为1000万元。

（6）2018年计提固定资产折旧（无形资产摊销）的会计处理为：

借：管理费用 420

贷：累计折旧 400

累计摊销 20

递延收益金额在相关资产使用期间内平均摊销的会计处理为：

借：递延收益 420

贷：其他收益 420

税务处理：上述资产计税基础为0，会计上计提的折旧与摊销420万元不得在所得税前扣除，应做纳税调增处理。递延收益转入营业外收入的金额应做纳税调减处理。

（7）2018年搬迁完成时，企业将专项应付款余额转入资本公积：

借：专项应付款 1700

贷：资本公积 1700

税务处理：企业在搬迁期间发生的搬迁收入和搬迁支出，可以暂不计入当期应纳税所得额，而在2018年完成搬迁的年度，对搬迁收入和支出进行汇总清算。企业的搬迁收入为：10000+100=10100（万元）；搬迁支出为：2000+1200+200+4000+1000=8400（万元）；搬迁所得为：10100−8400=1700（万元），该搬迁所得应计入2018年度企业应纳税所得额计算纳税。

填表如下：

表 5-56　政策性搬迁纳税调整明细表（A105110）

单位：万元

行次	项　目	金额
1	一、搬迁收入（2+8）	10100
2	（一）搬迁补偿收入（3+4+5+6+7）	10000
3	1. 对被征用资产价值的补偿	10000
4	2. 因搬迁、安置而给予的补偿	
5	3. 对停产停业形成的损失而给予的补偿	
6	4. 资产搬迁过程中遭到毁损而取得的保险赔款	
7	5. 其他补偿收入	
8	（二）搬迁资产处置收入	100
9	二、搬迁支出（10+16）	8400
10	（一）搬迁费用支出（11+12+13+14+15）	200
11	1. 安置职工实际发生的费用	200
12	2. 停工期间支付给职工的工资及福利费	
13	3. 临时存放搬迁资产而发生的费用	
14	4. 各类资产搬迁安装费用	
15	5. 其他与搬迁相关的费用	
16	（二）搬迁资产处置支出	8200
17	三、搬迁所得或损失（1-9）	1700
18	四、应计入本年应纳税所得额的搬迁所得或损失（19+20+21）	1700
19	其中：搬迁所得	1700
20	搬迁损失一次性扣除	
21	搬迁损失分期扣除	
22	五、计入当期损益的搬迁收益或损失	
23	六、以前年度搬迁损失当期扣除金额	
24	七、纳税调整金额（18-22-23）	1700

三、A105000 表第 43 行“特别纳税调整应税所得”填报实务

（一）企业所得税法有关规定

1. 企业所得税法

第 41 条　企业与其关联方之间的业务往来，不符合独立交易原则而减少企业或者

其关联方应纳税收入或者所得额的，税务机关有权按照合理方法调整。

企业与其关联方共同开发、受让无形资产，或者共同提供、接受劳务发生的成本，在计算应纳税所得额时应当按照独立交易原则进行分摊。

第 42 条　企业可以向税务机关提出与其关联方之间业务往来的原则和计算方法，税务机关与企业协商、确认后，达成预约定价安排。

第 43 条　企业向税务机关报送年度企业所得税纳税申报表时，应当就其与关联方之间的业务往来，附送年度关联业务往来报送表。

税务机关在进行关联业务调查时，企业及其关联方，以及与关联业务调查有关的其他企业，应当按照规定提供相关资料。

第 44 条　企业不提供欲取关联方之间业务往来资料，或者提供虚假、不完整资料，未能真实反映其关业务往来情况的，税务机关有权依法核定其应纳税所得额。

第 45 条　由居民企业，或者由居民企业和中国居民控制的设立在实际税负明显低于本法第四条第一款规定税率水平的国家（地区）的企业，并非由于合理的经营需要而对利润不做分配或者减少分配的，上述利润中应归属于该居民企业的部分，应当计入居民企业的当期收入。

第 46 条　企业从其关联方接受的债权性投资与权益性投资的比例超过规定标准而发生的利息支出，不得在计算应纳税所得额时扣除。

第 47 条　企业实施其他不具有合理商业目的的安排而减少其应纳税收入或者所得额的，税务机关有权按照合理方法调整。

第 48 条　税务机关依照本章规定作出纳税调整，需要补征税款的，应当补征税款，并按照国务院规定加收利息。

2. 企业所得税法实施条例

第 109 条　企业所得税法第 41 条所称关联方，是指与企业有下列关联关系之一的企业、其他组织或者个人：

（一）在资金、经营、购销等方面存在直接或者间接的控制关系；

（二）直接或者间接地同为第三者控制；

（三）在利益上具有相关联的其他关系。

第 110 条　企业所得税法第 41 条所称独立交易原则，是指没有关联关系的交易各方，按照公平成交价格和营业常规进行业务往来遵循的原则。

第 111 条　企业所得税法第 41 条所称合理方法，包括：

（一）可比非受控价格法，是指按照没有关联关系的交易各方进行相同或者类似业务往来的价格进行定价的方法；

（二）再销售价格法，是指按照从关联方购进商品再销售给没有关联关系的交易方的价格，减除相同或者类似业务的销售毛利定价的方法；

（三）成本加成法，是指按照成本加合理的费用和利润进行定价的方法；

（四）交易净利润法，是指按照没有关联关系的交易各方进行相同或者类似业务往来取得的净利润水平确定利润的方法；

（五）利润分割法，是指将企业与其关联方的合并利润或者亏损在各方之间采用合理标准进行分配的方法；

（六）其他符合独立交易原则的方法。

第 112 条　企业可以依照企业所得税法第 41 条第 2 款的规定，按照独立交易原则与其关联方分摊共同发生的成本，达成成本分摊协议。

企业与其关联方分摊成本时，应当按照成本与预期收益相配比的原则进行分摊，并在税务机关规定的期限内，按照税务机关的要求报送有关资料。

企业与其关联方分摊成本时违反本条第 1 款、第 2 款规定的，其自行分摊的成本不得在计算应纳税所得额时扣除。

第 113 条　企业所得税法第 42 条所称预约定价安排，是指企业就其未来年度关联交易的定价原则和计算方法，向税务机关提出申请，与税务机关按照独立交易原则协商、确认后达成的协议。

第 114 条　企业所得税法第 43 条所称相关资料，包括：

（一）与关联业务往来有关的价格、费用的制定标准、计算方法和说明等同期资料；

（二）关联业务往来所涉及的财产、财产使用权、劳务等的再销售（转让）价格或者最终销售（转让）价格的相关资料；

（三）与关联业务调查有关的其他企业应当提供的与被调查企业可比的产品价格、定价方式以及利润水平等资料；

（四）其他与关联业务往来有关的资料。

企业所得税法第 43 条所称与关联业务调查有关的其他企业，是指与被调查企业在生产经营内容和方式上相类似的企业。

企业应当在税务机关规定的期限内提供与关联业务往来有关的价格、费用的制定标准、计算方法和说明等资料。关联方以及与关联业务调查有关的其他企业应当在税务机关与其约定的期限内提供相关资料。

第 115 条　税务机关依照企业所得税法第 44 条的规定核定企业的应纳税所得额时，可以采用下列方法：

（一）参照同类或者类似企业的利润率水平核定；

（二）按照企业成本加合理的费用和利润的方法核定；

（三）按照关联企业集团整体利润的合理比例核定；

（四）按照其他合理方法核定。

企业对税务机关按照前款规定的方法核定的应纳税所得额有异议的，应当提供相关证据，经税务机关认定后，调整核定的应纳税所得额。

第 116 条　企业所得税法第 45 条所称中国居民，是指根据《中华人民共和国个人所得税法》的规定，就其从中国境内、境外取得的所得在中国缴纳个人所得税的个人。

第 117 条　企业所得税法第 45 条所称控制，包括：

（一）居民企业或者中国居民直接或者间接单一持有外国企业 10% 以上有表决权股份，且由其共同持有该外国企业 50% 以上股份；

（二）居民企业，或者居民企业和中国居民持股比例没有达到第（一）项规定的标准，但在股份、资金、经营、购销等方面对该外国企业构成实质控制。

第 118 条　企业所得税法第 45 条所称实际税负明显低于企业所得税法第四条第一款规定税率水平，是指低于企业所得税法第 4 条第一款规定税率的 50%。

第 119 条　企业所得税法第 46 条所称债权性投资，是指企业直接或者间接从关联方获得的，需要偿还本金和支付利息或者需要以其他具有支付利息性质的方式予以补偿的融资。

企业间接从关联方获得的债权性投资，包括：

（一）关联方通过无关联第三方提供的债权性投资；

（二）无关联第三方提供的、由关联方担保且负有连带责任的债权性投资；

（三）其他间接从关联方获得的具有负债实质的债权性投资。

企业所得税法第 46 条所称权益性投资，是指企业接受的不需要偿还本金和支付利息，投资人对企业净资产拥有所有权的投资。

企业所得税法第 46 条所称标准，由国务院财政、税务主管部门另行规定。

第 120 条　企业所得税法第 47 条所称不具有合理商业目的，是指以减少、免除或者推迟缴纳税款为主要目的。

第 121 条　税务机关根据税收法律、行政法规的规定，对企业作出特别纳税调整的，应当对补征的税款，自税款所属纳税年度的次年 6 月 1 日起至补缴税款之日止的期间，按日加收利息。

前款规定加收的利息，不得在计算应纳税所得额时扣除。

第 122 条　企业所得税法第 48 条所称利息，应当按照税款所属纳税年度中国人民银行公布的与补税期间同期的人民币贷款基准利率加 5 个百分点计算。

企业依照企业所得税法第 43 条和本条例的规定提供有关资料的，可以只按前款规定的人民币贷款基准利率计算利息。

第 123 条　企业与其关联方之间的业务往来，不符合独立交易原则，或者企业实施其他不具有合理商业目的安排的，税务机关有权在该业务发生的纳税年度起 10 年内，进行纳税调整。

（二）填表举例

【例 5-25】资料：甲公司投资乙公司控股 100%，投资额为 10000 万元，乙公司因为拓展业务向甲公司借款 26000 万元，借款合同利率 7%，银行同期借款利率 6%，借款期间 2018 年 1 月 1 日至 2018 年 12 月 31 日。

乙公司2018年有关股东借款利息特别纳税调增金额，计算如下：

（1）允许税前扣除的利息 =2×10000万元 ×0.06=1200万元

（2）实际发生借款利息 =26000万元 ×0.07=1820万元

（3）特别纳税借款利息调增 =1820万元 -1200万元 =620万元

填表如下：

表5-57　纳税调整项目明细表（A105000）

单位：万元

行次	项目	账载金额	税收金额	调增金额	调减金额
		1	2	3	4
43	五、特别纳税所得调整应税所得			620	

注：此处特别纳税调整业务仅以向股东借款为例。

第五节　纳税调整项目明细表填报指南

一、A105000纳税调整项目明细表填报指南

（一）根据国家税务总局2017年第54号公告，表式如下：

表5-58　纳税调整项目明细表（A105000）

行次	项　目	账载金额	税收金额	调增金额	调减金额
		1	2	3	4
1	一、收入类调整项目（2+3+…8+10+11）	*	*		
2	（一）视同销售收入（填写A105010）	*			*
3	（二）未按权责发生制原则确认的收入（填写A105020）				
4	（三）投资收益（填写A105030）				
5	（四）按权益法核算长期股权投资对初始投资成本调整确认收益	*	*	*	
6	（五）交易性金融资产初始投资调整	*	*		*
7	（六）公允价值变动净损益		*		
8	（七）不征税收入	*	*		
9	其中：专项用途财政性资金（填写A105040）	*	*		
10	（八）销售折扣、折让和退回				
11	（九）其他				

续表

行次	项　目	账载金额	税收金额	调增金额	调减金额
		1	2	3	4
12	二、扣除类调整项目（13+14+…24+26+27+28+29+30）	*	*		
13	（一）视同销售成本（填写 A105010）	*		*	
14	（二）职工薪酬（填写 A105050）				
15	（三）业务招待费支出				*
16	（四）广告费和业务宣传费支出（填写 A105060）	*	*		
17	（五）捐赠支出（填写 A105070）				
18	（六）利息支出				
19	（七）罚金、罚款和被没收财物的损失		*		*
20	（八）税收滞纳金、加收利息		*		*
21	（九）赞助支出		*		*
22	（十）与未实现融资收益相关在当期确认的财务费用				
23	（十一）佣金和手续费支出				*
24	（十二）不征税收入用于支出所形成的费用	*	*		*
25	其中：专项用途财政性资金用于支出所形成的费用（填写 A105040）	*	*		*
26	（十三）跨期扣除项目				
27	（十四）与取得收入无关的支出		*		*
28	（十五）境外所得分摊的共同支出	*	*		*
29	（十六）党组织工作经费				
30	（十七）其他				
31	三、资产类调整项目（32+33+34+35）	*	*		
32	（一）资产折旧、摊销（填写 A105080）				
33	（二）资产减值准备金		*		
34	（三）资产损失（填写 A105090）				
35	（四）其他				
36	四、特殊事项调整项目（37+38+…+42）	*	*		
37	（一）企业重组及递延纳税事项（填写 A105100）				
38	（二）政策性搬迁（填写 A105110）	*	*		
39	（三）特殊行业准备金（填写 A105120）				
40	（四）房地产开发企业特定业务计算的纳税调整额（填写 A105010）	*			
41	（五）有限合伙企业法人合伙方应分得的应纳税所得额				
42	（六）其他	*	*		

续表

行次	项　目	账载金额	税收金额	调增金额	调减金额
		1	2	3	4
43	五、特别纳税调整应税所得	*	*		
44	六、其他	*	*		
45	合计（1+12+31+36+43+44）	*	*		

（二）根据国家税务总局2017年第54号公告，填报说明如下：

《纳税调整项目明细表》（A105000）（以下简称“本表”）由纳税人根据税法、相关税收规定以及国家统一会计制度的规定，填报企业所得税涉税事项的会计处理、税务处理以及纳税调整情况。

1. 有关项目填报说明

本表纳税调整项目按照“收入类调整项目”“扣除类调整项目”“资产类调整项目”“特殊事项调整项目”“特别纳税调整应税所得”“其他”六大项分类填报汇总，并计算出纳税“调增金额”和“调减金额”的合计金额。

数据栏分别设置“账载金额”“税收金额”“调增金额”“调减金额”四个栏次。“账载金额”是指纳税人按照国家统一会计制度规定核算的项目金额。“税收金额”是指纳税人按照税收规定计算的项目金额。

对需填报下级明细表的纳税调整项目，“账载金额”“税收金额”“调增金额”“调减金额”根据相应附表进行计算填报。

（1）收入类调整项目

①第1行“一、收入类调整项目”：根据第2行至第11行（不含第9行）进行填报。

②第2行“（一）视同销售收入”：填报会计处理不确认为销售收入，税收规定确认应税收入的收入。根据《视同销售和房地产开发企业特定业务纳税调整明细表》（A105010）填报。第2列“税收金额”为表A105010第1行第1列金额。第3列“调增金额”为表A105010第1行第2列金额。

③第3行“（二）未按权责发生制原则确认的收入”：根据《未按权责发生制确认收入纳税调整明细表》（A105020）填报。第1列“账载金额”为表A105020第14行第2列金额。第2列“税收金额”为表A105020第14行第4列金额。表A105020第14行第6列，若≥0，填入本行第3列“调增金额”；若＜0，将绝对值填入本行第4列“调减金额”。

④第4行“（三）投资收益”：根据《投资收益纳税调整明细表》（A105030）填报。第1列“账载金额”为表A105030第10行第1+8列的合计金额。第2列“税收金额”为表A105030第10行第2+9列的合计金额。表A105030第10行第11列，若≥0，填入本行第3列“调增金额”；若＜0，将绝对值填入本行第4列“调减金额”。

⑤第 5 行“(四)按权益法核算长期股权投资对初始投资成本调整确认收益”：第 4 列“调减金额”填报纳税人采取权益法核算，初始投资成本小于取得投资时应享有被投资单位可辨认净资产公允价值份额的差额计入取得投资当期的营业外收入的金额。

⑥第 6 行“(五)交易性金融资产初始投资调整”：第 3 列“调增金额”填报纳税人根据税收规定确认交易性金融资产初始投资金额与会计核算的交易性金融资产初始投资账面价值的差额。

⑦第 7 行“(六)公允价值变动净损益”：第 1 列“账载金额”填报纳税人会计核算的以公允价值计量的金融资产、金融负债以及投资性房地产类项目，计入当期损益的公允价值变动金额；第 1 列≤0，将绝对值填入第 3 列“调增金额”；若第 1 列＞0，填入第 4 列“调减金额”。

⑧第 8 行“(七)不征税收入”：填报纳税人计入收入总额但属于税收规定不征税的财政拨款、依法收取并纳入财政管理的行政事业性收费以及政府性基金和国务院规定的其他不征税收入。第 3 列“调增金额”填报纳税人以前年度取得财政性资金且已作为不征税收入处理，在 5 年(60 个月)内未发生支出且未缴回财政部门或其他拨付资金的政府部门，应计入应税收入额的金额。第 4 列“调减金额”填报符合税收规定不征税收入条件并作为不征税收入处理，且已计入当期损益的金额。

⑨第 9 行“其中：专项用途财政性资金”：根据《专项用途财政性资金纳税调整明细表》(A105040)填报。第 3 列“调增金额”为表 A105040 第 7 行第 14 列金额。第 4 列“调减金额”为表 A105040 第 7 行第 4 列金额。

⑩第 10 行“(八)销售折扣、折让和退回”：填报不符合税收规定的销售折扣和折让应进行纳税调整的金额，和发生的销售退回因会计处理与税收规定有差异需纳税调整的金额。第 1 列“账载金额”填报纳税人会计核算的销售折扣和折让金额及销货退回的追溯处理的净调整额。第 2 列“税收金额”填报根据税收规定可以税前扣除的折扣和折让的金额及销货退回业务影响当期损益的金额。第 1 列减第 2 列，若余额≥0，填入第 3 列“调增金额”；若余额＜0，将绝对值填入第 4 列“调减金额”，第 4 列仅为销货退回影响损益的跨期时间性差异。

⑪第 11 行“(九)其他”：填报其他因会计处理与税收规定有差异需纳税调整的收入类项目金额。若第 2 列≥第 1 列，将第 2–1 列的余额填入第 3 列“调增金额”；若第 2 列＜第 1 列，将第 2–1 列余额的绝对值填入第 4 列“调减金额”。

(2)扣除类调整项目

①第 12 行“二、扣除类调整项目”：根据第 13 行至第 30 行(不含第 25 行)填报。

②第 13 行“(一)视同销售成本”：填报会计处理不作为销售核算，税收规定作为应税收入对应的销售成本金额。根据《视同销售和房地产开发企业特定业务纳税调整明细表》(A105010)填报。第 2 列“税收金额”为表 A105010 第 11 行第 1 列金额。第 4 列“调减金额”为表 A105010 第 11 行第 2 列金额的绝对值。

③第 14 行“(二)职工薪酬”：根据《职工薪酬支出及纳税调整明细表》

（A105050）填报。第 1 列“账载金额”为表 A105050 第 13 行第 1 列金额。第 2 列“税收金额”为表 A105050 第 13 行第 5 列金额。表 A105050 第 13 行第 6 列，若≥ 0，填入本行第 3 列“调增金额”；若＜ 0，将绝对值填入本行第 4 列“调减金额”。

④第 15 行“（三）业务招待费支出”：第 1 列“账载金额”填报纳税人会计核算计入当期损益的业务招待费金额。第 2 列“税收金额”填报按照税收规定允许税前扣除的业务招待费支出的金额。第 3 列“调增金额”为第 1–2 列金额。

⑤第 16 行“（四）广告费和业务宣传费支出”：根据《广告费和业务宣传费跨年度纳税调整明细表》（A105060）填报。表 A105060 第 12 行，若≥ 0，填入第 3 列“调增金额”；若＜ 0，将绝对值填入第 4 列“调减金额”。

⑥第 17 行“（五）捐赠支出”：根据《捐赠支出及纳税调整明细表》（A105070）填报。第 1 列“账载金额”为表 A105070 第 8 行第 1 列金额。第 2 列“税收金额”为表 A105070 第 8 行第 4 列金额。第 3 列“调增金额”为表 A105070 第 8 行第 5 列金额。第 4 列“调减金额”为表 A105070 第 8 行第 6 列金额。

⑦第 18 行“（六）利息支出”：第 1 列“账载金额”填报纳税人向非金融企业借款，会计核算计入当期损益的利息支出的金额。第 2 列“税收金额”填报按照税收规定允许税前扣除的利息支出的金额。若第 1 列≥第 2 列，将第 1 列减第 2 列余额填入第 3 列“调增金额”；若第 1 列<第 2 列，将第 1 列减第 2 列余额的绝对值填入第 4 列“调减金额”。

⑧第 19 行“（七）罚金、罚款和被没收财物的损失”：第 1 列“账载金额”填报纳税人会计核算计入当期损益的罚金、罚款和被罚没财物的损失，不包括纳税人按照经济合同规定支付的违约金（包括银行罚息）、罚款和诉讼费。第 3 列“调增金额”等于第 1 列金额。

⑨第 20 行“（八）税收滞纳金、加收利息”：第 1 列“账载金额”填报纳税人会计核算计入当期损益的税收滞纳金、加收利息。第 3 列“调增金额”等于第 1 列金额。

⑩第 21 行“（九）赞助支出”：第 1 列“账载金额”填报纳税人会计核算计入当期损益的不符合税收规定的公益性捐赠的赞助支出的金额，包括直接向受赠人的捐赠、赞助支出等（不含广告性的赞助支出，广告性的赞助支出在表 A105060 中调整）。第 3 列“调增金额”等于第 1 列金额。

⑪第 22 行“（十）与未实现融资收益相关在当期确认的财务费用”：第 1 列“账载金额”填报纳税人会计核算的与未实现融资收益相关并在当期确认的财务费用的金额。第 2 列“税收金额”填报按照税收规定允许税前扣除的金额。若第 1 列≥第 2 列，将第 1–2 列余额填入第 3 列“调增金额”；若第 1 列<第 2 列，将第 1–2 列余额的绝对值填入第 4 列“调减金额”。

⑫第 23 行“（十一）佣金和手续费支出”：第 1 列“账载金额”填报纳税人会计核算计入当期损益的佣金和手续费金额。第 2 列“税收金额”填报按照税收规定允许税前扣除的佣金和手续费支出金额。第 3 列“调增金额”为第 1–2 列的余额。

⑬第 24 行“（十二）不征税收入用于支出所形成的费用”：第 3 列“调增金额”填报符合条件的不征税收入用于支出所形成的计入当期损益的费用化支出金额。

⑭第 25 行“其中：专项用途财政性资金用于支出所形成的费用”：根据《专项用途财政性资金纳税调整明细表》（A105040）填报。第 3 列“调增金额”为表 A105040 第 7 行第 11 列金额。

⑮第 26 行“（十三）跨期扣除项目”：填报维简费、安全生产费用、预提费用、预计负债等跨期扣除项目调整情况。第 1 列“账载金额”填报纳税人会计核算计入当期损益的跨期扣除项目金额。第 2 列“税收金额”填报按照税收规定允许税前扣除的金额。若第 1 列≥第 2 列，将第 1–2 列余额填入第 3 列“调增金额”；若第 1 列＜第 2 列，将第 1–2 列余额的绝对值填入第 4 列“调减金额”。

⑯第 27 行“（十四）与取得收入无关的支出”：第 1 列“账载金额”填报纳税人会计核算计入当期损益的与取得收入无关的支出的金额。第 3 列“调增金额”等于第 1 列金额。

⑰第 28 行“（十五）境外所得分摊的共同支出”：第 3 列“调增金额”为《境外所得纳税调整后所得明细表》（A108010）第 10 行第 16+17 列的合计金额。

⑱第 29 行“（十六）党组织工作经费”：填报纳税人根据有关文件规定，为创新基层党建工作、建立稳定的经费保障制度发生的党组织工作经费及纳税调整情况。

⑲第 30 行“（十七）其他”：填报其他因会计处理与税收规定有差异需纳税调整的扣除类项目金额。若第 1 列≥第 2 列，将第 1–2 列余额填入第 3 列“调增金额”；若第 1 列＜第 2 列，将第 1–2 列余额的绝对值填入第 4 列“调减金额”。

（3）资产类调整项目

①第 31 行“三、资产类调整项目”：填报资产类调整项目第 32 行至第 35 行的合计金额。

②第 32 行“（一）资产折旧、摊销”：根据《资产折旧、摊销及纳税调整明细表》（A105080）填报。第 1 列“账载金额”为表 A105080 第 39 行第 2 列金额。第 2 列“税收金额”为表 A105080 第 39 行第 5 列金额。表 A105080 第 39 行第 9 列，若≥ 0，填入本行第 3 列“调增金额”；若＜ 0，将绝对值填入本行第 4 列“调减金额”。

③第 33 行“（二）资产减值准备金”：填报坏账准备、存货跌价准备、理赔费用准备金等不允许税前扣除的各类资产减值准备金纳税调整情况。第 1 列“账载金额”填报纳税人会计核算计入当期损益的资产减值准备金金额（因价值恢复等原因转回的资产减值准备金应予以冲回）。第 1 列，若≥ 0，填入第 3 列“调增金额”；若＜ 0，将绝对值填入第 4 列“调减金额”。

④第 34 行“（三）资产损失”：根据《资产损失税前扣除及纳税调整明细表》（A105090）填报。第 1 列“账载金额”为表 A105090 第 14 行第 1 列金额。第 2 列“税收金额”为表 A105090 第 14 行第 5 列金额。表 A105090 第 14 行第 6 列，若≥ 0，填入本行第 3 列“调增金额”；若＜ 0，将绝对值填入本行第 4 列“调减金额”。

⑤第 35 行“（四）其他”：填报其他因会计处理与税收规定有差异需纳税调整的资产类项目金额。若第 1 列≥第 2 列，将第 1–2 列余额填入第 3 列“调增金额”；若第 1 列＜第 2 列，将第 1–2 列余额的绝对值填入第 4 列“调减金额”。

（4）特殊事项调整项目

①第 36 行“四、特殊事项调整项目”：填报特殊事项调整项目第 37 行至第 42 行的合计金额。

②第 37 行“（一）企业重组及递延纳税事项”：根据《企业重组及递延纳税事项纳税调整明细表》（A105100）填报。第 1 列“账载金额”为表 A105100 第 16 行第 1+4 列金额。第 2 列“税收金额”为表 A105100 第 16 行第 2+5 列金额。表 A105100 第 16 行第 7 列，若≥ 0，填入本行第 3 列“调增金额”；若＜ 0，将绝对值填入本行第 4 列“调减金额”。

③第 38 行“（二）政策性搬迁”：根据《政策性搬迁纳税调整明细表》（A105110）填报。表 A105110 第 24 行，若≥ 0，填入本行第 3 列“调增金额”；若＜ 0，将绝对值填入本行第 4 列“调减金额”。

④第 39 行“（三）特殊行业准备金”：根据《特殊行业准备金及纳税调整明细表》（A105120）填报。第 1 列“账载金额”为表 A105120 第 43 行第 1 列金额。第 2 列“税收金额”为表 A105120 第 43 行第 2 列金额。表 A105120 第 43 行第 3 列，若≥ 0，填入本行第 3 列“调增金额”；若＜ 0，将绝对值填入本行第 4 列“调减金额”。

⑤第 40 行“（四）房地产开发企业特定业务计算的纳税调整额”：根据《视同销售和房地产开发企业特定业务纳税调整明细表》（A105010）填报。第 2 列“税收金额”为表 A105010 第 21 行第 1 列金额。表 A105010 第 21 行第 2 列，若≥ 0，填入本行第 3 列“调增金额”；若＜ 0，将绝对值填入本行第 4 列“调减金额”。

⑥第 41 行“（五）有限合伙企业法人合伙方分得的应纳税所得额”：第 1 列“账载金额”填报有限合伙企业法人合伙方本年会计核算上确认的对有限合伙企业的投资所得；第 2 列“税收金额”填报纳税人按照“先分后税”原则和《财政部　国家税务总局关于合伙企业合伙人所得税问题的通知》（财税〔2008〕159 号）文件第四条规定计算的从合伙企业分得的法人合伙方应纳税所得额；若第 1 列≤第 2 列，将第 2–1 列余额填入第 3 列“调增金额”，若第 1 列＞第 2 列，将第 2–1 列余额的绝对值填入第 4 列“调减金额”。

⑦第 42 行“（六）其他”：填报其他因会计处理与税收规定有差异需纳税调整的特殊事项金额。

（5）特殊纳税调整所得项目

第 43 行“五、特别纳税调整应税所得”：第 3 列“调增金额”填报纳税人按特别纳税调整规定自行调增的当年应税所得。第 4 列“调减金额”填报纳税人依据双边预约定价安排或者转让定价相应调整磋商结果的通知，需要调减的当年应税所得。

（6）其他

①第 44 行“六、其他”：其他会计处理与税收规定存在差异需纳税调整的项目金额。

②第 45 行“合计”：填报第 1+12+31+36+43+44 行的合计金额。

2. 表内、表间关系

（1）表内关系

①第 1 行＝第 2+3+4+5+6+7+8+10+11 行。

②第 12 行＝第 13+14+…+23+24+26+27+28+29+30 行。

③第 31 行＝第 32+33+34+35 行。

④第 36 行＝第 37+38+39+40+41+42 行。

⑤第 45 行＝第 1+12+31+36+43+44 行。

（2）表间关系

①第 2 行第 2 列＝表 A105010 第 1 行第 1 列；第 2 行第 3 列＝表 A105010 第 1 行第 2 列。

②第 3 行第 1 列＝表 A105020 第 14 行第 2 列；第 3 行第 2 列＝表 A105020 第 14 行第 4 列；若表 A105020 第 14 行第 6 列≥0，第 3 行第 3 列＝表 A105020 第 14 行第 6 列；若表 A105020 第 14 行第 6 列＜0，第 3 行第 3 列＝表 A105020 第 14 行第 6 列的绝对值。

③第 4 行第 1 列＝表 A105030 第 10 行第 1+8 列；第 4 行第 2 列＝表 A105030 第 10 行第 2+9 列；若表 A105030 第 10 行第 11 列≥0，第 4 行第 3 列＝表 A105030 第 10 行第 11 列；若表 A105030 第 10 行第 11 列＜0，第 4 行第 4 列＝表 A105030 第 10 行第 11 列的绝对值。

④第 9 行第 3 列＝表 A105040 第 7 行第 14 列；第 9 行第 4 列＝表 A105040 第 7 行第 4 列。

⑤第 13 行第 2 列＝表 A105010 第 11 行第 1 列；第 13 行第 4 列＝表 A105010 第 11 行第 2 列的绝对值。

⑥第 14 行第 1 列＝表 A105050 第 13 行第 1 列；第 14 行第 2 列＝表 A105050 第 13 行第 5 列；若表 A105050 第 13 行第 6 列≥0，第 14 行第 3 列＝表 A105050 第 13 行第 6 列；若表 A105050 第 13 行第 6 列＜0，第 14 行第 4 列＝表 A105050 第 13 行第 6 列的绝对值。

⑦若表 A105060 第 12 行≥0，第 16 行第 3 列＝表 A105060 第 12 行，若表 A105060 第 12 行＜0，第 16 行第 4 列＝表 A105060 第 12 行的绝对值。

⑧第 17 行第 1 列＝表 A105070 第 8 行第 1 列；第 17 行第 2 列＝表 A105070 第 8 行第 4 列；第 17 行第 3 列＝表 A105070 第 8 行第 5 列；第 17 行第 4 列＝表 A105070 第 8 行第 6 列。

⑨第 25 行第 3 列＝表 A105040 第 7 行第 11 列。

⑩第 28 行第 3 列＝表 A108010 第 10 行第 16+17 列。

⑪第 32 行第 1 列＝表 A105080 第 39 行第 2 列；第 32 行第 2 列＝表 A105080 第 39 行第 5 列；若表 A105080 第 39 行第 9 列≥ 0，第 32 行第 3 列＝表 A105080 第 39 行第 9 列，若表 A105080 第 39 行第 9 列＜ 0，第 32 行第 4 列＝表 A105080 第 39 行第 9 列的绝对值。

⑫第 34 行第 1 列＝表 A105090 第 14 行第 1 列；第 34 行第 2 列＝表 A105090 第 14 行第 5 列；若表 A105090 第 14 行第 6 列≥ 0，第 34 行第 3 列＝表 A105090 第 14 行第 6 列，若表 A105090 第 14 行第 6 列＜ 0，第 34 行第 4 列＝表 A105090 第 14 行第 6 列的绝对值。

⑬第 37 行第 1 列＝表 A105100 第 16 行第 1+4 列；第 37 行第 2 列＝表 A105100 第 16 行第 2+5 列；若表 A105100 第 16 行第 7 列≥ 0，第 37 行第 3 列＝表 A105100 第 16 行第 7 列，若表 A105100 第 16 行第 7 列＜ 0，第 37 行第 4 列＝表 A105100 第 16 行第 7 列的绝对值。

⑭若表 A105110 第 24 行≥ 0，第 38 行第 3 列＝表 A105110 第 24 行，若表 A105110 第 24 行＜ 0，第 38 行第 4 列＝表 A105110 第 24 行的绝对值。

⑮第 39 行第 1 列＝表 A105120 第 43 行第 1 列；第 39 行第 2 列＝表 A105120 第 43 行第 2 列；若表 A105120 第 43 行第 3 列≥ 0，第 39 行第 3 列＝表 A105120 第 43 行第 3 列，若表 A105120 第 43 行第 3 列＜ 0，第 39 行第 4 列＝表 A105120 第 43 行第 3 列的绝对值。

⑯第 40 行第 2 列＝表 A105010 第 21 行第 1 列；若表 A105010 第 21 行第 2 列≥ 0，第 40 行第 3 列＝表 A105010 第 21 行第 1 列，若表 A105010 第 21 行第 2 列＜ 0，第 40 行第 4 列＝表 A105010 第 21 行第 1 列的绝对值。

⑰第 45 行第 3 列＝表 A100000 第 15 行；第 45 行第 4 列＝表 A100000 第 16 行。

（三）填报举例

【例 5-26】《纳税调整项目明细表》（A105000）的取数来自两方面，一部分来自 12 张二级附表，例如，收入类的第 2 行（一）视同销售收入（A105010），第 3 行（二）未按权责发生制确认的收入（A105020）等等。

另一方面来自企业账面数计算分析取得，例如，收入类的第 5 行（四）按权益法核算长期股权投资对初始投资成本确认的收益等等。

《纳税调整项目明细表》（A105000）的编写重点来自企业账面数的计算分析取得，并进行纳税调整，来自二级附表有关填报举例，本章的前几节已有相似的内容举例。

1. 本表第 5 行（四）按权益法核算长期股权投资对初始投资成本调整确认收益

资料：甲公司投资乙公司股权比例为 40%，2018 年乙公司实现净收益为 1000 万元，甲公司应享的份额 =1000×40%=400 万元。

账务处理（单位：万元）：

借：长期股权投资—损益调整　　400

　　贷：投资收益　　400

税务处理：

在A105000表第5行（四）第4列，纳税调减400万元。

2. 本表第6行（五）交易性金融资产初始投资调整

资料：甲公司购进股票1000股，每股5元，交易费用100元，已付讫。

账务处理（单位：元）：

借：交易性金融资产—成本　　5000

　　投资收益　　100

　　贷：其他货币资金—存出投资款　　5100

税务处理：

在A105000表第6行（五）第3列，纳税调增100元。

3. 本表第7行（六）公允价值变动净损益

资料：甲公司购买股票初始成本为5000元，资产负债表日公允价值为6000元。

账务处理（单位：元）：

借：交易性金融资产—公允价值变动　　1000

　　贷：公允价值变动损益　　1000

税务处理：

在A105000表第7行（六）第4列，纳税调减1000元。

4. 本表第8行（七）不征税收入

资料：甲公司收到财政拨款100万元，存入银行

账务处理（单位：万元）：

借：银行存款　　100

　　贷：递延收益　　100

税务处理：

因为递延收益属于负债类账户，不属于税收调整范围。

5. 本表第10行（八）销售折扣、折让和退回

资料：甲公司欠乙公司货款100万元，10天以内还款，现金折扣优惠1%。

账务处理（单位：万元）：

借：银行存款　　99

　　财务费用　　1

　　贷：应收账款—甲公司　　100

税务处理：

不做纳税调整，一般情况销售折让、折扣和退回不涉及纳税调整问题，但是现金折扣不做纳税调整，因为当时销售收入入账是100万元，后来现金折扣1万元，本质上是减少销售收入1万元。企业实际收到货款99万元，也属于税务应确认的收入。

6. 本表第15行（三）业务招待费支出

资料：甲公司2018年营业收入为500万元，发生业务招待费30万元。

账务处理（单位：万元）：

借：管理费用—业务招待费　　30

　　贷：银行存款　　30

税务处理：

（1）500×0.5%=25万元

（2）30×60%=18万元

（3）在A105000表第15行（三）第3列，纳税调增=30−min{25,18}=12万元。

7. 本表第18行（六）利息支出

资料：A公司投资B公司控股100%，投资额为100万元，乙公司因为拓展业务向甲公司借款30万元，借款合同利率7%，银行同期借款利率6%，借款期间2018年1月1日至2018年12月31日。

账务处理（单位：万元）：

借：财务费用　　2.1

　　贷：银行存款等　　2.1

税务处理：

B公司2018年有关股东借款利息特别纳税调增金额，计算如下：

（1）允许税前扣除的利息=30万元×6%=1.8万元

（2）实际发生借款利息=30万元×7%=2.1万元

（3）特别纳税借款利息调增=2.1万元−1.8万元=0.3万元

在A105000表第18行（六）第3列，纳税调增0.3万元。

8. 本表第19行（七）罚金、罚款和被没收财物的损失、第20行（八）税收滞纳金和加收利息以及第21行（九）赞助支出。

按照企业会计准则，以上会计业务作为营业外支出处理，税务应该全部作为纳税调增。

9. 本表第22行（十）与未实现融资收益相关在当期确认的财务费用

资料：

出租方：B公司　　承租方：A公司

标的物：程控生产线，2018年1月1日，公允价值260万元

租赁期：36个月（2018.1.1-2020.12.31）

租金支付每年末支付100万元，三年300万元，租赁合同规定利率为8%。

A公司采用实际利率法确定本期分摊的未确认融资费用，利率8%，期限3年，年金现值系数为2.5771，发生的初始费用1万元。

账务处理（单位：万元）：

（1）编制租赁开始日承租方的会计分录

借：固定资产—融资租入固定资产　　258.71（100×2.5771+1）

　　未确认融资费用　　42.29

　　贷：长期应付款—B公司　　300

　　　　银行存款　　1

（2）编制2018年12月31日未确认融资费用摊销的会计分录

借：财务费用　　20.6168（100×2.5771×8%）

　　贷：未确认融资费用　　20.6168

税务处理：

利息费用20.6168万元应作为纳税调增处理，在A105000表第22行（十）第3列，纳税调增20.6168万元。

10. 本表第23行（十一）佣金和手续费支出

非金融保险企业：按与具有合法经营资格中介服务机构或个人所签订服务协议或合同确认的收入金额的5%计算限额，超过部分进行纳税调增。

11. 本表第24行（十二）不征税收入用于支出形成的费用

因为不征税收入不征收企业所得税，相应的支出不得税前扣除，应全额调增。

12. 本表第26行（十三）跨期扣除项目

一些特殊的行业企业按照国家规定预提的行业企业特殊保障性费用（如煤炭行业的维检费、高危行业企业安全生产费）等，会计准则或会计制度规定该类费用可以计入相关产品的成本或当期损益，但企业所得税相关法规规定该类预提费用在“实际发生”时才能税前扣除，从而需要纳税调整。

13. 本表第27行（十四）与取得收入无关的支出

与取得收入无关的支出，根据配比原则，企业所得税法规定不允许税前扣除。因此全额调增。

14. 本表第28行（十五）境外所得分摊的共同支出

应根据A108010表，第10行第16+17列的合计金额填列，纳税调增。

15. 本表第 29 行（十六）党组织工作经费

党组织工作经费，实际支出不超过年度职工工资薪金总额 1% 的部分，可以据实在企业所得税税前扣除。超过部分，纳税调增。

16. 本表第 33 行（二）资产减值准备金

资料：甲公司原材料账面价值 100 万元，根据市场调研，同类同数量原材料已跌至 90 万元。

账务处理（单位：万元）：

借：资产减值准备　　10

　　贷：存货跌价准备　　10

税务处理：

存货只有真正处置时，确认损益，计提的资产减值准备全额调增，在 A105000 表第 33 行（二）第 3 列，纳税调增 10 万元。

17. 本表第 41 行（五）有限合伙法人合伙方应分得的应纳税所得额

资料：A 有限责任公司投资 B 合伙企业，该合伙企业按照相关规定计算 2018 年度应纳税所得额 800 万元，按照合伙协议约定 A 有限责任公司的分配比例 40%

账务处理（单位：万元）：

借：利润分配—分配股东股利　　320

　　贷：应付股利—A 公司　　320

税务处理：

①若该合伙企业 2018 年度没有进行相关利润分配，第 1 列“账载金额”填 0 万元，第 2 列“税收金额”填 320 万元，因第 1 列≤第 2 列，将第 2−1 列余额填入第 3 列“调增金额”，即 320 万元（320−0）；

②若该合伙企业 2018 年度进行相关利润分配，按照合伙协议约定 A 有限责任公司取得分配利润额 200 万元，第 1 列“账载金额”填 200 万元，第 2 列“税收金额”填 320 万元，因第 1 列≤第 2 列，将第 2−1 列余额填入第 3 列“调增金额”，即 120 万元（320−200）；

③若该合伙企业 2018 年度进行相关利润分配，按照合伙协议约定 A 有限责任公司取得分配利润额 400 万元，第 1 列“账载金额”填 400 万元，第 2 列“税收金额”填 320 万元，因第 1 列＞第 2 列，将第 2−1 列余额的绝对值填入第 4 列“调减金额”，即 80 万元（400−320）。

第六章

企业所得税弥补亏损明细表的填报

第一节　亏损明细表的结构和相关政策

一、弥补亏损明细表的结构

列标：除“行次”“项目”外，分为11列标，第2列标是“可弥补亏损所得”取数为A100000第19行“纳税调整的所得”减去第20行“所得减免”后的余值；第3列标，“合并分立转入（转出）可弥补的亏损额”，转入亏损以“–”号表示，转出亏损以正数表示，第4列“当年可弥补的亏损额”，当第2列小于零时，本项等于第2+3列，否则本项等于第3列（亏损以“–”号表示），列标5、6、7、8列为“以前年度已弥补额”，填报以前年度盈利已弥补金额，列标的年份与行号的年份相对应，列标10“本年度实际弥补的以前年度亏损额”只有当年度盈利时才可以弥补以前年度亏损，若年度亏损只有下年盈利才可弥补亏损，第11列可结转以后年度弥补的亏损额，当年盈利没有弥补完只有用以后年度弥补；第7行，填报11列第2行至第6行的合计全额。

二、弥补亏损的相关规定

（一）企业所得税法亏损的规定

《企业所得税法》规定的亏损，是指企业依照规定将每一纳税年度的收入总额减除不征税收入、免税收入和各项扣除后小于零的数额。

（二）年度汇算清缴关于当年可弥补亏损额的认定

按照《中华人民共和国企业所得税年度纳税申报表（A类）》（A100000）第19行“纳税调整后所得”小于零的数额与企业合并、分立转入（转出）亏损额之和确认为当年可弥补亏损额。

（三）关于弥补亏损相关税收政策

1. 企业年度发生的亏损，准予向以后年度结转，用以后年度的所得弥补，但结转年限最长不得超过 5 年；自 2018 年 1 月 1 日起，将高新技术企业和科技型中小企业亏损结转年限由 5 年延长至 10 年。

2. 企业在汇总计算缴纳企业所得税时，其境外营业机构的亏损不得抵减境内营业机构的盈利，但境外营业机构的应税所得可弥补境内亏损。

3. 税务机关对企业以前年度纳税情况进行检查时调增的应纳税所得额，凡企业以前年度发生亏损且该亏损属于《企业所得税法》规定允许弥补的，应允许调增的应纳税所得额弥补该亏损。弥补该亏损后仍有余额的，按照《企业所得税法》规定计算缴纳企业所得税。

4. 根据《企业所得税法实施条例》规定，企业亏损仍可加计扣除和抵扣应纳税所得。企业的研究开发费用和安置残疾人员及国家鼓励安置的其他就业人员所支付的工资等符合国家加计扣除规定的，可以计算应纳税所得额时加计扣除。

5. 企业自开始生产经营的年度，为开始计算企业损益的年度。企业从事生产经营之前进行筹办活动期间发生筹办费用支出，不得计算为当期的亏损。

6. 企业实际资产损失发生年度扣除追补确认的损失后出现亏损的，应先调整资产损失发生年度的亏损额，再按弥补亏损的原则计算以后年度多缴的企业所得税税额。追补确认期限一般不得超过 5 年。

7. 企业发生重组——企业合并（分立）业务，采用一般性税务处理的，被合并的亏损不得在合并企业结转弥补。企业分立，相关企业的亏损不得相互结转弥补；采用特殊性税务处理的，企业合并业务，每年可由合并企业弥补的被合并企业亏损的限额 = 被合并企业净资产公允价值 × 截至合并业务发生当年年末国家发行的最长期限的国债利率。企业分立，被分立企业未超过法定弥补期限的亏损额可按分立资产占全部资产的比例进行分配，由分立企业继续弥补。

8. 企业计算清算所得时，允许依法弥补亏损。

（四）弥补亏损的方法

企业发生亏损时，会计上弥补亏损主要有以下 3 条渠道：

1. 用以后年度税前利润弥补

2. 用以后年度税后利润弥补

3. 盈余公积弥补亏损

《企业所得税法》所称弥补亏损仅指税前所得弥补的情形。

第二节　亏损明细表填报指南

一、A106000 企业所得税亏损明细表

（一）根据国家税务总局 2017 年第 54 号公告，表式如下：

表 6-1　企业所得税弥补亏损明细表（A106000）

行次	项目	年度	可弥补亏损所得	合并、分立转入（转出）可弥补的亏损额	当年可弥补的亏损额	以前年度亏损已弥补额					本年度实际弥补的以前年度亏损额	可结转以后年度弥补的亏损额
						前四年度	前三年度	前二年度	前一年度	合计		
		1	2	3	4	5	6	7	8	9	10	11
1	前五年度	年度										*
2	前四年度	年度				*						
3	前三年度	年度				*	*					
4	前二年度	年度				*	*	*				
5	前一年度	年度				*	*	*	*	*		
6	本年度	年度				*	*	*	*	*		
7	可结转以后年度弥补的亏损额合计											

（二）根据国家税务总局 2017 年第 54 号公告，填报说明如下：

1. 有关项目填报说明

（1）第 1 列“年度”：填报公历年度。纳税人应首先填报第 6 行本年度，再依次从第 5 行往第 1 行倒推填报以前年度。纳税人发生政策性搬迁事项，如停止生产经营活动年度可以从法定亏损结转弥补年限中减除，则按可弥补亏损年度进行填报。

（2）第 2 列“可弥补亏损所得”：第 6 行填报表 A100000 第 19 行“纳税调整后所得”减去第 20 行“所得减免”后的值。

第 1 行至第 5 行填报以前年度主表第 23 行（2013 纳税年度前）或以前年度 A106000 第 2 列第 6 行的金额（亏损额以“-”号表示）。发生查补以前年度应纳税所得额、追补以前年度未能税前扣除的实际资产损失等情况的，该行需按修改后的“纳税调整后所得”金额进行填报。

（3）第 3 列“合并、分立转入（转出）可弥补亏损额”：填报按照企业重组特殊性税务处理规定因企业被合并、分立而允许转入可弥补亏损额，以及因企业分立转出

的可弥补亏损额（转入亏损以"-"号表示，转出亏损以正数表示）。合并、分立转入（转出）可弥补亏损额按亏损所属年度填报。

（4）第4列"当年可弥补的亏损额"：当第2列小于零时，本项等于第2+3列；否则，本项等于第3列（亏损以"-"号表示）。

（5）"以前年度亏损已弥补额"：填报以前年度盈利已弥补金额，其中：前四年度、前三年度、前二年度、前一年度与"项目"列中的前四年度、前三年度、前二年度、前一年度相对应。

（6）第10列"本年度实际弥补的以前年度亏损额"

①第1行至第5行：填报本年度盈利时，用第6行第2列本年度"可弥补亏损所得"依次弥补前5个年度尚未弥补完的亏损额。

②第6行：金额等于第10列第1行至第5行的合计金额，该数据填入本年度表A100000第21行。

（7）第11列"可结转以后年度弥补的亏损额"

①第2行至第6行：填报本年度前4个年度尚未弥补完的亏损额，以及本年度的亏损额。若纳税人有境外所得且选择用境外所得弥补以前年度境内亏损，填报用境外所得弥补本年度前4个年度境内亏损后尚未弥补完的亏损额。

②第7行：填报第11列第2行至第6行的合计金额。

2.表内、表间关系

（1）表内关系

①若第2列＜0，第4列＝第2+3列，否则第4列＝第3列。

②若第3列＞0且第2列＜0，第3列＜第2列的绝对值。

③第9列＝第5+6+7+8列。

④若第2列第6行＞0，第10列第1行至第5行同一行次≤第4列第1行至第5行同一行次的绝对值－第9列第1行至第5行同一行次；若第2列第6行≤0，第10列第1行至第5行＝0。

⑤若第2列第6行＞0，第10列第6行＝第10列第1+2+3+4+5行且≤第2列第6行；若第2列第6行≤0，第10列第6行＝0。

⑥第4列为负数的行次，第11列同一行次＝第4列该行的绝对值－第9列该行－第10列该行（若纳税人选择用境外所得弥补以前年度境内亏损，不适用上述规则）；否则，第11列同一行次＝0。

⑦第11列第7行＝第11列第2+3+4+5+6行。

（2）表间关系

①第6行第2列＝表A100000第19–20行。

②第6行第10列＝表A100000第21行。

（三）填表举例

【例 6-1】资料：甲公司 2018 年会计利润 38 万元，企业所得税主表第 19 行纳税调整后所得为 40 万元，甲公司不享受所得减免，2013 年至 2017 年企业所得税申报表的主表分别为 −50 万元、−5 万元、−20 万元、18 万元、20 万元。该企业 2013 年之前无亏损，甲公司 2016 年合并乙企业，经计算可由合并企业弥补的被合并企业亏损的限额为 8 万元（该项企业合并，符合财税〔2009〕59 号文件规定的特殊重组的条件），2017 年被税务机关查增应纳税所得额 6 万元。

【填报要点】1. 在申报时，税务机关对以前年度纳税情况进行检查时调增的应纳税所得额，凡企业以前年度发生亏损、且该亏损属于《企业所得税法》规定允许弥补的，应允许调增的应纳税所得额弥补该亏损。需要注意的是，只能用查补的应纳税所得额弥补以前年度亏损，不能弥补以后年度亏损。

2. 根据财税〔2009〕59 号文件规定，适用一般性税务处理的合并（分立），被合并（分立）企业的亏损不得在合并（分立）企业结转弥补。

适用特殊性税务处理的合并，重点在于可由合并企业弥补的被合并企业亏损的限额及年限的确定。财税〔2009〕59 号文件规定，适用特殊性处理规定的合并（分立）企业可以继续弥补合并（分立）企业未超过法定弥补期限的亏损额 = 被合并企业净资产公允价值 × 截至合并业务发生当年年末国家发行的最长期限的国债利率。因企业分立而转出的亏损额，被分立企业不得再弥补。

表 6-2　企业所得税弥补亏损明细表（A106000）

单位：万元

行次	项目	年度	可弥补亏损所得	合并、分立转入（转出）可弥补的亏损额	当年可弥补的亏损额	以前年度亏损已弥补额					本年度实际弥补的以前年度亏损额	可结转以后年度弥补的亏损额
						前四年度	前三年度	前二年度	前一年度	合计		
		1	2	3	4	5	6	7	8	9	10	11
1	前五年度	2013 年度	-50		-50	0	0	18	26	44	6	*
2	前四年度	2014 年度	-5		-5	*	0	0	0	0	5	0
3	前三年度	2015 年度	-20		-20	*	*	0	0	0	20	0
4	前二年度	2016 年度	18	-8	-8	*	*	*	0	0	8	0
5	前一年度	2017 年度	26		0	*	*	*	*	*	0	0
6	本年度	2018 年度	40		0	*	*	*	*	*	39	0
7	可结转以后年度弥补的亏损额合计											0

注：2017 年度当年盈利 20 万元，税务检查调增 6 万元，共计 26 万元。

三、填表注意事项

在表 A106000 第 2 列第 6 行“可弥补亏损所得”不是直接引用主表（A100000）的“纳税调整后所得”金额，而是一个计算数值，即主表（A100000）中第 19 行（纳税调整后所得）减第 20 行（所得减免），这是弥补亏损明细表变化最大的地方，也是需重点学习理解的地方。

在具体填报中，可以将上述计算关系分解为以下几个步骤：

（一）判断主表第 19 行（纳税调整后所得）是否大于零。如果≤ 0，则本表第 2 列第 6 行等于主表第 19 行，本年无法弥补以前年度亏损。如果＞ 0，进入第二步。

此步骤说明，如果纳税调整后所得是亏损的，则不需要进行下面的计算，直接将纳税调整后所得金额代入弥补亏损表，结转以后年度弥补。

（二）主表第 19 行（纳税调整后所得）—主表第 20 行（所得减免），如果结果 =0，则本表第 2 列第 6 行 =0，本年无法弥补以前年度亏损；如果结果＞ 0，则进入第三步；如果结果＜ 0，请检查主表是否填报有误。

纳税调整后所得减去所得减免，由 20 但最多减到零为止，新 A107020 表优惠金额代入主表时经过判断的，不可能出现第 19 行＞ 0 时，因所得减免优惠为亏损的情况。

（三）主表第 19 行（纳税调整后所得）—主表第 20 行（所得减免），计算结果等于本表第 2 列第 6 行。

第七章

税收优惠明细表的填报

第一节　税收优惠的类型和报表体系

一、税收优惠的类型

（一）免税收入

免税收入是指属于企业的应税所得但按照税法规定免予征收企业所得税的收入。《中华人民共和国企业所得税法》所称的免税收入包括：（1）国债利息收入；（2）符合条件的居民企业之间的股息、红利等权益性投资收益；（3）在中国境内设立机构、场所的非居民企业从居民企业取得与该机构、场所有实际联系的股息、红利等权益性投资收益；（4）符合条件的非营利组织的收入。

（二）减计收入

减计收入是指按照税法规定准予对企业某些经营活动取得的应税收入，按一定比例减少计入收入总额，进而减少应纳税所得额的一种税收优惠措施。目前，国家规定减计收入项目主要有：（1）综合利用资源生产产品取得的收入；（2）金融、保险等机构取得的涉农利息、保费收入；（3）小额贷款公司取得的农户小额贷款利息收入。

例如，企业经营某一项目的收入 100 万元，对此收入可以减按 90% 即 90 万元计入其应税收入，而这一项目的成本费用为 95 万元，则企业在这一项目的应税所得为 –5 万元，由于企业的应纳税所得额是综合计算的，因此这 –5 万元可用来抵减企业在其他项目上的应税所得，从而不仅相当于对这一项目免税，还免掉了一部分其他项目应缴的所得税，企业从这一项目得到的收入越多，最终得到的优惠力度就越大。

（三）加计扣除

加计扣除是指按照税法规定在实际发生数额的基础上，再加成一定比例，作为计算应纳税所得额时扣除数额的一种税收优惠措施。

例如，假定税法规定研究开发费用可实行 75% 加计扣除政策，那么如果企业当年开发新产品研发费用实际支出为 100 万元，就可按 175 万元（100×175%）的数额在税前进行扣除，以体现鼓励研发政策。目前，国家规定的加计扣除项目有：（1）开发新技术、新产品、新工艺发生的研究开发费用；（2）科技型中小企业开发新技术、新产品、新工艺发生的开发费用；（3）企业为获得创新性、创意性、突破性的产品进行创新设计活动而发生的相关费用；（4）安置残疾人员所支付的工资。

（四）所得减免

国家为了扶持某些特定地区、行业、企业和业务的发展，或者对某些具有实际困难的纳税人给予照顾，在税法中作出某些特殊规定，如免除其应缴纳的全部或者部分税款，或者按照其缴纳税款的一定比例给予返还等，从而减轻其税收负担。所得税优惠的项目主要有：（1）农、林、牧、渔业项目；（2）国家重点扶持的公共基础设施项目；（3）符合条件的环境保护、节能节水项目；（4）符合条件的技术转让项目；（5）实施清洁机制发展项目；（6）符合条件的节能服务公司实施合同能源管理项目；（7）其他。例如，企业种植花卉所得 8 万元，该所得享受减半征收优惠。

（五）创业投资企业抵扣应纳税所得额

这是对创业投资企业实行以企业投资额的一定比例抵扣应纳税所得额的办法，属于间接优惠，便于有效控制税收减免额度。

例如，A 创业投资有限责任公司属于创业投资企业，2017 年 1 月以 1000 万元向甲中小企业进行股权直接投资，但甲中小企业直到 2017 年 8 月才被认定为高新技术企业，同时在 2018 年又超过中小企业标准，且仍属于高新技术企业。在这种情况下，该创业投资企业股权投资的 70% 即 700 万元，仍可在 2019 年抵扣当年的应纳税所得额。

（六）减免所得税额

这是指符合条件的小型微利企业，减按 20% 的税率征收企业所得税；国家需要重点扶持的高新技术企业，减按 15% 的税率征收企业所得税；民族自治地方的自治机关对本民族自治地方的企业应缴纳的企业所得税中属于地方分享的部分，可以决定减征或者免征。自治州、自治县决定减征或者免征的，须报省、自治区、直辖市人民政府批准。

例如，A 企业 2018 年应纳税所得额 60 万元，其所得减按 50% 计入应纳税所得额，按 20% 的税率缴纳企业所得税。

（七）专用设备投资额抵免所得税额

这是指企业购置并实际使用《环境保护专用设备企业所得税优惠目录》《节能节水专用设备企业所得税优惠目录》和《安全生产专用设备企业所得税优惠目录》规定的环境保护、节能节水、安全生产等专用设备的，该专用设备投资额的 10% 可以从企业当年的应纳税额中抵免；当年不足抵免的，可以在以后5个纳税年度结转抵免。

（八）加速折旧或摊销等方式

企业的固定资产由于技术进步等原因，确需加速折旧的，可以缩短折旧年限或者采取加速折旧的方法。

二、报表体系

（一）二级附表5张

1. A107010 免税、减计收入及加计扣除优惠明细表
2. A107020 所得减免优惠明细表
3. A107030 抵扣应纳税所得额明细表
4. A107040 减免所得优惠明细表
5. A107050 税额抵免优惠明细表

（二）三级附表4张

1. A107011 符合条件的居民企业之间股息、红利等权益性投资收益优惠明细表
2. A107012 研发费用加计扣除优惠明细表
3. A107041 高新技术企业优惠情况及明细表
4. A107042 软件、集成电路企业优惠情况明细表

第二节　二级附表填报指南

一、A107010 免税、减计收入及加计扣除优惠明细表

（一）根据国家税务总局2017年第54号公告，表式如下：

表7–1　免税、减计收入及加计扣除优惠明细表（A107010）

行次	项　目	金　额
1	一、免税收入（2+3+6+7+…+16）	
2	（一）国债利息收入免征企业所得税	
3	（二）符合条件的居民企业之间的股息、红利等权益性投资收益免征企业所得税（填写A107011）	
4	其中：内地居民企业通过沪港通投资且连续持有H股满12个月取得的股息红利所得免征企业所得税（填写A107011）	

续表

行次	项 目	金 额
5	内地居民企业通过深港通投资且连续持有 H 股满 12 个月取得的股息红利所得免征企业所得税（填写 A107011）	
6	（三）符合条件的非营利组织的收入免征企业所得税	
7	（四）符合条件的非营利组织（科技企业孵化器）的收入免征企业所得税	
8	（五）符合条件的非营利组织（国家大学科技园）的收入免征企业所得税	
9	（六）中国清洁发展机制基金取得的收入免征企业所得税	
10	（七）投资者从证券投资基金分配中取得的收入免征企业所得税	
11	（八）取得的地方政府债券利息收入免征企业所得税	
12	（九）中国保险保障基金有限责任公司取得的保险保障基金等收入免征企业所得税	
13	（十）中央电视台的广告费和有线电视费收入免征企业所得税	
14	（十一）中国奥委会取得北京冬奥组委支付的收入免征企业所得税	
15	（十二）中国残奥委会取得北京冬奥组委分期支付的收入免征企业所得税	
16	（十三）其他	
17	二、减计收入（18+19+23+24）	
18	（一）综合利用资源生产产品取得的收入在计算应纳税所得额时减计收入	
19	（二）金融、保险等机构取得的涉农利息、保费减计收入（20+21+22）	
20	1. 金融机构取得的涉农贷款利息收入在计算应纳税所得额时减计收入	
21	2. 保险机构取得的涉农保费收入在计算应纳税所得额时减计收入	
22	3. 小额贷款公司取得的农户小额贷款利息收入在计算应纳税所得额时减计收入	
23	（三）取得铁路债券利息收入减半征收企业所得税	
24	（四）其他	
25	三、加计扣除（26+27+28+29+30）	
26	（一）开发新技术、新产品、新工艺发生的研究开发费用加计扣除（填写 A107012）	
27	（二）科技型中小企业开发新技术、新产品、新工艺发生的研究开发费用加计扣除（填写 A107012）	
28	（三）企业为获得创新性、创意性、突破性的产品进行创意设计活动而发生的相关费用加计扣除	
29	（四）安置残疾人员所支付的工资加计扣除	
30	（五）其他	
31	合计（1+17+25）	

（二）根据国家税务总局 2017 年第 54 号公告，填报说明如下：

本表适用于享受免税收入、减计收入和加计扣除优惠的纳税人填报。纳税人根据税法及相关税收政策规定，填报本年发生的免税收入、减计收入和加计扣除优惠情况。

1. 有关项目填报说明

（1）第 1 行“一、免税收入”：填报第 2+3+6+7…+16 行的合计金额。

（2）第 2 行“（一）国债利息收入免征企业所得税”：填报纳税人根据《国家税务总局关于企业国债投资业务企业所得税处理问题的公告》（国家税务总局公告 2011 年第 36 号）等相关税收政策规定的，持有国务院财政部门发行的国债取得的利息收入。

（3）第 3 行“（二）符合条件的居民企业之间的股息、红利等权益性投资收益免征企业所得税”：填报《符合条件的居民企业之间的股息、红利等权益性投资收益明细表》（A107011）第 8 行第 17 列金额。

（4）第 4 行“其中：内地居民企业通过沪港通投资且连续持有 H 股满 12 个月取得的股息红利所得免征企业所得税”：填报根据《财政部　国家税务总局　证监会关于沪港股票市场交易互联互通机制试点有关税收政策的通知》（财税〔2014〕81 号）等相关税收政策规定的，内地居民企业连续持有 H 股满 12 个月取得的股息红利所得。本行＝表 A107011 第 9 行第 17 列。

（5）第 5 行“内地居民企业通过深港通投资且连续持有 H 股满 12 个月取得的股息红利所得免征企业所得税”：填报根据《财政部　国家税务总局　证监会关于深港股票市场交易互联互通机制试点有关税收政策的通知》（财税〔2016〕127 号）等相关税收政策规定的，内地居民企业连续持有 H 股满 12 个月取得的股息红利所得。本行＝表 A107011 第 10 行第 17 列。

（6）第 9 行“（六）中国清洁发展机制基金取得的收入免征企业所得税”：填报纳税人根据《财政部　国家税务总局关于中国清洁发展机制基金及清洁发展机制项目实施企业有关企业所得税政策问题的通知》（财税〔2009〕30 号）等相关税收政策规定的，中国清洁发展机制基金取得的 CDM 项目温室气体减排量转让收入上缴国家的部分，国际金融组织赠款收入，基金资金的存款利息收入、购买国债的利息收入，国内外机构、组织和个人的捐赠收入。

（7）第 10 行“（七）投资者从证券投资基金分配中取得的收入免征企业所得税”：填报纳税人根据《财政部　国家税务总局关于企业所得税若干优惠政策的通知》（财税〔2008〕1 号）第二条第（二）项等相关税收政策规定的，投资者从证券投资基金分配中取得的收入。

（8）第 11 行“（八）取得的地方政府债券利息收入免征企业所得税”：填报纳税人根据《财政部　国家税务总局关于地方政府债券利息所得免征所得税问题的通知》（财税〔2011〕76 号）、《财政部　国家税务总局关于地方政府债券利息免征所得税问题的通知》(财税〔2013〕5号)等相关税收政策规定的，取得的2009年、2010年和2011年发行的地方政府债券利息所得，2012年及以后年度发行的地方政府债券利息收入。

(9)第12行“(九)中国保险保障基金有限责任公司取得的保险保障基金等收入免征企业所得税”：填报中国保险保障基金有限责任公司根据《财政部　国家税务总局关于保险保障基金有关税收政策问题的通知》(财税〔2016〕10号)等相关税收政策规定的，根据《保险保障基金管理办法》取得的境内保险公司依法缴纳的保险保障基金；依法从撤销或破产保险公司清算财产中获得的受偿收入和向有关责任方追偿所得，以及依法从保险公司风险处置中获得的财产转让所得；捐赠所得；银行存款利息收入；购买政府债券、中央银行、中央企业和中央级金融机构发行债券的利息收入；国务院批准的其他资金运用取得的收入。

(10)第13行“(十)中央电视台的广告费和有线电视费收入免征企业所得税”：填报按照《财政部　国家税务总局关于中央电视台广告费和有线电视费收入企业所得税政策问题的通知》(财税〔2016〕80号)等相关税收政策规定的，中央电视台的广告费和有线电视费收入。

(11)第14行“(十一)中国奥委会取得北京冬奥组委支付的收入免征企业所得税”：填报按照《财政部　税务总局　海关总署关于北京2022年冬奥会和冬残奥会税收政策的通知》(财税〔2017〕60号)等相关税收政策规定的，对按中国奥委会、主办城市签订的《联合市场开发计划协议》和中国奥委会、主办城市、国际奥委会签订的《主办城市合同》规定，中国奥委会取得的由北京冬奥组委分期支付的收入、按比例支付的盈余分成收入。

(12)第15行“(十二)中国残奥委会取得北京冬奥组委分期支付的收入免征企业所得税”：填报按照《财政部　税务总局　海关总署关于北京2022年冬奥会和冬残奥会税收政策的通知》(财税〔2017〕60号)等相关税收政策规定的，中国残奥委会根据《联合市场开发计划协议》取得的由北京冬奥组委分期支付的收入。

(13)第16行“(十三)其他”：填报纳税人享受的其他减免税项目名称、减免税代码及免税收入金额。

(14)第17行“二、减计收入”：填报第18+19+23+24行的合计金额。

(15)第18行“(一)综合利用资源生产产品取得的收入在计算应纳税所得额时减计收入”：填报纳税人综合利用资源生产产品取得的收入总额乘以10%的金额。

(16)第19行“(二)金融、保险等机构取得的涉农利息、保费减计收入”：填报金融、保险等机构取得的涉农利息、保费收入减计收入的金额。本行填报第20+21+22行的合计金额。

(17)第20行“1.金融机构取得的涉农贷款利息收入在计算应纳税所得额时减计收入”：填报纳税人取得农户小额贷款利息收入总额乘以10%的金额。

(18)第21行“2.保险机构取得的涉农保费收入在计算应纳税所得额时减计收入”：填报保险公司为种植业、养殖业提供保险业务取得的保费收入总额乘以10%的金额。其中保费收入总额=原保费收入+分包费收入－分出保费收入。

（19）第22行“3. 小额贷款公司取得的农户小额贷款利息收入在计算应纳税所得额时减计收入”：填报按照《财政部　国家税务总局关于小额贷款公司有关税收政策的通知》（财税〔2017〕48号）等相关税收政策规定的，对经省级金融管理部门（金融办、局等）批准成立的小额贷款公司取得的农户小额贷款利息收入乘以10%的金额。

（20）第23行“（三）取得铁路债券利息收入减半征收企业所得税”：填报纳税人根据《财政部　国家税务总局关于铁路建设债券利息收入企业所得税政策的通知》（财税〔2011〕99号）、《财政部　国家税务总局关于2014 2015年铁路建设债券利息收入企业所得税政策的通知》（财税〔2014〕2号）及《财政部　国家税务总局关于铁路债券利息收入所得税政策问题的通知》（财税〔2016〕30号）等相关税收政策规定的，对企业持有中国铁路建设铁路债券等企业债券取得的利息收入，减半征收企业所得税。本行填报政策规定减计50%收入的金额。

（21）第24行“（四）其他”：填报纳税人享受的其他减免税项目名称、减免税代码及减计收入金额。

（22）第25行“三、加计扣除”：填报第26+27+28+29+30行的合计金额。

（23）第26行“（一）开发新技术、新产品、新工艺发生的研究开发费用加计扣除”：当《研发费加计扣除优惠明细表》（A107012）中“□一般企业 □科技型中小企业”选“一般企业”时，填报《研发费用加计扣除优惠明细表》（A107012）第50行金额。

（24）第27行“（二）科技型中小企业开发新技术、新产品、新工艺发生的研究开发费用加计扣除”：当《研发费加计扣除优惠明细表》（A107012）中“□一般企业 □科技型中小企业”选“科技型中小企业”时，填报《研发费用加计扣除优惠明细表》（A107012）第50行金额。

（25）第28行“（三）企业为获得创新性、创意性、突破性的产品进行创意设计活动而发生的相关费用加计扣除”：填报纳税人根据《财政部　国家税务总局　科技部关于完善研究开发费用税前加计扣除政策的通知》（财税〔2015〕119号）第二条第四项规定，为获得创新性、创意性、突破性的产品进行创意设计活动而发生的相关费用按照规定进行税前加计扣除的金额。

（26）第29行“（四）安置残疾人员所支付的工资加计扣除”：填报纳税人根据《财政部　国家税务总局关于安置残疾人员就业有关企业所得税优惠政策问题的通知》（财税〔2009〕70号）等相关税收政策规定的，安置残疾人员的，在支付给残疾职工工资据实扣除的基础上，按照支付给残疾职工工资的100%加计扣除的金额。

（27）第30行“（五）其他”：填报纳税人享受的其他加计扣除项目名称、减免税代码及加计扣除的金额。

（28）第31行“合计”：填报第1+17+25行的合计金额。

2. 表内、表间关系

（1）表内关系

①第 1 行＝第 2+3+6+7+…+16 行。

②第 17 行＝第 18+19+23+24 行。

③第 19 行＝第 20+21+22 行。

④第 25 行＝第 26+27+28+29+30 行。

⑤第 31 行＝第 1+17+25 行。

（2）表间关系

①第 31 行＝表 A100000 第 17 行。

②第 3 行＝表 A107011 第 8 行第 17 列。

③第 4 行＝表 A107011 第 9 行第 17 列。

④第 5 行＝表 A107011 第 10 行第 17 列。

⑤当《研发费加计扣除优惠明细表》（A107012）中“□一般企业 □科技型中小企业”选“一般企业”时，第 26 行＝表 A107012 第 50 行，第 27 行不得填报。

⑥当《研发费加计扣除优惠明细表》（A107012）中“□一般企业 □科技型中小企业”选“科技型中小企业”时，第 27 行＝表 A107012 第 50 行，第 26 行不得填报。

（三）填表举例

【例 7–1】B 国债为企业多次购买，分别为 2018 年 1 月 1 日购买面值 800 万元、2018 年 2 月 1 日购买面值 500 万元、2018 年 3 月 1 日购买面值 2000 万元，2018 年 5 月 1 日转让面值 1500 万元 B 国债，取得 2000 万元收入，转让过程中发生手续费 40 万元；2018 年 6 月 1 日将剩余面值 1800 万元 B 国债全部转让，转让价格为 2200 万元，转让过程中发生手续费 60 万元。B 国债票面年利率 5%，到期时间为 2020 年 10 月 30 日。【附注：实际计算利息是 1 年按 12 个月，1 个月（不论大小月、平月或闰月）按 30 天，1 年（不分平年、闰年）按 360 天计算。银行对各项存款贷款的天数一律采取“算头不算尾”的办法计算，即从存入存款或放出贷款的当日起息，算至取款或还款日的前 1 天为止，取款或还款的当天不算。此处为简化计算，采用简单平均法。】

解析：2018 年 5 月 1 日转让的面值 1500 万元的国债

持有天数 =（121+90+61）÷3=91（天）（按简单平均法计算）

转让成本 =800+500+200=1500（万元）

国债利息收入 = 国债金额 ×（适用年利率 ÷365）× 持有天数 =1500×（5%÷365）×91=18.7（万元）

国债转让收入 = 企业转让或到期兑付国债取得的价款 − 购买国债成本 − 国债利息收入 − 交易过程中相关税费 =2000−1500−18.7−40=441.3（万元）

2018 年 6 月 1 日转让的面值 1800 万元的国债

持有天数 =31+30+31=92（天）

转让成本 =1800（万元）

国债利息收入 = 国债金额 ×（适用年利率 ÷365）× 持有天数 =1800×（5%÷365）×92=22.68（万元）

国债转让收入 = 企业转让或到期兑付国债取得的价款 − 购买国债成本 − 国债利息收入 − 交易过程中相关税费 =2200−1800−22.68−60=317.32（万元）

国债利息收入 41.38 万元（18.7+22.68）予以免税，国债转让收益 758.62 万元（441.3+317.32）需作为企业应纳税所得额计算纳税。41.38 万元填报在《A107010 免税、减计收入及加计扣除优惠明细表》，填表示范见表 7–2。

表 7–2　免税、减计收入及加计扣除优惠明细表（A107010）

单位：万元

行　次	项　目	金额
1	一、免税收入（2+3+6+7+……+16）	41.38
2	（一）国债利息收入	41.38

二、A107020 所得减免优惠明细表

（一）根据国家税务总局 2017 年第 54 号公告，表式如下：

表 7–3　所得减免优惠明细表（A107020）

行次	减免项目	项目名称	优惠事项名称	优惠方式	项目收入	项目成本	相关税费	应分摊期间费用	纳税调整额	项目所得额		减免所得额
										免税项目	减半项目	
		1	2	3	4	5	6	7	8	9	10	11（9+10×50%）
1	一、农、林、牧、渔业项目											
2												
3		小计	*	*								
4	二、国家重点扶持的公共基础设施项目											
5												
6		小计	*	*								
7	三、符合条件的环境保护、节能节水项目											
8												
9		小计	*	*								

续表

行次	减免项目	项目名称	优惠事项名称	优惠方式	项目收入	项目成本	相关税费	应分摊期间费用	纳税调整额	项目所得额		减免所得额
										免税项目	减半项目	
		1	2	3	4	5	6	7	8	9	10	11（9+10×50%）
10	四、符合条件的技术转让项目		*	*						*	*	*
11			*	*						*	*	*
12		小计	*	*								
13	五、实施清洁机制发展项目		*									
14			*									
15		小计	*	*								
16	六、符合条件的节能服务公司实施合同能源管理项目		*									
17			*									
18		小计	*	*								
19	七、其他											
20												
21		小计	*	*								
22	合计	*	*	*								

（二）根据国家税务总局2017年第54号公告，填报说明如下：

本表适用于享受所得减免优惠的纳税人填报。纳税人根据税法及相关税收政策规定，填报本年发生的所得减免优惠情况，本期纳税调整后所得（表A100000第19行）为负数的不需填报本表。

1. 有关项目填报说明

（1）第1列“项目名称”：填报纳税人享受减免所得优惠的项目在会计核算上的名称。项目名称以纳税人内部规范称谓为准。

（2）第2列“优惠事项名称”：按照该项目享受所得减免企业所得税优惠事项的具体政策内容选择填报。具体说明如下：

①“一、农、林、牧、渔业项目”

在以下优惠事项中选择填报：1）蔬菜、谷物、薯类、油料、豆类、棉花、麻类、糖料、水果、坚果的种植；2）农作物新品种的选育；3）中药材的种植；4）林木的培育和种植；5）牲畜、家禽的饲养；6）林产品的采集；7）灌溉、兽医、农技推广、农机作业和维修等农、林、牧、渔服务业项目；8）农产品初加工；9）远洋捕捞；10）花卉、茶以及其他饮料作物和香料作物的种植；11）海水养殖、内陆养殖；12）其他。

②“二、国家重点扶持的公共基础设施项目”

在以下优惠事项中选择填报：1）港口码头项目；2）机场项目；3）铁路项目；4）公路项目；5）城市公共交通项目；6）电力项目；7）水利项目；8）其他项目。

③“三、符合条件的环境保护、节能节水项目”

在以下优惠事项中选择填报：1）公共污水处理项目；2）公共垃圾处理项目；3）沼气综合开发利用项目；4）节能减排技术改造项目；5）海水淡化项目；6）其他项目。

④“四、符合条件的技术转让项目”：本列不需填报。

⑤“五、实施清洁发展机制”：本列不需填报。

⑥“六、符合条件的节能服务公司实施合同能源管理项目”：本列不需填报。

⑦“七、其他”：填报上述所得减免优惠项目以外的其他所得减免优惠政策具体名称。

（3）第3列“优惠方式”：填报该项目享受所得减免企业所得税优惠的具体方式。该项目享受免征企业所得税优惠的，选择填报“免税”；项目享受减半征税企业所得税优惠的，选择填报“减半征收”。

（4）第4列“项目收入”：填报享受所得减免企业所得税优惠项目取得的收入总额。

（5）第5列“项目成本”：填报享受所得减免企业所得税优惠项目发生的成本总额。

（6）第6列“相关税费”：填报享受所得减免企业所得税优惠项目实际发生的有关税费，包括除企业所得税和允许抵扣的增值税以外的各项税金及其附加、合同签订费用、律师费等相关费用及其他支出。

（7）第7列“应分摊期间费用”：填报享受所得减免企业所得税优惠项目合理分摊的期间费用。合理分摊比例可以按照投资额、销售收入、资产额、人员工资等参数确定。上述比例一经确定，不得随意变更。

（8）第8列“纳税调整额”：填报纳税人按照税收规定需要调整减免税项目收入、成本、费用的金额，调整减少的金额以负数填报。

（9）第9列“项目所得额—免税项目”：填报享受所得减免企业所得税优惠的纳税人计算确认的本期免税项目所得额。本列根据第3列分析填报，第3列填报内容为“免税”的，第4-5-6-7+8列的值填入本列；若第4-5-6-7+8列的值小于零的，本列按零填报。

第9列“四、符合条件的技术转让项目”的“小计”行，第4-5-6-7+8列的值小于等于500万元的，填入本列，超出部分金额填入第10列；若第4-5-6-7+8列的值小于零的，本列按零填报。

（10）第10列“项目所得额—减半项目”：填报享受所得减免企业所得税优惠的纳税人本期经计算确认的减半征收项目所得额。本列根据第3列分析填报，第3列填报内容为“减半征税”的，第4-5-6-7+8列的金额填入本列；若第4-5-6-7+8列的值小于零的，本列按零填报。

第10列“四、符合条件的技术转让项目”的“小计”行，第4-5-6-7+8列的值超过500万元的部分，填入本列。

（11）第11列“减免所得额”：填报享受所得减免企业所得税优惠的企业，该项目按照税收规定实际可以享受免征、减征的所得额。本列等于第9列+第10列×50%。

（12）第1行至第3行“一、农、林、牧、渔业项目”：按农、林、牧、渔业项目的优惠政策具体内容分别填报，一个项目填报一行，纳税人有多个项目的，可自行增加行次填报。各行相应列次填报金额的合计金额填入“小计”行。纳税人根据《财政部　国家税务总局关于发布享受企业所得税优惠政策的农产品初加工范围（试行）的通知》（财税〔2008〕149号）、《国家税务总局关于黑龙江垦区国有农场土地承包费缴纳企业所得税问题的批复》（国税函〔2009〕779号）、《国家税务总局关于“公司+农户”经营模式企业所得税优惠问题的公告》（国家税务总局公告2010年第2号）、《财政部　国家税务总局关于享受企业所得税优惠的农产品初加工有关范围的补充通知》（财税〔2011〕26号）、《国家税务总局关于实施农林牧渔业项目企业所得税优惠问题的公告》（国家税务总局公告2011年第48号）等相关税收政策规定，填报该项目本纳税年度发生的减征、免征企业所得税项目的所得额。

（13）第4行至第6行“二、国家重点扶持的公共基础设施项目”：按国家重点扶持的公共基础设施项目具体内容分别填报，一个项目填报一行，纳税人有多个项目的，可自行增加行次填报。各行相应列次填报金额的合计金额填入“小计”行。纳税人根据《财政部　国家税务总局关于执行公共基础设施项目企业所得税优惠目录有关问题的通知》（财税〔2008〕46号）、《财政部　国家税务总局　国家发展改革委关于公布公共基础设施项目企业所得税优惠目录（2008年版）的通知》（财税〔2008〕116号）、《国家税务总局关于实施国家重点扶持的公共基础设施项目企业所得税优惠问题的通知》（国税发〔2009〕80号）、《财政部　国家税务总局关于公共基础设施项目和环境保护 节能节水项目企业所得税优惠政策问题的通知》（财税〔2012〕10号）、《财政部　国家税务总局关于支持农村饮水安全工程建设运营税收政策的通知》（财税〔2012〕30号）第五条、《国家税务总局关于电网企业电网新建项目享受所得税优惠政策问题的公告》（国家税务总局公告2013年第26号）、《财政部　国家税务总局关于公共基础设施项目享受企业所得税优惠政策问题的补充通知》（财税〔2014〕55号）等相关税收政策规定，填报从事《公共基础设施项目企业所得税优惠目录》规定的港口码头、机场、铁路、公路、城市公共交通、电力、水利等项目的投资经营的所得，自项目取得第一笔生产经营收入所属纳税年度起，第一年至第三年免征企业所得税，第四年至第六年减半征收企业所得税。不包括企业承包经营、承包建设和内部自建自用该项目的所得。

（14）第7行至第9行“三、符合条件的环境保护、节能节水项目”：按符合条件的环境保护、节能节水项目的具体内容分别填报，一个项目填报一行。纳税人有多个项目的，可自行增加行次填报。各行相应列次填报金额的合计金额填入“小计”行。纳税人根据《财政部 国家税务总局 国家发展改革委关于公布环境保护节能节水项目企业所得税优惠目录（试行）的通知》（财税〔2009〕166号）、《财政部 国家税务总局关于公共基础设施项目和环境保护 节能节水项目企业所得税优惠政策问题的通知》（财税〔2012〕10号）等相关税收政策规定，填报从事符合条件的公共污水处理、公共垃圾处理、沼气综合开发利用、节能减排技术改造、海水淡化等环境保护、节能节水项目的所得，自项目取得第一笔生产经营收入所属纳税年度起，第一年至第三年免征企业所得税，第四年至第六年减半征收企业所得税。

（15）第10行至第12行“四、符合条件的技术转让项目”：按照不同技术转让项目分别填报，一个项目填报一行，纳税人有多个项目的，可自行增加行次填报。各行相应列次填报金额的合计金额填入“小计”行。纳税人根据《国家税务总局关于技术转让所得减免企业所得税有关问题的通知》（国税函〔2009〕212号）、《财政部 国家税务总局关于居民企业技术转让有关企业所得税政策问题的通知》（财税〔2010〕111号）、《国家税务总局关于技术转让所得减免企业所得税有关问题的公告》（国家税务总局公告2013年第62号）、《国家税务总局关于许可使用权技术转让所得企业所得税有关问题的公告》（国家税务总局公告2015年第82号）等相关税收政策规定，填报一个纳税年度内，居民企业将其拥有的专利技术、计算机软件著作权、集成电路布图设计权、植物新品种、生物医药新品种，以及财政部和国家税务总局确定的其他技术的所有权或5年以上（含5年）全球独占许可使用权、5年以上（含5年）非独占许可使用权转让取得的所得，不超过500万元的部分，免征企业所得税；超过500万元的部分，减半征收企业所得税。居民企业从直接或间接持有股权之和达到100%的关联方取得的技术转让所得，不享受技术转让减免企业所得税优惠政策。

（16）第13行至第15行“五、实施清洁机制发展项目”：按照实施清洁发展机制的不同项目分别填报，一个项目填报一行，纳税人有多个项目的，可自行增加行次填报。各行相应列次填报金额的合计金额填入“小计”行。纳税人根据《财政部 国家税务总局关于中国清洁发展机制基金及清洁发展机制项目实施企业有关企业所得税政策问题的通知》（财税〔2009〕30号）等相关税收政策规定，填报对企业实施的将温室气体减排量转让收入的65%上缴给国家的HFC和PFC类CDM项目，以及将温室气体减排量转让收入的30%上缴给国家的N2O类CDM项目，其实施该类CDM项目的所得，自项目取得第一笔减排量转让收入所属纳税年度起，第一年至第三年免征企业所得税，第四年至第六年减半征收企业所得税。

（17）第16行至第18行“六、符合条件的节能服务公司实施合同能源管理项目”：按照节能服务公司实施合同能源管理的不同项目分别填报，一个项目填报一行，纳税人有多个项目的，可自行增加行次填报。各行相应列次填报金额的合计金额填入“小计”行。纳税人根据《财政部　国家税务总局关于促进节能服务产业发展增值税营业税和企业所得税政策问题的通知》（财税〔2010〕110号）、《国家税务总局　国家发展改革委关于落实节能服务企业合同能源管理项目企业所得税优惠政策有关征收管理问题的公告》（国家税务总局　国家发展改革委公告2013年第77号）等相关税收政策规定，填报对符合条件的节能服务公司实施合同能源管理项目，符合企业所得税税法有关规定的，自项目取得第一笔生产经营收入所属纳税年度起，第一年至第三年免征企业所得税，第四年至第六年按照25%的法定税率减半征收企业所得税。

（18）第19行至第21行“七、其他”：填报纳税人享受的其他专项减免项目名称、优惠事项名称及减免税代码、项目收入等。按照享受所得减免企业所得税优惠的其他项目内容分别填报，一个项目填报一行，纳税人有多个项目的，可自行增加行次填报。各行相应列次填报金额的合计金额填入“小计”行。

（19）第22行“合计”：填报第一至第七项“小计”行的合计金额。

2. 表内、表间关系

（1）表内关系

①第3行＝第1+2行。

②第6行＝第4+5行。

③第9行＝第7+8行。

④第12行＝第10+11行。

⑤第15行＝第13+14行。

⑥第18行＝第16+17行。

⑦第21行＝第19+20行。

⑧第22行＝第3+6+9+12+15+18+21行。

⑨第9列＝第4–5–6–7+8列（当第3列＝“免税”时）；第9列“四、符合条件的技术转让项目”的“小计”行＝第4–5–6–7+8列（当第4–5–6–7+8列≤5000000时）；若第4–5–6–7+8列＜0，第9列＝0。

⑩第10列＝第4–5–6–7+8列（当第3列＝“减半征税”时）；第10列“四、符合条件的技术转让项目”的“小计”行＝第4–5–6–7+8列–5000000（当第4–5–6–7+8列＞5000000时）；若第4–5–6–7+8列＜0，第10列＝0。

⑪第11列＝第9列＋第10列×50%；当（第9列＋第10列×50%）＜0时，第11列＝0。

（2）表间关系

①当本表合计行第11列≥0，且本表合计行第11列≤表A100000第19行时，表

A100000 第 20 行＝合计行第 11 列。

②当本表合计行第 11 列≥0，且本表合计行第 11 列＞表 A100000 第 19 行时，表 A100000 第 20 行＝表 A100000 第 19 行。

（三）填表举例

【例 7-2】A 企业从事蔬菜、花卉种植，2018 年实现蔬菜种植收入 300 万元，花卉种植收入 80 万元，企业对两种种植项目合理划分不同项目的成本，发生相应的成本分别为 190 万元和 60 万元，未发生相关税费，全年发生管理费用 50 万元，销售费用 40 万元，企业选择按照收入比例分摊相关费用，无纳税调整项目。

解析：

该公司从事蔬菜种植项目所得享受免征企业所得税，花卉种植所得享受减半征收优惠。

蔬菜种植应分摊的期间费用 =300×（50+40）÷（300+80）=71.05（万元）

蔬菜项目所得额 =300−190−71.05=38.95（万元）

蔬菜项目减免所得额为 38.95 万元。

花卉种植应分摊的期间费用 =80×（50+40）÷（300+80）=18.95（万元）

花卉项目所得额 =80−60−18.95=1.05（万元）

花卉项目减免所得额为 1.05×50%=0.525（万元）

2018 年度 A 企业所得税汇算清缴填报示范：

第一步：填报《A107020 所得减免优惠明细表》，见表 7-4。

表 7-4　A107020 所得减免优惠明细表

单位：万元

行次	减免项目	项目名称	优惠事项名称	优惠方式	项目收入	项目成本	相关税费	应分摊期间费用	纳税调整额	项目所得额		减免所得额
										免税项目	减半项目	
		1	2	3	4	5	6	7	8	9	10	11（9+10×50%）
1	一、农、林、牧、渔业项目	蔬菜种植	1. 蔬菜、谷物、薯类、油料、豆类、麻类、糖料、水果、坚果的种植	免税	300	190		71.05		38.95		38.95
2		花卉种植	花卉、茶以及其他饮料作物和香料作物的种植	减半征收	80	60		18.95			1.05	0.525
3		小计			380	250		90		38.95	1.05	39.475

第二步：《A107020 所得减免优惠明细表》第 11 列“减免所得额”生成主表第 20

行“减免所得”。

【例 7–3】 A、B 两企业 2018 年 7 月签订一项新型生物技术和新医药技术转让合同，规定在 A 企业履行技术转让合同后 10 日内 B 企业一次性付给 A 企业技术转让收入 2300 万元。合同载明，新型生物技术和新医药技术转让收入 1620 万元，与技术转让项目相关的技术咨询、技术服务、技术培训等收入 180 万元，转让设备、仪器等非技术性收入 500 万元（不考虑流转税和折旧，计税基础和账面价值均为 500 万元）。经核实，A 企业此项技术的转让成本为 700 万元，该项资产在使用期间按照规定已经摊销扣除了 100 万元，技术转让过程中发生的相关税费累计 20 万元。

解析：

1. 与技术转让项目相关的技术咨询、技术服务、技术培训等收入 180 万元，符合国家税务总局公告 2013 年第 62 号的条件，可以计入技术转让收入。

2. 转让设备、仪器等非技术性收入 500 万元不得计入技术转让收入。

3. 该项资产在使用期间按照规定已经摊销扣除了 100 万元，应从技术转让成本中剔除。

4. A 企业 2018 年度技术转让所得 = 技术转让收入 – 技术转让成本 – 相关税费 =（2300–500）–（700–100）–20=1180（万元）。

其中 500 万元的部分，免征企业所得税；超过 500 万元的部分 680 万元（1180–500），减半征收企业所得税，即减免所得额 =680 × 50%=340（万元）。

5. 减免所得 =500+340=840（万元）

2018 年度 A 企业所得税汇算清缴填报示范，见表 7–5。

第一步：填报《A107020 所得减免优惠明细表》。

表 7–5　所得减免优惠明细表（A107020）

单位：万元

行次	减免项目	项目名称	优惠事项名称	优惠方式	项目收入	项目成本	相关税费	应分摊期间费用	纳税调整额	项目所得额		减免所得额
										免税项目	减半项目	
		1	2	3	4	5	6	7	8	9	10	11（9+10 × 50%）
10	四、符合条件的技术转让项目	技术转让			1800	600	20		*	500	680	840
11					*	*	*	*	*	*		
12		小计			1800	600	20	*	*	500	680	840
22	合计				1800	600	20	*	*	500	680	840

第二步：《A107020 所得减免优惠明细表》转入主表第 20 行“减免所得额”840 万元。

三、A107030 抵扣应纳税所得额明细表

（一）根据国家税务总局 2017 年第 54 号公告，表式如下：

表 7-6　抵扣应纳税所得额明细表（A107030）

行次	项目	合计金额	投资于未上市中小高新技术企业	投资于种子期、初创期科技型企业
		1=2+3	2	3
一、创业投资企业直接投资按投资额一定比例抵扣应纳税所得额				
1	本年新增的符合条件的股权投资额			
2	税收规定的抵扣率	70%	70%	70%
3	本年新增的可抵扣的股权投资额（1×2）			
4	以前年度结转的尚未抵扣的股权投资余额		*	*
5	本年可抵扣的股权投资额（3+4）		*	*
6	本年可用于抵扣的应纳税所得额		*	*
7	本年实际抵扣应纳税所得额			
8	结转以后年度抵扣的股权投资余额		*	*
二、通过有限合伙制创业投资企业投资按一定比例抵扣分得的应纳税所得额				
9	本年从有限合伙创投企业应分得的应纳税所得额			
10	本年新增的可抵扣投资额			
11	以前年度结转的可抵扣投资额余额		*	*
12	本年可抵扣投资额（10+11）		*	*
13	本年实际抵扣应分得的应纳税所得额			
14	结转以后年度抵扣的投资额余额		*	*
三、抵扣应纳税所得额合计				
15	合计（7+13）			

（二）根据国家税务总局 2017 年第 54 号公告，填报说明如下：

本表适用于享受创业投资企业抵扣应纳税所得额优惠（含结转）的纳税人填报。纳税人根据税法、《国家税务总局关于实施创业投资企业所得税优惠问题的通知》（国税发〔2009〕87 号）、《财政部　国家税务总局关于执行企业所得税优惠政策若干问题的通知》（财税〔2009〕69 号）、《财政部　国家税务总局关于将国家自主创新示范区有关税收试点政策推广到全国范围实施的通知》（财税〔2015〕116 号）、《国家税务总局关于有限合伙制创业投资企业法人合伙人企业所得税有关问题的公告》（国家税务总局公告 2015 年第 81 号）、《财政部　税务总局关于创业投资企业和天使投资个人有关

税收试点政策的通知》（财税〔2017〕38 号）、《国家税务总局关于创业投资企业和天使投资个人税收试点政策有关问题的公告》（国家税务总局公告 2017 年第 20 号）等规定，填报本年度发生的创业投资企业抵扣应纳税所得额优惠情况。企业只要本年有新增符合条件的投资额、从有限合伙制创业投资企业分得的应纳税所得额或以前年度结转的尚未抵扣的股权投资余额，无论本年是否抵扣应纳税所得额，均需填报本表。

1. 有关项目填报说明

企业同时存在创业投资企业直接投资和通过有限合伙制创业投资企业投资两种情形的，应先填写本表的“二、通过有限合伙制创业投资企业投资按一定比例抵扣分得的应纳税所得额”。

（1）“一、创业投资企业直接投资按投资额一定比例抵扣应纳税所得额”：由创业投资企业（非合伙制）纳税人填报其以股权投资方式直接投资未上市的中小高新技术企业和投资于种子期、初创期科技型企业 2 年（24 个月，下同）以上限额抵免应纳税所得额的金额。对于通过有限合伙制创业投资企业间接投资未上市的中小高新技术企业和投资于种子期、初创期科技型企业享受优惠政策填写本表第 9 行至第 14 行。具体行次如下：

①第 1 行“本年新增的符合条件的股权投资额”：填报创业投资企业采取股权投资方式投资于未上市的中小高新技术企业和投资于种子期、初创期科技型企业满 2 年的，本年新增的符合条件的股权投资额。本行第 1 列＝本行第 2 列＋本行第 3 列。无论企业本年是否盈利，有符合条件的投资额即填报本表，以后年度盈利时填写第 4 行“以前年度结转的尚未抵扣的股权投资余额”。

②第 3 行“本年新增的可抵扣的股权投资额”：本行填报第 1×2 行金额。本行第 1 列＝本行第 2 列＋本行第 3 列。

③第 4 行“以前年度结转的尚未抵扣的股权投资余额”：填报以前年度符合条件的尚未抵扣的股权投资余额。

④第 5 行“本年可抵扣的股权投资额”：本行填报第 3+4 行的合计金额。

⑤第 6 行“本年可用于抵扣的应纳税所得额合计金额”：本行第 1 列填报表 A100000 第 19–20–21 行－本表第 13 行第 1 列“本年实际抵扣应分得的应纳税所得额”的金额，若金额小于零，则填报零。

⑥第 7 行“本年实际抵扣应纳税所得额”：若第 5 行第 1 列≤第 6 行第 1 列，则本行第 1 列＝第 5 行第 1 列；若第 5 行第 1 列＞第 6 行第 1 列，则本行第 1 列＝第 6 行第 1 列。本行第 1 列＝本行第 2 列＋本行第 3 列。

⑦第 8 行“结转以后年度抵扣的股权投资余额”：填报本年可抵扣的股权投资额大于本年实际抵扣应纳税所得额时，抵扣后余额部分结转以后年度抵扣的金额。

（2）“二、通过有限合伙制创业投资企业投资按一定比例抵扣分得的应纳税所得额”：企业作为有限合伙制创业投资企业的合伙人，通过合伙企业间接投资未上市中小高新技术企业和种子期、初创期科技型企业，享受有限合伙制创业投资企业法人合伙人按投资额的一定比例抵扣应纳税所得额政策，在本部分填报。

①第 9 行“本年从有限合伙创投企业应分得的应纳税所得额”：填写企业作为法人合伙人，通过有限合伙制创业投资企业投资未上市的中小高新技术企业或者投资于种子期、初创期科技型企业，无论本年是否盈利、是否抵扣应纳税所得额，只要本年从有限合伙制创业投资企业中分配归属于该法人合伙人的应纳税所得额，需填写本行。本行第 1 列＝本行第 2 列 + 本行第 3 列。

②第 10 行“本年新增的可抵扣投资额”：填写企业作为法人合伙人，通过有限合伙制创业投资企业投资未上市中小高新技术企业和种子期、初创期科技型企业，本年投资满 2 年符合条件的可抵扣投资额中归属于该法人合伙人的本年新增可抵扣投资额。无论本年是否盈利、是否需要抵扣应纳税所得额，均需填写本行。本行第 1 列＝本行第 2 列 + 本行第 3 列。

有限合伙制创业投资企业的法人合伙人对未上市中小高新技术企业和种子期、初创期科技型企业的投资额，按照有限合伙制创业投资企业的投资额和合伙协议约定的法人合伙人占有限合伙制创业投资企业的出资比例计算确定。其中，有限合伙制创业投资企业的投资额按实缴投资额计算；法人合伙人占有限合伙制创业投资企业的出资比例按法人合伙人对有限合伙制创业投资企业的实缴出资额占该有限合伙制创业投资企业的全部实缴出资额的比例计算。

③第 11 行“以前年度结转的可抵扣投资额”：填写法人合伙人上年度未抵扣，可以结转到本年及以后年度的抵扣投资额。

④第 12 行“本年可抵扣投资额”：填写本年法人合伙人可用于抵扣的投资额合计，包括本年新增和以前年度结转两部分，等于第 10 行 + 第 11 行。

⑤第 13 行“本年实际抵扣应分得的应纳税所得额”：填写本年法人合伙人享受优惠实际抵扣的投资额，本行第 1 列为第 9 行第 1 列“本年从有限合伙创投企业应分得的应纳税所得额”、第 12 行第 1 列“本年可抵扣投资额”、主表第 19–20–21 行的三者孰小值，若金额小于零，则填报零。本行第 1 列＝第 2+3 列。

⑥第 14 行“结转以后年度抵扣的投资额余额”：本年可抵扣投资额大于应分得的应纳税所得额时，抵扣后余额部分结转以后年度抵扣的金额。

（3）“三、抵扣应纳税所得额合计”：上述优惠合计额，带入表 A100000 表计算应纳税所得额。

第 15 行“合计” ＝ 7 行 +13 行。本行第 1 列＝本行第 2 列 + 本行第 3 列。

（4）列次填报：第 1 列填报抵扣应纳税所得额的整体情况，第 2 列填报投资于未上市中小高新技术企业部分，第 3 列填报投资于种子期、初创期科技型企业部分。

2. 表内、表间关系

（1）表内关系

①第 3 行＝第 1×2 行。

②第 5 行＝第 3+4 行。

③第 7 行：若第 5 行≤第 6 行，则本行第 1 列＝第 5 行；第 5 行＞第 6 行，则本行第 1 列＝第 6 行。

④第 8 行：第 5 行＞第 6 行时，本行＝第 5–7 行；第 5 行≤第 6 行时，本行＝ 0。

⑤第 12 行＝第 10+11 行。

⑥第 14 行＝第 12–13 行。

⑦第 15 行＝第 7+13 行。

⑧第 1 列＝第 2 列 + 第 3 列。

（2）表间关系

① 第 6 行 第 1 列 ＝ 表 A100000 第 19–20–21 行 – 本 表 第 13 行 第 1 列；若 表 A100000 第 19–20–21 行 – 本表第 13 行第 1 列＜ 0，第 6 行第 1 列＝ 0。

②第 15 行第 1 列＝表 A100000 第 22 行。

③第 13 行第 1 列＝本表第 9 行第 1 列、第 12 行第 1 列、表 A100000 第 19–20–21 行三者的孰小值；若上述孰小值＜ 0，第 13 行第 1 列＝ 0。

（三）填表举例

【例 7–4】2016 年 12 月 10 日，A 创业投资有限责任公司向 B 有限公司投资 1100 万元（B 有限公司于 2016 年 10 月 20 日取得高新技术企业证书，2016 年末资产总额 12000 万元，职工人数 480 人，当年销售收入 18000 万元），股权持有到 2018 年 12 月底，仍未出售。A 创投公司 2017 年底结转的尚未抵扣的股权投资余额为 210 万元。A 公司 2018 年度企业所得税相关数据如表 7–7 所示：

表 7–7　企业所得税年度纳税申报表

单位：万元

行号	项目	金额
19	纳税调整后所得	2000
20	所得减免	400
21	以前年度结转的尚未弥补的亏损	750

解析：

1. 应纳税额的计算

本年可用于抵扣的应纳税所得额 = 纳税调整后所得 – 所得减免 – 以前年度结转的

尚未弥补的亏损 =2000−400−750=850（万元）

本年可抵扣的股权投资额 = 本年新增的可抵扣的股权投资额 + 以前年度结转的尚未抵扣的股权投资余额 =1100×70%+210=980（万元）

本年实际抵扣应纳税所得额为：850 万元

可结转以后年度抵扣的股权投资余额 =980−850=130（万元）

本年应纳税所得额为 0。

2. 填报《A107030 抵扣应纳税所得额明细表》，见表 7–8。

表 7–8　A107030 抵扣应纳税所得额明细表

单位：万元

行次	项　目	合计金额	投资于未上市中小高新技术企业	投资于种子期、初创期科技型企业
		1=2+3	2	3
一、创业投资企业直接投资按投资额一定比例抵扣应纳税所得额				
1	本年新增的符合条件的股权投资额	1100	1100	
2	税收规定的抵扣率	70%	70%	70%
3	本年新增的可抵扣的股权投资额（1×2）	770	770	
4	以前年度结转的尚未抵扣的股权投资余额	210	210	
5	本年可抵扣的股权投资额（3+4）	980	980	
6	本年可用于抵扣的应纳税所得额	850	850	
7	本年实际抵扣应纳税所得额	850	850	
8	结转以后年度抵扣的股权投资余额	130	130	
三、抵扣应纳税所得额合计				
15	合计（7+13）	850	850	

3. "企业所得税年度纳税申报表"主表的填报，见表 7–9。

表 7–9　A100000 中华人民共和国企业所得税年度纳税申报表（A 类）

单位：万元

行次	类别	项目	
19	应纳税所得额计算	四、纳税调整后所得（13–14+15–16–17+18）	2000
20		减：所得减免（填写 A107020）	400
21		减：弥补以前年度亏损写（A106000）	750
22		减：抵扣应纳税所得额（填写 A107030）	850
23		五、应纳税所得额（19–20–21–22）	0

四、A107040 减免所得税优惠明细表

（一）根据国家税务总局 2017 年第 54 号公告，表式如下：

表 7–10　减免所得税优惠明细表（A107040）

行次	项　目	金　额
1	一、符合条件的小型微利企业减免企业所得税	
2	二、国家需要重点扶持的高新技术企业减按 15% 的税率征收企业所得税（填写 A107041）	
3	三、经济特区和上海浦东新区新设立的高新技术企业在区内取得的所得定期减免企业所得税（填写 A107041）	
4	四、受灾地区农村信用社免征企业所得税（4.1+4.2）	
4.1	（一）芦山受灾地区农村信用社免征企业所得税	
4.2	（二）鲁甸受灾地区农村信用社免征企业所得税	
5	五、动漫企业自主开发、生产动漫产品定期减免企业所得税	
6	六、线宽小于 0.8 微米（含）的集成电路生产企业减免企业所得税（填写 A107042）	
7	七、线宽小于 0.25 微米的集成电路生产企业减按 15% 税率征收企业所得税（填写 A107042）	
8	八、投资额超过 80 亿元的集成电路生产企业减按 15% 税率征收企业所得税（填写 A107042）	
9	九、线宽小于 0.25 微米的集成电路生产企业减免企业所得税（填写 A107042）	
10	十、投资额超过 80 亿元的集成电路生产企业减免企业所得税（填写 A107042）	
11	十一、新办集成电路设计企业减免企业所得税（填写 A107042）	
12	十二、国家规划布局内集成电路设计企业可减按 10% 的税率征收企业所得税（填写 A107042）	
13	十三、符合条件的软件企业减免企业所得税（填写 A107042）	
14	十四、国家规划布局内重点软件企业可减按 10% 的税率征收企业所得税（填写 A107042）	
15	十五、符合条件的集成电路封装、测试企业定期减免企业所得税（填写 A107042）	
16	十六、符合条件的集成电路关键专用材料生产企业、集成电路专用设备生产企业定期减免企业所得税（填写 A107042）	
17	十七、经营性文化事业单位转制为企业的免征企业所得税	
18	十八、符合条件的生产和装配伤残人员专门用品企业免征企业所得税	
19	十九、技术先进型服务企业减按 15% 的税率征收企业所得税	
20	二十、服务贸易创新发展试点地区符合条件的技术先进型服务企业减按 15% 的税率征收企业所得税	
21	二十一、设在西部地区的鼓励类产业企业减按 15% 的税率征收企业所得税	
22	二十二、新疆困难地区新办企业定期减免企业所得税	
23	二十三、新疆喀什、霍尔果斯特殊经济开发区新办企业定期免征企业所得税	
24	二十四、广东横琴、福建平潭、深圳前海等地区的鼓励类产业企业减按 15% 税率征收企业所得税	

续表

行次	项目	金额
25	二十五、北京冬奥组委、北京冬奥会测试赛赛事组委会免征企业所得税	
26	二十六、享受过渡期税收优惠定期减免企业所得税	
27	二十七、其他	
28	二十八、减：项目所得额按法定税率减半征收企业所得税叠加享受减免税优惠	
29	二十九、支持和促进重点群体创业就业企业限额减征企业所得税（29.1+29.2）	
29.1	（一）下岗失业人员再就业	
29.2	（二）高校毕业生就业	
30	三十、扶持自主就业退役士兵创业就业企业限额减征企业所得税	
31	三十一、民族自治地方的自治机关对本民族自治地方的企业应缴纳的企业所得税中属于地方分享的部分减征或免征（□免征　□减征：减征幅度 ____% ）	
32	合计（1+2+…+26+27−28+29+30+31）	

（二）根据国家税务总局 2017 年第 54 号公告，填报说明如下：

本表由享受减免所得税优惠的纳税人填报。纳税人根据税法和相关税收政策规定，填报本年享受减免所得税优惠情况。

1. 有关项目填报说明

（1）第 1 行“一、符合条件的小型微利企业减免所得税”：由享受小型微利企业所得税政策的纳税人填报。填报纳税人根据《关于进一步扩大小型微利企业所得税优惠政策范围的通知》（财税〔2018〕77 号、国家税务总局公告 2018 年第 40 号）等相关税收政策规定的，从事国家非限制和禁止行业的企业，并符合工业企业，年度应纳税所得额不超过 100 万元，从业人数不超过 100 人，资产总额不超过 3000 万元；其他企业，年度应纳税所得额不超过 100 万元，从业人数不超过 80 人，资产总额不超过 1000 万元条件的，其所得减按 50% 计入应纳税所得额，按 20% 的税率缴纳企业所得税。本行填报《中华人民共和国企业所得税年度纳税申报表（A 类）》（A100000）第 23 行应纳税所得额 ×15% 的金额。

（2）第 2 行“二、国家需要重点扶持的高新技术企业减按 15% 的税率征收企业所得税”：国家需要重点扶持的高新技术企业享受 15% 税率优惠金额填报本行。同时须填报《高新技术企业优惠情况及明细表》（A107041）。

（3）第 3 行“三、经济特区和上海浦东新区新设立的高新技术企业在区内取得的所得定期减免企业所得税”：填报纳税人根据《国务院关于经济特区和上海浦东新区新设立高新技术企业实行过渡性税收优惠的通知》（国发〔2007〕40 号）、《财政部　国家税务总局关于贯彻落实国务院关于实施企业所得税过渡优惠政策有关问题的通知》（财税〔2008〕21 号）等规定，经济特区和上海浦东新区内，在 2008 年 1 月 1 日（含）

之后完成登记注册的国家需要重点扶持的高新技术企业，在经济特区和上海浦东新区内取得的所得，自取得第一笔生产经营收入所属纳税年度起，第一年至第二年免征企业所得税，第三年至第五年按照 25% 法定税率减半征收企业所得税。对于跨经济特区和上海浦东新区的高新技术企业，其区内所得优惠填写本行，区外所得优惠填写本表第 2 行。经济特区和上海浦东新区新设立的高新技术企业定期减免税期满后，只享受 15% 税率优惠的，填写本表第 2 行。同时须填报《高新技术企业优惠情况及明细表》（A107041）。

（4）第 4 行“四、受灾地区农村信用社免征企业所得税”：填报受灾地区农村信用社免征企业所得税金额。本行为合计行，等于 4.1 行 +4.2 行。

《财政部　海关总署　国家税务总局关于支持芦山地震灾后恢复重建有关税收政策问题的通知》（财税〔2013〕58 号）、《财政部　海关总署　国家税务总局关于支持鲁甸地震灾后恢复重建有关税收政策问题的通知》（财税〔2015〕27 号）规定，对芦山、鲁甸受灾地区农村信用社，在规定期限内免征企业所得税。

芦山农村信用社在 2017 年 12 月 31 日前免征所得税，在 4.1 行填列；鲁甸农村信用社在 2018 年 12 月 31 日前免征所得税，在 4.2 行填列。免征所得税金额根据表 A100000 第 23 行应纳税所得额和法定税率计算。

（5）第 5 行“五、动漫企业自主开发、生产动漫产品定期减免企业所得税”：根据《财政部　国家税务总局关于扶持动漫产业发展有关税收政策问题的通知》（财税〔2009〕65 号）、《文化部　财政部　国家税务总局关于印发〈动漫企业认定管理办法（试行）〉的通知》（文市发〔2008〕51 号）、《文化部　财政部　国家税务总局关于实施〈动漫企业认定管理办法（试行）〉有关问题的通知》（文产发〔2009〕18 号）等规定，经认定的动漫企业自主开发、生产动漫产品，享受软件企业所得税优惠政策。即在 2017 年 12 月 31 日前自获利年度起，第一年至第二年免征所得税，第三年至第五年按照 25% 的法定税率减半征收所得税，并享受至期满为止。本行填报根据表 A100000 第 23 行应纳税所得额计算的免征、减征企业所得税金额。

（6）第 6 行“六、线宽小于 0.8 微米（含）的集成电路生产企业减免企业所得税”：根据《财政部　国家税务总局关于进一步鼓励软件产业和集成电路产业发展企业所得税政策的通知》（财税〔2012〕27 号）、《财政部　国家税务总局　发展改革委 工业和信息化部关于软件和集成电路产业企业所得税优惠政策有关问题的通知》（财税〔2016〕49 号）等规定，集成电路线宽小于 0.8 微米（含）的集成电路生产企业，在 2017 年 12 月 31 日前自获利年度起计算优惠期，第一年至第二年免征企业所得税，第三年至第五年按照 25% 的法定税率减半征收企业所得税，并享受至期满为止。当表 A107042“减免方式”选择第 1 行时，本行填报表 A107042 第 32 行的金额，否则不允许填报。

（7）第 7 行“七、线宽小于 0.25 微米的集成电路生产企业减按 15% 税率征收企业所得税”：根据《财政部　国家税务总局关于进一步鼓励软件产业和集成电路产业发展企业所得税政策的通知》（财税〔2012〕27 号）、《财政部　国家税务总局　发展改革

委　工业和信息化部关于软件和集成电路产业企业所得税优惠政策有关问题的通知》（财税〔2016〕49号）等规定，线宽小于0.25微米的集成电路生产企业，享受15%税率。当表A107042“减免方式”选择第2行的“15%税率”时，本行填报表A107042第32行的金额，否则不允许填报。

（8）第8行“八、投资额超过80亿元的集成电路生产企业减按15%税率征收企业所得税”：根据《财政部　国家税务总局关于进一步鼓励软件产业和集成电路产业发展企业所得税政策的通知》（财税〔2012〕27号）、《财政部　国家税务总局　发展改革委 工业和信息化部关于软件和集成电路产业企业所得税优惠政策有关问题的通知》（财税〔2016〕49号）等规定，投资额超过80亿元的集成电路生产企业，享受15%税率。当表A107042“减免方式”选择第3行的“15%税率”时，本行填报表A107042第32行的金额，否则不允许填报。

（9）第9行“九、线宽小于0.25微米的集成电路生产企业减免企业所得税”：根据《财政部　国家税务总局关于进一步鼓励软件产业和集成电路产业发展企业所得税政策的通知》（财税〔2012〕27号）、《财政部　国家税务总局　发展改革委　工业和信息化部关于软件和集成电路产业企业所得税优惠政策有关问题的通知》（财税〔2016〕49号）等规定，线宽小于0.25微米的集成电路生产企业，经营期在15年以上的，在2017年12月31日前自获利年度起计算优惠期，第一年至第五年免征企业所得税，第六年至第十年按照25%的法定税率减半征收企业所得税，并享受至期满为止。当表A107042“减免方式”选择第2行的“五免五减半”时，本行填报表A107042第32行的金额，否则不允许填报。

（10）第10行：“十、投资额超过80亿元的集成电路生产企业减免企业所得税”：根据《财政部　国家税务总局关于进一步鼓励软件产业和集成电路产业发展企业所得税政策的通知》（财税〔2012〕27号）、《财政部　国家税务总局　发展改革委 工业和信息化部关于软件和集成电路产业企业所得税优惠政策有关问题的通知》（财税〔2016〕49号）等规定，投资额超过80亿元的集成电路生产企业，经营期在15年以上的，在2017年12月31日前自获利年度起计算优惠期，第一年至第五年免征企业所得税，第六年至第十年按照25%的法定税率减半征收企业所得税，并享受至期满为止。当表A107042“减免方式”选择第3行的“五免五减半”时，本行填报表A107042第32行的金额，否则不允许填报。

（11）第11行“十一、新办集成电路设计企业减免企业所得税”：根据《财政部　国家税务总局关于进一步鼓励软件产业和集成电路产业发展企业所得税政策的通知》（财税〔2012〕27号）、《财政部　国家税务总局　发展改革委 工业和信息化部关于软件和集成电路产业企业所得税优惠政策有关问题的通知》（财税〔2016〕49号）等规定，中国境内新办的集成电路设计企业，在2017年12月31日前自获利年度起计算优惠期，第一年至第二年免征企业所得税，第三年至第五年按照25%的法定税率减半征收企业所得税，并享受至期满为止。当表A107042“减免方式”选择第4行时，本行填报表 A107042 第 32 行的金额，否则不允许填报。

（12）第 12 行“十二、国家规划布局内集成电路设计企业可减按 10% 的税率征收企业所得税”：根据《财政部　国家税务总局关于进一步鼓励软件产业和集成电路产业发展企业所得税政策的通知》（财税〔2012〕27 号）、《财政部　国家税务总局　发展改革委 工业和信息化部关于软件和集成电路产业企业所得税优惠政策有关问题的通知》（财税〔2016〕49 号）等规定，国家规划布局内的重点集成电路设计企业，如当年未享受免税优惠的，可减按 10% 税率征收企业所得税。当表 A107042“减免方式”选择第 5 行时，本行填报表 A107042 第 32 行的金额，否则不允许填报。

（13）第 13 行“十三、符合条件的软件企业减免企业所得税”：根据《财政部　国家税务总局关于进一步鼓励软件产业和集成电路产业发展企业所得税政策的通知》（财税〔2012〕27 号）、《财政部　国家税务总局　发展改革委　工业和信息化部关于软件和集成电路产业企业所得税优惠政策有关问题的通知》（财税〔2016〕49 号）等规定，中国境内新办的符合条件的企业，在 2017 年 12 月 31 日前自获利年度起计算优惠期，第一年至第二年免征企业所得税，第三年至第五年按照 25% 的法定税率减半征收企业所得税，并享受至期满为止。当表 A107042“减免方式”选择第 6 行时，本行填报表 A107042 第 32 行的金额，否则不允许填报。

（14）第 14 行“十四、国家规划布局内重点软件企业可减按 10% 的税率征收企业所得税”：根据《财政部　国家税务总局关于进一步鼓励软件产业和集成电路产业发展企业所得税政策的通知》（财税〔2012〕27 号）、《财政部　国家税务总局　发展改革委　工业和信息化部关于软件和集成电路产业企业所得税优惠政策有关问题的通知》（财税〔2016〕49 号）等规定，国家规划布局内的重点软件企业，如当年未享受免税优惠的，可减按 10% 税率征收企业所得税。当表 A107042“减免方式”选择第 7 行时，本行填报表 A107042 第 32 行的金额，否则不允许填报。

（15）第 15 行“十五、符合条件的集成电路封装、测试企业定期减免企业所得税”：根据《财政部　国家税务总局　发展改革委工业和信息化部关于进一步鼓励集成电路产业发展企业所得税政策的通知》（财税〔2015〕6 号）规定，符合条件的集成电路封装、测试企业，在 2017 年（含 2017 年）前实现获利的，自获利年度起第一年至第二年免征企业所得税，第三年至第五年按照 25% 的法定税率减半征收企业所得税，并享受至期满为止；2017 年前未实现获利的，自 2017 年起计算优惠期，享受至期满为止。本行填报根据表 A100000 第 23 行应纳税所得额计算的免征、减征企业所得税金额。当表 A107042“减免方式”选择第 8 行时，本行填报表 A107042 第 32 行的金额，否则不允许填报。

（16）第 16 行“十六、符合条件的集成电路关键专用材料生产企业、集成电路专用设备生产企业定期减免企业所得税”：根据《财政部　国家税务总局　发展改革委工业和信息化部关于进一步鼓励集成电路产业发展企业所得税政策的通知》（财税〔2015〕6 号）规定，符合条件的集成电路关键专用材料生产企业、集成电路专用设备生产企业，在2017年（含2017年）前实现获利的，自获利年度起第一年至第二年免征企业所得税，第三年至第五年按照25%的法定税率减半征收企业所得税，并享受至期满为止；2017年前未实现获利的，自2017年起计算优惠期，享受至期满为止。本行填报根据表A100000第23行应纳税所得额计算的免征、减征企业所得税金额。当表A107042“减免方式”选择第9行时，本行填报表A107042第32行的金额，否则不允许填报。

（17）第17行“十七、经营性文化事业单位转制为企业的免征企业所得税”：根据《财政部　国家税务总局　中宣部关于继续实施文化体制改革中经营性文化事业单位转制为企业若干税收政策的通知》（财税〔2014〕84号）等规定，从事新闻出版、广播影视和文化艺术的经营性文化事业单位转制为企业的，自转制注册之日起免征企业所得税。本行填报根据表A100000第23行应纳税所得额计算的免征企业所得税金额。

（18）第18行“十八、符合条件的生产和装配伤残人员专门用品企业免征企业所得税”：根据《财政部　国家税务总局　民政部关于生产和装配伤残人员专门用品企业免征企业所得税的通知》（财税〔2016〕111号）等规定，符合条件的生产和装配伤残人员专门用品的企业免征企业所得税。本行填报根据A100000表第23行应纳税所得额计算的免征企业所得税金额。

（19）第19行“十九、技术先进型服务企业减按15%的税率征收企业所得税”：根据《财政部　国家税务总局　商务部　科技部　国家发展改革委关于完善技术先进型服务企业有关企业所得税政策问题的通知》（财税〔2014〕59号）和《财政部　国家税务总局　商务部　科学技术部　国家发展和改革委员会关于新增中国服务外包示范城市适用技术先进型服务企业所得税政策的通知》（财税〔2016〕108号）《财政部　税务总局　商务部　科技部　国家发展改革委关于将技术先进型服务企业所得税政策推广至全国实施的通知》（财税〔2017〕79号）等规定，对经认定的技术先进型服务企业，减按15%的税率征收企业所得税。本行填报根据表A100000第23行应纳税所得额计算的减征所得税金额。

（20）第20行“二十、服务贸易创新发展试点地区符合条件的技术先进型服务企业减按15%的税率征收企业所得税”：根据《财政部　国家税务总局　商务部 科技部　国家发展改革委关于在服务贸易创新发展试点地区推广技术先进型服务企业所得税优惠政策的通知》（财税〔2016〕122号）等规定，在服务贸易创新发展试点地区，符合条件的技术先进型服务企业减按15%的税率征收企业所得税。本行填报根据表A100000第23行应纳税所得额计算的减征所得税金额。

（21）第21行“二十一、设在西部地区的鼓励类产业企业减按15%的税率征收企业所得税”：根据《财政部　海关总署　国家税务总局关于深入实施西部大开发战略有关税收政策问题的通知》（财税〔2011〕58号）、《国家税务总局关于深入实施西部大开发战略有关企业所得税问题的公告》（国家税务总局公告2012年第12号）、《财政部　海关总署　国家税务总局关于赣州市执行西部大开发税收政策问题的通知》（财税

〔2013〕4号)、《西部地区鼓励类产业目录》(中华人民共和国国家发展和改革委员会令第15号)、《国家税务总局关于执行〈西部地区鼓励类产业目录〉有关企业所得税问题的公告》(国家税务总局公告2015年第14号)等规定,对设在西部地区的鼓励类产业企业减按15%的税率征收企业所得税;对设在赣州市的鼓励类产业的内资和外商投资企业减按15%税率征收企业所得税。本行填报根据表A100000第23行应纳税所得额计算的减征所得税金额。

(22)第22行"二十二、新疆困难地区新办企业定期减免企业所得税":根据《财政部　国家税务总局关于新疆困难地区新办企业所得税优惠政策的通知》(财税〔2011〕53号)、《财政部　国家税务总局　国家发展改革委　工业和信息化部关于完善新疆困难地区重点鼓励发展产业企业所得税优惠目录的通知》(财税〔2016〕85号)等规定,对在新疆困难地区新办的属于《新疆困难地区重点鼓励发展产业企业所得税优惠目录》范围内的企业,自取得第一笔生产经营收入所属纳税年度起,第一年至第二年免征企业所得税,第三年至第五年减半征收企业所得税。本行填报根据A100000表第23行应纳税所得额计算的免征、减征企业所得税金额。

(23)第23行"二十三、新疆喀什、霍尔果斯特殊经济开发区新办企业定期免征企业所得税":根据《财政部　国家税务总局关于新疆喀什 霍尔果斯两个特殊经济开发区企业所得税优惠政策的通知》(财税〔2011〕112号)、《财政部　国家税务总局　国家发展改革委　工业和信息化部关于完善新疆困难地区重点鼓励发展产业企业所得税优惠目录的通知》(财税〔2016〕85号)等规定,对在新疆喀什、霍尔果斯两个特殊经济开发区内新办的属于《新疆困难地区重点鼓励发展产业企业所得税优惠目录》范围内的企业,自取得第一笔生产经营收入所属纳税年度起,五年内免征企业所得税。本行填报根据A100000表第23行应纳税所得额计算的免征企业所得税金额。

(24)第24行"二十四、广东横琴、福建平潭、深圳前海等地区的鼓励类产业企业减按15%税率征收企业所得税":根据《财政部　国家税务总局关于广东横琴新区、福建平潭综合实验区、深圳前海深港现代化服务业合作区企业所得税优惠政策及优惠目录的通知》(财税〔2014〕26号)等规定,对设在广东横琴新区、福建平潭综合实验区和深圳前海深港现代服务业合作区的鼓励类产业企业减按15%的税率征收企业所得税。本行填报根据表A100000第23行应纳税所得额计算的减征所得税金额。

(25)第25行"二十五、北京冬奥组委、北京冬奥会测试赛赛事组委会免征企业所得税":根据《财政部　税务总局　海关总署关于北京2022年冬奥会和冬残奥会税收政策的通知》(财税〔2017〕60号)等规定,为支持发展奥林匹克运动,确保北京2022年冬奥会和冬残奥会顺利举办,对北京冬奥组委免征应缴纳的企业所得税,北京冬奥会测试赛赛事组委会取得的收入及发生的涉税支出比照执行北京冬奥组委的税收政策。本行填报北京冬奥组委、北京冬奥会测试赛赛事组委会根据表A100000第23行应纳税所得额计算的免征企业所得税金额。

(26)第26行"二十六、享受过渡期税收优惠定期减免企业所得税":根据《国务院关于实施企业所得税过渡优惠政策的通知》(国发〔2007〕39号)等规定，自2008年1月1日起，原享受企业所得税“五免五减半”等定期减免税优惠的企业，新税法施行后继续按原税收法律、行政法规及相关文件规定的优惠办法及年限享受至期满为止，但因未获利而尚未享受税收优惠的，其优惠期限从2008年度起计算。本行填报根据表A100000第23行应纳税所得额计算的免征、减征企业所得税金额。

(27)第27行“二十七、其他”：填报国务院根据税法授权制定的及本表未列明的其他税收优惠政策，需填报项目名称、减免税代码及免征、减征企业所得税金额。

(28)第28行“二十八、减：项目所得额按法定税率减半征收企业所得税叠加享受减免税优惠”：纳税人同时享受优惠税率和所得项目减半情形下，在填报本表低税率优惠时，所得项目按照优惠税率减半计算多享受优惠的部分。

企业从事农林牧渔业项目、国家重点扶持的公共基础设施项目、符合条件的环境保护、节能节水项目、符合条件的技术转让、其他专项优惠等所得额应按法定税率25%减半征收，同时享受小型微利企业、高新技术企业、技术先进型服务企业、集成电路线宽小于0.25微米或投资额超过80亿元人民币集成电路生产企业、国家规划布局内重点软件企业和集成电路设计企业等优惠税率政策，由于申报表填报顺序，按优惠税率减半叠加享受减免税优惠部分，应在本行对该部分金额进行调整。本行应大于等于0且小于等于第1+2+…+20+22+…+27行的值。

计算公式：本行=减半项目所得额 ×50%×(25%- 优惠税率)。

(29)第29行“二十九、支持和促进重点群体创业就业企业限额减征企业所得税”：根据《财政部　税务总局　人力资源社会保障部关于继续实施支持和促进重点群体创业就业有关税收政策的通知》(财税〔2017〕49号)等规定，商贸企业、服务型企业、劳动就业服务企业中的加工型企业和街道社区具有加工性质的小型企业实体，在新增加的岗位中，当年新招用在人力资源社会保障部门公共就业服务机构登记失业半年以上且持《就业创业证》或《就业失业登记证》(注明“企业吸纳税收政策”)人员，与其签订1年以上期限劳动合同并依法缴纳社会保险费的，在3年内按实际招用人数予以定额依次扣减增值税、城市维护建设税、教育费附加、地方教育附加和企业所得税优惠。定额标准为每人每年4000元，最高可上浮30%。本行填报企业纳税年度终了时实际减免的增值税、城市维护建设税、教育费附加和地方教育附加小于核定的减免税总额，在企业所得税汇算清缴时扣减的企业所得税，当年扣减不完的，不再结转以后年度扣减。本行为合计行，等于29.1行+29.2行。

安置下岗失业人员再就业、高校毕业生就业扣减的企业所得税，分别填写本表29.1行、29.2行。

(30)第30行“三十、扶持自主就业退役士兵创业就业企业限额减征企业所得税”：根据《财政部　税务总局　民政部关于继续实施扶持自主就业退役士兵创业就业有关税收政策的通知》(财税〔2017〕46号)等规定，对商贸企业、服务型企业、劳动就业服务企业中的加工型企业和街道社区具有加工性质的小型企业实体，在新增加的岗位中，当年新招用自主就业退役士兵，与其签订1年以上期限劳动合同并依法缴纳社会保险费的，在3年内按实际招用人数予以定额依次扣减增值税、城市维护建设税、教育费附加、地方教育附加和企业所得税优惠。定额标准为每人每年4000元，最高可上浮50%。本行填报企业纳税年度终了时实际减免的增值税、城市维护建设税、教育费附加和地方教育附加小于核定的减免税总额，在企业所得税汇算清缴时扣减的企业所得税，当年扣减不完的，不再结转以后年度扣减。

（31）第31行“三十一、民族自治地方的自治机关对本民族自治地方的企业应缴纳的企业所得税中属于地方分享的部分减征或免征（□免征　□减征：减征幅度____%）”：根据税法、《财政部　国家税务总局关于贯彻落实国务院关于实施企业所得税过渡优惠政策有关问题的通知》（财税〔2008〕21号）、《中华人民共和国民族区域自治法》的规定，实行民族区域自治的自治区、自治州、自治县的自治机关对本民族自治地方的企业应缴纳的企业所得税中属于地方分享的部分，可以决定减征或者免征，自治州、自治县决定减征或者免征的，须报省、自治区、直辖市人民政府批准。

纳税人填报该行次时，根据享受政策的类型选择“免征”或“减征”，二者必选其一。选择“免征”是指企业所得税款地方分成40%部分全免；选择“减征：减征幅度____%”需填写“减征幅度”，减征幅度填写1至100，表示企业所得税地方分成部分减征的百分比。优惠金额填报（应纳所得税额－本表以上行次优惠合计）×40%×减征幅度的金额，本表以上行次不包括第4.1行、4.2行、29.1行、29.2行。如地方分享部分减半征收，则选择“减征”，并在“减征幅度”后填写“50%”。

（32）第32行“合计”：填报第1+2+3+4+5+…+26+27−28+29+30+31行的金额。

2. 表内、表间关系

（1）表内关系

①第4行＝第4.1+4.2行。

②第29行＝第29.1+29.2行。

③第32行＝第1+2+3+4+5+…+26+27−28+29+30+31行。

（2）表间关系

①第2行＝表A107041第31行。

②第3行＝表A107041第32行。

③第6行至第16行＝A107042第32行，根据以下规则判断填报：

若A107042“减免方式”单选第1行，第6行＝A107042第32行；

若A107042“减免方式”单选第2行“15%税率”，第7行＝A107042第32行；

若A107042“减免方式”单选第3行“15%税率”，第8行＝A107042第32行；

若A107042“减免方式”单选第2行“五免五减半”，第9行＝A107042第32行；

若A107042“减免方式”单选第3行“五免五减半”，第10行＝A107042第32行；

若A107042“减免方式”单选第4行，第11行=A107042第32行；

若A107042“减免方式”单选第5行，第12行=A107042第32行；

若A107042“减免方式”单选第6行，第13行=A107042第32行；

若A107042“减免方式”单选第7行，第14行=A107042第32行；

若A107042“减免方式”单选第8行，第15行=A107042第32行；

若A107042“减免方式”单选第9行，第16行=A107042第32行。

④第31行=（表A100000第25行－本表第1+2+3+4+5…+29+30行）×40%×减征幅度。

⑤第32行=表A100000第26行。

（三）填表举例

【例7-5】甲企业为工业企业，2016年成立，资产总额200万元，职工人数80人，从事非国家限制性行业，2018年度应纳税所得额为28万元。

解析：减免所得税额=28×（25%−50%×20%）=4.2（万元）

填报《A107040减免所得税优惠明细表》示范，见表7-11。

表7-11　A107040减免所得税优惠明细表

单位：万元

行次	项　目	金额
1	一、符合条件的小型微利企业减免企业所得税	4.2

填报《A100000企业所得税年度纳税申报表（A类）》示范，见表7-12。

表7-12　A100000企业所得税年度纳税申报表（A类）

单位：万元

行次	类别	项　目	金额
25	应纳税额计算	六、应纳所得税额（23×24）	
26		减：减免所得税额（填写A107040）	4.2

【例7-6】某高新技术企业2018年应纳税所得额为2200万元，其中800万元为技术转让所得。该企业应纳所得税额=（2200−800）×15%+（800−500）×50%×25%=247.5（万元）。

解析：

2018年度该高新技术企业企业所得税汇算清缴填报示范：

第一步：所得减免的填报，见表7-13。

在《A107020所得减免优惠明细表》第10行、第22行填写“符合条件的技术转让项目”减免的所得650万元，对应主表第20行“减：所得减免”应填报650万元。

表 7-13　A107020 所得减免优惠明细表

单位：万元

行次行次	减免项目	项目名称	优惠事项名称	优惠方式	项目收入	项目成本	相关税费	应分摊期间费用	纳税调整额	项目所得额		减免所得额
										免税项目	减半项目	
		1	2	3	4	5	6	7	8	9	10	11（9+10×50%）
10	四、符合条件的技术转让项目	技术转让			800				*	500	300	650
22	合计				800					500	300	650

第二步：减免所得税的填报，见表 7-14。

首先，将按照主表第 23 行应纳税所得额 1550 万元（2200-650）减征 10% 的部分 155 万元，填入《A107041 高新技术企业优惠情况及明细表》第 29 行“减免税金额”。

表 7-14　A107041 高新技术企业优惠情况及明细表

单位：万元

行次	基本信息			
1	高新技术企业证书编号		高新技术企业证书取得时间	合计
…	…			
31	减免税额	十、国家需要重点扶持的高新技术企业减征企业所得税		155

其次，将《A107041 高新技术企业优惠情况及明细表》第 31 行“减免税金额”155 万元填入《A107040 减免所得税优惠明细表》第 2 行“国家需要重点扶持的高新技术企业”减免金额。超过 500 万元的部分减半后的所得 150 万元，由于已经享受减半征收优惠，就不能再享受降低税率优惠，需在《A107040 减免所得税优惠明细表》第 28 行“减：项目所得额按法定税率减半征收企业所得税叠加享受减免税优惠”进行调整，将对已享受项目所得优惠的 150 万元所得因减按 15% 税率征税而减少的所得税要补回来。需调整金额 =150×（25%-15%）=15（万元），因此，第 28 行填写 15 万元，第 32 行“合计”=155-15=140（万元），填报示范见表 7-15。

表 7-15　A107040 减免所得税优惠明细表

单位：万元

行次	项目	金额
1	…	
2	二、国家需要重点扶持的高新技术企业（填写 A107041）	155
27	…	

续表

行次	项目	金额
28	二十八、减：项目所得额按法定税率减半征收企业所得税叠加享受减免税优惠	15
32	合计（1+2+…+27-28+29+30+31）	140

最后，填写主表，见表 7-16。

表 7-16　A100000 中华人民共和国企业所得税年度纳税申报表（A 类）

单位：万元

行次	类别	项　目	金额
19	应纳税所得额计算	四、纳税调整后所得（13-14+15-16-17+18）	2200
20		减：所得减免（填写 A107020）	650
21		减：抵扣应纳税所得额（A 填写 A107030）	
22		减：弥补以前年度亏损（填写 A106000）	
23		五、应纳税所得额（19-20-21-22）	1550
24	应纳税额计算	税率（25%）	25%
25		六、应纳所得税额（23×24）	387.5
26		减：减免所得税额（填写 A107040）	140
27		减：抵免所得税额（填写 A107050）	
28		七、应纳税额（25-26-27）	247.5

四、A107050 税额抵免优惠明细表

（一）根据国家税务总局 2017 年第 54 号公告，表式如下：

表 7-17　税额抵免优惠明细表（A107050）

行次	项目	年度	本年抵免前应纳税额	本年允许抵免的专用设备投资额	本年可抵免税额	以前年度已抵免额						本年实际抵免的各年度税额	可结转以后年度抵免的税额
						前五年度	前四年度	前三年度	前二年度	前一年度	小计		
		1	2	3	4（3×10%）	5	6	7	8	9	10（5+…+9）	11	12（4-10-11）
1	前五年度												*

续表

行次	项目	年度	本年抵免前应纳税额	本年允许抵免的专用设备投资额	本年可抵免税额	以前年度已抵免额						本年实际抵免的各年度税额	可结转以后年度抵免的税额
						前五年度	前四年度	前三年度	前二年度	前一年度	小计		
		1	2	3	4（3×10%）	5	6	7	8	9	10（5+…+9）	11	12（4–10–11）
2	前四年度					*							
3	前三年度					*	*						
4	前二年度					*	*	*					
5	前一年度					*	*	*	*				
6	本年度					*	*	*	*	*	*		
7	本年实际抵免税额合计												*
8	可结转以后年度抵免的税额合计												
9	专用设备投资情况	本年允许抵免的环境保护专用设备投资额											
10		本年允许抵免节能节水的专用设备投资额											
11		木年允许抵免的安全生产专用设备投资额											

（二）根据国家税务总局2017年第54号公告，填报说明如下：

本表适用于享受专用设备投资额抵免优惠（含结转）的纳税人填报。纳税人根据税法、《财政部　国家税务总局关于执行环境保护专用设备企业所得税优惠目录、节能节水专用设备企业所得税优惠目录和安全生产专用设备企业所得税优惠目录有关问题的通知》（财税〔2008〕48号）、《财政部　国家税务总局　国家发展改革委关于公布节能节水专用设备企业所得税优惠目录（2008年版）和环境保护专用设备企业所得税优惠目录（2008年版）的通知》（财税〔2008〕115号）、《财政部　国家税务总局　安全监管总局关于公布〈安全生产专用设备企业所得税优惠目录（2008年版）〉的通知》（财税〔2008〕118号）、《财政部　国家税务总局关于执行企业所得税优惠政策若干问题的通知》（财税〔2009〕69号）、《国家税务总局关于环境保护、节能节水、安全生产等专用设备投资抵免企业所得税有关问题的通知》（国税函〔2010〕256号）、

《财政部　税务总局　国家发展改革委 工业和信息化部 环境保护部关于印发节能节水和环境保护专用设备企业所得税优惠目录（2017 年版）的通知》（财税〔2017〕71 号）等相关税收政策规定，填报本年发生的专用设备投资额抵免优惠（含结转）情况。

1. 有关项目填报说明

（1）第 1 列“年度”：填报公历年份。第 6 行为本年，第 5 行至第 1 行依次填报。

（2）第 2 列“本年抵免前应纳税额”：填报纳税人《中华人民共和国企业所得税年度纳税申报表（A 类）》（表 A100000）第 25 行“应纳所得税额”减第 26 行“减免所得税额”后的额。2012 年度和 2013 年度的“当年抵免前应纳税额”：填报《企业所得税年度纳税申报表（A 类）》（2008 年版）第 27 行“应纳所得税额”减第 28 行“减免所得税额”后的余额。2014 年度、2015 年度和 2016 年度的“当年抵免前应纳税额”：填报纳税人《中华人民共和国企业所得税年度纳税申报表（A 类）》（2014 年版）第 25 行“应纳所得税额”减第 26 行“减免所得税额”后的余额。

（3）第 3 列“本年允许抵免的专用设备投资额”：填报纳税人本年购置并实际使用《环境保护专用设备企业所得税优惠目录》《节能节水专用设备企业所得税优惠目录》和《安全生产专用设备企业所得税优惠目录》规定的环境保护、节能节水、安全生产等专用设备的发票价税合计金额，但不包括允许抵扣的增值税进项税额、按有关规定退还的增值税税款以及设备运输、安装和调试等费用。

（4）第 4 列“本年可抵免税额”：填报第 3 列 ×10% 的金额。

（5）第 5 列至第 9 列“以前年度已抵免额”：填报纳税人以前年度已抵免税额，其中前五年度、前四年度、前三年度、前二年度、前一年度与“项目”列中的前五年度、前四年度、前三年度、前二年度、前一年度相对应。

（6）第 10 列“以前年度已抵免额—小计”：填报第 5+6+7+8+9 列的合计金额。

（7）第 11 列“本年实际抵免的各年度税额”：第 1 行至第 6 行填报纳税人用于依次抵免前 5 个年度及本年尚未抵免的税额，第 11 列小于等于第 4–10 列，且第 11 列第 1 行至第 6 行合计金额不得大于第 6 行第 2 列的金额。

（8）第 12 列“可结转以后年度抵免的税额”：填报第 4–10–11 列的余额。

（9）第 7 行第 11 列“本年实际抵免税额合计”：填报第 11 列第 1+2+…+6 行的合计金额。

（10）第 8 行第 12 列“可结转以后年度抵免的税额合计”：填报第 12 列第 2+3+…+6 行的合计金额。

（11）第 9 行“本年允许抵免的环境保护专用设备投资额”：填报纳税人本年购置并实际使用《环境保护专用设备企业所得税优惠目录》规定的环境保护专用设备的发票价税合计价格，但不包括允许抵扣的增值税进项税额、按有关规定退还的增值税税款以及设备运输、安装和调试等费用。

（12）第 10 行“本年允许抵免节能节水的专用设备投资额”：填报纳税人本年购置

并实际使用《节能节水专用设备企业所得税优惠目录》规定的节能节水等专用设备的发票价税合计价格，但不包括允许抵扣的增值税进项税额、按有关规定退还的增值税税款以及设备运输、安装和调试等费用。

（13）第 11 行“本年允许抵免的安全生产专用设备投资额”：填报纳税人本年购置并实际使用《安全生产专用设备企业所得税优惠目录》规定的安全生产等专用设备的发票价税合计价格，但不包括允许抵扣的增值税进项税额、按有关规定退还的增值税税款以及设备运输、安装和调试等费用。

2. 表内、表间关系

（1）表内关系

①第 4 列＝第 3 列 ×10%。

②第 10 列＝第 5+6+⋯+9 列。

③第 11 列≤第 4–10 列。

④第 12 列＝第 4–10–11 列。

⑤第 6 行第 3 列＝第 9+10+11 行。

⑥第 7 行第 11 列＝第 11 列第 1+2+⋯+6 行。

⑦第 8 行第 12 列＝第 12 列第 2+3+⋯+6 行。

（2）表间关系

①第 7 行第 11 列≤表 A100000 第 25–26 行。

②第 7 行第 11 列＝表 A100000 第 27 行。

③第 2 列＝表 A100000 第 25 行 – 表 A100000 第 26 行。

2012年度和2013年度：第2列＝《中华人民共和国企业所得税年度纳税申报表（A类）》（2008 年版）第 27–28 行。

2014 年度、2015 年度和 2016 年度：第 2 列＝《中华人民共和国企业所得税年度纳税申报表（A 类）》（2014 年版）第 25–26 行。

（三）填表举例：

【例 7–7】甲企业投资兴建环保项目，从 2013 年起，持续购买《环境保护专用设备企业所得税优惠目录》内的环保设备，2013–2018 年专用设备投资情况及当年抵免前的应纳税额，见表 7–18。

表 7–18　甲企业 2013–2018 年专用设备投资情况及当年抵免前的应纳税额

单位：万元

年度	专用设备投资额	当年抵免前的应纳税额
2013	12000	500
2014	5000	500
2015	6000	600

年度	专用设备投资额	当年抵免前的应纳税额
2016	7000	700
2017	8000	300
2018	9000	600

2018 年度甲企业企业所得税汇算清缴填报示范：

填报《A107050 税额抵免优惠明细表》（见表 7–19）

表 7–19 A107050 税额抵免优惠明细表

单位：万元

行次	项目	年度	本年抵免前应纳税额	本年允许抵免的专用设备投资额	本年可抵免税额	以前年度已抵免额						本年实际抵免的各年度税额	可结转以后年度抵免的税额
						前五年度	前四年度	前三年度	前二年度	前一年度	小计		
		1	2	3	4=3×10%	5	6	7	8	9	10	11	12（4–10–11）
1	前五年度	2013	500	12000	1200	500	500	200			1200		*
2	前四年度	2014	500	5000	500	*		400	100		500		
3	前三年度	2015	600	6000	600	*	*		600		600		
4	前二年度	2016	700	7000	700	*	*	*		300	300	400	
5	前一年度	2017	300	8000	800	*	*	*	*			200	600
6	本年度	2018	600	9000	900	*	*	*	*	*	*	0	900
7	本年实际抵免税额合计											600	*
8	可结转以后年度抵免的税额合计												1500
9	专用设备投资情况	本年允许抵免的环境保护专用设备投资额											9000
10		本年允许抵免节能节水的专用设备投资额											
11		本年允许抵免的安全生产专用设备投资额											

第三节　三级附表填报指南

一、A107011 符合条件的居民企业之间股息、红利等权益性投资收益优惠明细表

（一）根据国家税务总局 2017 年第 54 号公告，表式如下：

表 7-20　符合条件的居民企业之间的股息、红利等权益性投资收益优惠明细表（A107011）

行次	被投资企业	被投资企业统一社会信用代码（纳税人识别号）	投资性质	投资成本	投资比例	被投资企业利润分配确认金额		被投资企业清算确认金额			撤回或减少投资确认金额						合计
						被投资企业做出利润分配或转股决定时间	依决定归属于本公司的股息、红利等权益性投资收益金额	分得的被投资企业清算剩余资产	被清算企业累计未分配利润和累计盈余公积应享有部分	应确认的股息所得	从被投资企业撤回或减少投资取得的资产	减少投资比例	收回初始投资成本	取得资产中超过收回初始投资成本部分	撤回或减少投资应享有被投资企业累计未分配利润和累计盈余公积	应确认的股息所得	
	1	2	3	4	5	6	7	8	9	10（8与9孰小）	11	12	13（4×12）	14（11-13）	15	16（14与15孰小）	17（7+10+16）
1																	
2																	
3																	
4																	
5																	
6																	
7																	
8	合计																
9	其中：股票投资—沪港通 H 股																
10	股票投资—深港通 H 股																

（二）根据国家税务总局2017年第54号公告，填报说明如下：

本表适用于享受符合条件的居民企业之间的股息、红利等权益性投资收益优惠的纳税人填报。纳税人根据税法、《财政部　国家税务总局关于企业清算业务企业所得税处理若干问题的通知》（财税〔2009〕60号）、《财政部　国家税务总局关于执行企业所得税优惠政策若干问题的通知》（财税〔2009〕69号）、《国家税务总局关于贯彻落实企业所得税法若干税收问题的通知》（国税函〔2010〕79号）、《国家税务总局关于企业所得税若干问题的公告》（国家税务总局公告2011年第34号）、《财政部　国家税务总局　证监会关于沪港股票市场交易互联互通机制试点有关税收政策的通知》（财税〔2014〕81号）、《财政部　国家税务总局　证监会关于深港股票市场交易互联互通机制试点有关税收政策的通知》（财税〔2016〕127号）等相关税收政策规定，填报本年发生的符合条件的居民企业之间的股息、红利（包括H股）等权益性投资收益优惠情况，不包括连续持有居民企业公开发行并上市流通的股票不足12个月取得的投资收益。

1. 有关项目填报说明

（1）行次根据投资企业名称和投资性质填报，可以根据情况增加。

（2）第8行“合计”：填报第1+2+…+7行的第17列合计金额，若增行，根据增行后的情况合计。

（3）第9行“其中：股票投资—沪港通H股”：填报第1+2…+7行中，“投资性质”列选择“（3）股票投资（沪港通H股投资）”的行次，第17列合计金额。

（4）第10行“股票投资—深港通H股”：填报第1+2…+7行中，“投资性质”列选择“（4）股票投资（深港通H股投资）”的行次，第17列合计金额。

（5）第1列“被投资企业”：填报被投资企业名称。

（6）第2列“被投资企业统一社会信用代码（纳税人识别号）”：填报被投资企业工商等部门核发的纳税人统一社会信用代码。未取得统一社会信用代码的，填报税务机关核发的纳税人识别号。

（7）第3列“投资性质”：按选项填报：①直接投资；②股票投资（不含H股）；③股票投资（沪港通H股投资）；④股票投资（深港通H股投资）。

符合《财政部　国家税务总局　证监会关于沪港股票市场交易互联互通机制试点有关税收政策的通知》（财税〔2014〕81号）文件第一条第（四）项第1目规定，享受沪港通H股股息红利免税政策的企业，选择“（3）股票投资（沪港通H股投资）”。

符合《财政部　国家税务总局　证监会关于深港股票市场交易互联互通机制试点有关税收政策的通知》（财税〔2016〕127号）文件第一条第（四）项第1目规定，享受深港通H股股息红利免税政策的企业，选择“（4）股票投资（深港通H股投资）”。

（8）第4列“投资成本”：填报纳税人投资于被投资企业的计税成本。

（9）第5列“投资比例”：填报纳税人投资于被投资企业的股权比例。若购买公开发行股票的，此列可不填报。

（10）第 6 列“被投资企业做出利润分配或转股决定时间”：填报被投资企业做出利润分配或转股决定的时间。

（11）第 7 列“依决定归属于本公司的股息、红利等权益性投资收益金额”：填报纳税人按照投资比例或者其他方法计算的，实际归属于本公司的股息、红利等权益性投资收益金额。若被投资企业将股权（票）溢价所形成的资本公积转为股本的，不作为投资方企业的股息、红利收入，投资方企业也不得增加该项长期投资的计税基础。

（12）第 8 列“分得的被投资企业清算剩余资产”：填报纳税人分得的被投资企业清算后的剩余资产。

（13）第 9 列“被清算企业累计未分配利润和累计盈余公积应享有部分”：填报被清算企业累计未分配利润和累计盈余公积中本企业应享有的金额。

（14）第 10 列“应确认的股息所得”：填报第 7 列与第 8 列孰小值。

（15）第 11 列“从被投资企业撤回或减少投资取得的资产”：填报纳税人从被投资企业撤回或减少投资时取得的资产。

（16）第 12 列“减少投资比例”：填报纳税人撤回或减少的投资额占投资方在被投资企业持有总投资比例。

（17）第 13 列“收回初始投资成本”：填报第 3 × 11 列的金额。

（18）第 14 列“取得资产中超过收回初始投资成本部分”：填报第 11–13 列的余额。

（19）第 15 列“撤回或减少投资应享有被投资企业累计未分配利润和累计盈余公积”：填报被投资企业累计未分配利润和累计盈余公积按减少实收资本比例计算的部分。

（20）第 16 列“应确认的股息所得”：填报第 13 列与第 14 列孰小值。

（21）第 17 列“合计”：填报第 7+10+16 列的合计金额。

2. 表内、表间关系

（1）表内关系

①第 13 列＝第 4 × 12 列。

②第 14 列＝第 11–13 列。

③第 17 列＝第 7+10+16 列。

④第 10 列＝第 8 列与第 9 列孰小值。

⑤第 16 列＝第 14 列与第 15 列孰小值。

⑥第 8 行（“合计”行）＝第 1+2+…+7 行第 17 列合计。

⑦第 9 行（“股票投资—沪港通 H 股”合计行）＝第 1+2+…+7 行中，各行第 3 列选择“（3）股票投资（沪港通 H 股投资）”的行次第 17 列合计金额。

⑧第 10 行（“股票投资—深港通 H 股”合计行）＝第 1+2…+7 行中，各行第 3 列

选择“(4)股票投资(深港通H股投资)”的行次第17列合计金额。

(2)表间关系

①第8行第17列=表A107010第3行。

②第9行第17列=表A107010第4行。

③第10行第17列=表A107010第5行。

(三)填表举例

【例7-8】A企业2014年以1000万元投资注册B企业，占B企业30%股份，2018年1月31日经股东大会决议，B企业将可分配利润500万元对全体股东进行分配，归属于A企业的权益性投资收益金额为150万元。同年，A企业以800万元投资C企业，占C企业40%股份，2018年C企业进行清算时，C企业未分配利润和盈余公积2000万元，A企业分得C企业清算剩余财产现金2100万元。A企业2014年又以1200万元投资D企业，占D企业30%股份，2018年经股东大会决议撤资，截至撤资时，D企业累计留存收益为2500万元，其中A企业按照份额享有750万元。A企业撤资时分得现金2000万元。

第一步解析：

1. A企业分得B企业股息红利，直接确认投资收益150万元，此部分为免税收入。

2. C企业清算，A企业首先根据被投资企业C企业累计留存收益2000万元按投资比例确认股息红利800万元，此部分为免税收入，再按照分回剩余财产2100万元剔除投资收益800万元的余额1300万元，与投资成本800万元比较，确认投资所得为500万元，此部分需要纳税。

3. A企业撤资时先确认撤资收回成本1200万元，确认股息红利所得750万元(2500×30%)，此部分为免税收入。其余50万元(2000−1200−750)确认为投资转让所得，此部分需要纳税。

第二步：填报《A107011符合条件的居民企业之间的股息、红利等权益性投资收益优惠明细表》示范，见表7-21。

表 7-21　A107011 符合条件的居民企业之间的股息、红利等权益性投资收益优惠明细表

单位：万元

行次	被投资企业	被投资企业统一社会信用代码（纳税人识别号）	投资性质	投资成本	投资比例	被投资企业利润分配确认金额		被投资企业清算确认金额			撤回或减少投资确认金额						合计
						被投资企业做出利润分配或转股决定时间	依决定归属于本公司的股息、红利等权益性投资收益金额	分得的被投资企业清算剩余资产	被清算企业累计未分配利润和累计盈余公积应享有部分	应确认的股息所得	从被投资企业撤回或减少投资取得的资产	减少投资比例	收回初始投资成本	取得资产中超过收回初始投资成本部分	撤回或减少投资应享有被投资企业累计未分配利润和累计盈余公积	应确认的股息所得	
	1	2	3	4	5	6	7	8	9	10（8与9孰小）	11	12	13（4×12）	14（11-13）	15	16（14与15孰小）	17（7+10+16）
1	B		直接投资	1000	30%	2018.1.31	150										150
2	C		直接投资	800	40%			2100	800	800							800
3	D		直接投资	1200	30%						2000	100%	1200	800	750	750	750
4																	
5																	
6																	
7																	
8	合计																1700
9	其中：股票投资—沪港通 H 股																
10	股票投资—深港通 H 股																

二、A107012 研发费用加计扣除优惠明细表

（一）根据国家税务总局 2017 年第 54 号公告，表式如下：

表 7-22　研发费用加计扣除优惠明细表（A107012）

基本信息			
1	□一般企业　□科技型中小企业	科技型中小企业登记编号	
2	本年可享受研发费用加计扣除项目数量		
研发活动费用明细			
3	一、自主研发、合作研发、集中研发（4+8+17+20+24+35）		
4	（一）人员人工费用（5+6+7）		
5	1. 直接从事研发活动人员工资薪金		
6	2. 直接从事研发活动人员五险一金		
7	3. 外聘研发人员的劳务费用		
8	（二）直接投入费用（9+10+…+16）		
9	1. 研发活动直接消耗材料		
10	2. 研发活动直接消耗燃料		
11	3. 研发活动直接消耗动力费用		
12	4. 用于中间试验和产品试制的模具、工艺装备开发及制造费		
13	5. 用于不构成固定资产的样品、样机及一般测试手段购置费		
14	6. 用于试制产品的检验费		
15	7. 用于研发活动的仪器、设备的运行维护、调整、检验、维修等费用		
16	8. 通过经营租赁方式租入的用于研发活动的仪器、设备租赁费		
17	（三）折旧费用（18+19）		
18	1. 用于研发活动的仪器的折旧费		
19	2. 用于研发活动的设备的折旧费		
20	（四）无形资产摊销（21+22+23）		
21	1. 用于研发活动的软件的摊销费用		
22	2. 用于研发活动的专利权的摊销费用		
23	3. 用于研发活动的非专利技术（包括许可证、专有技术、设计和计算方法等）的摊销费用		
24	（五）新产品设计费等（25+26+27+28）		
25	1. 新产品设计费		
26	2. 新工艺规程制定费		
27	3. 新药研制的临床试验费		
28	4. 勘探开发技术的现场试验费		
研发活动费用明细			
29	（六）其他相关费用（30+31+32+33+34）		

续表

30	1. 技术图书资料费、资料翻译费、专家咨询费、高新科技研发保险费	
31	2. 研发成果的检索、分析、评议、论证、鉴定、评审、评估、验收费用	
32	3. 知识产权的申请费、注册费、代理费	
33	4. 职工福利费、补充养老保险费、补充医疗保险费	
34	5. 差旅费、会议费	
35	（七）经限额调整后的其他相关费用	
36	二、委托研发［（37–38）×80%］	
37	委托外部机构或个人进行研发活动所发生的费用	
38	其中：委托境外进行研发活动所发生的费用	
39	三、年度研发费用小计（3+36）	
40	（一）本年费用化金额	
41	（二）本年资本化金额	
42	四、本年形成无形资产摊销额	
43	五、以前年度形成无形资产本年摊销额	
44	六、允许扣除的研发费用合计（40+42+43）	
45	减：特殊收入部分	
46	七、允许扣除的研发费用抵减特殊收入后的金额（44–45）	
47	减：当年销售研发活动直接形成产品（包括组成部分）对应的材料部分	
48	减：以前年度销售研发活动直接形成产品（包括组成部分）对应材料部分结转金额	
49	八、加计扣除比例	
50	九、本年研发费用加计扣除总额（46–47–48）×49	
51	十、销售研发活动直接形成产品（包括组成部分）对应材料部分结转以后年度扣减金额（当46–47–48 ≥ 0，本行 =0；当46–47–48<0，本行 =46–47–48 的绝对值）	

（二）根据国家税务总局 2017 年第 54 号公告，填报说明如下：

本表适用于享受研发费用加计扣除优惠（含结转）的纳税人填报。纳税人根据税法、《财政部　国家税务总局　科技部关于完善研究开发费用税前加计扣除政策的通知》（财税〔2015〕119 号）、《国家税务总局关于企业研究开发费用税前加计扣除政策有关问题的公告》（国家税务总局公告 2015 年第 97 号）、《财政部　税务总局　科技部关于提高科技型中小企业研究开发费用税前加计扣除比例的通知》（财税〔2017〕34

号）、《科技部 财政部 国家税务总局关于印发〈科技型中小企业评价办法〉的通知》（国科发政〔2017〕115号）、《国家税务总局关于提高科技型中小企业研究开发费用税前加计扣除比例有关问题的公告》（国家税务总局公告2017年第18号）、《国家税务总局关于研发费用税前加计扣除归集范围有关问题的公告》（国家税务总局公告2017年第40号）等相关税收政策规定，填报本年发生的研发费用加计扣除优惠情况及以前年度结转情况。

1. 有关项目填报说明

（1）第1行"□一般企业 □科技型中小企业"：纳税人按照《科技部 财政部 国家税务总局关于印发〈科技型中小企业评价办法〉的通知》（国科发政〔2017〕115号）的相关规定，取得相应年度科技型中小企业登记编号的，选择"科技型中小企业"，并填写"科技型中小企业登记编号"，否则选择"一般企业"。

（2）第2行"本年可享受研发费用加计扣除项目数量"：填报纳税人本年研发项目中可享受研发费用加计扣除优惠政策的项目数量。

（3）第3行"一、自主研发、合作研发、集中研发"：填报第4+8+17+20+24+35行的合计金额。

（4）第4行"（一）人员人工费用"：填报第5+6+7行的合计金额。

直接从事研发活动的人员、外聘研发人员同时从事非研发活动的，填报按实际工时占比等合理方法分配的用于研发活动的相关费用。

（5）第5行"1. 直接从事研发活动人员工资薪金"：填报纳税人直接从事研发活动人员包括研究人员、技术人员、辅助人员发生的工资、薪金、奖金、津贴、补贴以及按规定可以在税前扣除的对研发人员股权激励的支出。

（6）第6行"2. 直接从事研发活动人员五险一金"：填报纳税人直接从事研发活动人员包括研究人员、技术人员、辅助人员发生的基本养老保险费、基本医疗保险费、失业保险费、工伤保险费、生育保险费和住房公积金。

（7）第7行"3. 外聘研发人员的劳务费用"：填报纳税人外聘研发人员发生的劳务费用或纳税人与劳务派遣企业签订研发人员劳务用工协议（合同）发生的劳务费用，以及临时聘用研发人员发生的劳务费用。

（8）第8行"（二）直接投入费用"：填报第9+10+…+16行的合计金额。

（9）第9行"1. 研发活动直接消耗材料"：填报纳税人研发活动直接消耗材料。

（10）第10行"2. 研发活动直接消耗燃料"：填报纳税人研发活动直接消耗燃料。

（11）第11行"3. 研发活动直接消耗动力费用"：填报纳税人研发活动直接消耗的动力费用。

（12）第12行"4. 用于中间试验和产品试制的模具、工艺装备开发及制造费"：填报纳税人研发活动中用于中间试验和产品试制的模具、工艺装备开发及制造费。

（13）第13行"5. 用于不构成固定资产的样品、样机及一般测试手段购置费"：填报纳税人研发活动中用于不构成固定资产的样品、样机及一般测试手段购置费。

（14）第 14 行“6. 用于试制产品的检验费”：填报纳税人研发活动中用于试制产品的检验费。

（15）第 15 行“7. 用于研发活动的仪器、设备的运行维护、调整、检验、维修等费用”：填报纳税人用于研发活动的仪器、设备的运行维护、调整、检验、维修等费用。

（16）第 16 行“8. 通过经营租赁方式租入的用于研发活动的仪器、设备租赁费”：填报纳税人经营租赁方式租入的用于研发活动的仪器、设备租赁费。以经营租赁方式租入的用于研发活动的仪器、设备，同时用于非研发活动的，填报按实际工时占比等合理方法分配的用于研发活动的相关费用。

（17）第 17 行“（三）折旧费用”：填报第 18+19 行的合计金额。

用于研发活动的仪器、设备，同时用于非研发活动的，填报按实际工时占比等合理方法分配的用于研发活动的相关费用。

纳税人用于研发活动的仪器、设备，符合税收规定且选择加速折旧优惠政策的，在享受研发费用税前加计扣除政策时，就税前扣除的折旧部分填报。

（18）第 18 行“1. 用于研发活动的仪器的折旧费”：填报纳税人用于研发活动的仪器的折旧费。

（19）第 19 行“2. 用于研发活动的设备的折旧费”：填报纳税人用于研发活动的设备的折旧费。

（20）第 20 行“（四）无形资产摊销”：填报第 21+22+23 行的合计金额。

用于研发活动的无形资产，同时用于非研发活动的，填报按实际工时占比等合理方法在研发费用和生产经营费用间分配的用于研发活动的相关费用。

纳税人用于研发活动的无形资产，符合税收规定且选择加速摊销优惠政策的，在享受研发费用税前加计扣除政策时，就税前扣除的摊销部分填报。

（21）第 21 行“1. 用于研发活动的软件的摊销费用”：填报纳税人用于研发活动的软件的摊销费用。

（22）第 22 行“2. 用于研发活动的专利权的摊销费用”：填报纳税人用于研发活动的专利权的摊销费用。

（23）第 23 行“3. 用于研发活动的非专利技术（包括许可证、专有技术、设计和计算方法等）的摊销费用”：填报纳税人用于研发活动的非专利技术（包括许可证、专有技术、设计和计算方法等）的摊销费用。

（24）第 24 行“（五）新产品设计费等”：填报第 25+26+27+28 行的合计金额。新产品设计费、新工艺规程制定费、新药研制的临床试验费、勘探开发技术的现场试验费等。由辅助生产部门提供的，期末按照一定的分配标准分配给研发项目的金额填报。

（25）第 25 行“1. 新产品设计费”：填报纳税人研发活动中发生的新产品设计费。

（26）第 26 行“2. 新工艺规程制定费”：填报纳税人研发活动中发生的新工艺规程

制定费。

（27）第 27 行“3. 新药研制的临床试验费”：填报纳税人研发活动中发生的新药研制的临床试验费。

（28）第 28 行“4. 勘探开发技术的现场试验费”：填报纳税人研发活动中发生的勘探开发技术的现场试验费。

（29）第 29 行“（六）其他相关费用”：填报第 30+31+32+33+34 行的合计金额。

（30）第 30 行“1. 技术图书资料费、资料翻译费、专家咨询费、高新科技研发保险费”：填报纳税人研发活动中发生的技术图书资料费、资料翻译费、专家咨询费、高新科技研发保险费。

（31）第 31 行“2. 研发成果的检索、分析、评议、论证、鉴定、评审、评估、验收费用”：填报纳税人研发活动中发生的对研发成果的检索、分析、评议、论证、鉴定、评审、评估、验收费用。

（32）第 32 行“3. 知识产权的申请费、注册费、代理费”：填报纳税人研发活动中发生的知识产权的申请费、注册费、代理费。

（33）第 33 行“4. 职工福利费、补充养老保险费、补充医疗保险费”：填报纳税人研发活动人员发生的职工福利费、补充养老保险费、补充医疗保险费。

（34）第 34 行“5. 差旅费、会议费”：填报纳税人研发活动发生的差旅费、会议费。

（35）第 35 行“（七）经限额调整后的其他相关费用”：根据研发活动分析汇总填报。

（36）第 36 行“二、委托研发”：填报（37–38）行 ×80% 的金额。

（37）第 37 行“委托外部机构或个人进行研发活动所发生的费用”：填报纳税人研发项目委托外部机构或个人所发生的费用。

（38）第 38 行“其中：委托境外进行研发活动所发生的费用”：填报纳税人研发项目委托境外进行研发活动所发生的费用。

（39）第 39 行“三、年度可加计扣除的研发费用小计”：填报第 3+36 行的合计金额。

（40）第 40 行“（一）本年费用化金额”：填报按第 39 行归集的本年费用化部分金额。

（41）第 41 行“（二）本年资本化金额”：填报纳税人研发活动本年结转无形资产的金额。

（42）第 42 行“四、本年形成无形资产摊销额”：填报纳税人研发活动本年形成无形资产的摊销额。

（43）第 43 行“五、以前年度形成无形资产本年摊销额”：填报纳税人研发活动以前年度形成无形资产本年摊销额。

（44）第 44 行“六、允许扣除的研发费用合计”：填报第 40+42+43 行的合计金额。

（45）第 45 行“减：特殊收入部分”：填报纳税人已归集计入研发费用，但在当期取得的研发过程中形成的下脚料、残次品、中间试制品等特殊收入。

（46）第 46 行“七、允许扣除的研发费用抵减特殊收入后的金额”：填报第 44–45 行的余额。

（47）第 47 行“减：当年销售研发活动直接形成产品（包括组成部分）对应的材料部分”：填报纳税人当年销售研发活动直接形成产品（包括组成部分）对应的材料部分。

（48）第 48 行“以前年度销售研发活动直接形成产品（包括组成部分）对应材料部分结转金额”：填报纳税人以前年度销售研发活动直接形成产品（包括组成部分）对应材料部分结转金额。

（49）第 49 行“八、加计扣除比例”：填报 75%。

（50）第 50 行“九、本年研发费用加计扣除总额”：填报第（46–47–48）×49 行的金额，当 46–47–48 ＜ 0 时，本行＝ 0。

（51）第 51 行“十、销售研发活动直接形成产品（包括组成部分）对应材料部分结转以后年度扣减金额”：若第 46–47–48 行≥ 0，本行＝ 0；若第 46–47–48 行＜ 0，本行＝第 46–47–48 行的绝对值。

2. 表内、表间关系

（1）表内关系

①第 3 行＝第 4+8+17+20+24+35 行。

②第 4 行＝第 5+6+7 行。

③第 8 行＝第 9+10+…+16 行。

④第 17 行＝第 18+19 行。

⑤第 20 行＝第 21+22+23 行。

⑥第 24 行＝第 25+26+27+28 行。

⑦第 29 行＝第 30+31+32+33+34 行。

⑧第 36 行＝第（37–38）行 ×80%。

⑨第 39 行＝第 3+36 行

⑩第 44 行＝第 40+42+43 行。

⑪第 46 行＝第 44–45 行。

⑫第 50 行＝第（46–47–48）×49 行，当 46–47–48 ＜ 0 时，本行＝ 0。

⑬若第 46–47–48 行≥ 0，第 51 行＝ 0；若第 46–47–48 行＜ 0，第 51 行＝第 46–47–48 行的绝对值。

（2）表间关系

①当“□一般企业 □科技型中小企业”选“一般企业”时，第 50 行＝表 A107010 第 26 行。

②当"□一般企业 □科技型中小企业"为"科技型中小企业"时，第50行=表A107010第27行。

（三）填表举例：

【例7–9】某企业为非科技型中小企业，2018年度进行了4项研发活动，项目名称分别为A项目、B项目、C项目和D项目。A项目、B项目、D项目会计核算时进行了费用化处理，C项目符合资本化条件，在8月2日停止资本化，结转形成无形资产。

A项目共发生研发费用120万元，其中：研发人员工资薪金40万元，五险一金10万元，直接消耗的材料费用20万元，直接消耗的燃料费用5万元，用于试制产品的检验费5万元，用于研发活动的仪器折旧费20万元，用于研发活动的软件摊销费10万元，新工艺规程制定费5万元，技术图书资料费、资料翻译费等其他相关费用5万元。

B项目共发生研发费用180万元，其中：研发人员工资薪金30万元，五险一金5万元，直接消耗的材料费用40万元，用于中间试验和产品试制的模具、工艺装备开发及制造费10万元，用于研发活动设备的折旧费25万元，用于研发活动的专利权的摊销费25万元，新产品设计费15万元，专家咨询费10万元，职工补充养老保险20万元。

C项目2018年1月开始资本化，2018年8月2日停止资本化，结转形成无形资产。2018年发生的研发费用如下：研发人员工资薪金160万元，五险一金35万元，用于研发活动的仪器、设备的运行维护、调整、检验、维修等费用45万元，用于研发活动的设备的折旧费110万元，研发成果分析、评审费用20万元，知识产权申请费15万元，差旅费、会议费12万元。该项无形资产按10年摊销。

D项目，委托外部机构进行研发，共支付研发活动劳务费用180万元（其中30万元由境外机构完成）。

2017年度研发活动直接形成产品在2018年6月当月完成销售，该产品中已计入上年度研发费用中对应的材料部分为40万元。

1. 解析

（1）A项目研发费用中第一至五项费用小计=（一）人员人工费用（研发人员工资薪金40万元，五险一金10万元）+（二）直接投入费用（直接消耗的材料费用20万元，直接消耗的燃料费用5万元，试制产品的检验费5万元）+（三）折旧费用（研发活动的仪器折旧费20万元）+（四）无形资产摊销（研发活动的软件摊销费10万元）+（五）新产品设计费等（新工艺规程制定费5万元）=115（万元）

（2）B项目研发费用中第一至五项费用小计=（一）人员人工费用（研发人员工资薪金30万元，五险一金5万元）+（二）直接投入费用（直接消耗的材料费用40万元，用于中间试验和产品试制的模具、工艺装备开发及制造费 10 万元）+（三）折旧费用（研发活动设备的折旧费 25 万元）+（四）无形资产摊销（研发活动的专利权的摊销费 25 万元）+（五）新产品设计费等（新产品设计费 15 万元）=150（万元）

（3）C 项目研发费用中第一至五项费用小计 =（一）人员人工费用（研发人员工资薪金 160 万元，五险一金 35 万元）+（二）直接投入费用（研发活动的仪器、设备的运行维护、调试、检验、维修等费用 45 万元）+（三）折旧费用（研发活动设备的折旧费 110 万元）+（四）无形资产摊销（无）+（五）新产品设计费等（无）= 350（万元）

（4）费用化的研发项目（A 项目），其他相关费用限额 = 按照 A 项目第一至第五项费用之和 ×10%/（1−10%）=115×10%/（1−10%）=12.78（万元）。A 项目（六）其他相关费用实际发生数 = 技术图书资料费、资料翻译费等其他相关费用 5 万元。经限额调整后的其他相关费用 = 孰小值（12.78,5）=5（万元）

费用化的研发项目（B 项目），其他相关费用限额 = 按照 B 项目第一至第五项费用之和 ×10%/（1−10%）=150×10%/（1−10%）=16.67（万元）。B 项目（六）其他相关费用实际发生数 = 专家咨询费 10 万元 + 职工补充养老保险 20 万元 =30 万元。经限额调整后的其他相关费用 = 孰小值（16.67,30）=16.67（万元）

资本化的研发项目（C 项目），其他相关费用限额 = 每个项目可加计扣除的研发费用第一至第五项费用之和 ×10%/（1−10%）=350×10%/（1−10%）=38.89（万元）。C 项目（六）其他相关费用实际发生数 = 研发成果分析、评审费用 20 万元 + 知识产权申请费 15 万元 + 差旅费、会议费 12 万元 =47 万元。经限额调整后的其他相关费用 = 孰小值（38.89,47）=38.89（万元）

（5）本年可加计扣除的研发费用合计 =A 项目研发费用中第一至五项费用 +B 项目研发费用中第一至五项费用 +C 项目可加计扣除的研发费用 + 经限额调整后的其他相关费用 +D 项目可加计扣除研发费用 =115+150+350+（5+16.67+38.89）+（180−30）×80%=795.56（万元）。其中本年费用化金额 =115+150+5+16.67+（180−30）×80%=406.67（万元），本年资本化金额 =350+38.89=388.89（万元）

（6）本年形成无形资产摊销额 =388.89×5/（10×12）=16.2（万元）

（7）允许扣除的研发费用合计 = 本年费用化金额 + 无形资产本年摊销额 = 406.67+16.2=422.87（万元）

（8）本年研发费用加计扣除总额 =（允许扣除的研发费用合计 − 销售研发活动直接形成产品对应的材料费用）× 加计扣除比例 =（422.87−40）×75%=287.15（万元）

（9）经限额调整后的其他相关费用 =A 项目经限额调整后的其他相关费用 +B 项目经限额调整后的其他相关费用 +C 项目经限额调整后的其他相关费用 = 5+16.67+38.89=60.56（万元）（本表 7-22，第 35 行）

2. 填表示范，见表 7-22

表 7-22 A107012 研发费用加计扣除优惠明细表

单位：万元

基本信息			
1	☑一般企业　　□科技型中小企业	科技型中小企业登记编号	
2	本年可享受研发费用加计扣除项目数量		4
研发活动费用明细			
3	一、自主研发、合作研发、集中研发（4+8+17+20+24+35）		675.56
4	（一）人员人工费用（5+6+7）		280
5	1. 直接从事研发活动人员工资薪金		230
6	2. 直接从事研发活动人员五险一金		50
7	3. 外聘研发人员的劳务费用		
8	（二）直接投入费用（9+10+…+16）		125
9	1. 研发活动直接消耗材料		60
10	2. 研发活动直接消耗燃料		5
11	3. 研发活动直接消耗动力费用		
12	4. 用于中间试验和产品试制的模具、工艺装备开发及制造费		10
13	5. 用于不构成固定资产的样品、样机及一般测试手段购置费		
14	6. 用于试制产品的检验费		5
15	7. 用于研发活动的仪器、设备的运行维护、调整、检验、维修等费用		45
16	8. 通过经营租赁方式租入的用于研发活动的仪器、设备租赁费		
17	（三）折旧费用（18+19）		155
18	1. 用于研发活动的仪器的折旧费		20
19	2. 用于研发活动的设备的折旧费		135
20	（四）无形资产摊销（21+22+23）		35
21	1. 用于研发活动的软件的摊销费用		10
22	2. 用于研发活动的专利权的摊销费用		25
23	3. 用于研发活动的非专利技术（包括许可证、专有技术、设计和计算方法等）的摊销费用		
24	（五）新产品设计费等（25+26+27+28）		20
25	1. 新产品设计费		15
26	2. 新工艺规程制定费		5
27	3. 新药研制的临床试验费		
28	4. 勘探开发技术的现场试验费		
29	（六）其他相关费用（30+31+32+33+34）		82
30	1. 技术图书资料费、资料翻译费、专家咨询费、高新科技研发保险费		15

续表

31	2. 研发成果的检索、分析、评议、论证、鉴定、评审、评估、验收费用	20
研发活动费用明细		
32	3. 知识产权的申请费、注册费、代理费	15
33	4. 职工福利费、补充养老保险费、补充医疗保险费	20
34	5. 差旅费、会议费	12
35	（七）经限额调整后的其他相关费用	60.56
36	二、委托研发［（37–38）×80%］	120
37	委托外部机构或个人进行研发活动所发生的费用	180
38	其中：委托境外进行研发活动所发生的费用	30
39	三、年度研发费用小计（3+36）	795.56
40	（一）本年费用化金额	406.67
41	（二）本年资本化金额	388.89
42	四、本年形成无形资产摊销额	16.2
43	五、以前年度形成无形资产本年摊销额	
44	六、允许扣除的研发费用合计（40+42+43）	422.87
45	减：特殊收入部分	
46	七、允许扣除的研发费用抵减特殊收入后的金额（44–45）	422.87
47	减：当年销售研发活动直接形成产品（包括组成部分）对应的材料部分	40
48	减：以前年度销售研发活动直接形成产品（包括组成部分）对应材料部分结转金额	
49	八、加计扣除比例	75%
50	九、本年研发费用加计扣除总额（46–47–48）×49	287.15
51	十、销售研发活动直接形成产品（包括组成部分）对应材料部分结转以后年度扣减金额（当 46–47–48 ≥ 0，本行 =0；当 46–47–48<0，本行 =46–47–48 的绝对值）	

三、A107041 高新技术企业优惠情况及明细表

（一）根据国家税务总局 2017 年第 54 号公告，表式如下：

表 7–23　高新技术企业优惠情况及明细表（A107041）

基本信息				
1	高新技术企业证书编号		高新技术企业证书取得时间	
2	对企业主要产品（服务）发挥核心支持作用的技术所属范围	国家重点支持的高新技术领域		
		一级领域	二级领域	三级领域
3	关键指标情况			

续表

基本信息						
4	收入指标	一、本年高新技术产品（服务）收入（5+6）				
5		其中：产品（服务）收入				
6		技术性收入				
7		二、本年企业总收入（8–9）				
8		其中：收入总额				
9		不征税收入				
10		三、本年高新技术产品（服务）收入占企业总收入的比例（4 ÷ 7）				
11	人员指标	四、本年科技人员数				
12		五、本年职工总数				
13		六、本年科技人员占企业当年职工总数的比例（11 ÷ 12）				
14	研发费用指标	高新研发费用归集年度	本年度	前一年度	前二年度	合计
			1	2	3	4
15		七、归集的高新研发费用金额（16+25）				
16		（一）内部研究开发投入（17+⋯+22+24）				
17		1. 人员人工费用				
18		2. 直接投入费用				
19		3. 折旧费用与长期待摊费用				
20		4. 无形资产摊销费用				
21		5. 设计费用				
22		6. 装备调试费与实验费用				
23		7. 其他费用				
24		其中：可计入研发费用的其他费用				
25		（二）委托外部研发费用［（26+28）× 80%］				
26		1. 境内的外部研发费				
27		2. 境外的外部研发费				
28		其中：可计入研发费用的境外的外部研发费				
29		八、销售（营业）收入				
30		九、三年研发费用占销售（营业）收入的比例（15 行 4 列 ÷ 29 行 4 列）				
31	减免税额	十、国家需要重点扶持的高新技术企业减征企业所得税				
32		十一、经济特区和上海浦东新区新设立的高新技术企业定期减免税额				

（二）根据国家税务总局 2017 年第 54 号公告，填报说明如下：

高新技术企业资格的纳税人均需填报本表。纳税人根据税法、《科技部 财政部 国家税务总局关于修订印发〈高新技术企业认定管理办法〉的通知》（国科发火〔2016〕32号）、《科学技术部 财政部　国家税务总局关于修订印发〈高新技术企业认定管理工作指引〉的通知》（国科发火〔2016〕195号）、《国家税务总局关于实施高新技术企业所得税优惠政策有关问题的公告》（国家税务总局公告2017年第24号）等相关税收政策规定，填报本年发生的高新技术企业优惠情况。

1. 有关项目填报说明

（1）第1行“《高新技术企业证书》编号”：填报纳税人高新技术企业证书上的编号；“《高新技术企业证书》取得时间”：填报纳税人高新技术企业证书上的取得时间。

（2）第2行“对企业主要产品（服务）发挥核心支持作用的技术所属范围”：填报对企业主要产品（服务）发挥核心支持作用的技术属于《国家重点支持的高新技术领域》规定的具体范围，填报至三级明细领域，如“一、电子信息技术（一）软件 1. 系统软件”。

（3）第4行“一、本年高新技术产品（服务）收入”：填报第5+6行的合计金额。

（4）第5行“其中：产品（服务）收入”：填报纳税人本年发挥核心支持作用的技术属于《国家重点支持的高新技术领域》规定范围的产品（服务）收入。

（5）第6行“技术性收入”：包括技术转让收入、技术服务收入和接受委托研究开发收入。

（6）第7行“二、本年企业总收入”：填报第8–9行的余额。

（7）第8行“（一）收入总额”：填报纳税人本年以货币形式和非货币形式从各种来源取得的收入，为收入总额。包括：销售货物收入，提供劳务收入，转让财产收入，股息、红利等权益性投资收益，利息收入，租金收入，特许权使用费收入，接受捐赠收入，其他收入。

（8）第9行“不征税收入”：填报纳税人本年符合相关政策规定的不征税收入。

（9）第10行“三、本年高新技术产品（服务）收入占企业总收入的比例”：填报第4÷7行计算后的比例。

（10）第11行“四、本年科技人员数”：填报纳税人直接从事研发和相关技术创新活动，以及专门从事上述活动的管理和提供直接技术服务的，累计实际工作时间在183天以上的人员，包括在职、兼职和临时聘用人员。

（11）第12行“五、本年职工总数”：填报纳税人本年在职、兼职和临时聘用人员。在职人员可以通过企业是否签订了劳动合同或缴纳社会保险费来鉴别。兼职、临时聘用人员全年须在企业累计工作183天以上。

（12）第13行“六、本年科技人员占企业当年职工总数的比例”：填报第11÷12行计算后的比例。

（13）第14行“高新研发费用归集年度”：本行设定了三个年度，与计算研发费比例相关的第15行至第29行需填报三年数据，实际经营不满三年的按实际经营时间填报。

（14）第15行“七、本年归集的高新研发费用金额”：填报第16+25行的合计金额。

（15）第16行“（一）内部研究开发投入”：填报第17+18+19+20+21+22+24行的合计金额。

（16）第17行“1. 人员人工费用”：填报纳税人科技人员的工资薪金、基本养老保险费、基本医疗保险费、失业保险费、工伤保险费、生育保险费和住房公积金，以及外聘科技人员的劳务费用。

（17）第18行“2. 直接投入费用”：填报纳税人为实施研究开发活动而实际发生的相关支出。包括：直接消耗的材料、燃料和动力费用；用于中间试验和产品试制的模具、工艺装备开发及制造费，不构成固定资产的样品、样机及一般测试手段购置费，试制产品的检验费；用于研究开发活动的仪器、设备的运行维护、调整、检验、检测、维修等费用，以及通过经营租赁方式租入的用于研发活动的固定资产租赁费。

（18）第19行“3. 折旧费用与长期待摊费用”：填报纳税人用于研究开发活动的仪器、设备和在用建筑物的折旧费；研发设施的改建、改装、装修和修理过程中发生的长期待摊费用。

（19）第20行“4. 无形资产摊销费用”：填报纳税人用于研究开发活动的软件、知识产权、非专利技术（专有技术、许可证、设计和计算方法等）的摊销费用。

（20）第21行“5. 设计费用”：填报纳税人为新产品和新工艺进行构思、开发和制造，进行工序、技术规范、规程制定、操作特性方面的设计等发生的费用，包括为获得创新性、创意性、突破性产品进行的创意设计活动发生的相关费用。

（21）第22行“6. 装备调试费与实验费用”：填报纳税人工装准备过程中研究开发活动所发生的费用，包括研制特殊、专用的生产机器，改变生产和质量控制程序，或制定新方法及标准等活动所发生的费用。

（22）第23行“7. 其他费用”：填报纳税人与研究开发活动直接相关的其他费用，包括技术图书资料费、资料翻译费、专家咨询费、高新科技研发保险费，研发成果的检索、论证、评审、鉴定、验收费用，知识产权的申请费、注册费、代理费，会议费、差旅费、通信费等。

（23）第24行“其中：可计入研发费用的其他费用”：填报纳税人为研究开发活动所发生的其他费用中不超过研究开发总费用的20%的金额。该行取第17行至第22行之和 ×20%÷（1–20%）与第23行的孰小值。

（24）第25行“（二）委托外部研发费用”：填报纳税人委托境内外其他机构或个人进行研究开发活动所发生的费用（研究开发活动成果为委托方企业拥有，且与该企业的主要经营业务紧密相关）。委托外部研发费用的实际发生额应按照独立交易原则确定，按照实际发生额的80%计入委托方研发费用总额。本行填报（第26+28行）×80%的金额。

（25）第26行“1. 境内的外部研发费用”：填报纳税人委托境内其他机构或个人进行的研究开发活动所支出的费用。本行填报实际发生境内的外部研发费用。

（26）第27行“2.境外的外部研发费用”：填报纳税人委托境外机构或个人完成的研究开发活动所发生的费用。受托研发的境外机构是指依照外国（地区）及港澳台法律成立的企业和其他取得收入的组织；受托研发的境外个人是指外籍及港澳台个人。本行填报实际发生境外的外部研发费用。

（27）第28行“其中：可计入研发费用的境外的外部研发费用”：根据《高新技术企业认定管理办法》等规定，纳税人在中国境内发生的研发费用总额占全部研发费用总额的比例不低于60%，即境外发生的研发费用总额占全部研发费用总额的比例不超过40%。本行填报（第17+18+…+22+23+26行）×40%÷（1−40%）与第27行的孰小值。

（28）第29行“八、销售（营业）收入”：填报纳税人主营业务收入与其他业务收入之和。

（29）第30行“九、三年研发费用占销售（营业）收入的比例”：填报第15行4列÷第29行4列计算后的比例。

（30）第31行“十、国家需要重点扶持的高新技术企业减征企业所得税”：本行填报经济特区和上海浦东新区外的高新技术企业或虽在经济特区和上海浦东新区新设的高新技术企业但取得区外所得的减免税金额。

（31）第32行“十一、经济特区和上海浦东新区新设立的高新技术企业定期减免”：本行填报在经济特区和上海浦东新区新设的高新技术企业区内所得减免税金额。

2.表内、表间关系

（1）表内关系

①第4行=第5+6行。

②第7行=第8−9行。

③第10行=第4÷7行。

④第13行=第11÷12行。

⑤第15行=第16+25行。

⑥第16行=第17+18+19+20+21+22+24行。

⑦第25行=（第26+28行）×80%。

⑧第30行=第15行4列÷第29行4列。

（2）表间关系

①第31行=表A107040第2行。

②第32行=表A107040第3行。

（三）填表举例

【例7−10】甲企业于2018年被认定为高新技术企业，本年应纳税所得额为40万元，不涉及以前年度亏损弥补。企业本年总收入200万元，销售（营业）收入为160万元，高新技术领域为高新技术改造传统产业，本年未发生重大安全、质量事故、未有环境等违法、违规行为受到有关部门处罚，未发生偷、骗税行为。

各项指标如下：本年高新技术产品（服务）收入140万元，其中产品（服务）收入80万元，技术性收入60万元。具有大学专科以上学历的科技人员50人，研发人员数60人，本年职工总数100人。本年按照高新技术企业研发费用归集口径，内部研究开发投入达到80万元，其中：人员人工18万元、直接投入18万元、折旧费用与长期费用摊销6万元、设计费用6万元、装备调试费6万元、无形资产摊销6万元、其他费用20万元；委托外部研究开发费用50万元，其中：境内的外部研发费为35万元，境外的外部研发费为15万元。

前一年度销售（营业）收入为160万元，归集的高新研发费用金额为40万元，均为科技人员人工费用；前二年度销售（营业）收入为200万元，归集的高新研发费用金额为30万元，均为科技人员人工费用。

1. 解析

境内的外部研发费 =35（万元）

境外的外部研发费 =15（万元），第28行“其中：可计入研发费用的境外的外部研发费用”是根据《高新技术企业认定管理办法》等规定，纳税人在中国境内发生的研发费用总额占全部研发费用总额的比例不低于60%，即境外发生的研发费用总额占全部研发费用总额的比例不超过40%。本行填报：（第17+19+…+22+23+26行）×40%÷（1−40%）=（18+18+6+6+6+6+20+35）×40%÷（1−40%）=76.67（万元）

委托外部研究开发费用 = 境内的外部研发费 + 境外的外部研发费 =（35+15）×80%=40（万元）

“可计入研发费用的境外的其他费用”=（人员人工 + 直接投入 + 折旧费用与长期费用摊销 + 设计费用 + 装备调试费 + 无形资产摊销）×20%÷（1−20%）=（18+18+6+6+6+6）×20%÷（1−20%）=15（万元）

内部研究开发投入 =18+18+6+6+6+6+15=75（万元）

减免税金额 =40×（25%−15%）=4（万元）

2. 填报示范，见表7–24

表7–24　A107041 高新技术企业优惠情况及明细表

单位：万元

<table>
<tr><td colspan="5">基本信息</td></tr>
<tr><td>1</td><td>高新技术企业证书编号</td><td></td><td>高新技术企业证书取得时间</td><td></td></tr>
<tr><td rowspan="3">2</td><td rowspan="3">对企业主要产品（服务）发挥核心支持作用的技术所属范围</td><td colspan="3">国家重点支持的高新技术领域</td></tr>
<tr><td>一级领域</td><td>二级领域</td><td>三级领域</td></tr>
<tr><td></td><td></td><td></td></tr>
<tr><td>3</td><td colspan="4">关键指标情况</td></tr>
</table>

续表

4	收入指标	一、本年高新技术产品（服务）收入（5+6）				140
5		其中：产品（服务）收入				80
6		技术性收入				60
7		二、本年企业总收入（8–9）				200
8		其中：收入总额				200
9		不征税收入				0
10		三、本年高新技术产品（服务）收入占企业总收入的比例（4÷7）				70%
11	人员指标	四、本年科技人员数				50
12		五、本年职工总数				100
13		六、本年科技人员占企业当年职工总数的比例（11÷12）				50%
14	研发费用指标	高新研发费用归集年度	本年度	前一年度	前二年度	合计
			1	2	3	4
15		七、归集的高新研发费用金额（16+25）	115	40	30	185
16		（一）内部研究开发投入（17+…+22+24）	75	40	30	145
17		1. 人员人工费用	18	40	30	88
18		2. 直接投入费用	18			18
19		3. 折旧费用与长期待摊费用	6			6
20		4. 无形资产摊销费用	6			6
21		5. 设计费用	6			6
22		6. 装备调试费与实验费用	6			6
23		7. 其他费用	20			20
24		其中：可计入研发费用的其他费用	15			15
25		（二）委托外部研发费用［（26+28）×80%］	40			40
26		1. 境内的外部研发费	35			35
27		2. 境外的外部研发费	15			15
28		其中：可计入研发费用的境外的外部研发费	15			15
29		八、销售（营业）收入	160	160	200	520
30		九、三年研发费用占销售（营业）收入的比例（15 行 4 列 ÷29 行 4 列）				35.5%
31	减免税额	十、国家需要重点扶持的高新技术企业减征企业所得税				4
32		十一、经济特区和上海浦东新区新设立的高新技术企业定期减免税额				

四、A107042 软件、集成电路企业优惠情况明细表

（一）根据国家税务总局 2017 年第 54 号公告，表式如下：

表 7-25 软件、集成电路企业优惠情况及明细表（A107042）

企业类型及减免方式				
行号	企业类型			减免方式
1	一、集成电路生产企业	（一）线宽小于 0.8 微米（含）		□二免三减半
2		（二）线宽小于 0.25 微米		□五免五减半 □ 15% 税率
3		（三）投资额超过 80 亿元		□五免五减半 □ 15% 税率
4	二、集成电路设计企业	（一）新办符合条件		□二免三减半
5		（二）重点企业 □大型 □领域		□ 10% 税率
6	三、软件企业（□一般软件 □嵌入式或信息系统集成软件）	（一）新办符合条件		□二免三减半
7		（二）重点企业 □大型 □领域 □出口		□ 10% 税率
8	四、集成电路封装测试企业			□二免三减半
9	五、集成电路关键专用材料或专用设备生产企业（□关键专用材料 □专用设备）			□二免三减半
10	获利年度 / 开始计算优惠期年度			
关键指标情况				
11	人员指标	一、企业本年月平均职工总人数		
12		其中：签订劳动合同关系且具有大学专科以上学历的职工人数		
13		研究开发人员人数		
14		二、大学专科以上职工占企业本年月平均职工总人数的比例（12 ÷ 11）		
15		三、研究开发人员占企业本年月平均职工总人数的比例（13 ÷ 11）		
16	研发费用指标	四、研发费用总额		
17		其中：企业在中国境内发生的研发费用金额		
18		五、研发费用占销售（营业）收入的比例		
19		六、境内研发费用占研发费用总额的比例（17 ÷ 16）		
20	收入指标	七、企业收入总额		
21		八、符合条件的销售（营业）收入		
22		九、符合条件的收入占收入总额的比例（21 ÷ 20）		
23		十、集成电路设计企业、软件企业填报	（一）自主设计 / 开发销售（营业）收入	
			（二）选择备案领域的销售（营业）收入	
25		十一、重点软件企业或重点集成电路设计企业符合“领域”的填报	（一）适用的领域	
26			（二）选择备案领域的销售（营业）收入	
27			（三）领域内的销售收入占符合条件的销售收入的比例（26 ÷ 21）	

续表

关键指标情况				
28	收入指标	十二、重点软件企业符合“出口”的填报	（一）年度软件出口收入总额（美元）	
29			（二）年度软件出口收入总额（人民币）	
30			（三）软件出口收入总额占本企业年度收入总额的比例（29 ÷ 20）	
31		十三、集成电路关键专用材料或专用设备生产企业填报	产品适用目录	
32	减免税额			

（二）根据国家税务总局 2017 年第 54 号公告，填报说明如下：

本表适用于享受软件、集成电路企业优惠的纳税人填报。纳税人根据税法、《财政部　国家税务总局关于进一步鼓励软件产业和集成电路产业发展企业所得税政策的通知》（财税〔2012〕27 号）、《财政部　国家税务总局　发展改革委 工业和信息化部关于软件和集成电路产业企业所得税优惠政策有关问题的通知》（财税〔2016〕49 号）、《国家发展和改革委员会　工业和信息化部　财政部　国家税务总局关于印发国家规划布局内重点软件和集成电路设计领域的通知》（发改高技〔2016〕1056 号）、《财政部　国家税务总局　发展改革委　工业和信息化部关于进一步鼓励集成电路产业发展企业所得税政策的通知》（财税〔2015〕6 号）等相关规定，填报本年发生的软件、集成电路企业优惠有关情况。

1. 有关项目填报说明

（1）企业类型及减免方式

纳税人根据企业类型选择享受的优惠政策和享受优惠有关基本信息。

①“企业类型”及“减免方式”：纳税人根据享受优惠的企业类型选择对应的减免方式，其中“减免方式”列中的 11 个选项为单项选择，选择不同的项目优惠金额将带入表 A107040 对应的行次；“企业类型”中，若享受软件企业有关优惠政策的，须选择软件企业产品类型，“一般软件”和“嵌入式或信息系统集成软件”两个选项必选其一；若享受重点软件或重点集成电路设计企业优惠，须选择重点企业类型，“大型”“领域”和“出口”（其中，“出口”选项仅重点软件企业选择）必选其一。

②第 1–3 行“一、集成电路生产企业”：

第 1 行“（一）线宽小于 0.8 微米（含）”：是指财税〔2012〕27 号文件第一条规定的优惠政策，由线宽小于 0.8 微米（含）集成电路生产企业填报。

第 2 行“（二）线宽小于 0.25 微米”：是指财税〔2012〕27 号文件第二条规定的优惠，由线宽小于 0.25 微米的集成电路生产企业填报，根据享受的政策选择优惠方式，其中经营期在 15 年以上符合条件的企业，可选择“五免五减半”。

第 3 行“（三）投资额超过 80 亿元”：是指财税〔2012〕27 号文件第二条规定的优惠，由投资额超过 80 亿元的集成电路生产企业填报，根据享受的政策选择优惠方式，其中经营期在 15 年以上符合条件的企业，可以选择“五免五减半”。

③第 4–5 行“二、集成电路设计企业”：

第 4 行“（一）新办符合条件”：是指集成电路设计企业享受财税〔2012〕27 号文件第三条规定的优惠政策，由符合条件的集成电路设计企业填报。

第 5 行“（二）重点企业 □大型 □领域”：是指财税〔2012〕27 号文件第四条规定的优惠政策，由国家规划布局内的重点集成电路设计企业填报，同时，须选择重点集成电路企业的类型，符合财税〔2016〕49 号第五条第一项条件的选择“大型”，符合财税〔2016〕49 号第五条第二项条件的选择“领域”。

④第 6–7 行“三、软件企业 □一般软件 □嵌入式或信息系统集成软件”：是指软件企业享受财税〔2012〕27 号文件第三条规定的软件企业优惠政策以及第四条规定的国家规划布局内的重点软件企业优惠政策。若企业产品是嵌入式软件产品和信息系统集成产品开发，该选项应选择“嵌入式或信息系统集成软件”，否则选“一般软件”。

第 6 行“（一）新办符合条件”：是指软件企业享受财税〔2012〕27 号文件第三条规定的优惠政策，由符合条件的软件企业填报。

第 7 行“（二）重点企业 □大型 □领域 □出口”：是指财税〔2012〕27 号文件第四条规定的优惠政策，由国家规划布局内的重点软件企业填报，同时，须选择重点软件企业的类型，符合财税〔2016〕49 号第六条第一项条件的选择“大型”，符合财税〔2016〕49 号第六条第二项条件的选择“领域”，符合财税〔2016〕49 号第六条第三项条件的选择“出口”。

⑤第 8 行“四、集成电路封装测试企业”：是指财税〔2015〕6 号文件第一条规定的优惠政策，由符合条件的集成电路封装、测试企业填报。

⑥第 9 行“五、集成电路关键专用材料或专用设备生产企业 □关键专用材料 □专用设备”：是指财税〔2015〕6 号文件第一条规定的优惠政策，由符合条件的集成电路关键专用材料生产企业、集成电路专用设备生产企业填报。享受该项政策，须根据企业类型选择，集成电路关键专用材料生产企业选择“□关键专用材料”，集成电路专用设备生产企业选择“□专用设备”。

⑦第 10 行“获利年度 / 开始计算优惠期年度”：由选择“二免三减半”“五免五减半”两类定期减免类型的企业填报，填报开始计算优惠期的年度。

（2）关键指标情况

填报企业享受政策的有关指标，具体如下：

第 11 行至第 22 行：享受本表任意优惠政策的企业均需填报。

第 23 行至第 24 行：由软件、集成电路设计企业填报，包括国家规划布局内的重点软件企业和重点集成电路设计企业（即单选本表第 4 行至第 7 行中减免类型的企业）填报。

第 25 行至第 27 行：由国家规划布局内的重点软件企业、重点集成电路企业中，适用符合领域条件的企业（即单选本表第5行、第7行减免类型，且重点企业选择“领域”的企业）填报。

第28行至第30行：由国家规划布局内的重点软件企业中，适用符合出口条件的企业（即单选本表第7行减免类型，且重点企业选择“出口”的企业）填报。

第31行：由集成电路关键专用材料或专用设备生产企业（即单选本表第9行减免类型）填报。

①第11行“一、企业本年月平均职工总人数”：填报企业本年月平均职工总人数。本年月平均职工总人数计算方法：

月平均人数＝（月初数＋月末数）÷2

全年月平均职工总人数＝全年各月平均数之和 ÷12

②第12行“其中：签订劳动合同关系且具有大学专科以上学历的职工人数”：填报纳税人本年签订劳动合同关系且具有大学专科以上学历的职工人数。

③第13行“研究开发人员人数”：填报纳税人本年研究开发人员人数。

④第14行“二、大学专科以上职工占企业本年月平均职工总人数的比例”：填报第12÷11行计算后的比例。

⑤第15行“三、研究开发人员占企业本年月平均职工总人数的比例”：填报第13÷11行计算后的比例。

⑥第16行“四、研发费用总额”：填报企业按照《财政部　国家税务总局　科技部关于完善研发费用税前加计扣除政策的通知》（财税〔2015〕119号）口径归集的研发费用总额。

⑦第17行“其中：企业在中国境内发生的研发费用金额”：填报纳税人本年在中国境内发生的研发费用金额。

⑧第18行“五、研发费用占销售（营业）收入的比例”：填报研发费用占销售（营业）收入的比例，即本表第16行 ÷ 表A101010第1行。

⑨第19行“六、境内研发费用占研发费用总额的比例”：填报第17÷16行计算后的比例。

⑩第20行“七、企业收入总额”：填报纳税人本年以货币形式和非货币形式从各种来源取得的收入，为税法第六条规定的收入总额。包括：销售货物收入，提供劳务收入，转让财产收入，股息、红利等权益性投资收益，利息收入，租金收入，特许权使用费收入，接受捐赠收入，其他收入。

⑪第21行“八、符合条件的销售（营业）收入”：根据企业类型分析填报，享受不同政策本行所填数据含义不同：

A. 集成电路生产企业：本行填报本年度集成电路制造销售（营业）收入；

B. 集成电路设计企业：本行填报本年度集成电路设计销售（营业）收入；

C. 软件企业：选择“一般软件”的，本行填报本年软件产品开发销售（营业）收入；选择“嵌入式或信息系统集成软件”的，本行填报嵌入式软件产品和信息系统集成产品开发销售（营业）收入；

D.集成电路封装、测试企业：本行填报本年集成电路封装、测试销售（营业）收入；

E.集成电路关键专用材料生产企业：本行填报本年集成电路关键专用材料销售（营业）收入；

F.集成电路专用设备生产企业：本行填报本年集成电路专用设备销售（营业）收入。

⑫第22行“九、符合条件的收入占收入总额的比例”：填报第21÷20行计算后的比例。

⑬第23行“（一）自主设计/开发销售（营业）收入”：

集成电路设计企业，本行填报本年度集成电路自主设计销售（营业）收入。

软件企业，选“一般软件”的填报本年软件产品自主开发销售（营业）收入，选“嵌入式或信息系统集成软件”的填报本年自主开发嵌入式软件产品和信息系统集成产品开发销售（营业）收入。

⑭第24行“（二）自主设计/开发收入占企业收入总额的比例”：填报第23÷20行计算后的比例。

⑮第25行“（一）适用的领域”：根据《国家发展和改革委员会 工业和信息化部 财政部 国家税务总局关于印发国家规划布局内重点软件和集成电路设计领域的通知》（发改高技〔2016〕1056号）文件，选择适用的领域。

⑯第26行“（二）选择备案领域的销售（营业）收入”：填报符合第25行选定“领域”内的销售（营业）收入。如选择领域为“（一）基础软件：操作系统、数据库、中间件”，则该行填报该业务的销售（营业）收入。

⑰第27行“（三）领域内的销售收入占符合条件的销售收入的比例”：填报第26÷21行计算后的比例。

⑱第28行“（一）年度软件出口收入总额（美元）”：填报企业年度软件出口收入总额，以美元计算。

⑲第29行“（二）年度软件出口收入总额（人民币）”：填报企业年度软件出口收入总额，换算成人民币以后的金额。

⑳第30行“（三）软件出口收入总额占本企业年度收入总额的比例”：填报第29÷20行计算后的比例。

㉑第31行“产品适用目录”：由集成电路关键专用材料或专用设备生产企业，即单选本表第9行减免类型的企业填报。目录见《财政部 国家税务总局 发展改革委 工业和信息化部关于进一步鼓励集成电路产业发展企业所得税政策的通知》（财税〔2015〕6号）文件。

㉒第32行“减免税额”：填报本年享受集成电路、软件企业优惠的金额。

2.表内、表间关系

（1）表内关系

①第14行＝第12÷11行。

②第 15 行=第 13 ÷ 11 行。

③第 19 行=第 17 ÷ 16 行。

④第 22 行=第 21 ÷ 20 行。

⑤第 24 行=第 23 ÷ 20 行。

⑥第 27 行=第 26 ÷ 21 行。

⑦第 30 行=第 29 ÷ 20 行。

（2）表间关系

①第 18 行=第 16 行 ÷ 表 A101010 第 1 行。

②第 32 行=表 A107040 第 6 行至第 16 行，根据以下规则判断填报：

若"减免方式"单选第 1 行，第 32 行=表 A107040 第 6 行；

若"减免方式"单选第 2 行"五免五减半"，第 32 行=表 A107040 第 9 行；

若"减免方式"单选第 2 行"15% 税率"，第 32 行=表 A107040 第 7 行；

若"减免方式"单选第 3 行"五免五减半"，第 32 行=表 A107040 第 10 行；

若"减免方式"单选第 3 行"15% 税率"，第 32 行=表 A107040 第 8 行；

若"减免方式"单选第 4 行，第 32 行=表 A107040 第 11 行；

若"减免方式"单选第 5 行，第 32 行=表 A107040 第 12 行；

若"减免方式"单选第 6 行，第 32 行=表 A107040 第 13 行；

若"减免方式"单选第 7 行，第 32 行=表 A107040 第 14 行；

若"减免方式"单选第 8 行，第 32 行=表 A107040 第 15 行；

若"减免方式"单选第 9 行，第 32 行=表 A107040 第 16 行。

（三）填表举例

【例 7–11】甲企业成立于 2012 年 1 月，主营范围为计算机软件开发、生产及销售。该公司自主研发的 A 软件于 2013 年 9 月获得江苏省信息产业厅颁发的《软件产品登记证书》，同时该企业获得《软件企业认定证书》，被认定为软件企业。

2018 年，企业职工总数为 30 人。其中，具有大专学历以上职工 19 人，从事软件产品开发及技术服务的研发人员 17 人。企业全年投入软件产品的研发经费 100 万元，实现自产软件销售收入 170 万元，其中嵌入式软件销售收入 102 万元，企业年销售总收入为 240 万元。

该企业从 2017 年开始获利。企业 2018 年纳税调整后所得 92 万元，应纳税所得额 92 万元，应纳所得税 23 万元。

1. 解析

甲企业成立时间为 2012 年 1 月，软件企业资格认定适用财税［2012］27 号。甲企业进行 2018 年企业所得税申报，且 2017 年为其获利年度。

需要重点关注：人员占比、研发费用占比、软件产品销售收入占比等主要指标。

2. 填报示范，见表 7–26

表 7-26　A107042 软件、集成电路企业优惠情况及明细表

单位：万元

行号	企业类型及减免方式		
行号	企业类型		减免方式
1	一、集成电路生产企业	（一）线宽小于 0.8 微米（含）	□二免三减半
2		（二）线宽小于 0.25 微米	□五免五减半　□ 15% 税率
3		（三）投资额超过 80 亿元	□五免五减半　□ 15% 税率
4	二、集成电路设计企业	（一）新办符合条件	□二免三减半
5		（二）重点企业 □大型 □领域	□ 10% 税率
6	三、软件企业（□一般软件 □嵌入式或信息系统集成软件）	（一）新办符合条件	□二免三减半
7		（二）重点企业 □大型 □领域 □出口	□ 10% 税率
8	四、集成电路封装测试企业		□二免三减半
9	五、集成电路关键专用材料或专用设备生产企业（□关键专用材料　□专用设备）		□二免三减半
10	获利年度 / 开始计算优惠期年度	2016 年	
	关键指标情况		
11	人员指标	一、企业本年月平均职工总人数	30
12		其中：签订劳动合同关系且具有大学专科以上学历的职工人数	19
13		研究开发人员人数	17
14		二、大学专科以上职工占企业本年月平均职工总人数的比例（12 ÷ 11）	63%
15		三、研究开发人员占企业本年月平均职工总人数的比例（13 ÷ 11）	56%

续表

企业类型及减免方式				
行号	企业类型			减免方式
16	研发费用指标	四、研发费用总额		100
17		其中：企业在中国境内发生的研发费用金额		100
18		五、研发费用占销售（营业）收入的比例		41.67%
19		六、境内研发费用占研发费用总额的比例（17÷16）		100%
20	收入指标	七、企业收入总额		240
21		八、符合条件的销售（营业）收入		170
22		九、符合条件的收入占收入总额的比例（21÷20）		70.83%
23		十、集成电路设计企业、软件企业填报	（一）自主设计/开发销售（营业）收入	170
24			（二）自主设计/开发收入占企业收入总额的比例（23÷20）	70.83%
25		十一、重点软件企业或重点集成电路设计企业符合“领域”的填报	（一）适用的领域	
26			（二）选择备案领域的销售（营业）收入	
27			（三）领域内的销售收入占符合条件的销售收入的比例（26÷21）	
28		十二、重点软件企业符合“出口”的填报	（一）年度软件出口收入总额（美元）	
29			（二）年度软件出口收入总额（人民币）	
30			（三）软件出口收入总额占本企业年度收入总额的比例（29÷20）	
31		十三、集成电路关键专用材料或专用设备生产企业填报	产品适用目录	
32	减免税额			23

第八章

境外所得税收抵免明细表的填报

第一节　二级附表 A108010 和一级附表 A108000 填报指南

一、A108010 二级附表的填报

（一）根据国家税务总局 2017 年第 54 号公告，表式如下：

表 8–1　境外所得纳税调整后所得明细表（A108010）

行次	国家（地区）	境外税后所得								境外所得可抵免的所得税额				境外税前所得	境外分支机构收入与支出纳税调整额	境外分支机构调整分摊扣除的有关成本费用	境外所得对应调整的相关成本费用支出	境外所得纳税调整后所得
		分支机构营业利润所得	股息、红利等权益性投资所得	利息所得	租金所得	特许权使用费所得	财产转让所得	其他所得	小计	直接缴纳的所得税额	间接负担的所得税额	享受税收饶让抵免税额	小计					
	1	2	3	4	5	6	7	8	9（2+…+8）	10	11	12	13（10+11+12）	14（9+10+11）	15	16	17	18（14+15–16–17）
1																		
2																		
3																		
4																		
5																		
6																		
7																		
8	合计																	

（二）根据国家税务总局 2017 年第 54 号公告，填报说明如下：

本表适用于取得境外所得的纳税人填报。纳税人应根据税法、《财政部　国家税务总局关于企业境外所得税收抵免有关问题的通知》（财税〔2009〕125 号）和《国家税务总局关于发布〈企业境外所得税收抵免操作指南〉的公告》（国家税务总局公告 2010 年第 1 号）、《财政部　国家税务总局关于我国石油企业从事油（气）资源开采所得税收抵免有关问题的通知》（财税〔2011〕23 号）、《财政部　税务总局关于完善企业境外所得税收抵免政策问题的通知》（财税〔2017〕84 号）规定，填报本年来源于或发生于不同国家、地区的所得按照税收规定计算的境外所得纳税调整后所得。对于境外所得税收抵免方式选择“不分国（地区）不分项”的纳税人，也应按照规定计算可抵免境外所得税税额，并按国（地区）别逐行填报。

1. 有关项目填报说明

①第 1 列“国家（地区）”：填报纳税人境外所得来源的国家（地区）名称，来源于同一个国家（地区）的境外所得可合并到一行填报。

②第 2 列至第 9 列“境外税后所得”：填报纳税人取得的来源于境外的税后所得，其中：第 3 列股息、红利等权益性投资所得包含通过《受控外国企业信息报告表》（国家税务总局公告 2014 年第 38 号附件 2）计算的视同分配给企业的股息。

③第 10 列“直接缴纳的所得税额”：填报纳税人来源于境外的营业利润所得在境外所缴纳的企业所得税，以及就来源于或发生于境外的股息、红利等权益性投资所得、利息、租金、特许权使用费、财产转让等所得在境外被源泉扣缴的预提所得税。

④第 11 列“间接负担的所得税额”：填报纳税人从其直接或者间接控制的外国企业分得的来源于中国境外的股息、红利等权益性投资收益，外国企业在境外实际缴纳的所得税额中属于该项所得负担的部分。

⑤第 12 列“享受税收饶让抵免税额”：填报纳税人从与我国政府订立税收协定（或安排）的国家（地区）取得的所得，按照该国（地区）税收法律享受了免税或减税待遇，且该免税或减税的数额按照税收协定应视同已缴税额的金额。

⑥第 15 列“境外分支机构收入与支出纳税调整额”：填报纳税人境外分支机构收入、支出按照税收规定计算的纳税调整额。

⑦第 16 列“境外分支机构调整分摊扣除的有关成本费用”：填报纳税人境外分支机构应合理分摊的总部管理费等有关成本费用，同时在《纳税调整项目明细表》（A105000）进行纳税调增。

⑧第 17 列“境外所得对应调整的相关成本费用支出”：填报纳税人实际发生与取得境外所得有关但未直接计入境外所得应纳税所得的成本费用支出，同时在《纳税调整项目明细表》（A105000）进行纳税调增。

⑨第 18 列“境外所得纳税调整后所得”：填报第 14+15-16-17 列的金额。

2. 表内、表间关系

（1）表内关系

①第9列＝第2+3+…+8列。

②第13列＝第10+11+12列。

③第14列＝第9+10+11列。

④第18列＝第14+15-16-17列。

（2）表间关系

①若选择"分国（地区）不分项"的境外所得抵免方式，第13列各行＝表A108000第10列相应行次；若选择"不分国（地区）不分项"的境外所得抵免方式，第13列合计＝表A108000第1行第10列。

②若选择"分国（地区）不分项"的境外所得抵免方式，第14列各行＝表A108000第2列相应行次；若选择"不分国（地区）不分项"的境外所得抵免方式，第14列合计＝表A108000第1行第2列。

③第14列合计－第11列合计＝表A100000第14行。

④第16列合计＋第17列合计＝表A105000第28行第3列。5. 若选择"分国（地区）不分项"的境外所得抵免方式，第18列相应行次＝表A108000第3列相应行次；若选择"不分国（地区）不分项"的境外所得抵免方式，第18列合计＝表A108000第1行第3列。

（三）填表举例

【例8-1】资料：

（1）境内居民企业：甲公司利润总额1000万元，其中乙公司分来股息10万元，丙公司分来股息20万元，企业所得税税率25%，甲公司在A国投资设立乙公司，控股55%，在B国投资设立丙公司，控股60%。

（2）A国乙公司全年实现利润50万元，分给股东甲公司股利10万元，所得税税率20%，预提所得税税率10%，A国预缴所得税1万元。

（3）B国丙公司全年实现利润100万元，分给股东甲公司股利20万元，B国预提所得税4万元，税率15%，预提税率20%。

要求计算甲公司来源A国乙公司应纳税所得额，抵免所得税额。

相关指标分别计算如下：

（1）甲公司实际收到乙公司分回股息=100000−10000=90000（元）（表A108010第3列）

（2）乙公司应支付甲公司股息=90000÷（1−10%）=100000（元）

（3）乙公司对甲公司股息代缴的所得税=100000×10%=10000（元）（表A108010第10列）

（4）乙公司2018年实现的税后利润=500000×（1−20%）=400000（元）

（5）乙公司支付给甲公司股息所承担的所得税额

=500000×20%×100000/400000=100000×25%=25000（元）（表 A108010 第 11 列）

（6）乙公司支付给甲公司的股息已在甲国缴纳的所得税=25000+10000=35000（元）（表 A108010 第 10 列，表 A108010 第 13 列）

（7）乙公司支付给甲公司股息还原后所得 =100000+25000=125000（元）（表 108010 第 14 列、第 18 列，表 A108000 第 2 列、第 3 列、第 5 列、第 7 列）

（8）A 国乙公司股息所得应纳税额 =125000×25%=31250（元）（表 A108000 第 9 列）

（9）A 国乙公司股息所得可抵免税额 =35000（元）（表 A108000 第 10 列）

（10）A 国乙公司股息所得的抵免限额 =125000×25%=31250（元）（表 A108000 第 11 列）

（11）甲公司可抵免超过乙公司股息所得已纳税所得额 =31250（元）

（12）未抵免 A 国乙公司股息所得已纳境外所得税额 =35000−31250=3750（元）（表 A108030 第 18 列）

【例 8-2】资料同【例 8-1】，要求计算甲公司来源 B 国丙公司应纳税所得额，抵免所得税额，相关指标分别计算如下：

（1）甲公司实际收到丙公司分回股息 =200000−40000=160000（元）（表 A108010 第 3 列）

（2）丙公司支付甲公司股息 =200000（元）

（3）丙公司付甲公司股息代缴的预提企业所得税 =200000×20%=40000（元）（表 A108010 第 10 列）

（4）丙公司 2018 年实现的税后利润 =1000000×（1−15%）=850000（元）

（5）丙公司支付给甲公司股息所承担的所得税额

=1000000×15%×200000/850000=35294.12（元）（表 A108010 第 11 列）

（6）丙公司支付给甲公司的股息已在 B 国缴纳的所得税额

=35294.12+40000=75294.12（元）（表 A108010 第 13 列，表 A108000 第 10 列）

（7）丙公司支付给甲公司股息还原后所得 =200000+35294.12=235291.12（元）（表 A108010 第 14 列、第 18 列，表 A108000 第 2 列、第 3 列、第 5 列、第 7 列）

（8）B 国丙公司股息应纳税额 =235294.12×25%=58823.53（元）（表 A108000 第 9 列）

（9）B 国丙公司股息所得可抵免税额 =75294.12（元）（表 A10800 第 10 列）

（10）B 国丙公司股息所得的抵免限额 =235294.12×25%=58823.53（元）

（表 A108000 第 11 列）

（11）甲公司本年可抵免 B 国丙公司股息所得已纳所得税额 =58823.53（元）

（表 A108000 第 12 列）

（12）未抵免的 B 国丙公司股息所得已纳境外所得税额

=75294.12−58823.53=16470.59（元）

（表 A108030 第 18 列）

【例 8-3】资料同【例 8-1】，承接【例 8-1】和【例 8-2】，要求计算甲公司 2017 年实际应纳所得税额。

（1）计算已计入甲公司利润总额中的境外所得

境外所得 = 乙公司分回股息所得 + 丙公司分回股息所得 =125000−25000+ 235294.12−35294.12=100000+200000=300000（元）（表 A100000 第 14 行）

利润总额中的境外股息所得也可以通过 A108010 第 14 列“境外税前所得”减去表 A108010 第 11 列间接负担的所得税额计算取得

（2）甲公司应纳税所得额 =10000000−300000=9700000（元）

（表 A100000 第 23 行）

（3）甲公司所得税额 =9700000×25%=2425000（元）（表 100000 第 25 行，第 28 行）

（4）甲公司境外所得应纳所得税额 =31250+58823.53=90073.53（元）（表 A108000 第 9 列合计、表 100000 第 29 行）

（5）甲公司境外所得抵免所得税额 =31250+58823.53=90073.53（元）（表 A108000 第 12 列合计、表 A100000 第 30 行）

（6）甲公司 2018 年实际应纳税所得额 =2425000+90073.53−90073.53=2425000（元）（表 A100000 第 31 行）

【例 8-1】【例 8-2】【例 8-3】填表如下（见表 8-3、表 8-4）：

表 8-3　境外所得纳税调整后所得明细表（A108010）

单位：元

行次	国家（地区）	境外税后所得		境外所得可抵免的所得税额			境外税前所得	境外所得纳税调整后所得
		股息、红利等权益性投资所得	小计	直接纳税的所得税额	间接负担的所得税额	小计		
	1	3	9	10	11	13	14	18
1	A 国	90000	90000	10000	25000	35000	125000	125000
2	B 国	160000	160000	40000	35294.12	75294.12	235294.12	235294.12
	合计	250000	250000	50000	60294.12	110294.12	360294.12	360294.12

表 8-4　境外所得税收抵免明细表（A108000）

单位：元

行次	国家（地区）	境外税前所得	境外所得纳税调整后所得	境外应纳税所得额	抵减境内亏损后的境外应纳税所得额	税率（%）	境外所得应纳税额	境外所得可抵免税额	境外所得抵免限额	本年可抵免境外所得税额	境外所得抵免所得税额合计
	1	2	3	5	7	8	9	10	11	12	19（12+14+18）
1	A 国	125000	125000	125000	125000	25	31250	35000	31250	31250	31250
2	B 国	235294.12	235294.12	235294.12	235294.12	25	58823.53	75294.12	58823.53	58823.53	58823.53
3	合计	360294.12	360294.12	360294.12	360294.12	25	90073.53	110294.12	90073.53	90073.53	90073.53

【例 8-4】资料：

假定中国居民企业甲公司在境外 A 国设立丁公司，2018 年甲公司实现收入总额 10000000 元，其中丁公司收入总额 2500000 元，甲公司利润总额 2000000 元，甲公司适用企业所得税税率 25%，A 国丁公司营业利润 220000 元，已在 A 国缴纳所得税 20000 元，税后营业利润所得 200000 元。

甲公司为取得 A 国丁公司营业利润发生的共同支出 100000 元，甲公司与境外丁公司按照收入总额的比例分摊为取得境外所得发生的共同支出。

要求：

1. 计算 A 国丁公司境外所得应纳税额

相关指标分别计算如下：

（1）计算 A 国丁公司分摊的共同支出

①丁公司共同支出分配率 =2500000/10000000=25%

②丁公司共同支出分摊额 =100000×25%=25000（元）（表 A108010 第 16 列）

（2）计算 A 国丁公司境外所得应纳税额

①境外税前所得 =200000+20000=220000（元）

（表 A108010 第 14 列、表 A108000 第 2 列、表 A100000 第 14 列）

②境外所得纳税调整后所得 =220000−25000=195000（元）

（表 A108010 第 18 列、表 A108000 第 3 列）

③境外所得应纳税额 =195000×25%=48750（元）

（表 A108000 第 9 列、表 A100000 第 29 行）

④境外所得可抵免税额 =20000（元）

（表 A108010 第 13 列、表 A108000 第 10 列）

⑤境外所得抵免限额 =48750（元）

（表 A108010 第 11 列）

⑥本年可抵免境外所得税额 =20000（元）

（表 A108000 第 12 列和第 19 列、表 A108000 第 10 列）

填表如下（表 8-5，表 8-6）：

表 8-5　境外所得纳税调整后所得明细表（A108010）

单位：元

行次	国家（地区）	境外税前所得		境外所得可抵免的所得税额		境外税前所得	境外分支机构调整分摊扣除的有关成本费用	境外所得纳税调整后所得
		分支机构营业利润所得	小计	直接缴纳的所得税额	小计			
	1	2	9	10	13	14	16	18
1	A 国	200000	200000	20000	20000	220000	25000	195000

表 8-6　境外所得税收抵免明细表（A108000）

单位：元

行次	国家（地区）	境外税前所得	境外所得纳税调整后所得	境外应纳税所得额	抵减境内亏损后的境外应纳税所得额	税率（%）	境外所得应纳税额	境外所得可抵免税额	境外所得抵免限额	本年可抵免境外所得税额	境外所得抵免所得税额合计
	1	2	3	5	7	8	9	10	11	12	19（12+14+18）
1	A 国	220000	195000	195000	195000	25	48750	20000	48750	20000	20000

2. 计算甲公司实际缴纳所得税额

相关指标分别计算如下：

（1）甲公司纳税调整增加额 =25000（元）（表 A105000 第 28 行第 3 列）

【说明：甲公司利润总额已列支的境内外共同费用中应由境外丁公司分摊的共同支出 25000 元，作为纳税调增处理。】

（2）甲公司应纳税所得额 =2000000−220000+25000=1805000（元）（表 A100000 第 23 行）

（3）甲公司应纳所得税额 =1805000×25%=451250（元）（表 A100000 第 25 行、第 28 行）

（4）甲公司实际应纳所得税额 =451250+48750−20000=480000（元）（表 A100000 第 31 行）

三、关于 A108010 表几个列标属性的解释

（一）列标 12 享受税收饶让抵免税额。

1. 税收饶让：亦称虚拟抵免和饶让抵免。指居住国政府对其居民在国外得到减免税收优惠的一部分，视同已经缴纳，同样给予税收抵免待遇，不再按居住国税法规定的税率予以补征，税收饶让是配合抵免方法的一种特殊方式，是税收抵免内容的附加。它是在抵免方法规定的基础上，为贯彻某种经济政策而采取的优惠措施。税收饶让这种优惠措施的实行，通常要通过签订双边税收协定的方式予以确定。目前税收饶让抵免的方式主要有差额饶让抵免和定律饶让抵免两种。

2. 举例说明：中国境内甲总公司在 A 国设立丙分公司，该分公司来源于 A 国所得 100 万元，A 国的所得税率为 25%，A 国为鼓励外来投资对该分公司在 A 国减按 15% 征收所得税，这样，丙分公司在 A 国按税法规定应纳税额 25 万元，实际只缴纳 15 万元，中国政府对甲总公司征收所得税时对其分公司在国外缴纳的所得税，不是按实际

纳税额 15 万进行抵免，而是按所在国税法规定的税率计算的应纳税额 25 万元给予抵免，这种做法即为税收饶让。

（二）列标 15 境外分支机构收入与支出纳税调整额，填报纳税人境外分支机构收入支出按照税法规定计算的纳税调整额，居民企业在境外设立不具有独立纳税地位的分支机构，其来源与境外所得，从境外收入总额扣除与取得境外收入有关的各项合理支出后的余额为应纳税所得额。各项收入、支出按企业所得税法及其实施条例的有关规定确定。

（三）列标 16 境外分支机构调整分摊扣除的有关成本费用，填报纳税人境外分支机构应合理分摊的总部管理费用等有关成本费用，同时在纳税调整项目明细表（A105000）进行纳税调增，调增原因是此数已在总公司成本费用中一并扣除，在计算 18 境外所得纳税调整后所得中减去。例如，前述 A 国丙公司计算分摊共同支出 25000 元。

（四）列标 17 “境外所得对应调整的相关成本费用支出” 填报纳税人实际发生与取得境外所得有关但未直接计入境外所得应纳税所得的成本费用支出，同时在 A105000 纳税调整项目明细表中进行纳税调增。

四、一级附表 A108000 填报

（一）根据国家税务总局 2017 年第 54 号公告，表式如下：

表 8-2　境外所得税收抵免明细表（A108000）

行次	国家（地区）	境外税前所得	境外所得纳税调整后所得	弥补境外以前年度亏损	境外应纳税所得额	抵减境内亏损	抵减境内亏损后的境外应纳税所得额	税率 25%	境外所得应纳税额	境外所得可抵免税额	境外所得抵免限额	本年可抵免境外所得税额	未超过境外所得税抵免限额的余额	本年可抵免以前年度未抵免境外所得税额	按简易办法计算				境外所得抵免所得税额合计
															按低于 12.5% 的实际税率计算的抵免额	按 12.5% 计算的抵免额	按 25% 计算的抵免额	小计	
	1	2	3	4	5（3-4）	6	7（5-6）	8	9（7×8）	10	11	12	13（11-12）	14	15	16	17	18（15+16+17）	19（12+14+18）
1																			
2																			
3																			

续表

行次	国家（地区）	境外税前所得	境外所得纳税调整后所得	弥补境外以前年度亏损	境外应纳税所得额	抵减境内亏损	抵减境内亏损后的境外应纳税所得额	税率25%	境外所得应纳税额	境外所得可抵免税额	境外所得抵免限额	本年可抵免境外所得税额	未超过境外所得税抵免限额的余额	本年可抵免以前年度未抵免境外所得税额	按简易办法计算				境外所得抵免所得税额合计
															按低于12.5%的实际税率计算的抵免额	按12.5%计算的抵免额	按25%计算的抵免额	小计	
	1	2	3	4	5（3-4）	6	7（5-6）	8	9（7×8）	10	11	12	13（11-12）	14	15	16	17	18（15+16+17）	19（12+14+18）
4																			
5																			
6																			
7																			
8																			
9																			
10	合计																		

（二）根据国家税务总局2017年第54号公告，填报说明如下：

本表适用于取得境外所得的纳税人填报。纳税人应根据税法、《财政部　国家税务总局关于企业境外所得税收抵免有关问题的通知》（财税〔2009〕125号）和《国家税务总局关于发布〈企业境外所得税收抵免操作指南〉的公告》（国家税务总局公告2010年第1号）、《财政部　国家税务总局关于我国石油企业从事油（气）资源开采所得税收抵免有关问题的通知》（财税〔2011〕23号）、《财政部　税务总局关于完善企业境外所得税收抵免政策问题的通知》（财税〔2017〕84号）规定，填报本年来源于或发生于不同国家、地区的所得按照税收规定计算应缴纳和应抵免的企业所得税。

1. 有关项目填报说明

（1）行次填报

纳税人若选择“分国（地区）不分项”的境外所得抵免方式，应根据表A108010、表A108020、表A108030分国（地区）别逐行填报本表；纳税人若选择“不分国（地区）不分项”的境外所得抵免方式，应按照税收规定计算可抵免境外所得税税额和抵免限额，并根据表A108010、表A108020、表A108030的合计金额填报本表第1行。

（2）列次填报

①第 1 列“国家（地区）”：纳税人若选择“分国（地区）不分项”的境外所得抵免方式，填报纳税人境外所得来源的国家（地区）名称，来源于同一国家（地区）的境外所得合并到一行填报；纳税人若选择“不分国（地区）不分项”的境外所得抵免方式，填报“不分国（地区）不分项”。

②第 2 列“境外税前所得”：填报《境外所得纳税调整后所得明细表》（A108010）第 14 列的金额。

③第 3 列“境外所得纳税调整后所得”：填报《境外所得纳税调整后所得明细表》（A108010）第 18 列的金额。

④第 4 列“弥补境外以前年度亏损”：填报《境外分支机构弥补亏损明细表》（A108020）第 4 列和第 13 列的合计金额。

⑤第 5 列“境外应纳税所得额”：填报第 3–4 列的余额。当第 3–4 列＜ 0 时，本列填报 0。

⑥第 6 列“抵减境内亏损”：当纳税人选择用境外所得弥补境内亏损时，填报纳税人境外所得按照税收规定抵减境内的亏损额（包括弥补的当年度境内亏损额和以前年度境内亏损额）；当纳税人选择不用境外所得弥补境内亏损时，填报 0。

⑦第 7 列“抵减境内亏损后的境外应纳税所得额”：填报第 5–6 列的余额。

⑧第 8 列“税率”：填报法定税率 25%。符合《财政部　国家税务总局关于高新技术企业境外所得适用税率及税收抵免问题的通知》（财税〔2011〕47 号）第一条规定的高新技术企业填报 15%。

⑨第 9 列“境外所得应纳税额”：填报第 7 × 8 列的金额。

⑩第 10 列“境外所得可抵免税额”：填报表 A108010 第 13 列的金额。

⑪第 11 列“境外所得抵免限额”：境外所得抵免限额按以下公式计算：

抵免限额＝中国境内、境外所得依照企业所得税法和条例的规定计算的应纳税总额 × 来源于某国（地区）的应纳税所得额 ÷ 中国境内、境外应纳税所得总额。

⑫第 12 列“本年可抵免境外所得税额”：填报纳税人本年来源于境外的所得已缴纳所得税在本年度允许抵免的金额。填报第 10 列、第 11 列孰小值。

⑬第 13 列“未超过境外所得税抵免限额的余额”：填报纳税人本年在抵免限额内抵免完境外所得税后有余额的，可用于抵免以前年度结转的待抵免的所得税额。本列填报第 11–12 列的余额。

⑭ 第 14 列“本年可抵免以前年度未抵免境外所得税额”：填报纳税人本年可抵免以前年度未抵免、结转到本年度抵免的境外所得税额。填报第 10 列、《跨年度结转抵免境外所得税明细表》（A108030）第 7 列孰小值。

⑮ 第 15 列至第 18 列由选择简易办法计算抵免额的纳税人填报。

A. 第 15 列“按低于 12.5% 的实际税率计算的抵免额”：纳税人从境外取得营业利润所得以及符合境外税额间接抵免条件的股息所得，所得来源国（地区）的实际有效税率低于 12.5% 的，填报按照实际有效税率计算的抵免额。

B. 第 16 列“按 12.5% 计算的抵免额”：纳税人从境外取得营业利润所得以及符合境外税额间接抵免条件的股息所得，除第15列情形外，填报按照12.5%计算的抵免额。

C. 第 17 列“按 25% 计算的抵免额”：纳税人从境外取得营业利润所得以及符合境外税额间接抵免条件的股息所得，所得来源国（地区）的实际有效税率高于 25% 的，填报按照 25% 计算的抵免额。

⑯ 第 19 列“境外所得抵免所得税额合计”：填报第 12+14+18 列的合计金额。

2. 表内、表间关系

（1）表内关系

①第 5 列＝第 3–4 列，当第 3–4 列＜ 0 时，本列＝ 0。

②第 6 列≤第 5 列。

③第 7 列＝第 5–6 列。

④第 9 列＝第 7 × 8 列。

⑤第 12 列＝第 10 列、第 11 列孰小值。

⑥第 13 列＝第 11–12 列。

⑦第 14 列≤第 13 列。

⑧第 18 列＝第 15+16+17 列。

⑨第 19 列＝第 12+14+18 列。

（2）表间关系

①若选择“分国（地区）不分项”的境外所得抵免方式，第 2 列各行＝表 A108010 第 14 列相应行次；若选择“不分国（地区）不分项”的境外所得抵免方式，第 1 行第 2 列＝表 A108010 第 14 列合计。

②若选择“分国（地区）不分项”的境外所得抵免方式，第 3 列各行＝表 A108010 第 18 列相应行次；若选择“不分国（地区）不分项”的境外所得抵免方式，第 1 行第 3 列＝表 A108010 第 18 列合计。

③若选择“分国（地区）不分项”的境外所得抵免方式，第 4 列各行＝表 A108020 第 4 列相应行次 + 第 13 列相应行次；若选择“不分国（地区）不分项”的境外所得抵免方式，第 1 行第 4 列＝表 A108020 第 4 列合计 + 第 13 列合计。

④若选择“分国（地区）不分项”的境外所得抵免方式，第 6 列合计≤第 5 列合计、表 A106000 第 1 行至第 5 行（第 4 列的绝对值 – 第 9 列 – 第 10 列）合计 + 表 A100000 第 18 行的孰小值；若选择“不分国（地区）不分项”的境外所得抵免方式，第 1 行第 6 列≤第 1 行第 5 列、表 A106000 第 1 行至第 5 行（第 4 列的绝对值 – 第 9 列 – 第 10 列）合计 + 表 A100000 第 18 行的孰小值。

⑤第 9 列合计＝表 A100000 第 29 行。

⑥若选择“分国（地区）不分项”的境外所得抵免方式，第 10 列各行＝表

A108010 第 13 列相应行次；若选择“不分国（地区）不分项”的境外所得抵免方式，第 1 行第 10 列＝表 A108010 第 13 列合计。

⑦若选择“分国（地区）不分项”的境外所得抵免方式，第 14 列各行＝表 A108030 第 13 列相应行次；若选择“不分国（地区）不分项”的境外所得抵免方式，第 1 行第 14 列＝表 A108030 第 13 列合计。

⑧第 19 列合计＝表 A100000 第 30 行。

第二节　二级附表 A108020、A108030 填报指南

一、二级附表 A108020 的填报

（一）根据国家税务总局 2017 年第 54 号公告，表式如下：

表 8–5　境外分支机构弥补亏损明细表（A108020）

行次	国家（地区）	非实际亏损额的弥补				实际亏损额的弥补													
		以前年度结转尚未弥补的非实际亏损额	本年发生的非实际亏损额	本年弥补的以前年度非实际亏损额	结转以后年度弥补的非实际亏损额	以前年度结转尚未弥补的实际亏损额						本年发生的实际亏损额	本年弥补的以前年度实际亏损额	结转以后年度弥补的实际亏损额					
						前五年	前四年	前三年	前二年	前一年	小计			前四年	前三年	前二年	前一年	本年	小计
	1	2	3	4	5（2+3–4）	6	7	8	9	10	11（6+…+10）	12	13	14	15	16	17	18	19（14+…+18）
1																			
2																			
3																			
4																			
5																			
6																			
7																			
8																			
9																			
10	合计																		

（二）根据国家税务总局2017年第54号公告，填报说明如下：

本表适用于取得境外所得的纳税人填报。纳税人应根据税法、《财政部　国家税务总局关于企业境外所得税收抵免有关问题的通知》（财税〔2009〕125号）、《国家税务总局关于发布〈企业境外所得税收抵免操作指南〉的公告》（国家税务总局公告2010年第1号）、《财政部　国家税务总局关于我国石油企业从事油（气）资源开采所得税收抵免有关问题的通知》（财税〔2011〕23号）、《财政部　税务总局关于完善企业境外所得税收抵免政策问题的通知》（财税〔2017〕84号）规定，填报境外分支机构本年及以前年度发生的税前尚未弥补的非实际亏损额和实际亏损额、结转以后年度弥补的非实际亏损额和实际亏损额，并按国（地区）别逐行填报。

1. 有关项目填报说明

纳税人选择"分国（地区）不分项"的境外所得抵免方式，在汇总计算境外应纳税所得额时，企业在境外同一国家（地区）设立不具有独立纳税地位的分支机构，按照企业所得税法及实施条例的有关规定计算的亏损，不得抵减其境内或他国（地区）的应纳税所得额，但可以用同一国家（地区）其他项目或以后年度的所得按规定弥补。纳税人选择"不分国（地区）不分项"的境外所得抵免方式，按照《财政部　税务总局关于完善企业境外所得税收抵免政策问题的通知》（财税〔2017〕84号）规定填报。在填报本表时，应按照国家税务总局公告2010年第1号第13、14条有关规定，分析填报企业的境外分支机构发生的实际亏损额和非实际亏损额及其弥补、结转的金额。

（1）第2列至第5列"非实际亏损额的弥补"：填报纳税人境外分支机构非实际亏损额未弥补金额、本年发生的金额、本年弥补的金额、结转以后年度弥补的金额。

（2）第6列至第19列"实际亏损额的弥补"：填报纳税人境外分支机构实际亏损额弥补金额。

2. 表内、表间关系

（1）表内关系

①第5列＝第2+3−4列。

②第11列＝第6+7+…+10列。

③第19列＝第14+15+…+18列。

（2）表间关系

若选择"分国（地区）不分项"的境外所得抵免方式，第4列各行+第13列各行＝表A108000第4列相应行次；若选择"不分国（地区）不分项"的境外所得抵免方式，第4列合计＋第13列合计＝表A108000第1行第4列。

（三）填表举例

【例 8–5】资料：中国居民甲企业，2018 年应纳税所得额 600 万元，设在 A 国 A 分支机构，当年度应纳税所得额 200 万元，设在 B 国 B 分支机构当年应纳税所得额为 −600 万元，甲企业当年从 B 国利息所得的应纳税所得额 120 万元。

1. 非实际亏损的计算：

（1）境内甲企业应纳税所得额 =600（万元）

（2）A 国应纳税所得额 =200（万元）

（3）B 国应纳税所得额 =−600+120=−480（万元）

（4）境内应纳税所得额相加 =600+200−480=320（万元），此数大于零，因此认定为非实际亏损，甲企业当年度境外 B 国未弥补的非实际亏损 480 万元，允许甲企业从其来自 B 国以后年度的所得无限期结转弥补。

2. 实际亏损的计算：

以上资料，其他条件不变，如假设境内甲企业在 C 国当年应纳税所得额为 −400 万元，则境内外应纳税所得额相加 =600+200−480−400=−80 万元，此数小于零，因此认定为实际亏损，允许甲企业从其来自 B 国以后年度的所得 5 年期限结转弥补。

填表如下：

表 8–6　境外分支机构弥补亏损明细表（A108020）

单位：万元

行次	国家（地区）	非实际亏损额的弥补				实际亏损额的弥补													
		以前年度结转尚未弥补的非实际亏损额	本年发生的非实际亏损额	本年弥补的以前年度非实际亏损额	结转以后年度弥补的非实际亏损额	以前年度结转尚未弥补的实际亏损额						本年发生的实际亏损额	本年弥补的以前年度实际亏损额	结转以后年度弥补的实际亏损额					
						前五年	前四年	前三年	前二年	前一年	小计			前四年	前三年	前二年	前一年	本年	小计
	1	2	3	4	5（2+3–4）	6	7	8	9	10	11（6+…+10）	12	13	14	15	16	17	18	19（14+…+18）
1	B 国		480		480														
2	C 国											80						80	80
10	合计		480		480							80						80	80

二、二级附表 A108030 的填报

（一）根据国家税务总局 2017 年第 54 号公告，表式如下：

表 8–7　跨年度结转抵免境外所得税明细表（A108030）

行次	国家（地区）	前五年境外所得已缴所得税未抵免余额						本年实际抵免以前年度未抵免的境外已缴所得税额						结转以后年度抵免的境外所得已缴所得税额					
		前五年	前四年	前三年	前二年	前一年	小计	前五年	前四年	前三年	前二年	前一年	小计	前四年	前三年	前二年	前一年	本年	小计
	1	2	3	4	5	6	7（2+…+6）	8	9	10	11	12	13（8+…+12）	14（3–9）	15（4–10）	16（5–11）	17（6–12）	18	19（14+…+18）
1																			
2																			
3																			
4																			
5																			
6																			
7																			
8																			
9																			
10	合计																		

（二）根据国家税务总局 2017 年第 54 号公告，填报说明如下：

本表适用于取得境外所得的纳税人填报。纳税人应根据税法、《财政部　国家税务总局关于企业境外所得税收抵免有关问题的通知》（财税〔2009〕125 号）、《国家税务总局关于发布〈企业境外所得税收抵免操作指南〉的公告》（国家税务总局公告 2010 年第 1 号）、《财政部　国家税务总局关于我国石油企业从事油（气）资源开采所得税收抵免有关问题的通知》（财税〔2011〕23 号）、《财政部　税务总局关于完善企业境外所得税收抵免政策问题的通知》（财税〔2017〕84 号）规定，填报本年发生的来源于不同国家或地区的境外所得按照中国税收法律、法规的规定可以抵免的所得税额，并按国别（地区）逐行填报。

1. 有关项目填报说明

（1）第 2 列至第 7 列“前五年境外所得已缴所得税未抵免余额”：填报纳税人前五年境外所得已缴纳的企业所得税尚未抵免的余额。

（2）第 8 列至第 13 列“本年实际抵免以前年度未抵免的境外已缴所得税额”：填报纳税人用本年未超过境外所得税款抵免限额的余额抵免以前年度未抵免的境外已缴所得税额。

（3）第 14 列至第 19 列“结转以后年度抵免的境外所得已缴所得税额”：填报纳税人以前年度和本年未能抵免并结转以后年度抵免的境外所得已缴所得税额。

2. 表内、表间关系

（1）表内关系

①第 7 列＝第 2+3+…+6 列。

②第 13 列＝第 8+9+…+12 列。

③第 19 列＝第 14+15+…+18 列。

（2）表间关系

①若选择“分国（地区）不分项”的境外所得抵免方式，第 13 列各行＝表 A108000 第 14 列相应行次；若选择“不分国（地区）不分项”的境外所得抵免方式，第 13 列合计＝表 A108000 第 1 行第 14 列。

②若选择“分国（地区）不分项”的境外所得抵免方式，第 18 列各行＝表 A108000 第 10 列相应行次 - 第 12 列相应行次（当表 A108000 第 10 列相应行次大于第 12 列相应行次时填报）；若选择“不分国（地区）不分项”的境外所得抵免方式，第 18 列合计＝表 A108000 第 1 行第 10 列 - 第 1 行第 12 列（当表 A108000 第 1 行第 10 列次大于第 1 行第 12 列时填报）。

（三）填表举例

根据【例 8-1】第（12）项和【例 8-2】第（12）项计算填表如表 8-8 所示：

表 8-8　跨年度结转抵免境外所得税明细表（A108030）

单位：元

行次	国家（地区）	前五年境外所得已缴所得税未抵免余额						本年实际抵免以前年度未抵免的境外已缴所得税额						结转以后年度抵免的境外所得已缴所得税额					
		前五年	前四年	前三年	前二年	前一年	小计	前五年	前四年	前三年	前二年	前一年	小计	前四年	前三年	前二年	前一年	本年	小计
	1	2	3	4	5	6	7（2+…+6）	8	9	10	11	12	13（8+…+12）	14（3-9）	15（4-10）	16（5-11）	17（6-12）	18	19（14+…+18）
1	A 国乙公司																	3750	

续表

行次	国家（地区）	前五年境外所得已缴所得税未抵免余额						本年实际抵免以前年度未抵免的境外已缴所得税额						结转以后年度抵免的境外所得已缴所得税额					
		前五年	前四年	前三年	前二年	前一年	小计	前五年	前四年	前三年	前二年	前一年	小计	前四年	前三年	前二年	前一年	本年	小计
	1	2	3	4	5	6	7（2+…+6）	8	9	10	11	12	13（8+…+12）	14（3–9）	15（4–10）	16（5–11）	17（6–12）	18	19（14+…+18）
2	B国丙公司																	16470.59	
…	…																		
10	合计																	20220.59	

第九章

居民企业跨地区经营汇总纳税汇算清缴有关报表的填报

第一节　跨地区经营汇总纳税概述

一、政策依据

居民企业在中国境内设立不具有法人资格的营业机构的，应当汇总计算并缴纳企业所得税。企业汇总计算并缴纳企业所得税时，应当统一核算应纳税所得额。

为加强跨地区经营汇总纳税企业所得税的征收管理，妥善处理中央和地方及地区间的利益分配关系，根据《财政部　国家税务总局　中国人民银行关于印发〈跨省市总分机构企业所得税分配及预算管理办法〉的通知》（财预〔2012〕40号）等文件的精神，国家税务总局在对《跨地区经营汇总纳税企业所得税征收管理暂行办法》（国税发〔2008〕28号）进行修订和完善的基础上，制定了《跨地区经营汇总纳税企业所得税征收管理办法》（国家税务总局公告2012年第57号），自2013年1月1日起施行。

二、汇总纳税企业范围

根据国家税务总局2012年第57号公告汇总纳税企业为：

1. 在中国境内跨地区设立不具有法人资格的分支机构（即分公司）的居民企业

2. 在中国境内既跨地区设立不具有法人资格的分支机构，又在同一地区内设立不具有法人资格分支机构的居民企业

三、汇总纳税企业管理办法

为了妥善处理中央和地区间的利益分配关系，做好汇总纳税企业所得税收入的征缴入库和分配管理工作，汇总纳税企业实行"统一计算、分级管理、就地预缴、汇总

清算、财政调库”的企业所得税征收管理办法。

（一）统一计算，是指总机构统一计算包括汇总纳税企业所属各个不具有法人资格分支机构在内的全部应纳税所得额、应纳税额。

（二）分级管理，是指总机构、分支机构所在地的主管税务机关都有对当地机构进行企业所得税管理的责任，总机构和分支机构应分别接受机构所在地主管税务机关的管理。

（三）就地预缴，是指总机构、分支机构应按国家税务总局公告 2012 年第 57 号文件的规定，分月或分季分别向所在地主管税务机关申报预缴企业所得税。

（四）汇总清算，是指在年度终了后，总机构统一计算汇总纳税企业的年度应纳税所得税，应纳所得税额，抵减总机构、分支机构当年已就地分期预缴的企业所得税款后，多退少补。

（五）财政调库，是指财政部定期将缴入中央国库的汇总纳税企业所得税待分配收入，按照核定的系数调整至地方国库。

四、税款的分配

汇总纳税企业按照《企业所得税法》规定汇总计算的企业所得税，包括预缴税款和汇算清缴应缴应退税款，50% 在各分支机构间分摊，各分支机构根据分摊税款就地办理缴库或退库；50% 由总机构分摊缴纳，其中 25% 就地办理缴库或退库，25% 就地全额缴入中央国库或退库。具体的税款缴库或退库程序按照财预〔2012〕40 号文件第五条等相关规定执行。

五、就地分摊纳税的二级分支机构

1. 非法人营业执照（登记证书）

2. 总机构财务、业务、人员等直接进行统一核算和管理

3. 视同独立纳税人的分支机构，即以总机构名义进行生产经营的非法人分支机构，无法提供汇总纳税企业分支机构所得税分配表，也无法提供证据证明其二级及以下分支机构身份的，应视同独立纳税人，计算并就地缴纳企业所得税

六、预缴申报

（一）预缴申报的计算基数

1. 按当期实际利润额预缴

2. 按上年度应纳税所得额 1/12 或 1/4 预缴

（二）预缴税款的分摊

汇总纳税企业按照《企业所得税法》规定汇总计算的本期企业应纳税所得税额（即预缴税款）分别由总机构和分支机构就地预缴，50% 由总机构分摊缴纳，其中 25% 就地办理缴库，25% 就地全额缴入中央国库；50% 在各分支机构间分摊，各分支机构按照分摊比例计算应分摊的税款就地办理缴库。

（三）预缴申报时间

总机构应将本期企业应纳所得税额的 50% 部分，在每月或季度终了后 15 日内就地申报预缴。总机构应将本期企业应纳所得税的另外 50% 部分，按照各分支机构应分摊的比例，在各分支机构之间进行分摊，并及时通知到各分支机构；各分支机构应在每月或季度终了之日起 15 日内，就其分摊的所得税额就地申报预缴。

分支机构未按税款分配数额预缴所得税造成少缴税款的，主管税务机关应按照《税收征管法》的有关规定对其处罚，并将处罚结果通知总机构所在地主管税务机关。

七、汇算清缴

（一）汇算清缴内容

实行跨地区经营汇总缴纳企业所得税的纳税人，由统一计算应纳税所得额和应纳所得税额的总机构，在汇算清缴期内向所在地主管税务机关办理企业所得税年度纳税申报，进行汇算清缴，分支机构不进行汇算清缴，但应将分支机构的营业收支等情况在报总机构统一汇算清缴前报送分支机构所在地主管税务机关。总机构应将分支机构及其所属机构的营业收支纳入总机构汇算清缴等情况报送各分支机构所在地主管税务机关。

（二）汇缴申报时间及税款分摊

汇总纳税企业应当自年度终了之日起 5 个月内，由总机构汇总计算企业年度应纳所得税额，扣除总机构和各分支机构已预缴的税额，计算出应缴应退税款（即汇算清缴税款），分别由总机构和分支机构就地办理税款缴库或退库。50% 由总机构分摊缴纳，其中 25% 就地办理缴库或退库，25% 就地全额缴入中央国库或退库；50% 在各分支机构间分摊，各分支机构按照分摊比例计算应分摊的税款就地办理缴库或退款。

汇总纳税企业在纳税年度内预缴企业所得税税款少于全年应缴企业所得税税款的（即汇算清缴应缴税款）应在汇算清缴期内由总、分机构分别结清应缴的企业所得税税款。

预缴税款超过应缴税款的（即汇算清缴应退税款），主管税务机关应及时按有关规定分别办理退税，或者经总、分机构同意后分别抵缴其下一年度应缴企业所得税税款。

注意：汇算清缴应补应退税款总分机构参与就地分享，分别由总机构和分支机构就地办理税款缴库或退库，而不是由总机构单独就地办理税款缴库或退库。

第二节 跨地区经营汇总纳税有关报表的填报指南

一、A109000 跨地区经营汇总纳税企业年度分摊所得税明细表

（一）根据国家税务总局 2017 年第 54 号公告，表式如下：

表 9–1 跨地区经营汇总纳税企业年度分摊企业所得税明细表（A109000）

行次	项 目	金 额
1	一、实际应纳所得税额	
2	减：境外所得应纳所得税额	
3	加：境外所得抵免所得税额	
4	二、用于分摊的本年实际应纳所得税额（1–2+3）	
5	三、本年累计已预分、已分摊所得税额（6+7+8+9）	
6	（一）总机构直接管理建筑项目部已预分所得税额	
7	（二）总机构已分摊所得税额	
8	（三）财政集中已分配所得税额	
9	（四）分支机构已分摊所得税额	
10	其中：总机构主体生产经营部门已分摊所得税额	
11	四、本年度应分摊的应补（退）的所得税额（4–5）	
12	（一）总机构分摊本年应补（退）的所得税额（11× 总机构分摊比例）	
13	（二）财政集中分配本年应补（退）的所得税额（11× 财政集中分配比例）	
14	（三）分支机构分摊本年应补（退）的所得税额（11× 分支机构分摊比例）	
15	其中：总机构主体生产经营部门分摊本年应补（退）的所得税额（11× 总机构主体生产经营部门分摊比例）	
16	五、境外所得抵免后的应纳所得税额（2–3）	
17	六、总机构本年应补（退）所得税额（12+13+15+16）	

（二）根据国家税务总局 2017 年第 54 号公告，填报说明如下：

本表适用于跨地区经营汇总纳税的纳税人填报。纳税人应根据税法、《财政部 国家税务总局 中国人民银行关于印发〈跨省市总分机构企业所得税分配及预算管理办法〉的通知》（财预〔2012〕40 号）、《国家税务总局关于印发〈跨地区经营汇总纳税

企业所得税征收管理办法〉的公告》（国家税务总局公告2012年第57号）规定计算企业每一纳税年度应缴的企业所得税、总机构和分支机构应分摊的企业所得税。仅在同一省（自治区、直辖市和计划单列市）内设立不具有法人资格分支机构的汇总纳税企业，省（自治区、直辖市和计划单列市）参照上述文件规定制定企业所得税分配管理办法的，按照其规定填报本表。

1. 有关项目填报说明

（1）第1行"实际应纳所得税额"：填报表A100000第31行的金额。

（2）第2行"境外所得应纳所得税额"：填报表A100000第29行的金额。

（3）第3行"境外所得抵免所得税额"：填报表A100000第30行的金额。

（4）第4行"用于分摊的本年实际应纳所得税额"：填报第1–2+3行的金额。

（5）第5行"本年累计已预分、已分摊所得税额"：填报企业按照税收规定计算的分支机构本年累计已分摊的所得税额、建筑企业总机构直接管理的跨地区项目部本年累计已预分并就地预缴的所得税额。填报第6+7+8+9行的合计金额。

（6）第6行"总机构直接管理建筑项目部已预分所得税额"：填报建筑企业总机构按照规定在预缴纳税申报时，向其总机构直接管理的项目部所在地按照项目收入的0.2%预分的所得税额。

（7）第7行"总机构已分摊所得税额"：填报企业在预缴申报时已按照规定比例计算缴纳的由总机构分摊的所得税额。

（8）第8行"财政集中已分配所得税额"：填报企业在预缴申报时已按照规定比例计算缴纳的由财政集中分配的所得税额。

（9）第9行"分支机构已分摊所得税额"：填报企业在预缴申报时已按照规定比例计算缴纳的由所属分支机构分摊的所得税额。

（10）第10行"其中：总机构主体生产经营部门已分摊所得税额"：填报企业在预缴申报时已按照规定比例计算缴纳的由总机构主体生产经营部门分摊的所得税额。

（11）第11行"本年度应分摊的应补（退）的所得税额"：填报企业本年度应补（退）的所得税额，不包括境外所得应纳所得税额。填报第4–5行的余额。

（12）第12行"总机构分摊本年应补（退）的所得税额"：填报第11行 × 总机构分摊比例后的金额。

（13）第13行"财政集中分配本年应补（退）的所得税额"：填报第11行 × 财政集中分配比例后的金额。

（14）第14行"分支机构分摊本年应补（退）的所得税额"：填报第11行 × 分支机构分摊比例后的金额。

（15）第15行"其中：总机构主体生产经营部门分摊本年应补（退）的所得税额"：填报第11行 × 总机构主体生产经营部门分摊比例后的金额。

（16）第16行"境外所得抵免后的应纳所得税额"：填报第2–3行的余额。

（17）第17行“总机构本年应补（退）所得税额”：填报第12+13+15+16行的合计金额。

2. 表内、表间关系

（1）表内关系

①第4行=第1–2+3行。

②第5行=第6+7+8+9行。

③第11行=第4–5行。

④第12行=第11行×总机构分摊比例。

⑤第13行=第11行×财政集中分配比例。

⑥第14行=第11行×分支机构分摊比例。

⑦第15行=第11行×总机构主体生产经营部门分摊比例。

⑧第16行=第2–3行。

⑨第17行=第12+13+15+16行。

（2）表间关系

①第1行=表A10000第31行。

②第2行=表A10000第29行。

③第3行=表A10000第30行。

④第5行=表A10000第32行。

⑤第12+16行=表A10000第34行。

⑥第13行=表A100000第35行。

⑦第15行=表A10000第36行。

（三）填表举例

【例9–1】资料：甲汇总纳税企业总机构在北京，下设石家庄分公司与太原分公司，2018年第一季度甲总机构计算出该汇总纳税企业应纳税所得额为320万元。其总分机构企业所得税适用税率均为25%，2017年各分支机构的营业收入、职工薪酬和资产总额见下表：

表9–2　2016年度各分支机构“三因素”数据表

单位：万元

项　目	各分支机构之和	石家庄分公司	太原分公司
营业收入	70	40	30
职工薪酬	35	15	20
资产总额	500	200	300

计算：总分公司分摊的2018年第一季度应预缴的所得税额。

（1）总分公司第一季度应预缴的企业所得税 =320×25%=80（万元）

（2）计算分公司分摊税款比例：根据上年分公司“三因素”（营业收入、职工薪酬和资产总额）计算各分支机构分摊所得税税款的比例，三因素的权重依次为0.35、0.35、0.3。

石家庄分公司分摊比例：

=（40/70）×0.35+（15/35）×0.35+（200/500）×0.3

=0.20+0.15+0.12=0.47

太原分公司分摊比例：

=（30/70）×0.35+（20/35）×0.35+（300/500）×0.30

=0.15+0.20+0.18=0.53

（3）计算分公司2018年第一季度应分摊预缴企业所得税

①总机构分摊预缴的企业所得税 =80×50%=40（万元）

其中：就地预缴的企业所得税 =80×25%=20 万，另财政集中分配的企业所得税 =80×25%=20（万元）

②分公司预缴企业所得税 =80×50%=40（万元）

其中：石家庄分公司 =80×50%×0.47=18.8（万元）

太原分公司 =80×50%×0.53=21.2（万元）

注：企业所得税季度报表的填列（略）

二、A109010企业所得税汇总纳税分支机构所得税分配表

（一）根据国家税务总局2017年第54号公告，表式如下：

表9–3　企业所得税汇总纳税分支机构所得税分配表（A109010）

税款所属期间：　年　月　日至　年　月　日

总机构名称（盖章）：

总机构统一社会信用代码（纳税人识别号）：

金额单位：元（列至角分）

<table>
<tr><td colspan="2">应纳所得税额</td><td>总机构分摊所得税额</td><td colspan="3">总机构财政集中分配所得税额</td><td colspan="2">分支机构分摊所得税额</td></tr>
<tr><td colspan="2"></td><td></td><td colspan="3"></td><td colspan="2"></td></tr>
<tr><td rowspan="8">分支机构情况</td><td rowspan="2">分支机构统一社会信用代码（纳税人识别号）</td><td rowspan="2">分支机构名称</td><td colspan="3">三项因素</td><td rowspan="2">分配比例</td><td rowspan="2">分配所得税额</td></tr>
<tr><td>营业收入</td><td>职工薪酬</td><td>资产总额</td></tr>
<tr><td></td><td></td><td></td><td></td><td></td><td></td><td></td></tr>
<tr><td></td><td></td><td></td><td></td><td></td><td></td><td></td></tr>
<tr><td></td><td></td><td></td><td></td><td></td><td></td><td></td></tr>
<tr><td></td><td></td><td></td><td></td><td></td><td></td><td></td></tr>
<tr><td></td><td></td><td></td><td></td><td></td><td></td><td></td></tr>
<tr><td></td><td></td><td></td><td></td><td></td><td></td><td></td></tr>
</table>

续表

应纳所得税额		总机构分摊所得税额	总机构财政集中分配所得税额			分支机构分摊所得税额	
	合计						

（二）填表说明

本表适用于跨地区经营汇总纳税的总机构填报。纳税人应根据税法、《财政部 国家税务总局　中国人民银行关于印发〈跨省市总分机构企业所得税分配及预算管理办法〉的通知》（财预〔2012〕40号）、《国家税务总局关于印发〈跨地区经营汇总纳税企业所得税征收管理办法〉的公告》（国家税务总局公告2012年第57号）规定计算总分机构每一纳税年度应缴的企业所得税额、总机构和分支机构应分摊的企业所得税额。对于仅在同一省（自治区、直辖市和计划单列市）内设立不具有法人资格分支机构的企业，根据本省（自治区、直辖市和计划单列市）汇总纳税分配办法在总机构和各分支机构分配企业所得税额的，填报本表。

1. 具体项目填报说明

（1）“税款所属时期”：填报公历1月1日至12月31日。

（2）“总机构名称”“分支机构名称”：填报营业执照、税务登记证等证件载明的纳税人名称。

（3）“总机构统一社会信用代码（纳税人识别号）”“分支机构统一社会信用代码（纳税人识别号）”：填报工商等部门核发的纳税人统一社会信用代码。未取得统一社会信用代码的，填报税务机关核发的纳税人识别号。

（4）“应纳所得税额”：填报企业汇总计算的、且不包括境外所得应纳所得税额的本年应补（退）的所得税额。数据来源于《跨地区经营汇总纳税企业年度分摊企业所得税明细表》（A109000）第11行“本年度应分摊的应补（退）所得税额”。

（5）“总机构分摊所得税额”：对于跨省（自治区、直辖市、计划单列市）经营汇总纳税企业，填报企业本年应补（退）所得税额 ×25%后的金额；对于同一省（自治区、直辖市、计划单列市）内跨地区经营汇总纳税企业，填报企业本年应补（退）所

得税额 × 规定比例后的金额。

（6）“总机构财政集中分配所得税额”：对于跨省（自治区、直辖市、计划单列市）经营汇总纳税企业，填报企业本年应补（退）所得税额 ×25% 后的金额；对于同一省（自治区、直辖市、计划单列市）内跨地区经营汇总纳税企业，填报企业本年应补（退）所得税额 × 规定比例后的金额。

（7）“分支机构分摊所得税额”：对于跨省（自治区、直辖市、计划单列市）经营汇总纳税企业，填报企业本年应补（退）的所得税额 ×50% 后的金额；对于同一省（自治区、直辖市、计划单列市）内跨地区经营汇总纳税企业，填报企业本年应补（退）所得税额 × 规定比例后的金额。

（8）“营业收入”：填报上一年度各分支机构销售商品、提供劳务、让渡资产使用权等日常经营活动实现的全部收入的合计额。

（9）“职工薪酬”：填报上一年度各分支机构为获得职工提供的服务而给予各种形式的报酬以及其他相关支出的合计额。

（10）“资产总额”：填报上一年度各分支机构在经营活动中实际使用的应归属于该分支机构的资产合计额。

（11）“分配比例”：填报经总机构所在地主管税务机关审核确认的各分支机构分配比例，分配比例应保留小数点后十位。

（12）“分配所得税额”：填报分支机构按照分支机构分摊所得税额乘以相应的分配比例的金额。

（13）“合计”：填报上一年度各分支机构的营业收入总额、职工薪酬总额和资产总额三项因素的合计金额及本年各分支机构分配比例和分配税额的合计金额。

2. 表内、表间关系

（1）表内关系

①总机构分摊所得税额＝应纳所得税额 × 总机构分摊比例。

②总机构财政集中分配所得税额＝应纳所得税额 × 财政集中分配比例。

③分支机构分摊所得税额＝应纳所得税额 × 分支机构分摊比例。

④分支机构分配比例＝（该分支机构营业收入 ÷ 分支机构营业收入合计）×35%+（该分支机构职工薪酬 ÷ 分支机构职工薪酬合计）×35%+（该分支机构资产总额 ÷ 分支机构资产总额合计）×30%。

⑤分支机构分配所得税额＝分支机构分摊所得税额 × 该分支机构分配比例。

（2）表间关系

应纳所得税额＝表 A109000 第 11 行。

（三）填表举例

1. 总分机构汇总纳税企业预缴业务

【例 9-2】资料：汇总纳税企业乙企业 2018 年第 1—4 季度：营业收入 600 万元、营业成本 200 万元、利润总额 340 万元（乙企业汇总计算的第 1 季度至第 4 季度的实际利润额均为 85 万元），按实际利润总额预缴，总机构下设 2 个分公司，总分机构企业所得税率均为 25%，2017 年 3 项指标如下：

表 9-4　2017 年各分公司“三因素”数据表

单位：万元

项　目	各分公司之和	保定分公司	阳泉分公司
营业收入	800	240	560
职工薪酬	60	18	42
资产总额	1200	360	840

计算：

第一步：计算各分支机构的分配比例

乙企业按照上年度分支机构的营业收入、职工薪酬和资产总额三个因素计算各分支机构分摊所得税税款的比例，三因素的权重依次为 0.35、0.35、0.30。

计算保定分公司分配比例 =240/800×0.35+18/60×0.35+360/1200×0.30=0.105+0.105+0.09=0.30

计算阳泉分公司分配比例 =560/800×0.35+42/60×0.35+840/1200×0.30=0.245+0.245+0.21=0.70

一般情况下，上述的分摊比例一旦确定，既用于 A 总公司本年度企业所得税预缴申报，还用于其本年度企业所得税汇算清缴。若纳税年度中间因发生撤销分支机构，或者因重组及总机构内部结构调整等原因引起总机构所属分支机构发生变化的，应按照 57 号公告的规定重新计算分摊比例。

第二步：乙汇总纳税企业统一计算应纳税所得额和应纳税额

乙企业 2018 年第 1 至第 4 季度累计应纳税所得额（即实际利润额）为 340 万元。

乙企业第 1 至 4 季度累计应纳所得税额：340×25%=85（万元）；

乙企业 2018 年每个季度应预缴企业所得税 =85×25%=21.25（万元）；

乙企业 2018 年第 1 至第 4 季度累计应纳所得税额 =21.25×4=85（万元）。

（1）乙总公司季度预缴的企业所得税

① 每个季度就地预缴的企业所得税 =21.25×25%=5.3125（万元）

每个季度集中分配的企业所得税 =21.25×25%=5.3125（万元）

② 本年累计分摊预缴的企业所得税 =5.3125×4=21.25（万元）

本年财政集中分配的企业所得税 =5.3125×4=21.25（万元）

（2）乙总公司所属各分支机构每个季度分摊的企业所得税 =21.25×50%=10.625（万元）

各分支机构本年累计分摊的企业所得税 =10.625×4=42.5（万元）

第三步：计算 2018 年第 1 至第 4 季度分公司分摊预缴的企业所得税

保定分公司每个季度应分摊的企业所得税 =10.625×0.30=3.1875（万元）

保定分公司累计应分摊的企业所得税 =3.1875×4=12.75（万元）

阳泉分公司每个季度应分摊的企业所得税 =10.625×0.70=7.4375（万元）

阳泉分公司累计应分摊的企业所得税 =7.4375×4=29.75（万元）

表 9-5　各分支机构分配比例及分配税额

单位：万元

项目	保定公司	阳泉公司	分公司之和
分配比例	0.30	0.70	1
分配税额	12.75	29.75	42.5

2018 年第 1 季度预缴纳税申报开具的分配表如下（第 2、3、4 季度略）：

表 9-6　A109010 企业所得税汇总纳税分支机构所得税分配表

税款所属期间：2018 年 01 月 01 日至 2018 年 03 月 31 日

总机构名称：乙总公司

总机构统一社会信用代码：×××××

单位：万元

<table>
<tr><td colspan="2">应纳所得税额</td><td>总机构分摊所得税额</td><td colspan="3">总机构财政集中分配所得税额</td><td colspan="2">分支机构分摊所得税额</td></tr>
<tr><td colspan="2">21.25</td><td>5.3125</td><td colspan="3">5.3125</td><td colspan="2">10.625</td></tr>
<tr><td rowspan="6">分支机构情况</td><td rowspan="2">分支机构统一社会信用代码（纳税人识别号）</td><td rowspan="2">分支机构名称</td><td colspan="3">三项因素</td><td rowspan="2">分配比例</td><td rowspan="2">分配所得税额</td></tr>
<tr><td>营业收入</td><td>职工薪酬</td><td>资产总额</td></tr>
<tr><td>×××</td><td>保定分公司</td><td>240</td><td>18</td><td>360</td><td>0.3</td><td>3.1875</td></tr>
<tr><td>×××</td><td>阳泉分公司</td><td>560</td><td>42</td><td>840</td><td>0.7</td><td>7.4375</td></tr>
<tr><td colspan="2">合计</td><td>800</td><td>60</td><td>1200</td><td>1</td><td>10.625</td></tr>
</table>

2. 总分机构汇总纳税企业汇算清缴业务

【例 9-3】承接【例 9-2】资料：乙汇总纳税企业 2018 年度统一计算的本年总分公司应纳税所得额为 400 万元，已缴所得税 85 万元，无税收优惠，其他情况不变，计算 2018 年度汇算清缴总分公司应补或应退企业所得税。

计算：

第一步：乙总分机构统一计算 2018 年应纳税所得额 =400×25%=100（万元）

乙总分机构统一计算2018年汇算应补缴或应退企业所得税=400×25%−85=100−85=15（万元）

第二步：乙总机构2018年度汇算清缴分批的应缴企业所得税额=15×50%=7.5（万元），其中：乙总机构就地补缴的所得税额=15×25%=3.75（万元），乙总机构财政集中分配本年度应补所得税额=15×25%=3.75（万元）

第三步：计算各分公司2018年汇算清缴分批的应缴所得税额

乙总机构所属分支机构分摊本年应补的所得税额=15×50%=7.5（万元）

（1）保定分公司2018年汇算清缴分批的应缴所得税款=15×50%×0.30=2.25（万元）

（2）阳泉分公司2018年汇算清缴分批的应缴所得税款=15×50%×0.70=5.25（万元）

（3）2018年企业所得税汇算清缴填表见表9−7、表9−8

表9−7　跨地区经营汇总纳税企业年度分摊企业所得税明细表（A109000）

单位：万元

行次	项　目	金额
1	一、实际应纳所得税额	100
2	减：境外所得应纳所得税额	
3	加：境外所得抵免所得税额	
4	二、用于分摊的本年实际应纳所得税额（1−2+3）	100
5	三、本年累计已预分、已分摊所得税额（6+7+8+9）	85
6	（一）总机构直接管理建筑项目部已预分所得税额	
7	（二）总机构已分摊所得税额	21.25
8	（三）财政集中已分配所得税额	21.25
9	（四）分支机构已分摊所得税额	42.5
10	其中：总机构主体生产经营部门已分摊所得税额	
11	四、本年度应分摊的应补（退）的所得税额（4−5）	15
12	（一）总机构分摊本年应补（退）的所得税额（11×总机构分摊比例）	3.75
13	（二）财政集中分配本年应补（退）的所得税额（11×财政集中分配比例）	3.75
14	（三）分支机构分摊本年应补（退）的所得税额（11×分支机构分摊比例）	7.5
15	其中：总机构主体生产经营部门分摊本年应补（退）的所得税额（11×总机构主体生产经营部门分摊比例）	
16	五、境外所得抵免后的应纳所得税额（2−3）	
17	总机构本年应补（退）所得税额（12+13+15+16）	7.5

表 9-8　A109010 企业所得税汇总纳税分支机构所得税分配表

税款所属期间：2018 年 01 月 01 日至 2018 年 12 月 31 日

总机构名称：乙总公司

总机构统一社会信用代码：×××××

单位：万元

<table>
<tr><td colspan="2">应纳所得税额</td><td>总机构分摊所得税额</td><td colspan="3">总机构财政集中分配所得税额</td><td colspan="2">分支机构分摊所得税额</td></tr>
<tr><td colspan="2">15</td><td>3.75</td><td colspan="3">3.75</td><td colspan="2">7.5</td></tr>
<tr><td rowspan="6">分支机构情况</td><td rowspan="2">分支机构统一社会信用代码（纳税人识别号）</td><td rowspan="2">分支机构名称</td><td colspan="3">三项因素</td><td rowspan="2">分配比例</td><td rowspan="2">分配所得税额</td></tr>
<tr><td>营业收入</td><td>职工薪酬</td><td>资产总额</td></tr>
<tr><td>×××</td><td>保定分公司</td><td>240</td><td>18</td><td>360</td><td>0.3</td><td>2.25</td></tr>
<tr><td>×××</td><td>阳泉分公司</td><td>560</td><td>42</td><td>840</td><td>0.7</td><td>5.25</td></tr>
<tr><td></td><td></td><td></td><td></td><td></td><td></td><td></td></tr>
<tr><td colspan="2">合计</td><td>800</td><td>60</td><td>1200</td><td>1</td><td>7.5</td></tr>
</table>

第十章

关联关系表的填报

第一节 关联关系业务概述

一、关联关系认定

（一）关联方的定义

关联方，是指与企业有下列 3 种关联关系之一的企业、其他组织或者个人。

1. 在资金、经营、购销等方面存在直接或者间接的控制关系；
2. 直接或者间接地同为第三方控制；
3. 在利益上具有相关联的其他关系。

（二）关联关系的认定

关联关系主要是指企业与企业、组织或者个人具有下列 8 种关系之一：

1. 一方直接或间接持有另一方的股份总和达到 25% 或以上；或者双方直接或间接同为第三方所持有股份达到 25% 或以上。若一方通过中间方对另一方间接持有股份，只要一方对中间方持股比例达到 25% 或以上，则一方对另一方的持股比例按照中间方对另一方的持股比例计算；

2. 一方与另一方（独立金融机构除外）之间借贷资金占一方实收资本 50% 或以上，或者一方借贷资金总额的 10% 或以上是由另一方（独立金融机构除外）担保；

3. 一方半数以上的高级管理人员（包括董事会成员和经理）或至少 1 名可以控制董事会的董事会高级成员是由另一方委派，或者双方半数以上的高级管理人员（包括董事会成员和经理）或至少 1 名可以控制董事会的董事会高级成员同为第三方委派；

4. 一方半数以上的高级管理人员（包括董事会成员和经理）同时担任另一方的高级管理人员（包括董事会成员和经理），或者一方至少 1 名可以控制董事会的董事会高级成员同时担任另一方的董事会高级成员；

5. 一方的生产经营活动必须由另一方提供的工业产权、专有技术等特许权才能正常进行；

6. 一方的购买或销售活动主要由另一方控制；

7. 一方接受或提供劳务主要由另一方控制；

8. 一方对另一方的生产经营、交易具有实质控制或者双方在利益上具有相关联的其他关系，包括虽未达到 A 项持股比例，但一方与另一方的主要持股方享受相同的经济利益以及家族、亲属关系等。

二、关联交易类型

企业与其关联方之间的业务往来，包括转让财产、提供财产使用权、提供劳务、融通资金及其他类型。具体包括以下 4 种情形：

1. 有形资产的购销、转让和使用，包括房屋建筑物、交通工具、机器设备、工具、商品、产品等有形资产的购销、转让和租赁业务；

2. 无形资产的转让和使用，包括土地使用权、版权（著作权）、专利、商标、客户名单、营销渠道、品牌、商业秘密和专有技术等特许权，以及工业品外观设计或实用新型等工业产权的所有权转让和使用权的提供业务；

3. 融通资金，包括各类长短期资金拆借和担保以及各类计息预付款和延期付款等业务；

4. 提供劳务，包括市场调查、行销、管理、行政事务、技术服务、维修、设计、咨询、代理、科研、法律、会计事务等服务的提供。

三、成本分摊协议定义

（一）成本分摊协议的概念

成本分摊协议是指企业与其关联方共同开发、受让无形资产，或者共同提供、接受劳务发生的成本，在计算应纳税所得额时，应按照独立交易原则进行成本分摊而签订的协议。

（二）成本分摊协议包括的内容

1. 参与方的名称、所在国家（地区）、关联关系、在协议中的权利和义务；

2. 成本分摊协议所涉及的无形资产或劳务的内容、范围，协议涉及研发或劳务活动的具体承担者及其职责、任务；

3. 协议期限；

4. 参与方预期收益的计算方法和假设；

5. 参与方初始投入和后续成本支付的金额、形式、价值确认的方法以及符合独立交易原则的说明；

6. 参与方会计方法的运用及变更说明；
7. 参与方加入或退出协议的程序及处理规定；
8. 参与方之间补偿支付的条件及处理规定；
9. 协议变更或终止的条件及处理规定；
10. 非参与方使用协议成果的规定。

四、预约定价

企业可以向税务机关提出与其关联方之间业务往来的定价原则和计算方法，税务机关与企业协商、确认后，达成预约定价安排。

预约定价安排，是指企业就其未来年度关联交易的定价原则和计算方法，向税务机关提出申请，与税务机关按照独立交易原则协商、确认后达成的协议。

预约定价安排的谈签与执行通常经过预备会谈、正式申请、审核评估、磋商、签订安排和监控执行6个阶段。预约定价安排包括单边、双边和多边3种类型。

五、资本弱化

（一）资本弱化概念

资本弱化，是指企业通过加大借贷款（债权性投资）而减少股份资本（权益性投资）比例的方式增加税前扣除，以降低企业税负的一种行为。

（二）关联债资比例相关规定

企业从其关联方接受的债权性投资与权益性投资的比例超过规定标准而发生的利息支出，不得在计算应纳税所得额时扣除。

不得扣除利息支出＝年度实际支付的全部关联方利息×（1－标准比例÷关联债资比例）

其中，标准比例是指其接受关联方债权性投资与其权益性投资的比例为：金融企业5∶1；其他企业2∶1。

关联债资比例是指企业从其全部关联方接受的债权性投资（以下简称“关联债权投资”）占企业接受的权益性投资（以下简称“权益投资”）的比例，关联债权投资包括关联方以各种形式提供担保的债权性投资。

关联债资比例的具体计算方法如下：

关联债资比例＝年度各月平均关联债权投资之和÷年度各月平均权益投资之和

其中：各月平均关联债权投资＝（关联债权投资月初账面余额＋月末账面余额）÷2

各月平均权益投资＝（权益投资月初账面余额＋月末账面余额）÷2

权益投资为企业资产负债表所列示的所有者权益金额。如果所有者权益小于实收资本（股本）与资本公积之和，则权益投资为实收资本（股本）与资本公积之和。

如果实收资本（股本）与资本公积之和小于实收资本（股本）金额，则权益投资为实收资本（股本）金额。

利息支出包括直接或间接关联债权投资实际支付的利息、担保费、抵押费和其他具有利息性质的费用。

不得在计算应纳税所得额时扣除的利息支出，不得结转到以后纳税年度，应按照实际支付给各关联方利息占关联方利息总额的比例，在各关联方之间进行分配。其中，分配给实际税负高于企业的境内关联方的利息准予扣除；直接或间接实际支付给境外关联方的利息应视同分配的股息，按照股息和利息分别适用的所得税税率差补征企业所得税，如已扣缴的所得税税款多于按股息计算应征所得税税款，多出的部分不予退税。

六、关联关系表的编号及名称

（一）封面和表单无编号

（二）有表号的关联关系表共 22 张（见表 10-1）

表 10-1 企业关联关系表表单

表单编号	表单名称
G000000	报告企业信息表
G100000	中华人民共和国企业年度关联业务往来汇总表
G101000	关联关系表
G102000	有形资产所有权交易表
G103000	无形资产所有权交易表
G104000	有形资产使用权交易表
G105000	无形资产使用权交易表
G106000	金融资产交易表
G107000	融通资金表
G108000	关联劳务表
G109000	权益性投资表
G110000	成本分摊协议表
G111000	对外支付款项情况表
G112000	境外关联方信息表
G113010	年度关联交易财务状况分析表（报告企业个别报表信息）
G113020	年度关联交易财务状况分析表（报告企业合并报表信息）

续表

表单编号	表单名称
G114010	国别报告—所得、税收和业务活动国别分布表
G114011	国别报告—所得、税收和业务活动国别分布表（英文）
G114020	国别报告—跨国企业集团成员实体名单
G114021	国别报告—跨国企业集团成员实体名单（英文）
G114030	国别报告—附加说明表
G114031	国别报告—附加说明表（英文）

第二节　关联关系表填报指南

一、G000000 报告企业信息表

（一）根据国家税务总局 2017 年第 54 号公告，表式如下：

表 10–2　报告企业信息表（G000000）

<table>
<tr><td colspan="4">正常报告□</td><td colspan="6">纳税人自行补正□</td></tr>
<tr><td colspan="10">100 基本信息</td></tr>
<tr><td>101 纳税人名称</td><td></td><td>103 注册地址</td><td>国家（地区）</td><td></td><td>省份</td><td colspan="2"></td><td>地级市</td><td></td></tr>
<tr><td>102 纳税人识别号</td><td></td><td>104 经营地址</td><td>国家（地区）</td><td></td><td>省份</td><td colspan="2"></td><td>地级市</td><td></td></tr>
<tr><td>105 经营范围</td><td colspan="9"></td></tr>
<tr><td>106 主管国税机关</td><td></td><td>108 注册资本</td><td>币种</td><td colspan="2"></td><td>金额</td><td>0.00</td><td>110 登记注册类型</td><td></td></tr>
<tr><td>107 主管地税机关</td><td></td><td>109 投资总额</td><td>币种</td><td colspan="2"></td><td>金额</td><td>0.00</td><td>111 所属行业</td><td></td></tr>
<tr><td>112 独立法人</td><td>是□
否□</td><td colspan="2">113 法定代表人或负责人</td><td colspan="3"></td><td>114 独立核算</td><td colspan="2">是□　　否□</td></tr>
<tr><td>115 适用的会计准则或会计制度</td><td colspan="9">企业会计准则（一般企业□　银行□　证券□　保险□　担保□）
小企业会计准则□　企业会计制度□
事业单位会计准则（事业单位会计制度□　科学事业单位会计制度□　医院会计制度□　高等学校会计制度□　中小学校会计制度□　彩票机构会计制度□）
民间非营利组织会计制度□　村集体经济组织会计制度□　农民专业合作社财务会计制度（试行）□　其他□</td></tr>
</table>

续表

116 上市公司	是□ 否□	117 上市股票代码		118 上市交易所		119 记账本位币	
120 企业集团最终控股企业	是□ 否□			121 企业集团最终控股企业名称			
122 企业集团最终控股企业所在国家（地区）				123 被指定为国别报告的报送企业		是□ 否□	
124 本年度准备同期资料	主体文档□ 本地文档□ 特殊事项文档□ 无□			125 执行预约定价安排	是□ 否□	126 签订或者执行成本分摊协议	是□ 否□

200 企业内部部门信息				
行次	201 部门名称	202 部门履行的职责业务范围及履行职责业务流程	203 员工数量	204 上一级部门名称
1				
2				
3				

300 企业高级管理人员信息								
行次	301 职务名称	302 姓名	303 国家（地区）	304 身份证件名称	305 身份证件号码	306 任职起始日期	307 任职截止日期	308 委任方名称
1								
2								
3								

400 企业股东信息（前五位）								
行次	401 股东名称	402 股东类型	403 国家（地区）	404 登记注册类型	405 证件种类	406 纳税人识别号或身份证件号码	407 持股起始日期	408 持股比例
1								
2								
3								
4								
5								

（二）根据国家税务总局 2017 年第 54 号公告，填报说明如下：

G000000《报告企业信息表》填报说明：

企业在填报报告表前，首先填报报告企业信息表，为后续报告提供指引。报告企业信息表主要包括表头、基本信息、企业内部组织部门信息、企业高级管理人员信息、企业主要股东信息情况等部分。有关项目填报说明如下：

1. 有关项目填报说明

（1）企业根据具体情况选填“正常报告”“更正报告”或者“补充报告”。

正常报告：报告期内，企业第一次年度报告为“正常报告”；

更正报告：报告期内，企业对已报告内容进行更正的为“更正报告”；

补充报告：报告期后，由于企业自查、主管税务机关评估等发现以前年度报告有误而更改报告为“补充报告”。

（2）“101 纳税人名称”：填报企业登记注册的中文全称。

（3）“102 纳税人识别号”：填报税务登记证上的纳税人识别号或者营业执照上的统一社会信用代码。

（4）“103 注册地址”：填报企业登记注册的地址。

（5）“104 经营地址”：填报企业实际生产经营地址。

（6）“105 经营范围”：填报本报告年度所属期间内企业实际生产经营范围。

（7）“106 主管国税机关”和“107 主管地税机关”填报企业主管国、地税机关全称。

（8）“108 注册资本”：填报全体股东或发起人依法登记的出资或认缴的股本币种及金额。

（9）“109 投资总额”：填报企业按照企业合同、章程规定的生产规模需要投入的基本建设资金和生产流动资金的币种及金额合计。

（10）“110 登记注册类型”：填报企业税务登记证上的登记注册类型或者营业执照上的类型。

（11）“111 所属行业”：根据《国民经济行业分类》（GB/4754–2011）标准填报企业的行业代码及行业名称。

（12）“112 独立法人”：企业根据实际情况选填。

（13）“113 法定代表人或负责人”：企业根据税务登记证或者营业执照上注明的法定代表人或负责人名称填报。

（14）“114 独立核算”：企业根据实际情况选填。

（15）“115 适用的会计准则或会计制度”：企业根据采用的会计准则或会计制度选填。

（16）“116 上市公司”：报告企业根据实际情况选填。选择“是”的，“117 上市股票代码”和“118 上市交易所”栏为必填项，选择“否”的，“117 上市股票代码”和“118 上市交易所”栏为不填项。

（17）“118 上市交易所”：填报企业股票上市的交易所全称。

（18）“119 记账本位币”：企业根据实际情况填报适用的记账本位币币种。

（19）“120 企业集团最终控股企业”：企业根据实际情况选填。最终控股企业是指能够合并其所属企业集团所有成员实体财务报表的，且不能被其他企业纳入合并财务报表的企业。

（20）“121 企业集团最终控股企业名称”：企业所属企业集团最终控股企业全称，有登记注册中文名称的填中文全称，没有中文名称的以登记注册的外文全称填报。

（21）“122 企业集团最终控股企业所在国家（地区）”：填报企业所属企业集团最终控股企业成立注册地国家（地区）。

（22）“123 被指定为国别报告的报送企业”：企业根据实际情况选填本企业是否被企业集团指定为国别报告的报送企业。选择“是”的，需要填报表 G114010、表 G114011、表 G114020、表 G114021、表 G114030、表 G114031。

（23）“124 本年度准备同期资料”：根据企业实际情况选填。

（24）“125 执行预约定价安排”：企业根据本报告年度所属期间内是否已签订并执行实际情况选填。

（25）“126 签订或者执行成本分摊协议”：企业根据本报告年度所属期间内是否已签订并执行实际情况选填。选择“是”的，需填报表 G110000。

（26）“200 企业内部部门信息”：企业根据实际情况，从最顶层起填报。同一业务职能涉及超过一个层级部门的，可以合并填报。

（27）“201 部门名称”：填报企业内部各部门全称，应当以中文填报。

（28）“202 部门履行的职责业务范围及履行职责业务流程”：企业根据内部各职能部门实际履行的职责业务范围及履行职责的业务流程进行填报，可以文字加流程图的形式描述。

（29）“203 员工数量”：填报本报告年度所属期间内企业内部各职能部门全年从业员工数量。从业员工数量是指与企业建立劳动关系的职工人数和企业接受的劳务派遣用工人数之和；从业员工数量计算公式如下：

从业员工数量=（年初值＋年末值）÷2

年度中间开业或者终止经营活动的，以其实际经营期作为一个纳税年度确定上述相关指标。

（30）“204 上一级部门名称”：填报上一级部门全称。上一级部门有多个的，应全部填报。该上一级部门与“201 部门名称”栏填报为同一部门的，名称应当填报一致。

（31）“300 企业高级管理人员信息”：填报本报告年度所属期间内，在企业内部任职的高级管理人员（包括上市公司董事会秘书、经理、副经理、财务负责人和公司章程规定的其他人员）信息。

（32）“301 职务名称”：填报职务中文全称。

（33）“302 姓名”：填报所填报身份证件上姓名。

（34）“303 国家（地区）”：填报所填报身份证件上地址所在国家（地区）。

（35）“304 身份证件名称”：选填身份证、护照等。

（36）“305 身份证件号码”：填报身份证号、护照号。

（37）“308 委任方名称”：填写任命或者委派高级管理人员的自然人、法人或者其他机构组织的名称。有中文全称的应当填报中文全称。

（38）“400 企业股东信息（前五位）”：填报本报告年度最后一日按持股比例排序前 5 位股东的信息，与第五位股东持股比例相同的股东，其信息也需填报。

（39）“401 股东名称”：有登记注册中文名称的填中文全称，没有中文名称的以登记注册的外文全称填报。

（40）“402 股东类型”：选填企业法人、自然人、机构组织。

（41）“403 国家（地区）”：企业法人股东和机构组织股东填报依法登记注册地国家（地区），自然人股东填报“406 纳税人识别号或身份证件号码”栏所填身份证件号码的证件上注明的国家（地区）。

（42）“404 登记注册类型”：企业单位投资的，按其登记注册类型填报；自然人投资的，填报自然人。

（43）“405 证件种类”：选填税务登记证、营业执照、组织机构代码证、身份证、护照等。境外持股企业“405 证件种类”栏可不填写。

（44）“406 纳税人识别号或身份证件号码”：填报纳税人识别号、统一社会信用代码、组织机构代码号、身份证号、护照号等。

（45）“407 持股起始日期”：填报持股比例最近一次发生变动的日期。

2. 表内、表间关系

（1）表内关系

无。

（2）表间关系

①“124 本年度准备同期资料”栏＝表 G100000“400 本年度准备同期资料”栏。

②“126 签订或者执行成本分摊协议”栏＝表 G100000“301 签订或者执行成本分摊协议”栏。

二、G100000《中华人民共和国企业年度关联业务往来汇总表》

（一）根据国家税务总局 2017 年第 54 号公告，表式如下：

表 10-3　中华人民共和国企业年度关联业务往来汇总表（G100000）

行次	100 关联交易信息				交易总金额
	关联交易类型	境外关联交易金额	境内关联交易金额	关联交易合计	
		1	2	3 = 1+2	4
1	有形资产所有权出让				
2	有形资产所有权受让				

续表

<table>
<tr><td rowspan="3">行次</td><td colspan="4">100 关联交易信息</td><td rowspan="2">交易总金额</td></tr>
<tr><td rowspan="2">关联交易类型</td><td>境外关联交易金额</td><td>境内关联交易金额</td><td>关联交易合计</td></tr>
<tr><td>1</td><td>2</td><td>3 = 1+2</td><td>4</td></tr>
<tr><td>3</td><td>无形资产所有权出让</td><td></td><td></td><td></td><td></td></tr>
<tr><td>4</td><td>无形资产所有权受让</td><td></td><td></td><td></td><td></td></tr>
<tr><td>5</td><td>有形资产使用权出让</td><td></td><td></td><td></td><td></td></tr>
<tr><td>6</td><td>有形资产使用权受让</td><td></td><td></td><td></td><td></td></tr>
<tr><td>7</td><td>无形资产使用权出让</td><td></td><td></td><td></td><td></td></tr>
<tr><td>8</td><td>无形资产使用权受让</td><td></td><td></td><td></td><td></td></tr>
<tr><td>9</td><td>金融资产出让</td><td></td><td></td><td></td><td></td></tr>
<tr><td>10</td><td>金融资产受让</td><td></td><td></td><td></td><td></td></tr>
<tr><td>11</td><td>融入资金利息支出</td><td></td><td></td><td></td><td>—</td></tr>
<tr><td>12</td><td>融出资金利息收入</td><td></td><td></td><td></td><td>—</td></tr>
<tr><td>13</td><td>提供劳务收入</td><td></td><td></td><td></td><td></td></tr>
<tr><td>14</td><td>接受劳务支出</td><td></td><td></td><td></td><td></td></tr>
<tr><td>15</td><td>交易合计= 1+2+…+14</td><td></td><td></td><td></td><td></td></tr>
<tr><td colspan="6">200 关联债资信息</td></tr>
<tr><td colspan="2">201 年度平均关联债权投资金额</td><td colspan="2">202 年度平均权益投资金额</td><td colspan="2">203 债资比例</td></tr>
<tr><td colspan="2"></td><td colspan="2"></td><td colspan="2"></td></tr>
<tr><td colspan="6">300 成本分摊协议信息</td></tr>
<tr><td colspan="2">301 签订或者执行成本分摊协议</td><td>302 本年度实际分摊成本金额</td><td>303 本年度加入支付金额</td><td colspan="2">304 本年度退出补偿金额</td></tr>
<tr><td colspan="2">是□　　否（□）</td><td></td><td></td><td colspan="2"></td></tr>
<tr><td colspan="2">400 本年度准备同期资料</td><td colspan="4">主体文档□　本地文档□　特殊事项文档□　无□</td></tr>
</table>

（二）根据国家税务总局 2017 年第 54 号公告，填报说明如下：

本表为企业年度关联业务往来报告表主表，企业应当根据《中华人民共和国企业所得税法》及其实施条例、相关税收政策，以及适用会计准则或会计制度的规定，填报企业年度关联业务往来等有关项目。

1. 有关项目填报说明

本表包括关联交易、关联债资、成本分摊协议、同期资料四部分信息。

（1）“100 关联交易信息”中的项目，根据《有形资产所有权交易表》（G102000）、《无形资产所有权交易表》（G103000）、《有形资产使用权交易表》（G104000）、《无形资产使用权交易表》（G105000）、《金融资产交易表》（G106000）、

《融通资金表》(G107000)、《关联劳务表》(G108000)相应栏次数额填报。

(2)"200 关联债资信息"中的项目，根据《融通资金表》(G107000)和《权益性投资表》(G109000)相应栏次数额填报。

(3)"203 债资比例"栏应当保留小数点后两位。

(4)"300 成本分摊协议信息"中的项目，根据《报告企业信息表》(G000000)、《成本分摊协议表》(G110000)相应栏次数额填报。

(5)"400 本年度准备同期资料"栏，根据《报告企业信息表》(G000000)相应栏次数额填报。

2. 表内、表间关系

(1)表内关系

①"100 关联交易信息"中的第 3 列＝第 1+2 列。

②"100 关联交易信息"中的第 15 行＝第 1+2+3+4+5+6+7+8+9+10+11+12+13+14 行。

③"203 债资比例"＝"201 年度平均关联债权投资金额"÷"202 年度平均权益投资金额"。

(2)表间关系

①"100 关联交易信息"中的第 1 行第 1 列＝表 G102000 第 7 行第 4 列。

②"100 关联交易信息"中的第 1 行第 2 列＝表 G102000 第 14 行第 4 列。

③"100 关联交易信息"中的第 1 行第 4 列＝表 G102000 第 15 行第 4 列。

④"100 关联交易信息"中的第 2 行第 1 列＝表 G102000 第 22 行第 4 列。

⑤"100 关联交易信息"中的第 2 行第 2 列＝表 G102000 第 29 行第 4 列。

⑥"100 关联交易信息"中的第 2 行第 4 列＝表 G102000 第 30 行第 4 列。

⑦"100 关联交易信息"中的第 3 行第 1 列＝表 G103000 第 7 行第 4 列。

⑧"100 关联交易信息"中的第 3 行第 2 列＝表 G103000 第 14 行第 4 列。

⑨"100 关联交易信息"中的第 3 行第 4 列＝表 G103000 第 15 行第 4 列。

⑩"100 关联交易信息"中的第 4 行第 1 列＝表 G103000 第 22 行第 4 列。

⑪"100 关联交易信息"中的第 4 行第 2 列＝表 G103000 第 29 行第 4 列。

⑫"100 关联交易信息"中的第 4 行第 4 列＝表 G103000 第 30 行第 4 列。

⑬"100 关联交易信息"中的第 5 行第 1 列＝表 G104000 第 7 行第 4 列。

⑭"100 关联交易信息"中的第 5 行第 2 列＝表 G104000 第 14 行第 4 列。

⑮"100 关联交易信息"中的第 5 行第 4 列＝表 G104000 第 15 行第 4 列。

⑯"100 关联交易信息"中的第 6 行第 1 列＝表 G104000 第 22 行第 4 列。

⑰"100 关联交易信息"中的第 6 行第 2 列＝表 G104000 第 29 行第 4 列。

⑱"100 关联交易信息"中的第 6 行第 4 列＝表 G104000 第 30 行第 4 列。

⑲"100 关联交易信息"中的第 7 行第 1 列＝表 G105000 第 7 行第 4 列。

⑳"100 关联交易信息"中的第 7 行第 2 列＝表 G105000 第 14 行第 4 列。

㉑"100 关联交易信息"中的第 7 行第 4 列＝表 G105000 第 15 行第 4 列。

㉒“100 关联交易信息”中的第 8 行第 1 列＝表 G105000 第 22 行第 4 列。

㉓“100 关联交易信息”中的第 8 行第 2 列＝表 G105000 第 29 行第 4 列。

㉔“100 关联交易信息”中的第 8 行第 4 列＝表 G105000 第 30 行第 4 列。

㉕“100 关联交易信息”中的第 9 行第 1 列＝表 G106000 第 7 行第 4 列。

㉖“100 关联交易信息”中的第 9 行第 2 列＝表 G106000 第 14 行第 4 列。

㉗“100 关联交易信息”中的第 9 行第 4 列＝表 G106000 第 15 行第 4 列。

㉘“100 关联交易信息”中的第 10 行第 1 列＝表 G106000 第 22 行第 4 列。

㉙“100 关联交易信息”中的第 10 行第 2 列＝表 G106000 第 29 行第 4 列。

㉚“100 关联交易信息”中的第 10 行第 4 列＝表 G106000 第 30 行第 4 列。

㉛“100 关联交易信息”中的第 11 行第 1 列＝表 G107000 第 N 行第 6 列。

㉜“100 关联交易信息”中的第 11 行第 2 列＝表 G107000 第 N 行第 7 列。

㉝“100 关联交易信息”中的第 12 行第 1 列＝表 G107000 第 N+N 行第 6 列。

㉞“100 关联交易信息”中的第 12 行第 2 列＝表 G107000 第 N+N 行第 7 列。

㉟“100 关联交易信息”中的第 13 行第 1 列＝表 G108000 第 7 行第 4 列。

㊱“100 关联交易信息”中的第 13 行第 2 列＝表 G108000 第 14 行第 4 列。

㊲“100 关联交易信息”中的第 13 行第 4 列＝表 G108000 第 15 行第 4 列。

㊳“100 关联交易信息”中的第 14 行第 1 列＝表 G108000 第 22 行第 4 列。

㊴“100 关联交易信息”中的第 14 行第 2 列＝表 G108000 第 29 行第 4 列。

㊵“100 关联交易信息”中的第 14 行第 4 列＝表 G108000 第 30 行第 4 列。

㊶“201 年度平均关联债权投资金额”栏＝表 G107000 第 N 行第 8 列。

㊷“202 年度平均权益投资金额”栏＝表 G109000“100 权益性投资情况”中的第 13 行第 4 列。

㊸“301 签订或者执行成本分摊协议”栏＝表 G000000“126 签订或者执行成本分摊协议”栏。

㊹“302 本年度实际分摊成本金额”栏＝表 G110000“200 参与方信息”中的第 1 行第 8 列，如签订多个成本分摊协议的为该栏的合计数。

㊺“303 本年度加入支付金额”栏＝表 G110000“200 参与方信息”中的第 1 行第 11 列，如签订多个成本分摊协议的为该栏的合计数。

㊻“304 本年度退出补偿金额”栏＝表 G110000“200 参与方信息”中的第 1 行第 14 列，如签订多个成本分摊协议的为该栏的合计数。

㊼“400 本年度准备同期资料”栏＝表 G000000“124 本年度准备同期资料”栏。

三、G101000 关联关系表

（一）根据国家税务总局 2017 年第 54 号公告，表式如下：

表 10-4　关联关系表（G101000）

行次	关联方名称	关联方类型	国家（地区）	证件种类	纳税人识别号或身份证件号码	关联关系类型	起始日期	截止日期
	1	2	3	4	5	6	7	8

（二）根据国家税务总局 2017 年第 54 号公告，填报说明如下：

本表填报本报告年度所属期间内与企业发生关联交易的关联方基本信息。

1. 有关项目填报说明

（1）第 1 列"关联方名称"：关联方为企业法人或者其他机构组织的，填报其登记注册的中文全称，没有中文名称的应当填报英文全称；关联方为自然人的，填报其身份证件上的姓名。

（2）第 2 列"关联方类型"：根据不同关联方性质分别选填"企业法人""其他机构组织""自然人"。

（3）第 3 列"国家（地区）"：关联方为企业法人或者其他机构组织的，填报其登记注册地国家（地区）；关联方为自然人的，填报第 4 列所填身份证件上注明的国家（地区）。

（4）第 4 列"证件种类"：根据实际情况选填税务登记证、营业执照、组织机构代码证、身份证、护照等，关联方为境外企业法人或者境外其他机构组织的，可不填写证件种类。

（5）第 5 列"纳税人识别号或身份证件号码"：关联方为境内企业法人或者境内其他机构组织的，填报纳税人识别号或者统一社会信用代码；没有纳税人识别号或者统一社会信用代码的，填报组织机构代码证号；关联方为境外企业法人或者境外其他机构组织的，填报所在国纳税人识别号，第 4 列未填写"证件种类"的，可不填写；关联方为自然人的，填报身份证号或者护照号。

（6）第 6 列"关联关系类型"：根据实际情况按以下关联关系标准选填代码 A、B、C 等，有多个关联关系类型的，应当选填多个代码。关联关系标准如下：

A. 一方直接或者间接持有另一方的股份总和达到 25% 以上；双方直接或者间接同为第三方所持有的股份达到 25% 以上。

如果一方通过中间方对另一方间接持有股份，只要其对中间方持股比例达到 25% 以上，则其对另一方的持股比例按照中间方对另一方的持股比例计算。

两个以上具有夫妻、直系血亲、兄弟姐妹以及其他抚养、赡养关系的自然人共同持股同一企业，持股比例合并计算。

B. 双方存在持股关系或者同为第三方持股，虽持股比例未达到 A 项规定，但双方之间借贷资金总额占任一方实收资本比例达到 50% 以上，或者一方全部借贷资金总额的 10% 以上由另一方担保，与独立金融机构之间的借贷或者担保除外。

借贷资金总额占实收资本比例 = 年度加权平均借贷资金 / 年度加权平均实收资本，其中：

年度加权平均借贷资金 = i 笔借入或者贷出资金账面金额 ×i 笔借入或者贷出资金年度实际占用天数 /365

年度加权平均实收资本 = i 笔实收资本账面金额 ×i 笔实收资本年度实际占用天数 /365

C. 双方存在持股关系或者同为第三方持股，虽持股比例未达到 A 项规定，但一方的生产经营活动必须由另一方提供专利权、非专利技术、商标权、著作权等特许权才能正常进行。

D. 双方存在持股关系或者同为第三方持股，虽持股比例未达到 A 项规定，但一方的购买、销售、接受劳务、提供劳务等经营活动由另一方控制。

上述控制是指一方有权决定另一方的财务和经营政策，并能据以从另一方的经营活动中获取利益。

E. 一方半数以上董事或者半数以上高级管理人员（包括上市公司董事会秘书、经理、副经理、财务负责人和公司章程规定的其他人员）由另一方任命或者委派，或者同时担任另一方的董事或者高级管理人员；或者双方各自半数以上董事或者半数以上高级管理人员同为第三方任命或者委派。

F. 具有夫妻、直系血亲、兄弟姐妹以及其他抚养、赡养关系的两个自然人分别与双方具有 A 至 E 项关系之一。

G. 双方在实质上具有其他共同利益的关系。

除 B 项规定外，上述关联关系年度内发生变化的，按照实际关联关系存续期间认定。

仅因国家持股或者由国有资产管理部门委派董事、高级管理人员而存在 A 至 E 项关系的，不构成关联关系。

（7）第 7 列“起始日期”和第 8 列“截止日期”：本报告年度所属期间内关联关系发生变化的，填报实际变化的日期；未发生变化的，填报本报告年度起始和截止日期。

2. 表内、表间关系

（1）表内关系

①第 2 列选填“企业法人”或者“其他机构组织”的，第 4 列只能选填“税务登记证”“营业执照”或者“组织机构代码证”。

②第 2 列选填“自然人”的，第 4 列只能选填“身份证”或者“护照”。

③第 3 列选填“中国”或者第 2 列选填为“自然人”的，第 4 列和第 5 列为必填项。

④第 2 列选填"企业法人"或者"其他机构组织"，并且第 3 列选填"中国"以外国家（地区）的，第 4 列和第 5 列为非必填项。

（2）表间关系

无。

四、G102000 有形资产所有权交易表

（一）根据国家税务总局 2017 年第 54 号公告，表式如下：

表 10-5　有形资产所有权交易表（G102000）

<table>
<tr><td rowspan="2">行次</td><td>关联交易类型</td><td>关联方名称</td><td>关联交易内容</td><td>交易金额</td><td>比例</td></tr>
<tr><td>1</td><td>2</td><td>3</td><td>4</td><td>5</td></tr>
<tr><td>1</td><td rowspan="5">境外关联有形资产所有权出让（前 5 位）</td><td></td><td></td><td></td><td></td></tr>
<tr><td>2</td><td></td><td></td><td></td><td></td></tr>
<tr><td>3</td><td></td><td></td><td></td><td></td></tr>
<tr><td>4</td><td></td><td></td><td></td><td></td></tr>
<tr><td>5</td><td></td><td></td><td></td><td></td></tr>
<tr><td>6</td><td>—</td><td>其他关联方</td><td>—</td><td>0.00</td><td>0.00%</td></tr>
<tr><td>7</td><td colspan="3">境外关联有形资产所有权出让小计</td><td>0.00</td><td>0.00%</td></tr>
<tr><td>8</td><td rowspan="5">境内关联有形资产所有权出让（前 5 位）</td><td></td><td></td><td></td><td></td></tr>
<tr><td>9</td><td></td><td></td><td></td><td></td></tr>
<tr><td>10</td><td></td><td></td><td></td><td></td></tr>
<tr><td>11</td><td></td><td></td><td></td><td></td></tr>
<tr><td>12</td><td></td><td></td><td></td><td></td></tr>
<tr><td>13</td><td>—</td><td>其他关联方</td><td>—</td><td>0.00</td><td>0.00%</td></tr>
<tr><td>14</td><td colspan="3">境内关联有形资产所有权出让小计</td><td>0.00</td><td>0.00%</td></tr>
<tr><td>15</td><td colspan="3">境内外关联和非关联有形资产所有权出让合计</td><td>0.00</td><td>100%</td></tr>
<tr><td>16</td><td rowspan="5">境外关联有形资产所有权受让（前 5 位）</td><td></td><td></td><td></td><td></td></tr>
<tr><td>17</td><td></td><td></td><td></td><td></td></tr>
<tr><td>18</td><td></td><td></td><td></td><td></td></tr>
<tr><td>19</td><td></td><td></td><td></td><td></td></tr>
<tr><td>20</td><td></td><td></td><td></td><td></td></tr>
<tr><td>21</td><td>—</td><td>其他关联方</td><td>—</td><td>0.00</td><td>0.00%</td></tr>
<tr><td>22</td><td colspan="3">境外关联有形资产所有权受让小计</td><td>0.00</td><td>0.00%</td></tr>
</table>

续表

行次	关联交易类型	关联方名称	关联交易内容	交易金额	比例
	1	2	3	4	5
23	境内关联有形资产所有权受让（前5位）				
24					
25					
26					
27					
28	—	其他关联方	—	0.00	0.00%
29	境内关联有形资产所有权受让小计			0.00	0.00%
30	境内外关联和非关联有形资产所有权受让合计			0.00	100%

（二）根据国家税务总局2017年第54号公告，填报说明如下：

本表适用于本报告年度所属期间内发生关联有形资产所有权交易的企业填报。

1. 有关项目填报说明

（1）第1行至第5行“境外关联有形资产所有权出让（前5位）”：分关联方汇总本企业发生的境外关联有形资产所有权出让交易金额，并填报前5位关联方的名称、关联交易内容、关联交易金额、比例。

（2）第6行“其他关联方”：分关联方汇总本企业发生的境外关联有形资产所有权出让交易金额，并填报除前5位关联方以外的其他关联方交易金额合计、比例。

（3）第7行“境外关联有形资产所有权出让小计”：填报企业发生的境外关联有形资产所有权出让金额合计、比例。

（4）第8行至第12行“境内关联有形资产所有权出让（前5位）”：分关联方汇总本企业发生的境内关联有形资产所有权出让交易金额，并填报前5位关联方的名称、关联交易内容、关联交易金额、比例。

（5）第13行“其他关联方”：分关联方汇总本企业发生的境内关联有形资产所有权出让交易金额，并填报除前5位关联方以外的其他关联方交易金额合计、比例。

（6）第14行“境内关联有形资产所有权出让小计”：填报企业发生的境内关联有形资产所有权出让金额合计、比例。

（7）第15行“境内外关联和非关联有形资产所有权出让合计”：填报企业发生的全部有形资产所有权出让金额合计。

（8）第16行至第20行“境外关联有形资产所有权受让（前5位）”：分关联方汇总本企业发生的境外关联有形资产所有权受让交易金额，并填报前5位关联方的名称、关联交易内容、关联交易金额、比例。

（9）第21行“其他关联方”：分关联方汇总本企业发生的境外关联有形资产所有

权受让交易金额，并填报除前5位关联方以外的其他关联方交易金额合计、比例。

（10）第22行“境外关联有形资产所有权受让小计”：填报企业发生的境外关联有形资产所有权受让金额合计、比例。

（11）第23行至第27行“境内关联有形资产所有权受让（前5位）”：分关联方汇总本企业发生的境内关联有形资产所有权受让交易金额，并填报前5位关联方的名称、关联交易内容、关联交易金额、比例。

（12）第28行“其他关联方”：分关联方汇总本企业发生的境内关联有形资产所有权受让交易金额，并填报除前5位关联方以外的其他关联方交易金额合计、比例。

（13）第29行“境内关联有形资产所有权受让小计”：填报企业发生的境内关联有形资产所有权受让金额合计、比例。

（14）第30行“境内外关联和非关联有形资产所有权受让合计”：填报企业发生的全部有形资产所有权受让金额合计。

（15）第3列“关联交易内容”：根据企业实际情况选填“原材料—来料加工”（按照企业年度进口报关价格计算）“原材料—其他”“半成品”“产品（商品）—来料加工”（按照企业年度出口报关价格计算）、“产品（商品）—其他”“固定资产—房屋及建筑物”“固定资产—机械机器设备（包括飞机、火车、轮船）”“固定资产—器具工具家具”“固定资产—运输工具（不包括飞机、火车、轮船）”“固定资产—电子设备”“林木类生物资产”“畜类生物资产”“周转材料—低值易耗品”“周转材料—包装物”“其他有形资产”，可选填多项。

2. 表内、表间关系

（1）表内关系

①第7行第4列＝第4列第1+2+3+4+5+6行。

②第14行第4列＝第4列第8+9+10+11+12+13行。

③第22行第4列＝第4列第16+17+18+19+20+21行。

④第29行第4列＝第4列第23+24+25+26+27+28行。

⑤第1至14行第5列＝第1至14行第4列 ÷ 第15行第4列 ×100%。

⑥第16至29行第5列＝第16至29行第4列 ÷ 第30行第4列 ×100%。

（2）表间关系

①第7行第4列＝表G100000第1行第1列。

②第14行第4列＝表G100000第1行第2列。

③第15行第4列＝表G100000第1行第4列。

④第22行第4列＝表G100000第2行第1列。

⑤第29行第4列＝表G100000第2行第2列。

⑥第30行第4列＝表G100000第2行第4列。

五、G103000 无形资产所有权交易表

（一）根据国家税务总局 2017 年第 54 号公告，表式如下：

表 10–6　无形资产所有权交易表（G103000）

行次	关联交易类型	关联方名称	关联交易内容	交易金额	比例
	1	2	3	4	5
1	境外关联无形资产所有权出让（前 5 位）				
2					
3					
4					
5					
6	—	其他关联方	—	0.00	0.00%
7	境外关联无形资产所有权出让小计			0.00	0.00%
8	境内关联无形资产所有权出让（前 5 位）				
9					
10					
11					
12					
13	—	其他关联方	—	0.00	0.00%
14	境内关联无形资产所有权出让小计			0.00	0.00%
15	境内外关联和非关联无形资产所有权出让合计			0.00	100%
16	境外关联无形资产所有权受让（前 5 位）				
17					
18					
19					
20					
21	—	其他关联方	—	0.00	0.00%
22	境外关联无形资产所有权受让小计			0.00	0.00%
23	境内关联无形资产所有权受让（前 5 位）				
24					
25					
26					
27					
28	—	其他关联方	—	0.00	0.00%
29	境内关联无形资产所有权受让小计			0.00	0.00%
30	境内外关联和非关联无形资产所有权受让合计			0.00	100%

（二）根据国家税务总局2017年第54号公告，填报说明如下：

本表适用于本报告年度所属期间内发生关联无形资产所有权交易的企业填报。

1. 有关项目填报说明

（1）第1行至第5行“境外关联无形资产所有权出让（前5位）”：分关联方汇总本企业发生的境外关联无形资产所有权出让交易金额，并填报前5位关联方的名称、关联交易内容、关联交易金额、比例。

（2）第6行“其他关联方”：分关联方汇总本企业发生的境外关联无形资产所有权出让交易金额，并填报除前5位关联方以外的其他关联方交易金额合计、比例。

（3）第7行“境外关联无形资产所有权出让小计”：填报企业发生的境外关联无形资产所有权出让金额合计、比例。

（4）第8行至第12行“境内关联无形资产所有权出让（前5位）”：分关联方汇总本企业发生的境内关联无形资产所有权出让交易金额，并填报前5位关联方的名称、关联交易内容、关联交易金额、比例。

（5）第13行“其他关联方”：分关联方汇总本企业发生的境内关联无形资产所有权出让交易金额，并填报除前5位关联方以外的其他关联方交易金额合计、比例。

（6）第14行“境内关联无形资产所有权出让小计”：填报企业发生的境内关联无形资产所有权出让金额合计、比例。

（7）第15行“境内外关联和非关联无形资产所有权出让合计”：填报企业发生的全部无形资产所有权出让金额合计。

（8）第16行至第20行“境外关联无形资产所有权受让（前5位）”：分关联方汇总本企业发生的境外关联无形资产所有权受让交易金额，并填报前5位关联方的名称、关联交易内容、关联交易金额、比例。

（9）第21行“其他关联方”：分关联方汇总本企业发生的境外关联无形资产所有权受让交易金额，并填报除前5位关联方以外的其他关联方交易金额合计、比例。

（10）第22行“境外关联无形资产所有权受让小计”：填报企业发生的境外关联无形资产所有权受让金额合计、比例。

（11）第23行至第27行“境内关联无形资产所有权受让（前5位）”：分关联方汇总本企业发生的境内关联无形资产所有权受让交易金额，并填报前5位关联方的名称、关联交易内容、关联交易金额、比例。

（12）第28行“其他关联方”：分关联方汇总本企业发生的境内关联无形资产所有权受让交易金额，并填报除前5位关联方以外的其他关联方交易金额合计、比例。

（13）第29行“境内关联无形资产所有权受让小计”：填报企业发生的境内关联无形资产所有权受让金额合计、比例。

（14）第30行“境内外关联和非关联无形资产所有权受让合计”：填报企业发生的全部无形资产所有权受让金额合计。

（15）第 3 列“关联交易内容”：根据企业实际情况选填“专利”“非专利技术”“商业秘密”“商标”“品牌”“客户名单”“销售渠道”“市场调查成果”“特许经营权”“政府许可”“土地使用权”“商誉”“著作权”“其他无形资产”，可选填多项。

2. 表内、表间关系

（1）表内关系

①第 7 行第 4 列＝第 4 列第 1+2+3+4+5+6 行。

②第 14 行第 4 列＝第 4 列第 8+9+10+11+12+13 行。

③第 22 行第 4 列＝第 4 列第 16+17+18+19+20+21 行。

④第 29 行第 4 列＝第 4 列第 23+24+25+26+27+28 行。

⑤第 1 至 14 行第 5 列＝第 1 至 14 行第 4 列 ÷ 第 15 行第 4 列 ×100%。

⑥第 16 至 29 行第 5 列＝第 16 至 29 行第 4 列 ÷ 第 30 行第 4 列 ×100%。

（2）表间关系

①第 7 行第 4 列＝表 G100000 第 3 行第 1 列。

②第 14 行第 4 列＝表 G100000 第 3 行第 2 列。

③第 15 行第 4 列＝表 G100000 第 3 行第 4 列。

④第 22 行第 4 列＝表 G100000 第 4 行第 1 列。

⑤第 29 行第 4 列＝表 G100000 第 4 行第 2 列。

⑥第 30 行第 4 列＝表 G100000 第 4 行第 4 列。

六、G104000 有形资产使用权交易表

（一）根据国家税务总局 2017 年第 54 号公告，表式如下：

表 10-7　有形资产使用权交易表（G104000）

行次	关联交易类型	关联方名称	关联交易内容	交易金额	比例
	1	2	3	4	5
1	境外关联有形资产使用权出让（前 5 位）				
2					
3					
4					
5					
6	—	其他关联方	—	0.00	0.00%
7	境外关联有形资产使用权出让小计			0.00	0.00%

续表

行次	关联交易类型	关联方名称	关联交易内容	交易金额	比例
	1	2	3	4	5
8	境内关联有形资产使用权出让（前5位）				
9					
10					
11					
12					
13	—	其他关联方	—	0.00	0.00%
14	境内关联有形资产使用权出让小计			0.00	0.00%
15	境内外关联和非关联有形资产使用权出让合计			0.00	100%
16	境外关联有形资产使用权受让（前5位）				
17					
18					
19					
20					
21	—	其他关联方	—	0.00	0.00%
22	境外关联有形资产使用权受让小计			0.00	0.00%
23	境内关联有形资产使用权受让（前5位）				
24					
25					
26					
27					
28	—	其他关联方	—	0.00	0.00%
29	境内关联有形资产使用权受让小计			0.00	0.00%
30	境内外关联和非关联有形资产使用权受让合计			0.00	100%

（二）根据国家税务总局2017年第54号公告，填报说明如下：

本表适用于本报告年度所属期间内发生关联有形资产使用权交易的企业填报。

1. 有关项目填报说明

（1）第1行至第5行“境外关联有形资产使用权出让（前5位）”：分关联方汇总本企业发生的境外关联有形资产使用权出让交易金额，并填报前5位关联方的名称、关联交易内容、关联交易金额、比例。

（2）第6行“其他关联方”：分关联方汇总本企业发生的境外关联有形资产所有权出让交易金额，并填报除前5位关联方以外的其他关联方交易金额合计、比例。

（3）第 7 行“境外关联有形资产使用权出让小计”：填报企业发生的境外关联有形资产使用权出让金额合计、比例。

（4）第 8 行至第 12 行“境内关联有形资产使用权出让（前 5 位）”：分关联方汇总本企业发生的境内关联有形资产使用权出让交易金额，并填报前 5 位关联方的名称、关联交易内容、关联交易金额、比例。

（5）第 13 行“其他关联方”：分关联方汇总本企业发生的境内关联有形资产所有权出让交易金额，并填报除前 5 位关联方以外的其他关联方交易金额合计、比例。

（6）第 14 行“境内关联有形资产使用权出让小计”：填报企业发生的境内关联有形资产使用权出让金额合计、比例。

（7）第 15 行“境内外关联和非关联有形资产使用权出让合计”：填报企业发生的全部有形资产使用权出让金额合计。

（8）第 16 行至第 20 行“境外关联有形资产使用权受让（前 5 位）”：分关联方汇总本企业发生的境外关联有形资产使用权受让交易金额，并填报前 5 位关联方的名称、关联交易内容、关联交易金额、比例。

（9）第 21 行“其他关联方”：分关联方汇总本企业发生的境外关联有形资产所有权受让交易金额，并填报除前 5 位关联方以外的其他关联方交易金额合计、比例。

（10）第 22 行“境外关联有形资产使用权受让小计”：填报企业发生的境外关联有形资产使用权受让金额合计、比例。

（11）第 23 行至第 27 行“境内关联有形资产使用权受让（前 5 位）”：分关联方汇总本企业发生的境内关联有形资产使用权受让交易金额，并填报前 5 位关联方的名称、关联交易内容、关联交易金额、比例。

（12）第 28 行“其他关联方”：分关联方汇总本企业发生的境内关联有形资产所有权受让交易金额，并填报除前 5 位关联方以外的其他关联方交易金额合计、比例。

（13）第 29 行“境内关联有形资产使用权受让小计”：填报企业发生的境内关联有形资产使用权受让金额合计、比例。

（14）第 30 行“境内外关联和非关联有形资产使用权受让合计”：填报企业发生的全部有形资产使用权受让金额合计。

（15）第 3 列“关联交易内容”：根据企业实际情况选填“原材料”“半成品”“产品（商品）”“固定资产—房屋及建筑物”“固定资产—机械机器设备（包括飞机、火车、轮船）”“固定资产—器具工具家具”“固定资产—运输工具（不包括飞机、火车、轮船）”“固定资产—电子设备”“林木类生物资产”“畜类生物资产”“周转材料—低值易耗品”“周转材料—包装物”“其他有形资产”。可选填多项。

2. 表内、表间关系

（1）表内关系

①第 7 行第 4 列＝第 4 列第 1+2+3+4+5+6 行。

②第 14 行第 4 列＝第 4 列第 8+9+10+11+12+13 行。

③第 22 行第 4 列＝第 4 列第 16+17+18+19+20+21 行。

④第 29 行第 4 列＝第 4 列第 23+24+25+26+27+28 行。

⑤第 1 至 14 行第 5 列＝第 1 至 14 行第 4 列 ÷ 第 15 行第 4 列 ×100%。

⑥第 16 至 29 行第 5 列＝第 16 至 29 行第 4 列 ÷ 第 30 行第 4 列 ×100%。

（2）表间关系

①第 7 行第 4 列＝表 G100000 第 5 行第 1 列。

②第 14 行第 4 列＝表 G100000 第 5 行第 2 列。

③第 15 行第 4 列＝表 G100000 第 5 行第 4 列。

④第 22 行第 4 列＝表 G100000 第 6 行第 1 列。

⑤第 29 行第 4 列＝表 G100000 第 6 行第 2 列。

⑥第 30 行第 4 列＝表 G100000 第 6 行第 4 列。

七、G105000 无形资产使用权交易表

（一）根据国家税务总局 2017 年第 54 号公告，表式如下：

表 10-8　无形资产使用权交易表

行次	关联交易类型	关联方名称	关联交易内容	交易金额	比例
	1	2	3	4	5
1	境外关联无形资产使用权出让（前 5 位）				
2					
3					
4					
5					
6	—	其他关联方	—	0.00	0.00%
7	境外关联无形资产使用权出让小计			0.00	0.00%
8	境内关联无形资产使用权出让（前 5 位）				
9					
10					
11					
12					
13	—	其他关联方	—	0.00	0.00%
14	境内关联无形资产使用权出让小计			0.00	0.00%

续表

行次	关联交易类型	关联方名称	关联交易内容	交易金额	比例
	1	2	3	4	5
15	境内外关联和非关联无形资产使用权出让合计			0.00	100%
16	境外关联无形资产使用权受让（前5位）				
17					
18					
19					
20					
21	—	其他关联方	—	0.00	0.00%
22	境外关联无形资产使用权受让小计			0.00	0.00%
23	境内关联无形资产使用权受让（前5位）				
24					
25					
26					
27					
28	—	其他关联方	—	0.00	0.00%
29	境内关联无形资产使用权受让小计			0.00	0.00%
30	境内外关联和非关联无形资产使用权受让合计			0.00	100%

（二）根据国家税务总局2017年第54号公告，填报说明如下：

本表适用于本报告年度所属期间内发生关联无形资产使用权交易的企业填报。

1. 有关项目填报说明

（1）第1行至第5行“境外关联无形资产使用权出让（前5位）”：分关联方汇总本企业发生的境外关联无形资产使用权出让交易金额，并填报前5位关联方的名称、关联交易内容、关联交易金额、比例。

（2）第6行“其他关联方”：分关联方汇总本企业发生的境外关联无形资产使用权出让交易金额，并填报除前5位关联方以外的其他关联方交易金额合计、比例。

（3）第7行“境外关联无形资产使用权出让小计”：填报企业发生的境外关联无形资产使用权出让金额合计、比例。

（4）第8行至第12行“境内关联无形资产使用权出让（前5位）”：分关联方汇

总本企业发生的境内关联无形资产使用权出让交易金额，并填报前5位关联方的名称、关联交易内容、关联交易金额、比例。

（5）第13行“其他关联方”：分关联方汇总本企业发生的境内关联无形资产使用权出让交易金额，并填报除前5位关联方以外的其他关联方交易金额合计、比例。

（6）第14行“境内关联无形资产使用权出让小计”：填报企业发生的境内关联无形资产使用权出让金额合计、比例。

（7）第15行“境内外关联和非关联无形资产使用权出让合计”：填报企业发生的全部无形资产使用权出让金额合计。

（8）第16行至第20行“境外关联无形资产使用权受让（前5位）”：分关联方汇总本企业发生的境外关联无形资产使用权受让交易金额，并填报前5位关联方的名称、关联交易内容、关联交易金额、比例。

（9）第21行“其他关联方”：分关联方汇总本企业发生的境外关联无形资产使用权受让交易金额，并填报除前5位关联方以外的其他关联方交易金额合计、比例。

（10）第22行“境外关联无形资产使用权受让小计”：填报企业发生的境外关联无形资产使用权受让金额合计、比例。

（11）第23行至第27行“境内关联无形资产使用权受让（前5位）”：分关联方汇总本企业发生的境内关联无形资产使用权受让交易金额，并填报前5位关联方的名称、关联交易内容、关联交易金额、比例。

（12）第28行“其他关联方”：分关联方汇总本企业发生的境内关联无形资产使用权受让交易金额，并填报除前5位关联方以外的其他关联方交易金额合计、比例。

（13）第29行“境内关联无形资产使用权受让小计”：填报企业发生的境内关联无形资产使用权受让金额合计、比例。

（14）第30行“境内外关联和非关联无形资产使用权受让合计”：填报企业发生的全部无形资产使用权受让金额合计。

（15）第3列“关联交易内容”：根据企业实际情况选填“专利”“非专利技术”“商业秘密”“商标”“品牌”“客户名单”“销售渠道”“市场调查成果”“特许经营权”“政府许可”“土地使用权”“商誉”“著作权”“其他无形资产”，可选填多项。

2. 表内、表间关系

（1）表内关系

①第7行第4列＝第4列第1+2+3+4+5+6行。

②第14行第4列＝第4列第8+9+10+11+12+13行。

③第22行第4列＝第4列第16+17+18+19+20+21行。

④第29行第4列＝第4列第23+24+25+26+27+28行。

⑤第1至14行第5列＝第1至14行第4列 ÷ 第15行第4列 ×100%。

⑥第16至29行第5列＝第16至29行第4列 ÷ 第30行第4列 ×100%。

（2）表间关系

①第7行第4列＝表G100000第7行第1列。

②第14行第4列＝表G100000第7行第2列。

③第15行第4列＝表G100000第7行第4列。

④第22行第4列＝表G100000第8行第1列。

⑤第29行第4列＝表G100000第8行第2列。

⑥第30行第4列＝表G100000第8行第4列。

八、G106000金融资产交易表

（一）根据国家税务总局2017年第54号公告，表式如下：

表10–9 金融资产交易表（G106000）

行次	关联交易类型	关联方名称	关联交易内容	交易金额	比例
	1	2	3	4	5
1	境外关联金融资产出让（前5位）				
2					
3					
4					
5					
6	—	其他关联方	—	0.00	0.00%
7	境外关联金融资产出让小计			0.00	0.00%
8	境内关联金融资产出让（前5位）				
9					
10					
11					
12					
13	—	其他关联方	—	0.00	0.00%
14	境内关联金融资产出让小计			0.00	0.00%
15	境内外关联和非关联金融资产出让合计			0.00	100%
16	境外关联金融资产受让（前5位）				
17					
18					
19					
20					
21	—	其他关联方	—	0.00	0.00%
22	境外关联金融资产受让小计			0.00	0.00%

续表

行次	关联交易类型	关联方名称	关联交易内容	交易金额	比例
	1	2	3	4	5
23	境内关联金融资产受让（前5位）				
24					
25					
26					
27					
28	—	其他关联方	—	0.00	0.00%
29	境内关联金融资产受让小计			0.00	0.00%
30	境内外关联和非关联金融资产受让合计			0.00	100%

（二）根据国家税务总局2017年第54号公告，填报说明如下：

本表适用于本报告年度所属期间内发生关联金融资产交易的企业填报。

1. 有关项目填报说明

（1）第1行至第5行“境外关联金融资产出让（前5位）”：分关联方汇总本企业发生的境外关联金融资产出让交易金额，并填报前5位关联方的名称、关联交易内容、关联交易金额、比例。

（2）第6行“其他关联方”：分关联方汇总本企业发生的境外关联金融资产出让交易金额，并填报除前5位关联方以外的其他关联方交易金额合计、比例。

（3）第7行“境外关联金融资产出让小计”：填报企业发生的境外关联金融资产出让金额合计、比例。

（4）第8行至第12行“境内关联金融资产出让（前5位）”：分关联方汇总本企业发生的境内关联金融资产出让交易金额，并填报前5位关联方的名称、关联交易内容、关联交易金额、比例。

（5）第13行“其他关联方”：分关联方汇总本企业发生的境内关联金融资产出让交易金额，并填报除前5位关联方以外的其他关联方交易金额合计、比例。

（6）第14行“境内关联金融资产出让小计”：填报企业发生的境内关联金融资产出让金额合计、比例。

（7）第15行“境内外关联和非关联金融资产出让合计”：填报企业发生的全部金融资产出让金额合计。

（8）第16行至第20行“境外关联金融资产受让（前5位）”：分关联方汇总本企业发生的境外关联金融资产受让交易金额，并填报前5位关联方的名称、关联交易内容、关联交易金额、比例。

（9）第21行“其他关联方”：分关联方汇总本企业发生的境外关联金融资产受让

交易金额，并填报除前5位关联方以外的其他关联方交易金额合计、比例。

（10）第22行“境外关联金融资产受让小计”：填报企业发生的境外关联金融资产受让金额合计、比例。

（11）第23行至第27行“境内关联金融资产受让（前5位）”：分关联方汇总本企业发生的境内关联金融资产受让交易金额，并填报前5位关联方的名称、关联交易内容、关联交易金额、比例。

（12）第28行“其他关联方”：分关联方汇总本企业发生的境内关联金融资产受让交易金额，并填报除前5位关联方以外的其他关联方交易金额合计、比例。

（13）第29行“境内关联金融资产受让小计”：填报企业发生的境内关联金融资产受让金额合计、比例。

（14）第30行“境内外关联和非关联金融资产受让合计”：填报企业发生的全部金融资产受让金额合计。

（15）第3列“关联交易内容”：根据企业实际情况选填“应收账款”“应收票据”“其他应收款项”“股权投资—上市公司”“股权投资—非上市公司”“债权投资”“衍生金融工具形成的资产”和“其他金融资产”，可选填多项。

2. 表内、表间关系

（1）表内关系

①第7行第4列=第4列第1+2+3+4+5+6行。

②第14行第4列=第4列第8+9+10+11+12+13行。

③第22行第4列=第4列第16+17+18+19+20+21行。

④第29行第4列=第4列第23+24+25+26+27+28行。

⑤第1至14行第5列=第1至14行第4列 ÷ 第15行第4列 ×100%。

⑥第16至29行第5列=第16至29行第4列 ÷ 第30行第4列 ×100%。

（2）表间关系

①第7行第4列=表G100000第9行第1列。

②第14行第4列=表G100000第9行第2列。

③第15行第4列=表G100000第9行第4列。

④第22行第4列=表G100000第10行第1列。

⑤第29行第4列=表G100000第10行第2列。

⑥第30行第4列=表G100000第10行第4列。

九、G107000融通资金表

（一）根据国家税务总局2017年第54号公告，表式如下：

表 10-10　融通资金表（G107000）

行次	关联交易类型	关联方名称	关联交易内容	借贷金额	本年实际占用天数	境外关联交易金额（利息）	境内关联交易金额（利息）	年度平均关联债权投资金额
	1	2	3	4	5	6	7	8
1	关联融入资金（全部）							
2								
3								
4								
5								
6								
7								
8								
9								
10								
11								
12								
N		合计		—	—	0.00	0.00	0.00
1	关联融出资金（全部）							
2								
3								
4								
5								
6								
7								
8								
9								
10								
11								
1		合计		—	—	0.00	0.00	—

（二）根据国家税务总局 2017 年第 54 号公告，填报说明如下：

本表适用于本报告年度所属期间内发生关联融通资金的企业填报。

1. 有关项目填报说明

（1）第 1 至 N 行“关联融入资金（全部）”：逐笔填报企业发生的关联借入资金情

况。年度内偿还部分关联借入资金的，该笔剩余关联借入资金视同新一笔关联债务，重新填报。

（2）第 N+1 至第 N+N 行“关联融出资金（全部）”：逐笔填报企业发生的关联借出资金情况。年度内收回部分关联借出资金的，该笔剩余关联借出资金视同新一笔关联债权，重新填报。

（3）第 3 列“关联交易内容”：根据企业实际情况选填“信用贷款”“担保贷款”（包括保证贷款、抵押贷款、质押贷款）“票据贴现”“融资租赁”“应计息预付款”“应计息延期收付款”“集团资金池”“其他融通资金”。

（4）第 4 列“借贷金额”：填报关联借贷的本金金额。

（5）第 5 列“本年实际占用天数”：填报关联借贷资金在本报告年度所属期间内实际占用天数。

（6）第6和7列“境外关联交易金额（利息）”和“境内关联交易金额（利息）”：填报包括由于直接或者间接取得关联债权投资而实际列支的利息、支付给关联方的关联债权性投资担保费或者抵押费、特别纳税调整重新定性的利息、融资租赁的融资成本、关联债权性投资有关的金融衍生工具或者协议的名义利息、取得的关联债权性投资产生的汇兑损益及其他具有利息性质的费用。

2. 表内、表间关系

（1）表内关系

①第 N 行第 6 列＝第 6 列第 1+2+3+…+ 第 N−1 行。

②第 N 行第 7 列＝第 7 列第 1+2+3+…+ 第 N−1 行。

③第 N+N 行第 6 列＝第 6 列第 N+1+N+2+N+3+…+ 第 N+N−1 行。

④第 N+N 行第 7 列＝第 7 列第 N+1+N+2+N+3+…+ 第 N+N−1 行。

⑤第 N 行第 8 列＝∑第 i 行第 4 列 × 第 i 行第 5 列 ÷365。

（2）表间关系

①第 N 行第 6 列 = 表 G100000“100 关联交易信息”中第 11 行第 1 列。

②第 N 行第 7 列 = 表 G100000“100 关联交易信息”中第 11 行第 2 列。

③第 N+N 行第 6 列 = 表 G100000“100 关联交易信息”中第 12 行第 1 列。

④第 N+N 行第 7 列 = 表 G100000“100 关联交易信息”中第 12 行第 2 列。

⑤第 N 行第 8 列＝表 G100000“201 年度平均关联债权投资金额”栏。

十、G108000 关联劳务表

（一）根据国家税务总局 2017 年第 54 号公告，表式如下：

表 10-11 关联劳务表（G108000）

行次	关联交易类型	关联方名称	关联交易内容	交易金额	比例
	1	2	3	4	5
1	境外关联劳务收入（前5位）				
2					
3					
4					
5					
6	—	其他关联方	—	0.00	0.00%
7	境外关联劳务收入小计			0.00	0.00%
8	境内关联劳务收入（前5位）				
9					
10					
11					
12					
13	—	其他关联方	—	0.00	0.00%
14	境内关联劳务收入小计			0.00	0.00%
15	境内外关联和非关联劳务收入合计			0.00	100%
16	境外关联劳务支出（前5位）				
17					
18					
19					
20					
21	—	其他关联方	—	0.00	0.00%
22	境外关联劳务支出小计			0.00	0.00%
23	境内关联劳务支出（前5位）				
24					
25					
26					
27					
28	—	其他关联方	—	0.00	0.00%
29	境内关联劳务支出小计			0.00	0.00%
30	境内外关联和非关联劳务支出合计			0.00	100%

（二）根据国家税务总局 2017 年第 54 号公告，填报说明如下：

本表适用于本报告年度所属期间内发生关联劳务交易的企业填报。

1. 有关项目填报说明

（1）第 1 行至第 5 行“境外关联劳务收入（前 5 位）”：分关联方汇总本企业发生的境外关联劳务收入金额，并填报前 5 位关联方的名称、关联交易内容、关联交易金额、比例。

（2）第 6 行“其他关联方”：分关联方汇总本企业发生的境外关联劳务收入金额，并填报除前 5 位关联方以外的其他关联方交易金额合计、比例。

（3）第 7 行“境外关联劳务收入小计”：填报企业发生的境外关联劳务收入金额合计、比例。

（4）第 8 行至第 12 行“境内关联劳务收入（前 5 位）”：分关联方汇总本企业发生的境内关联劳务收入金额，并填报前 5 位关联方的名称、关联交易内容、关联交易金额、比例。

（5）第 13 行“其他关联方”：分关联方汇总本企业发生的境内关联劳务收入金额，并填报除前 5 位关联方以外的其他关联方交易金额合计、比例。

（6）第 14 行“境内关联劳务收入小计”：填报企业发生的境内关联劳务收入金额合计、比例。

（7）第 15 行“境内外关联和非关联劳务收入合计”：填报企业发生的全部劳务收入金额合计。

（8）第 16 行至第 20 行“境外关联劳务支出（前 5 位）”：分关联方汇总本企业发生的境外关联劳务支出金额，并填报前 5 位关联方的名称、关联交易内容、关联交易金额、比例。

（9）第 21 行“其他关联方”：分关联方汇总本企业发生的境外关联劳务支出金额，并填报除前 5 位关联方以外的其他关联方交易金额合计、比例。

（10）第 22 行“境外关联劳务支出小计”：填报企业发生的境外关联劳务支出金额合计、比例。

（11）第 23 行至第 27 行“境内关联劳务支出（前 5 位）”：分关联方汇总本企业发生的境内关联劳务支出金额，并填报前 5 位关联方的名称、关联交易内容、关联交易金额、比例。

（12）第 28 行“其他关联方”：分关联方汇总本企业发生的境内关联劳务支出金额，并填报除前 5 位关联方以外的其他关联方交易金额合计、比例。

（13）第 29 行“境内关联劳务支出小计”：填报企业发生的境内关联劳务支出金额合计、比例。

（14）第 30 行“境内外关联和非关联劳务支出合计”：填报企业发生的全部劳务支出金额合计。

（15）第 3 列“关联交易内容”：根据企业实际情况选填“市场调查服务”“营销策划服务”“代理服务”“设计服务”“咨询服务”“行政管理”“技术服务”“合约研发服务”“维修服务”“法律服务”“财务管理服务”“审计服务”“招聘服务”“培训服务”“集中采购服务”“建筑工程劳务”“安装工程劳务”“交通运输服务”“物流辅助服务”“体育文化服务”“旅游服务”“娱乐服务”“网络通信服务”“金融服务”“保险服务”“其他劳务”，可选填多项。

2. 表内、表间关系

（1）表内关系

①第 7 行第 4 列＝第 4 列第 1+2+3+4+5+6 行。

②第 14 行第 4 列＝第 4 列第 8+9+10+11+12+13 行。

③第 22 行第 4 列＝第 4 列第 16+17+18+19+20+21 行。

④第 29 行第 4 列＝第 4 列第 23+24+25+26+27+28 行。

⑤第 1 至 14 行第 5 列＝第 1 至 14 行第 4 列 ÷ 第 15 行第 4 列 ×100%。

⑥第 16 至 29 行第 5 列＝第 16 至 29 行第 4 列 ÷ 第 30 行第 4 列 ×100%。

（2）表间关系

①第 7 行第 4 列＝表 G100000 第 13 行第 1 列。

②第 14 行第 4 列＝表 G100000 第 13 行第 2 列。

③第 15 行第 4 列＝表 G100000 第 13 行第 4 列。

④第 22 行第 4 列＝表 G100000 第 14 行第 1 列。

⑤第 29 行第 4 列＝表 G100000 第 14 行第 2 列。

⑥第 30 行第 4 列＝表 G100000 第 14 行第 4 列。

十一、G109000 权益性投资表

（一）根据国家税务总局 2017 年第 54 号公告，表式如下：

表 10-12 权益性投资表（G109000）

100 权益性投资情况					
行次	月份	所有者权益金额	实收资本（股本）金额	资本公积金额	平均权益投资金额
		1	2	3	4
1	1				
2	2				
3	3				
4	4				

续表

100 权益性投资情况					
5	5				
6	6				
7	7				
8	8				
9	9				
10	10				
11	11				
12	12				
13	合计	—	—	—	

200 权益性投资股息、红利分配情况				
股息、红利金额	其中分配给境外股东股息、红利金额		其中分配给境内股东股息、红利金额	
	境外关联方股东	境外非关联方股东	境内关联方股东	境内非关联方股东
1 = 2+3+4+5	2	3	4	5

300 权益性投资股息、红利分配给前 5 位股东情况				
行次	股东名称	股东类型	国家（地区）	股息、红利金额
1				
2				
3				
4				
5				

（二）根据国家税务总局 2017 年第 54 号公告，填报说明如下：

本表适用于企业填报本报告年度所属期间内获得或者存续的权益性投资情况。

1. 有关项目填报说明

（1）“100 权益性投资情况”第 1 列“所有者权益金额”：填报企业每月资产负债表所有者权益加权平均金额＝（所有者权益期初余额＋所有者权益期末余额）÷ 2。

（2）“100 权益性投资情况”第 2 列“实收资本（股本）金额”：填报企业每月资产负债表实收资本（股本）加权平均金额＝〔实收资本（股本）期初余额＋实收资本（股本）期末余额〕÷ 2。

（3）“100 权益性投资情况”第 3 列“资本公积金额”：填报企业每月资产负债表资本公积加权平均金额＝（资本公积期初余额＋资本公积期末余额）÷ 2。

（4）“100 权益性投资情况”第 4 列“平均权益投资金额”：权益投资为企业资产负债表所列示的所有者权益金额。如果所有者权益小于实收资本（股本）与资本公积之和，则权益投资为实收资本（股本）与资本公积之和；如果实收资本（股本）与资本公积之和小于实收资本（股本）金额，则权益投资为实收资本（股本）金额。

（5）“200 权益性投资股息、红利分配情况”中第 1 列“股息、红利金额”：填报本报告年度内企业股东会或股东大会做出利润分配或者转股决定分配的股息、红利金额合计。

（6）“300 权益性投资股息、红利分配给前 5 位股东情况”中项目：填报本报告年度内企业股东会或股东大会做出利润分配或转股决定分配给前五位股东情况，包括股东名称、股东类型、国家（地区）等信息。

2. 表内、表间关系

（1）表内关系

①“100 权益性投资情况”第 4 列 = 第 1 列、第 2 列、第 2+3 列三者中金额最大项。

②“100 权益性投资情况”中第 13 行第 4 列 =（第 4 列第 1+2+3+4+5+6+7+8+9+10+11+12 行）÷ 12。

③“200 权益性投资股息、红利分配情况”中第 1 列 = 第 2+3+4+5 列。

（2）表间关系

“100 权益性投资情况”中的第 13 行第 4 列 =G100000“202 年度平均权益投资金额”栏。

十二、G110000 成本分摊协议表

（一）根据国家税务总局 2017 年第 54 号公告，表式如下：

表 10–13　成本分摊协议表（G110000）

<table>
<tr><td colspan="12">100 基本信息</td></tr>
<tr><td rowspan="2">协议序号</td><td rowspan="2">成本分摊协议名称</td><td rowspan="2">协议涉及内容</td><td rowspan="2">签订日期</td><td rowspan="2">协议期限起始日期</td><td rowspan="2">协议期限截止日期</td><td colspan="2">本年度预期收益总额</td><td colspan="2">本年度实际发生成本总额</td><td colspan="2">本年度实际收益总额</td></tr>
<tr><td>币种</td><td>金额</td><td>币种</td><td>金额</td><td>币种</td><td>金额</td></tr>
<tr><td>1</td><td></td><td></td><td></td><td></td><td></td><td></td><td></td><td></td><td></td><td></td><td></td></tr>
<tr><td colspan="12">200 参与方信息</td></tr>
</table>

续表

<table>
<tr><td rowspan="2">行次</td><td rowspan="2">成本分摊协议名称</td><td rowspan="2">协议各参与方名称</td><td rowspan="2">国家（地区）</td><td rowspan="2">关联关系类型</td><td rowspan="2">参与协议起始日期</td><td rowspan="2">参与协议截止日期</td><td colspan="3">本年度实际分摊成本金额</td><td colspan="3">本年度加入支付金额</td><td colspan="3">本年度退出补偿金额</td></tr>
<tr><td>币种</td><td>金额</td><td>人民币金额</td><td>币种</td><td>金额</td><td>人民币金额</td><td>币种</td><td>金额</td><td>人民币金额</td></tr>
<tr><td></td><td>1</td><td>2</td><td>3</td><td>4</td><td>5</td><td>6</td><td>7</td><td>8</td><td>9</td><td>10</td><td>11</td><td>12</td><td>13</td><td>14</td><td>15</td></tr>
<tr><td>1</td><td></td><td></td><td></td><td></td><td></td><td></td><td></td><td></td><td></td><td></td><td></td><td></td><td></td><td></td><td></td></tr>
<tr><td>2</td><td></td><td></td><td></td><td></td><td></td><td></td><td></td><td></td><td></td><td></td><td></td><td></td><td></td><td></td><td></td></tr>
<tr><td>3</td><td></td><td></td><td></td><td></td><td></td><td></td><td></td><td></td><td></td><td></td><td></td><td></td><td></td><td></td><td></td></tr>
<tr><td>4</td><td></td><td></td><td></td><td></td><td></td><td></td><td></td><td></td><td></td><td></td><td></td><td></td><td></td><td></td><td></td></tr>
<tr><td>5</td><td></td><td></td><td></td><td></td><td></td><td></td><td></td><td></td><td></td><td></td><td></td><td></td><td></td><td></td><td></td></tr>
<tr><td>6</td><td></td><td></td><td></td><td></td><td></td><td></td><td></td><td></td><td></td><td></td><td></td><td></td><td></td><td></td><td></td></tr>
<tr><td>7</td><td></td><td></td><td></td><td></td><td></td><td></td><td></td><td></td><td></td><td></td><td></td><td></td><td></td><td></td><td></td></tr>
<tr><td>8</td><td></td><td></td><td></td><td></td><td></td><td></td><td></td><td></td><td></td><td></td><td></td><td></td><td></td><td></td><td></td></tr>
<tr><td>N</td><td></td><td></td><td></td><td></td><td></td><td></td><td></td><td></td><td></td><td></td><td></td><td></td><td></td><td></td><td></td></tr>
<tr><td colspan="7">300 本年度存在非协议参与方使用协议成果情况</td><td colspan="9">400 成本分摊协议变更或者终止情况</td></tr>
<tr><td colspan="3">是□　否□</td><td colspan="4">附件说明：使用协议成果支付的金额及形式，以及支付金额在参与方之间的分配方式。</td><td colspan="3">变更□
终止□
无变更终止□</td><td colspan="6">附件说明：变更或者终止的原因、对已形成协议成果的处理或者分配情况等。</td></tr>
</table>

（二）根据国家税务总局 2017 年第 54 号公告，填报说明如下：

本表适用于本报告年度所属期间内已签订或者正在执行成本分摊协议的企业填报。

1. 有关项目填报说明

（1）“成本分摊协议名称”：填报企业已签订或者正在执行的成本分摊协议名称。

（2）“协议涉及内容”：根据企业实际情况选填“无形资产”“集团采购”“集团营销策划”“其他”。

（3）“签订日期”：填报报告企业签订成本分摊协议的日期。

（4）“协议期限起始日期”和“协议期限截止日期”：填报成本分摊协议执行期限起止日期。

（5）“本年度预期收益总额”：填报本报告年度各参与方执行成本分摊协议将产生的预期产生收益金额合计及币种。

（6）“本年度实际发生成本总额”：填报本报告年度所属期间内各参与方执行成本

分摊协议实际发生成本金额合计及币种。

（7）“本年度实际收益总额”：填报本报告年度所属期间内各参与方执行成本分摊协议实际产生收益金额合计及币种。

（8）“200 参与方信息”中第 1 行：填报报告企业参与成本分摊协议的实际情况。

（9）“200 参与方信息”中第 2 至 N 行：填报报告企业以外其他参与方参与成本分摊协议的实际情况。

（10）“200 参与方信息”中第 1 列“协议各参与方名称”：填报报告年度所属期间内参与成本分摊协议各参与方全称。

（11）“200 参与方信息”中第 2 列“国家（地区）”：填报参与方登记注册的国家（地区）。

（12）“200 参与方信息”中第 3 列“关联关系类型”：与报告企业构成关联关系的，应当与表 G101000 已填的关联关系类型保持一致。

（13）“200 参与方信息”中第 4 列“参与协议起始日期”和第 5 列“参与协议截止日期”：填报成本分摊协议约定各参与方参与协议起止日期，中间加入或者退出的填报其实际参与协议起止日期。

（14）“300 本年度存在非协议参与方使用协议成果情况”：填报本报告年度所属期间内是否存在非协议参与方使用协议成果情况。选择“是”的，应当附件说明使用协议成果的情况、支付的金额和形式，以及支付金额在参与方之间的分配方式。

（15）“400 成本分摊协议变更或者终止情况”：填报本报告年度所属期间内是否存在成本分摊协议变更或者终止情况。选择“变更”或者“终止”的，应当附件说明变更或者终止的原因、对已形成协议成果的处理或者分配情况。

2. 表内、表间关系

（1）表内关系

无。

（2）表间关系

①“200 参与方信息”中的第 1 行第 8 列＝G100000“302 本年度实际分摊成本金额”栏，如签订多个成本分摊协议的为该栏的合计数。

②“200 参与方信息”中的第 1 行第 11 列＝G100000“303 本年度加入支付金额”栏，如签订多个成本分摊协议的为该栏的合计数。

③“200 参与方信息”中的第 1 行第 14 列＝G100000“304 本年度退出补偿金额”栏，如签订多个成本分摊协议的为该栏的合计数。

十三、G111000 对外支付款项情况表

（一）根据国家税务总局 2017 年第 54 号公告，表式如下：

表 10–14　对外支付款项情况表（G111000）

行次	项　目	本年度向境外支付款项金额	其中：本年度向境外关联方支付款项金额
		1	2
1	股息、红利		
2	劳务费支出		
3	财产转让支出		
4	利息		
5	租金		
6	特许权使用费		
7	捐赠支出		
8	其他		
9	合计		

（二）根据国家税务总局 2017 年第 54 号公告，填报说明如下：

本表适用于本报告年度所属期间内向境外机构或者个人支付各类款项的企业填报。

1. 有关项目填报说明

（1）第 1 至 8 行第 1 列：按照收付实现制，填报企业实际向境外支付款项金额。

（2）第 1 至 8 行第 2 列：按照收付实现制，填报企业实际向境外关联方支付款项金额。

2. 表内、表间关系

（1）表内关系

①第 1 列≥第 2 列。

②第 9 行＝第 1+2+3+4+5+6+7+8 行。

（2）表间关系

无。

十四、G112000 境外关联方信息表

（一）根据国家税务总局 2017 年第 54 号公告，表式如下：

表 10-15 境外关联方信息表（G112000）

纳税人名称		注册地址	国家（地区）										
纳税人识别号		经营地址	国家（地区）										
经营范围													
适用所得税性质的税种名称		实际税负		注册资本	币种		金额		投资总额	币种		金额	
享受所得税性质的税种的税收优惠													
所属行业		所在国纳税年度起始日期		所在国纳税年度截止日期									
独立法人	是□ 否□	法定代表人或负责人		独立核算	是□ 否□	编制个别财务报表	是□ 否□						
上市公司	是□ 否□	上市股票代码		上市交易所		记账本位币							

（二）根据国家税务总局 2017 年第 54 号公告，填报说明如下：

表 G102000、表 G103000、表 G104000、表 G105000、表 G106000、表 G108000 中涉及的境外关联方的相关信息，应在本表中进行填报。

1. 有关项目填报说明

（1）“注册地址”：填报境外关联方登记注册的地址。

（2）“经营地址”：填报境外关联方实际生产经营地址。

（3）“经营范围”：填报境外关联方实际生产经营范围（应当以中文填报）。

（4）“适用所得税性质的税种名称”：填报境外关联方所在国适用所得税性质的税种名称（应当以中文填报）。

（5）“实际税负”：填报境外关联方在所在国最近年度实际缴纳所得税性质的税种的税负。实际税负＝实际缴纳所得税性质的税种的税款金额（扣除各种税收返还）÷所得税性质的税种的应纳税所得额 ×100%。所得税性质的税种的应纳税所得额小于零的，按零填报。

（6）“享受所得税性质的税种的税收优惠”：填报境外关联方在所在国享受所得税性质的税种的税收优惠，包括各种税额减免、税率优惠、减计收入、加计扣除、税收

返还等，如填报“享受法定税率 ××% 的减按 ××% 征收”等。

（7）“上市公司”：根据境外关联方实际情况选择。选择“是”的，“上市股票代码”和“上市交易所”栏为必填项，选择“否”的，“上市股票代码”和“上市交易所”栏为不填项。

（8）“上市交易所”：填报境外关联方股票上市的交易所全称（应当以中文填报）。

（9）“记账本位币”：根据境外关联方实际情况选填适用的记账本位币种。

2. 表内、表间关系

（1）表内关系

无。

（2）表间关系

无。

十五、G113010 年度关联交易财务状况分析表（报告企业个别报表信息）

（一）根据国家税务总局 2017 年第 54 号公告，表式如下：

表 10-16　年度关联交易财务状况分析表（报告企业个别报表信息）

行次	项　目	境外关联交易	境外非关联交易	境内关联交易	境内非关联交易	合计
		1	2	3	4	5 ＝ 1+2+3+4
1	一、营业收入					
2	其中：主营业务收入					
3	减：营业成本					
4	其中：主营业务成本					
5	营业税金及附加					
6	其中：主营业务税金及附加					
7	销售费用					
8	管理费用					
9	财务费用					
10	资产减值损失					
11	加：公允价值变动收益（损失以“–”号填列）					
12	投资收益（损失以“–”号填列）					

续表

行次	项　目	境外关联交易	境外非关联交易	境内关联交易	境内非关联交易	合计
		1	2	3	4	5 ＝ 1+2+3+4
13	其中：对联营企业和合营企业的投资收益					
14	二、营业利润（亏损以“–”号填列）＝1-3-5-7-8-9-10+11+12					
15	加：营业外收入					
16	减：营业外支出					
17	其中：非流动资产处置损失					
18	三、利润总额（亏损总额以“–”号填列）＝14+15–16					
19	减：所得税费用					
20	四、净利润（净亏损以“–”号填列）＝18–19					
划分标准说明						

（二）根据国家税务总局 2017 年第 54 号公告，填报说明如下：

本表适用于本报告年度所属期间内编制个别财务报表的企业填报。

1. 有关项目填报说明

企业应当依据财务会计核算明细准确划分境外关联交易、境外非关联交易、境内关联交易、境内非关联交易。无法准确划分的，应当确定其他划分方法，并说明具体的划分标准。

2. 表内、表间关系

（1）表内关系

①第 5 列＝第 1+2+3+4 列。

②第 14 行＝第 1–3–5–7–8–9–10+11+12 行。

③第 18 行＝第 14+15–16 行。

④第 20 行＝第 18–19 行。

（2）表间关系

无。

十六、G113020年度关联交易财务状况分析表（报告企业合并报表信息）

（一）根据国家税务总局2017年第54号公告，表式如下：

表10-17　年度关联交易财务状况分析表（报告企业合并报表信息）

行次	项　目	境外关联交易	境外非关联交易	境内关联交易	境内非关联交易	金额
		1	2	3	4	5＝1+2+3+4
1	一、营业收入					
2	其中：主营业务收入					
3	减：营业成本					
4	其中：主营业务成本					
5	营业税金及附加					
6	其中：主营业务税金及附加					
7	销售费用					
8	管理费用					
9	财务费用					
10	资产减值损失					
11	加：公允价值变动收益（损失以“–”号填列）					
12	投资收益（损失以“–”号填列）					
13	其中：对联营企业和合营企业的投资收益					
14	二、营业利润（亏损以“–”号填列）＝1-3-5-7-8-9-10+11+12					
15	加：营业外收入					
16	减：营业外支出					
17	其中：非流动资产处置损失					
18	三、利润总额（亏损总额以“–”号填列）＝14+15-16					
19	减：所得税费用					
20	四、净利润（净亏损以“–”号填列）＝18-19					
划分标准说明						

（二）根据国家税务总局 2017 年第 54 号公告，填报说明如下：

本表适用于本报告年度所属期间内有编制合并财务报表的企业填报。

1. 有关项目填报说明

企业应当依据财务会计核算明细准确划分境外关联交易、境外非关联交易、境内关联交易、境内非关联交易。无法准确划分的，应当确定其他划分方法，并说明具体的划分标准。

2. 表内、表间关系

（1）表内关系

①第 5 列＝第 1+2+3+4 列。

②第 14 行＝第 1-3-5-7-8-9-10+11+12 行。

③第 18 行＝第 14+15-16 行。

④第 20 行＝第 18-19 行。

（2）表间关系

无。

十七、G114010 国别报告—所得、税收和业务活动国别分布表

（一）根据国家税务总局 2017 年第 54 号公告，表式如下：

表 10-18　国别报告—所得、税收和业务活动国别分布表

跨国企业集团名称：

会计年度：　　　至

国家（地区）	收入			税前利润（亏损）	已缴纳企业所得税（收付实现制）	本年度计提的企业所得税	注册资本	留存收益	雇员人数	有形资产（除现金及现金等价物）
	非关联方	关联方	总计							
1	2	3	4＝2+3	5	6	7	8	9	10	11

Sheet 10-19 Overview of allocation of income，taxes and business activities by tax jurisdiction

Name of the MNE group：

Fiscal year concerned：－

Tax Jurisdiction	Revenues			Profit（Loss）Before Income Tax	Income Tax Paid（on cash basis）	Income Tax Accrued–current year	Stated capital	Accumulated earnings	Number of Employees	Tangible Assets other than Cash and Cash Equivalents
	Unrelated Party	Related Party	Total							
1	2	3	4	5	6	7	8	9	10	11

（二）根据国家税务总局 2017 年第 54 号公告，填报说明如下：

本表适用于本报告年度所属期间内需填报国别报告的居民企业，填报跨国企业集团最终控股企业全球所得、税收和业务活动国别分布情况。

需填报国别报告的居民企业是指：该居民企业为跨国企业集团的最终控股企业，且该最终控股企业上一会计年度合并财务报表中的各类收入金额合计超过 55 亿元；或者该居民企业被跨国企业集团指定为国别报告的报送企业。

1. 有关项目填报说明

（1）第 1 列"国家（地区）"：填报跨国企业集团成员实体作为居民企业所属的国家（地区），常设机构根据其经营活动所在国家（地区）填报。

跨国企业集团成员实体包括实际已被纳入跨国企业集团合并财务报表的任一实体，和实际未被纳入跨国企业集团合并财务报表，但跨国企业集团持有该实体的股权按公开证券市场交易要求应被纳入跨国企业集团合并财务报表的任一实体、仅由于业务规模或者重要性程度而未被纳入跨国企业集团合并财务报表的任一实体或者独立核算并编制财务报表的常设机构。

在任一国家（地区）均不构成居民企业的成员实体，应当在本表中另起一行按照无国家（地区）汇总填报。

在一个以上国家（地区）均构成居民企业的成员实体，应当以相关税收协定为依据确定该成员实体所属的国家（地区）。如果不存在适用的税收协定，则应当以该成员实体实际管理机构所在地作为国家（地区）进行填报。

（2）第 2 列"收入—非关联方"：填报跨国企业集团在第 1 列填报的国家（地区）所有成员实体与非关联企业交易取得的收入总和。

（3）第 3 列"收入—关联方"：填报跨国企业集团在第 1 列填报的国家（地区）所有成员实体与关联企业交易取得的收入总和。

本表中的"收入"包括销售收入、劳务收入、特许权使用费收入、利息收入及其他收入。从其他成员实体收取的，在其他成员实体所属国家（地区）被认定为股息的款项，不计入收入。

（4）第5列“税前利润（亏损）”：填报跨国企业集团在第1列填报的国家（地区）所有成员实体取得的税前利润（亏损）总和。

（5）第6列“已缴纳企业所得税（收付实现制）”：填报跨国企业集团在第1列填报的国家（地区）所有成员实体实际缴纳的企业所得税总额。已缴税款包括成员实体从其他企业（关联企业及非关联企业）收取的款项在其他企业所属国家（地区）已代扣代缴的预提所得税。

（6）第7列“本年度计提的企业所得税”：填报跨国企业集团在第1列填报的国家（地区）所有成员实体依据应纳税所得额计提的当期所得税总额。当期所得税费用仅反映相关会计年度的经营活动，不包含因或有事项计提的递延所得税。

（7）第8列“注册资本”：填报跨国企业集团在第1列填报的国家（地区）所有成员实体的注册资本总额。

（8）第9列“留存收益”：填报跨国企业集团在第1列填报的国家（地区）所有成员实体的留存收益总额。

（9）第10列“雇员人数”：填报跨国企业集团在第1列填报的国家（地区）所有成员实体的全职雇员人数总和，包括在经营活动中所雇佣的独立承包商人数。雇员人数可以根据年末人数、全年平均人数或其他标准填报。不同国家（地区）在雇员人数计算标准上应当保持一致，并每年均沿用相同标准填报。

（10）第11列“有形资产（除现金及现金等价物）”：填报跨国企业集团在第1列填报的国家（地区）所有成员实体的有形资产账面净值总和。常设机构有形资产应当根据其经营活动所在国家（地区）填报。此处所指的“有形资产”不包括现金及现金等价物和金融资产。

（11）本表应当涵盖最终控股企业的完整会计年度。成员实体与最终控股企业会计年度截止日期不一致的，成员实体信息披露期间可以采用以下方式之一：①使用成员实体的会计年度，即成员实体会计年度截止日期在最终控股企业会计年度截止日期前12个月内的会计年度；②使用最终控股企业会计年度。上述方法一经确定，无特殊情况不得修改。

（12）各年度应当使用相同的数据来源。表中所报告的收入、利润及税负情况并不要求与跨国企业集团合并财务报表完全一致。如果采用各独立实体的法定财务报表数据进行披露，所有金额均应按照年度平均汇率转换成最终控股企业使用的货币单位，并在表G114030《附加说明表》中说明。对于国家（地区）之间的会计准则不同而产生的差异，无须进行调整。

2. 表内、表间关系

（1）表内关系

第4列=第2+3列。

（2）表间关系

无。

十八、G114020 国别报告—跨国企业集团成员实体名单

（一）根据国家税务总局 2017 年第 54 号公告，表式如下：

表 10-20　国别报告—跨国企业集团成员实体名单

跨国企业集团名称：

国家（地区）	该国家（地区）的成员实体名称	成员实体注册成立地	主要业务活动												
			研发	持有或管理无形资产	采购	生产制造	销售、市场营销或分销	行政、管理或支持服务	向非关联方提供劳务	集团内部融资	金融服务	保险	持有股份或其他权益工具	非营运企业	其他
1	2	3	4	5	6	7	8	9	10	11	12	13	14	15	16
注：如果"主营业务活动"勾选"其他"，请在《国别报告—附加说明表》中说明跨国集团成员实体的具体业务活动。															

Sheet 10-21　List of all the constituent Entities of the MNE group　included in each aggregation per tax jurisdiction

Name of the MNE group:

Tax Jurisdiction	Constituent Entities resident in the Tax Jurisdiction	Tax Jurisdiction of organization or incorporation if different from Tax Jurisdiction of Residence	Main business activity（ies）												
			Research and Development	Holding or Managing intellectual property	Purchasing or Procurement	Manufacturing or Production	Sales, Marketing or Distribution	Administrative, Management or Support Services	Provision of Services to unrelated parties	Internal Group Finance	Regulated Financial Services	Insurance	Holding shares or other equity instruments	Dormant	Other1

1.Please specify the nature of the activity of the Constituent Entity in the "Additional Information" section.

（二）根据国家税务总局 2017 年第 54 号公告，填报说明如下：

1. 有关项目填报说明

（1）第 1 列“国家（地区）”：填报跨国企业集团成员实体作为居民企业所属的国家（地区），常设机构根据其经营活动所在国家（地区）填报。

（2）第 2 列“该国家（地区）的成员实体名称”：填报跨国企业集团在第 1 列填报的国家（地区）所有居民企业成员实体的全称。常设机构填报其所属居民企业名称，并注明常设机构经营活动所在国家（地区），如 XYZ 公司在 A 国设立的常设机构，应填报 XYZ 公司—A 国家（地区）的常设机构。

（3）第 3 列“成员实体注册成立地”：成员实体为常设机构的，或者注册成立地与其作为居民企业所属的国家（地区）一致的，可不填报。

（4）“主要业务活动”：根据各成员实体在相关国家（地区）所开展的主要业务活动性质，在对应项目下打“√”确认。如果勾选“其他”，应在表 G114030 中说明该成员实体的具体业务活动。

2. 表内、表间关系

（1）表内关系

无。

（2）表间关系

如果“主要业务活动”栏中勾选“其他”，则应当在表 G114030 中说明该成员实体具体业务活动。

十九、G114030 国别报告—附加说明表

（一）根据国家税务总局 2017 年第 54 号公告，表式如下：

表 10-22　国别报告—附加说明表（G114030）

跨国企业集团名称：

请简要提供有助于理解“国别报告”中的补充信息或者解释说明。

Sheet 10-23　Additional Information

Name of the MNE group:

Please include any further brief information or explanation you consider necessary or that would facilitate the understanding of the compulsory information provided in the country-by-country report.

（二）根据国家税务总局 2017 年第 54 号公告，填报说明如下：

1. 有关项目填报说明

（1）在表中对使用的数据来源进行简要说明。如数据来源较以往年度有所变化，解释说明变化原因及其影响。

（2）表 G114020“主要业务活动”栏中勾选“其他”的，说明该成员实体具体业务活动。

2. 表内、表间关系

（1）表内关系

无。

（2）表间关系

如果表 G114020“主要业务活动”栏中勾选“其他”，则应当在本表中说明该成员实体具体业务活动。

第三节　关联关系表填表综合举例

一、填表举例

【例 10–1】甲公司和关联方公司组织架构如下图：

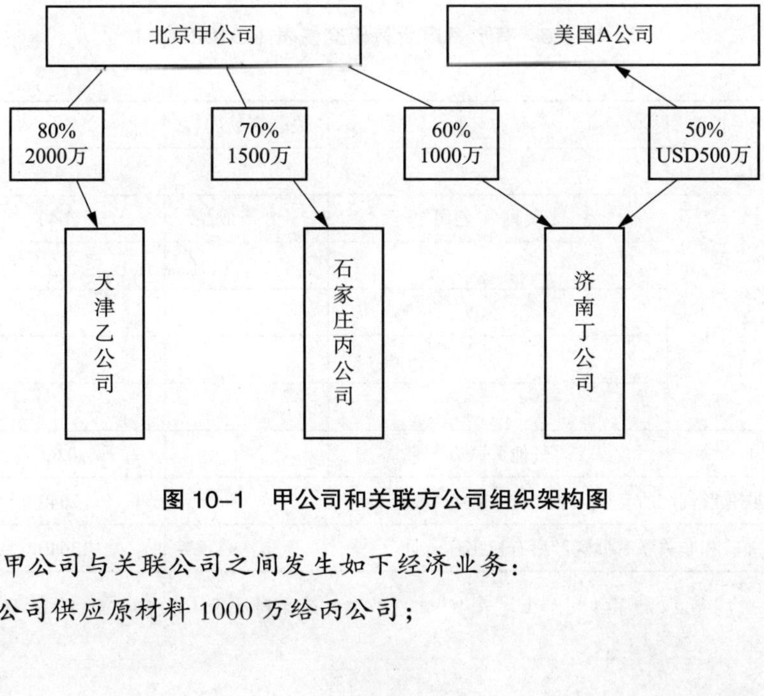

图 10–1　甲公司和关联方公司组织架构图

2018 年甲公司与关联公司之间发生如下经济业务：

（1）甲公司供应原材料 1000 万给丙公司；

（2）甲公司出口美国A公司的B产成品400万美元，汇率6.6；

（3）甲公司收取丁公司特许权使用费500万元；

（4）甲公司借款1200万元给乙公司，占用天数150天，利率6%；

（5）美国A公司向甲公司提供劳务技术服务费20万美元，汇率6.7，实际付款134万元。

要求：根据以上经济业务，以甲公司为例填写相应的关联关系表。

1. 供料业务，北京甲公司填表如下：

表10-24　有形资产所有权交易表（G102000）

单位：万元

行次	关联交易类型	关联方名称	关联交易内容	交易金额	比例
	1	2	3	4	5
8	境内关联有形资产所有权出让（前5位）	丙公司	原材料	1000	100%
9					
10					
11					
12					
13	—	其他关联方	—	0.00	0.00%
14	境内关联有形资产所有权出让小计			1000	100%
15	境内外关联和非关联有形资产所有权出让合计			—	—

2. 出口产品业务，北京甲公司的填表如下：

表10-25　有形资产所有权交易表（G102000）

单位：万元

行次	关联交易类型	关联方名称	关联交易内容	交易金额	比例
	1	2	3	4	5
1	境外关联有形资产所有权出让（前5位）	美国A公司	B产成品	2640	100%
2					
3					
4					
5					
6	—	其他关联方	—	0.00	0.00%
7	境外关联有形资产所有权出让小计			2640	100%
15	境内外关联和非关联有形资产所有权出让合计			3640	100%

注：[表10-24]第14行第4列加上[表10-25]第7行第4列等于[表10-24]第15行第4列。

3. 特许权使用费业务，北京甲公司的填表如下：

表 10-26　无形资产使用权交易表（G105000）

单位：万元

行次	关联交易类型	关联方名称	关联交易内容	交易金额	比例
	1	2	3	4	5
8	境内关联无形资产使用权出让（前5位）	丁公司	特许经营权	500	100%
9					
10					
11					
12					
13	—	其他关联方	—	0.00	0.00%
14	境内关联无形资产使用权出让小计			500	100%
15	境内外关联和非关联无形资产使用权出让合计			500	100%

4. 资金借贷业务，北京甲公司与天津乙公司的填表如下：

表 10-27　融通资金表（G107000）

单位：万元

行次	关联交易类型	关联方名称	关联交易内容	借贷金额	本年实际占用天数	境外关联交易金额（利息）	境内关联交易金额（利息）	年度平均关联债权投资金额
	1	2	3	4	5	6	7	8
1	关联融出资金（全部）	乙公司	其他融通资金	1200	150天		30	1200
2								
3								
4								
5		合计		1200	150天	0.00	30	1200

5. 甲公司接受美国 A 公司提供的劳务技术服务业务，北京甲公司的填表如下：

表 10-28　关联劳务表（G108000）

单位：万元

行次	关联交易类型	关联方名称	关联交易内容	交易金额	比例
	1	2	3	4	5
16	境外关联劳务支出（前 5 位）	美国 A 公司	技术服务	134	100%
17					
18					
19					
20					
21	—	其他关联方	—	0.00	0.00%
22	境外关联劳务支出小计			134	100%
30	境内外关联和非关联劳务支出合计			134	100%

表 10-29　对外支付款项情况表（G111000）

单位：万元

行次	项　目	本年度向境外支付款项金额	其中：本年度向境外关联方支付款项金额
		1	2
2	劳务费支出	134	134
9	合　计	134	134

6. 北京甲公司的关联业务汇总表如下：

表 10-30　中华人民共和国企业年度关联业务往来汇总表（G100000）

单位：万元

行次	100 关联交易信息				交易总金额
	关联交易类型	境外关联交易金额	境内关联交易金额	关联交易合计	
		1	2	3 = 1+2	4
1	有形资产所有权出让	2640	1000	3640	3640
2	有形资产所有权受让	0.00	0.00	0.00	0.00
3	无形资产所有权出让	0.00	0.00	0.00	0.00
4	无形资产所有权受让	0.00	0.00	0.00	0.00
5	有形资产使用权出让	0.00	0.00	0.00	0.00
6	有形资产使用权受让	0.00	0.00	0.00	0.00
7	无形资产使用权出让	0.00	500	500	500

续表

行次	100 关联交易信息				交易总金额
	关联交易类型	境外关联交易金额	境内关联交易金额	关联交易合计	
		1	2	3 = 1+2	4
8	无形资产使用权受让	0.00	0.00	0.00	0.00
9	金融资产出让	0.00	0.00	0.00	0.00
10	金融资产受让	0.00	0.00	0.00	0.00
11	融入资金利息支出	0.00	0.00	0.00	0.00
12	融出资金利息收入	0.00	30	30	—
13	提供劳务收入	0.00	0.00	0.00	0.00
14	接受劳务支出	134	0.00	134	134
15	交易合计= 1+2+…+14	2774	1530	4304	4274
200 关联债资信息					
201 年度平均关联债权投资金额		202 年度平均权益投资金额		203 债资比例	
1200		2000		60%	
300 成本分摊协议信息					
301 签订或者执行成本分摊协议		302 本年度实际分摊成本金额	303 本年度加入支付金额	304 本年度退出补偿金额	
是□ 否√□		0.00	0.00	0.00	
400 本年度准备同期资料		主体文档□ 本地文档□ 特殊事项文档□ 无□			

7. 北京甲公司的关联关系表填表如下：

表 10-31 关联关系表（G101000）

行次	关联方名称	关联方类型	国家（地区）	证件种类	纳税人识别号或身份证件号码	关联关系类型	起始日期	截止日期
	1	2	3	4	5	6	7	8
1	乙公司	企业	中国	营业执照		A	2018/1/1	2018/12/31
2	乙公司	企业	中国	营业执照		B	2018/1/1	2018/5/31
3	丙公司	企业	中国	营业执照		A	2018/1/1	2018/12/31
4	丙公司	企业	中国	营业执照		F	2018/1/1	2018/5/31
5	丁公司	企业	中国	营业执照		A	2018/1/1	2018/12/31
6	丁公司	企业	中国	营业执照		E	2018/1/1	2018/5/31
7	美国 A 公司	企业	美国	公司注册书（CI）		A	2018/1/1	2018/12/31
8	美国 A 公司	企业	美国	公司注册书（CI）		F	2018/1/1	2018/5/31
9	美国 A 公司	企业	美国	公司注册书（CI）		G	2018/1/1	2018/5/31

8. 对境外美国A公司的投资，并与其有关联业务往来的，还应填写《居民企业参股外国企业信息报告表》和《受控外国企业信息报告表》。

（1）《居民企业参股外国企业信息报告表》主要填列居民企业对直接持有10%以上股份或者有表决权股份的外国企业境外投资是否存在股权转让行为，是否产生投资收益。

（2）《受控外国企业信息报告表》主要是了解受控外国企业注册地是否在非低税率国家、被投资外国企业股东及股权数量、企业所得税税负、企业利润及分配情况。对存在受控外国企业不分配股息且不在非低税率国家和年度利润高于500万元人民币的情况应向税务机关做出说明，否则会面临特别纳税调整调查。

设在国家税务总局指定的非低税率国家（地区）有：美国、英国、法国、德国、日本、意大利、加拿大、澳大利亚、印度、南非、新西兰和挪威，共12个国家。

本案例中由于篇幅有限，其他表式填报从略。

附录一

中华人民共和国企业所得税法

第一章　总　则

第一条　在中华人民共和国境内，企业和其他取得收入的组织（以下统称企业）为企业所得税的纳税人，依照本法的规定缴纳企业所得税。

个人独资企业、合伙企业不适用本法。

第二条　企业分为居民企业和非居民企业。

本法所称居民企业，是指依法在中国境内成立，或者依照外国（地区）法律成立但实际管理机构在中国境内的企业。

本法所称非居民企业，是指依照外国（地区）法律成立且实际管理机构不在中国境内，但在中国境内设立机构、场所的，或者在中国境内未设立机构、场所，但有来源于中国境内所得的企业。

第三条　居民企业应当就其来源丁中国境内、境外的所得缴纳企业所得税。

非居民企业在中国境内设立机构、场所的，应当就其所设机构、场所取得的来源于中国境内的所得，以及发生在中国境外但与其所设机构、场所有实际联系的所得，缴纳企业所得税。

非居民企业在中国境内未设立机构、场所的，或者虽设立机构、场所但取得的所得与其所设机构、场所没有实际联系的，应当就其来源于中国境内的所得缴纳企业所得税。

第四条　企业所得税的税率为25%。

非居民企业取得本法第三条第三款规定的所得，适用税率为20%。

第二章　应纳税所得额

第五条　企业每一纳税年度的收入总额，减除不征税收入、免税收入、各项扣除以及允许弥补的以前年度亏损后的余额，为应纳税所得额。

第六条　企业以货币形式和非货币形式从各种来源取得的收入，为收入总额。包括：

（一）销售货物收入；

（二）提供劳务收入；

（三）转让财产收入；

（四）股息、红利等权益性投资收益；

（五）利息收入；

（六）租金收入；

（七）特许权使用费收入；

（八）接受捐赠收入；

（九）其他收入。

第七条 收入总额中的下列收入为不征税收入：

（一）财政拨款；

（二）依法收取并纳入财政管理的行政事业性收费、政府性基金；

（三）国务院规定的其他不征税收入。

第八条 企业实际发生的与取得收入有关的、合理的支出，包括成本、费用、税金、损失和其他支出，准予在计算应纳税所得额时扣除。

第九条 企业发生的公益性捐赠支出，在年度利润总额12%以内的部分，准予在计算应纳税所得额时扣除。

第十条 在计算应纳税所得额时，下列支出不得扣除：

（一）向投资者支付的股息、红利等权益性投资收益款项；

（二）企业所得税税款；

（三）税收滞纳金；

（四）罚金、罚款和被没收财物的损失；

（五）本法第九条规定以外的捐赠支出；

（六）赞助支出；

（七）未经核定的准备金支出；

（八）与取得收入无关的其他支出。

第十一条 在计算应纳税所得额时，企业按照规定计算的固定资产折旧，准予扣除。

下列固定资产不得计算折旧扣除：

（一）房屋、建筑物以外未投入使用的固定资产；

（二）以经营租赁方式租入的固定资产；

（三）以融资租赁方式租出的固定资产；

（四）已足额提取折旧仍继续使用的固定资产；

（五）与经营活动无关的固定资产；

（六）单独估价作为固定资产入账的土地；

（七）其他不得计算折旧扣除的固定资产。

第十二条 在计算应纳税所得额时，企业按照规定计算的无形资产摊销费用，准予扣除。

下列无形资产不得计算摊销费用扣除：

（一）自行开发的支出已在计算应纳税所得额时扣除的无形资产；

（二）自创商誉；

（三）与经营活动无关的无形资产；

（四）其他不得计算摊销费用扣除的无形资产。

第十三条 在计算应纳税所得额时，企业发生的下列支出作为长期待摊费用，按照规定摊销的，准予扣除：

（一）已足额提取折旧的固定资产的改建支出；

（二）租入固定资产的改建支出；

（三）固定资产的大修理支出；

（四）其他应当作为长期待摊费用的支出。

第十四条 企业对外投资期间，投资资产的成本在计算应纳税所得额时不得扣除。

第十五条 企业使用或者销售存货，按照规定计算的存货成本，准予在计算应纳税所得额时扣除。

第十六条 企业转让资产，该项资产的净值，准予在计算应纳税所得额时扣除。

第十七条 企业在汇总计算缴纳企业所得税时，其境外营业机构的亏损不得抵减境内营业机构的盈利。

第十八条 企业纳税年度发生的亏损，准予向以后年度结转，用以后年度的所得弥补，但结转年限最长不得超过五年。

第十九条 非居民企业取得本法第三条第三款规定的所得，按照下列方法计算其应纳税所得额：

（一）股息、红利等权益性投资收益和利息、租金、特许权使用费所得，以收入全额为应纳税所得额；

（二）转让财产所得，以收入全额减除财产净值后的余额为应纳税所得额；

（三）其他所得，参照前两项规定的方法计算应纳税所得额。

第二十条 本章规定的收入、扣除的具体范围、标准和资产的税务处理的具体办法，由国务院财政、税务主管部门规定。

第二十一条 在计算应纳税所得额时，企业财务、会计处理办法与税收法律、行政法规的规定不一致的，应当依照税收法律、行政法规的规定计算。

第三章　应纳税额

第二十二条 企业的应纳税所得额乘以适用税率，减除依照本法关于税收优惠的规定减免和抵免的税额后的余额，为应纳税额。

第二十三条 企业取得的下列所得已在境外缴纳的所得税税额，可以从其当期应纳税额中抵免，抵免限额为该项所得依照本法规定计算的应纳税额；超过抵免限额的部分，可以在以后五个年度内，用每年度抵免限额抵免当年应抵税额后的余额进行抵补：

（一）居民企业来源于中国境外的应税所得；

（二）非居民企业在中国境内设立机构、场所，取得发生在中国境外但与该机构、场所有实际联系的应税所得。

第二十四条 居民企业从其直接或者间接控制的外国企业分得的来源于中国境外的股息、红利等权益性投资收益，外国企业在境外实际缴纳的所得税税额中属于该项所得负担的部分，可以作为该居民企业的可抵免境外所得税税额，在本法第二十三条规定的抵免限额内抵免。

第四章 税收优惠

第二十五条 国家对重点扶持和鼓励发展的产业和项目，给予企业所得税优惠。

第二十六条 企业的下列收入为免税收入：

（一）国债利息收入；

（二）符合条件的居民企业之间的股息、红利等权益性投资收益；

（三）在中国境内设立机构、场所的非居民企业从居民企业取得与该机构、场所有实际联系的股息、红利等权益性投资收益；

（四）符合条件的非营利组织的收入。

第二十七条 企业的下列所得，可以免征、减征企业所得税：

（一）从事农、林、牧、渔业项目的所得；

（二）从事国家重点扶持的公共基础设施项目投资经营的所得；

（三）从事符合条件的环境保护、节能节水项目的所得；

（四）符合条件的技术转让所得；

（五）本法第三条第三款规定的所得。

第二十八条 符合条件的小型微利企业，减按20%的税率征收企业所得税。

国家需要重点扶持的高新技术企业，减按15%的税率征收企业所得税。

第二十九条 民族自治地方的自治机关对本民族自治地方的企业应缴纳的企业所得税中属于地方分享的部分，可以决定减征或者免征。自治州、自治县决定减征或者免征的，须报省、自治区、直辖市人民政府批准。

第三十条 企业的下列支出，可以在计算应纳税所得额时加计扣除：

（一）开发新技术、新产品、新工艺发生的研究开发费用；

（二）安置残疾人员及国家鼓励安置的其他就业人员所支付的工资。

第三十一条 创业投资企业从事国家需要重点扶持和鼓励的创业投资，可以按投资额的一定比例抵扣应纳税所得额。

第三十二条 企业的固定资产由于技术进步等原因，确需加速折旧的，可以缩短折旧年限或者采取加速折旧的方法。

第三十三条 企业综合利用资源，生产符合国家产业政策规定的产品所取得的收入，可以在计算应纳税所得额时减计收入。

第三十四条 企业购置用于环境保护、节能节水、安全生产等专用设备的投资额，可以按一定比例实行税额抵免。

第三十五条 本法规定的税收优惠的具体办法，由国务院规定。

第三十六条 根据国民经济和社会发展的需要，或者由于突发事件等原因对企业经营活动产生重大影响的，国务院可以制定企业所得税专项优惠政策，报全国人民代表大会常务委员会备案。

第五章 源泉扣缴

第三十七条 对非居民企业取得本法第三条第三款规定的所得应缴纳的所得税，实行源泉扣缴，以支付人为扣缴义务人。税款由扣缴义务人在每次支付或者到期应支付时，从支付或者到期应支付的款项中扣缴。

第三十八条 对非居民企业在中国境内取得工程作业和劳务所得应缴纳的所得税，税务机关可以指定工程价款或者劳务费的支付人为扣缴义务人。

第三十九条 依照本法第三十七条、第三十八条规定应当扣缴的所得税，扣缴义务人未依法扣缴或者无法履行扣缴义务的，由纳税人在所得发生地缴纳。纳税人未依法缴纳的，税务机关可以从该纳税人在中国境内其他收入项目的支付人应付的款项中，追缴该纳税人的应纳税款。

第四十条 扣缴义务人每次代扣的税款，应当自代扣之日起七日内缴入国库，并向所在地的税务机关报送扣缴企业所得税报告表。

第六章 特别纳税调整

第四十一条 企业与其关联方之间的业务往来，不符合独立交易原则而减少企业或者其关联方应纳税收入或者所得额的，税务机关有权按照合理方法调整。

企业与其关联方共同开发、受让无形资产，或者共同提供、接受劳务发生的成本，在计算应纳税所得额时应当按照独立交易原则进行分摊。

第四十二条 企业可以向税务机关提出与其关联方之间业务往来的定价原则和计算方法，税务机关与企业协商、确认后，达成预约定价安排。

第四十三条 企业向税务机关报送年度企业所得税纳税申报表时，应当就其与关联方之间的业务往来，附送年度关联业务往来报告表。

税务机关在进行关联业务调查时，企业及其关联方，以及与关联业务调查有关的其他企业，应当按照规定提供相关资料。

第四十四条 企业不提供与其关联方之间业务往来资料，或者提供虚假、不完整资料，未能真实反映其关联业务往来情况的，税务机关有权依法核定其应纳税所得额。

第四十五条 由居民企业，或者由居民企业和中国居民控制的设立在实际税负明显低于本法第四条第一款规定税率水平的国家（地区）的企业，并非由于合理的经营需要而对利润不做分配或者减少分配的，上述利润中应归属于该居民企业的部分，应当计入该居民企业的当期收入。

第四十六条 企业从其关联方接受的债权性投资与权益性投资的比例超过规定标准而发生的利息支出，不得在计算应纳税所得额时扣除。

第四十七条 企业实施其他不具有合理商业目的的安排而减少其应纳税收入或者所得额的，税务机关有权按照合理方法调整。

第四十八条 税务机关依照本章规定作出纳税调整，需要补征税款的，应当补征税款，并按照国务院规定加收利息。

第七章 征收管理

第四十九条 企业所得税的征收管理除本法规定外，依照《中华人民共和国税收征收管理法》的规定执行。

第五十条 除税收法律、行政法规另有规定外，居民企业以企业登记注册地为纳税地点；但登记注册地在境外的，以实际管理机构所在地为纳税地点。

居民企业在中国境内设立不具有法人资格的营业机构的，应当汇总计算并缴纳企业所得税。

第五十一条 非居民企业取得本法第三条第二款规定的所得，以机构、场所所在地为纳税地点。非居民企业在中国境内设立两个或者两个以上机构、场所的，经税务机关审核批准，可以选择由其主要机构、场所汇总缴纳企业所得税。

非居民企业取得本法第三条第三款规定的所得，以扣缴义务人所在地为纳税地点。

第五十二条 除国务院另有规定外，企业之间不得合并缴纳企业所得税。

第五十三条 企业所得税按纳税年度计算。纳税年度自公历 1 月 1 日起至 12 月 31 日止。

企业在一个纳税年度中间开业，或者终止经营活动，使该纳税年度的实际经营期不足十二个月的，应当以其实际经营期为一个纳税年度。

企业依法清算时，应当以清算期间作为一个纳税年度。

第五十四条 企业所得税分月或者分季预缴。

企业应当自月份或者季度终了之日起十五日内，向税务机关报送预缴企业所得税纳税申报表，预缴税款。

企业应当自年度终了之日起五个月内，向税务机关报送年度企业所得税纳税申报表，并汇算清缴，结清应缴应退税款。

企业在报送企业所得税纳税申报表时，应当按照规定附送财务会计报告和其他有关资料。

第五十五条 企业在年度中间终止经营活动的，应当自实际经营终止之日起六十日内，向税务机关办理当期企业所得税汇算清缴。

企业应当在办理注销登记前，就其清算所得向税务机关申报并依法缴纳企业所得税。

第五十六条 依照本法缴纳的企业所得税，以人民币计算。所得以人民币以外的货币计算的，应当折合成人民币计算并缴纳税款。

第八章 附则

第五十七条 本法公布前已经批准设立的企业，依照当时的税收法律、行政法规规定，享受低税率优惠的，按照国务院规定，可以在本法施行后五年内，逐步过渡到本法规定的税率；享受定期减免税优惠的，按照国务院规定，可以在本法施行后继续享受到期满为止，但因未获利而尚未享受优惠的，优惠期限从本法施行年度起计算。

法律设置的发展对外经济合作和技术交流的特定地区内，以及国务院已规定执行上述地区特殊政策的地区内新设立的国家需要重点扶持的高新技术企业，可以享受过渡性税收优惠，具体办法由国务院规定。

国家已确定的其他鼓励类企业，可以按照国务院规定享受减免税优惠。

第五十八条 中华人民共和国政府同外国政府订立的有关税收的协定与本法有不同规定的，依照协定的规定办理。

第五十九条 国务院根据本法制定实施条例。

第六十条 本法自 2008 年 1 月 1 日起施行。1991 年 4 月 9 日第七届全国人民代表大会第四次会议通过的《中华人民共和国外商投资企业和外国企业所得税法》和 1993 年 12 月 13 日国务院发布的《中华人民共和国企业所得税暂行条例》同时废止。

附录二

中华人民共和国企业所得税法实施条例

第一章 总 则

第一条 根据《中华人民共和国企业所得税法》（以下简称企业所得税法）的规定，制定本条例。

第二条 企业所得税法第一条所称个人独资企业、合伙企业，是指依照中国法律、行政法规成立的个人独资企业、合伙企业。

第三条 企业所得税法第二条所称依法在中国境内成立的企业，包括依照中国法律、行政法规在中国境内成立的企业、事业单位、社会团体以及其他取得收入的组织。

企业所得税法第二条所称依照外国（地区）法律成立的企业，包括依照外国（地区）法律成立的企业和其他取得收入的组织。

第四条 企业所得税法第二条所称实际管理机构，是指对企业的生产经营、人员、账务、财产等实施实质性全面管理和控制的机构。

第五条 企业所得税法第二条第三款所称机构、场所，是指在中国境内从事生产经营活动的机构、场所，包括：

（一）管理机构、营业机构、办事机构；

（二）工厂、农场、开采自然资源的场所；

（三）提供劳务的场所；

（四）从事建筑、安装、装配、修理、勘探等工程作业的场所；

（五）其他从事生产经营活动的机构、场所。

非居民企业委托营业代理人在中国境内从事生产经营活动的，包括委托单位或者个人经常代其签订合同，或者储存、交付货物等，该营业代理人视为非居民企业在中国境内设立的机构、场所。

第六条 企业所得税法第三条所称所得，包括销售货物所得、提供劳务所得、转让财产所得、股息红利等权益性投资所得、利息所得、租金所得、特许权使用费所得、接受捐赠所得和其他所得。

第七条 企业所得税法第三条所称来源于中国境内、境外的所得，按照以下原则确定：

（一）销售货物所得，按照交易活动发生地确定；

（二）提供劳务所得，按照劳务发生地确定；

（三）转让财产所得，不动产转让所得按照不动产所在地确定，动产转让所得按照转让动产的企业或者机构、场所所在地确定，权益性投资资产转让所得按照被投资企业所在地确定；

（四）股息、红利等权益性投资所得，按照分配所得的企业所在地确定；

（五）利息所得、租金所得、特许权使用费所得，按照负担、支付所得的企业或者机构、场所所在地确定，或者按照负担、支付所得的个人的住所地确定；

（六）其他所得，由国务院财政、税务主管部门确定。

第八条　企业所得税法第三条所称实际联系，是指非居民企业在中国境内设立的机构、场所拥有据以取得所得的股权、债权，以及拥有、管理、控制据以取得所得的财产等。

第二章　应纳税所得额

第一节　一般规定

第九条　企业应纳税所得额的计算，以权责发生制为原则，属于当期的收入和费用，不论款项是否收付，均作为当期的收入和费用；不属于当期的收入和费用，即使款项已经在当期收付，均不作为当期的收入和费用。本条例和国务院财政、税务主管部门另有规定的除外。

第十条　企业所得税法第五条所称亏损，是指企业依照企业所得税法和本条例的规定将每一纳税年度的收入总额减除不征税收入、免税收入和各项扣除后小于零的数额。

第十一条　企业所得税法第五十五条所称清算所得，是指企业的全部资产可变现价值或者交易价格减除资产净值、清算费用以及相关税费等后的余额。

投资方企业从被清算企业分得的剩余资产，其中相当于从被清算企业累计未分配利润和累计盈余公积中应当分得的部分，应当确认为股息所得；剩余资产减除上述股息所得后的余额，超过或者低于投资成本的部分，应当确认为投资资产转让所得或者损失。

第二节　收　入

第十二条　企业所得税法第六条所称企业取得收入的货币形式，包括现金、存款、应收账款、应收票据、准备持有至到期的债券投资以及债务的豁免等。

企业所得税法第六条所称企业取得收入的非货币形式，包括固定资产、生物资产、无形资产、股权投资、存货、不准备持有至到期的债券投资、劳务以及有关权益等。

第十三条 企业所得税法第六条所称企业以非货币形式取得的收入，应当按照公允价值确定收入额。

前款所称公允价值，是指按照市场价格确定的价值。

第十四条 企业所得税法第六条第（一）项所称销售货物收入，是指企业销售商品、产品、原材料、包装物、低值易耗品以及其他存货取得的收入。

第十五条 企业所得税法第六条第（二）项所称提供劳务收入，是指企业从事建筑安装、修理修配、交通运输、仓储租赁、金融保险、邮电通信、咨询经纪、文化体育、科学研究、技术服务、教育培训、餐饮住宿、中介代理、卫生保健、社区服务、旅游、娱乐、加工以及其他劳务服务活动取得的收入。

第十六条 企业所得税法第六条第（三）项所称转让财产收入，是指企业转让固定资产、生物资产、无形资产、股权、债权等财产取得的收入。

第十七条 企业所得税法第六条第（四）项所称股息、红利等权益性投资收益，是指企业因权益性投资从被投资方取得的收入。

股息、红利等权益性投资收益，除国务院财政、税务主管部门另有规定外，按照被投资方作出利润分配决定的日期确认收入的实现。

第十八条 企业所得税法第六条第（五）项所称利息收入，是指企业将资金提供他人使用但不构成权益性投资，或者因他人占用本企业资金取得的收入，包括存款利息、贷款利息、债券利息、欠款利息等收入。

利息收入，按照合同约定的债务人应付利息的日期确认收入的实现。

第十九条 企业所得税法第六条第（六）项所称租金收入，是指企业提供固定资产、包装物或者其他有形资产的使用权取得的收入。

租金收入，按照合同约定的承租人应付租金的日期确认收入的实现。

第二十条 企业所得税法第六条第（七）项所称特许权使用费收入，是指企业提供专利权、非专利技术、商标权、著作权以及其他特许权的使用权取得的收入。

特许权使用费收入，按照合同约定的特许权使用人应付特许权使用费的日期确认收入的实现。

第二十一条 企业所得税法第六条第（八）项所称接受捐赠收入，是指企业接受的来自其他企业、组织或者个人无偿给予的货币性资产、非货币性资产。

接受捐赠收入，按照实际收到捐赠资产的日期确认收入的实现。

第二十二条 企业所得税法第六条第（九）项所称其他收入，是指企业取得的除企业所得税法第六条第（一）项至第（八）项规定的收入外的其他收入，包括企业资产溢余收入、逾期未退包装物押金收入、确实无法偿付的应付款项、已作坏账损失处理后又收回的应收款项、债务重组收入、补贴收入、违约金收入、汇兑收益等。

第二十三条 企业的下列生产经营业务可以分期确认收入的实现：

（一）以分期收款方式销售货物的，按照合同约定的收款日期确认收入的实现；

（二）企业受托加工制造大型机械设备、船舶、飞机，以及从事建筑、安装、装配工程业务或者提供其他劳务等，持续时间超过 12 个月的，按照纳税年度内完工进度或者完成的工作量确认收入的实现。

第二十四条 采取产品分成方式取得收入的，按照企业分得产品的日期确认收入的实现，其收入额按照产品的公允价值确定。

第二十五条 企业发生非货币性资产交换，以及将货物、财产、劳务用于捐赠、偿债、赞助、集资、广告、样品、职工福利或者利润分配等用途的，应当视同销售货物、转让财产或者提供劳务，但国务院财政、税务主管部门另有规定的除外。

第二十六条 企业所得税法第七条第（一）项所称财政拨款，是指各级人民政府对纳入预算管理的事业单位、社会团体等组织拨付的财政资金，但国务院和国务院财政、税务主管部门另有规定的除外。

企业所得税法第七条第（二）项所称行政事业性收费，是指依照法律法规等有关规定，按照国务院规定程序批准，在实施社会公共管理，以及在向公民、法人或者其他组织提供特定公共服务过程中，向特定对象收取并纳入财政管理的费用。

企业所得税法第七条第（二）项所称政府性基金，是指企业依照法律、行政法规等有关规定，代政府收取的具有专项用途的财政资金。

企业所得税法第七条第（三）项所称国务院规定的其他不征税收入，是指企业取得的，由国务院财政、税务主管部门规定专项用途并经国务院批准的财政性资金。

第三节　扣　除

第二十七条 企业所得税法第八条所称有关的支出，是指与取得收入直接相关的支出。

企业所得税法第八条所称合理的支出，是指符合生产经营活动常规，应当计入当期损益或者有关资产成本的必要和正常的支出。

第二十八条 企业发生的支出应当区分收益性支出和资本性支出。收益性支出在发生当期直接扣除；资本性支出应当分期扣除或者计入有关资产成本，不得在发生当期直接扣除。

企业的不征税收入用于支出所形成的费用或者财产，不得扣除或者计算对应的折旧、摊销扣除。

除企业所得税法和本条例另有规定外，企业实际发生的成本、费用、税金、损失和其他支出，不得重复扣除。

第二十九条 企业所得税法第八条所称成本，是指企业在生产经营活动中发生的销售成本、销货成本、业务支出以及其他耗费。

第三十条 企业所得税法第八条所称费用，是指企业在生产经营活动中发生的销售费用、管理费用和财务费用，已经计入成本的有关费用除外。

第三十一条 企业所得税法第八条所称税金，是指企业发生的除企业所得税和允许抵扣的增值税以外的各项税金及其附加。

第三十二条 企业所得税法第八条所称损失，是指企业在生产经营活动中发生的固定资产和存货的盘亏、毁损、报废损失，转让财产损失，呆账损失，坏账损失，自然灾害等不可抗力因素造成的损失以及其他损失。

企业发生的损失，减除责任人赔偿和保险赔款后的余额，依照国务院财政、税务主管部门的规定扣除。

企业已经作为损失处理的资产，在以后纳税年度又全部收回或者部分收回时，应当计入当期收入。

第三十三条 企业所得税法第八条所称其他支出，是指除成本、费用、税金、损失外，企业在生产经营活动中发生的与生产经营活动有关的、合理的支出。

第三十四条 企业发生的合理的工资薪金支出，准予扣除。

前款所称工资薪金，是指企业每一纳税年度支付给在本企业任职或者受雇的员工的所有现金形式或者非现金形式的劳动报酬，包括基本工资、奖金、津贴、补贴、年终加薪、加班工资，以及与员工任职或者受雇有关的其他支出。

第三十五条 企业依照国务院有关主管部门或者省级人民政府规定的范围和标准为职工缴纳的基本养老保险费、基本医疗保险费、失业保险费、工伤保险费、生育保险费等基本社会保险费和住房公积金，准予扣除。

企业为投资者或者职工支付的补充养老保险费、补充医疗保险费，在国务院财政、税务主管部门规定的范围和标准内，准予扣除。

第三十六条 除企业依照国家有关规定为特殊工种职工支付的人身安全保险费和国务院财政、税务主管部门规定可以扣除的其他商业保险费外，企业为投资者或者职工支付的商业保险费，不得扣除。

第三十七条 企业在生产经营活动中发生的合理的不需要资本化的借款费用，准予扣除。

企业为购置、建造固定资产、无形资产和经过 12 个月以上的建造才能达到预定可销售状态的存货发生借款的，在有关资产购置、建造期间发生的合理的借款费用，应当作为资本性支出计入有关资产的成本，并依照本条例的规定扣除。

第三十八条 企业在生产经营活动中发生的下列利息支出，准予扣除：

（一）非金融企业向金融企业借款的利息支出、金融企业的各项存款利息支出和同业拆借利息支出、企业经批准发行债券的利息支出；

（二）非金融企业向非金融企业借款的利息支出，不超过按照金融企业同期同类贷款利率计算的数额的部分。

第三十九条 企业在货币交易中，以及纳税年度终了时将人民币以外的货币性资产、负债按照期末即期人民币汇率中间价折算为人民币时产生的汇兑损失，除已经计入有关资产成本以及与向所有者进行利润分配相关的部分外，准予扣除。

第四十条 企业发生的职工福利费支出，不超过工资薪金总额 14% 的部分，准予扣除。

第四十一条 企业拨缴的工会经费，不超过工资薪金总额2%的部分，准予扣除。

第四十二条 除国务院财政、税务主管部门另有规定外，企业发生的职工教育经费支出，不超过工资薪金总额2.5%的部分，准予扣除；超过部分，准予在以后纳税年度结转扣除。

第四十三条 企业发生的与生产经营活动有关的业务招待费支出，按照发生额的60%扣除，但最高不得超过当年销售（营业）收入的5‰。

第四十四条 企业发生的符合条件的广告费和业务宣传费支出，除国务院财政、税务主管部门另有规定外，不超过当年销售（营业）收入15%的部分，准予扣除；超过部分，准予在以后纳税年度结转扣除。

第四十五条 企业依照法律、行政法规有关规定提取的用于环境保护、生态恢复等方面的专项资金，准予扣除。上述专项资金提取后改变用途的，不得扣除。

第四十六条 企业参加财产保险，按照规定缴纳的保险费，准予扣除。

第四十七条 企业根据生产经营活动的需要租入固定资产支付的租赁费，按照以下方法扣除：

（一）以经营租赁方式租入固定资产发生的租赁费支出，按照租赁期限均匀扣除；

（二）以融资租赁方式租入固定资产发生的租赁费支出，按照规定构成融资租入固定资产价值的部分应当提取折旧费用，分期扣除。

第四十八条 企业发生的合理的劳动保护支出，准予扣除。

第四十九条 企业之间支付的管理费、企业内营业机构之间支付的租金和特许权使用费，以及非银行企业内营业机构之间支付的利息，不得扣除。

第五十条 非居民企业在中国境内设立的机构、场所，就其中国境外总机构发生的与该机构、场所生产经营有关的费用，能够提供总机构出具的费用汇集范围、定额、分配依据和方法等证明文件，并合理分摊的，准予扣除。

第五十一条 企业所得税法第九条所称公益性捐赠，是指企业通过公益性社会团体或者县级以上人民政府及其部门，用于《中华人民共和国公益事业捐赠法》规定的公益事业的捐赠。

第五十二条 本条例第五十一条所称公益性社会团体，是指同时符合下列条件的基金会、慈善组织等社会团体：

（一）依法登记，具有法人资格；

（二）以发展公益事业为宗旨，且不以营利为目的；

（三）全部资产及其增值为该法人所有；

（四）收益和营运结余主要用于符合该法人设立目的的事业；

（五）终止后的剩余财产不归属任何个人或者营利组织；

（六）不经营与其设立目的无关的业务；

（七）有健全的财务会计制度；

（八）捐赠者不以任何形式参与社会团体财产的分配；

（九）国务院财政、税务主管部门会同国务院民政部门等登记管理部门规定的其他条件。

第五十三条 企业发生的公益性捐赠支出，不超过年度利润总额12%的部分，准予扣除。

年度利润总额，是指企业依照国家统一会计制度的规定计算的年度会计利润。

第五十四条 企业所得税法第十条第（六）项所称赞助支出，是指企业发生的与生产经营活动无关的各种非广告性质支出。

第五十五条 企业所得税法第十条第（七）项所称未经核定的准备金支出，是指不符合国务院财政、税务主管部门规定的各项资产减值准备、风险准备等准备金支出。

第四节 资产的税务处理

第五十六条 企业的各项资产，包括固定资产、生物资产、无形资产、长期待摊费用、投资资产、存货等，以历史成本为计税基础。

前款所称历史成本，是指企业取得该项资产时实际发生的支出。

企业持有各项资产期间资产增值或者减值，除国务院财政、税务主管部门规定可以确认损益外，不得调整该资产的计税基础。

第五十七条 企业所得税法第十一条所称固定资产，是指企业为生产产品、提供劳务、出租或者经营管理而持有的、使用时间超过12个月的非货币性资产，包括房屋、建筑物、机器、机械、运输工具以及其他与生产经营活动有关的设备、器具、工具等。

第五十八条 固定资产按照以下方法确定计税基础：

（一）外购的固定资产，以购买价款和支付的相关税费以及直接归属于使该资产达到预定用途发生的其他支出为计税基础；

（二）自行建造的固定资产，以竣工结算前发生的支出为计税基础；

（三）融资租入的固定资产，以租赁合同约定的付款总额和承租人在签订租赁合同过程中发生的相关费用为计税基础，租赁合同未约定付款总额的，以该资产的公允价值和承租人在签订租赁合同过程中发生的相关费用为计税基础；

（四）盘盈的固定资产，以同类固定资产的重置完全价值为计税基础；

（五）通过捐赠、投资、非货币性资产交换、债务重组等方式取得的固定资产，以该资产的公允价值和支付的相关税费为计税基础；

（六）改建的固定资产，除企业所得税法第十三条第（一）项和第（二）项规定的支出外，以改建过程中发生的改建支出增加计税基础。

第五十九条 固定资产按照直线法计算的折旧，准予扣除。

企业应当自固定资产投入使用月份的次月起计算折旧；停止使用的固定资产，应当自停止使用月份的次月起停止计算折旧。

企业应当根据固定资产的性质和使用情况，合理确定固定资产的预计净残值。固定资产的预计净残值一经确定，不得变更。

第六十条 除国务院财政、税务主管部门另有规定外，固定资产计算折旧的最低年限如下：

（一）房屋、建筑物，为20年；

（二）飞机、火车、轮船、机器、机械和其他生产设备，为10年；

（三）与生产经营活动有关的器具、工具、家具等，为5年；

（四）飞机、火车、轮船以外的运输工具，为4年；

（五）电子设备，为3年。

第六十一条 从事开采石油、天然气等矿产资源的企业，在开始商业性生产前发生的费用和有关固定资产的折耗、折旧方法，由国务院财政、税务主管部门另行规定。

第六十二条 生产性生物资产按照以下方法确定计税基础：

（一）外购的生产性生物资产，以购买价款和支付的相关税费为计税基础；

（二）通过捐赠、投资、非货币性资产交换、债务重组等方式取得的生产性生物资产，以该资产的公允价值和支付的相关税费为计税基础。

前款所称生产性生物资产，是指企业为生产农产品、提供劳务或者出租等而持有的生物资产，包括经济林、薪炭林、产畜和役畜等。

第六十三条 生产性生物资产按照直线法计算的折旧，准予扣除。

企业应当自生产性生物资产投入使用月份的次月起计算折旧；停止使用的生产性生物资产，应当自停止使用月份的次月起停止计算折旧。

企业应当根据生产性生物资产的性质和使用情况，合理确定生产性生物资产的预计净残值。生产性生物资产的预计净残值一经确定，不得变更。

第六十四条 生产性生物资产计算折旧的最低年限如下：

（一）林木类生产性生物资产，为10年；

（二）畜类生产性生物资产，为3年。

第六十五条 企业所得税法第十二条所称无形资产，是指企业为生产产品、提供劳务、出租或者经营管理而持有的、没有实物形态的非货币性长期资产，包括专利权、商标权、著作权、土地使用权、非专利技术、商誉等。

第六十六条 无形资产按照以下方法确定计税基础：

（一）外购的无形资产，以购买价款和支付的相关税费以及直接归属于使该资产达到预定用途发生的其他支出为计税基础；

（二）自行开发的无形资产，以开发过程中该资产符合资本化条件后至达到预定用途前发生的支出为计税基础；

（三）通过捐赠、投资、非货币性资产交换、债务重组等方式取得的无形资产，以该资产的公允价值和支付的相关税费为计税基础。

第六十七条 无形资产按照直线法计算的摊销费用，准予扣除。

无形资产的摊销年限不得低于10年。

作为投资或者受让的无形资产，有关法律规定或者合同约定了使用年限的，可以按照规定或者约定的使用年限分期摊销。

外购商誉的支出，在企业整体转让或者清算时，准予扣除。

第六十八条 企业所得税法第十三条第（一）项和第（二）项所称固定资产的改建支出，是指改变房屋或者建筑物结构、延长使用年限等发生的支出。

企业所得税法第十三条第（一）项规定的支出，按照固定资产预计尚可使用年限分期摊销；第（二）项规定的支出，按照合同约定的剩余租赁期限分期摊销。

改建的固定资产延长使用年限的，除企业所得税法第十三条第（一）项和第（二）项规定外，应当适当延长折旧年限。

第六十九条 企业所得税法第十三条第（三）项所称固定资产的大修理支出，是指同时符合下列条件的支出：

（一）修理支出达到取得固定资产时的计税基础50%以上；

（二）修理后固定资产的使用年限延长2年以上。

企业所得税法第十三条第（三）项规定的支出，按照固定资产尚可使用年限分期摊销。

第七十条 企业所得税法第十三条第（四）项所称其他应当作为长期待摊费用的支出，自支出发生月份的次月起，分期摊销，摊销年限不得低于3年。

第七十一条 企业所得税法第十四条所称投资资产，是指企业对外进行权益性投资和债权性投资形成的资产。

企业在转让或者处置投资资产时，投资资产的成本，准予扣除。

投资资产按照以下方法确定成本：

（一）通过支付现金方式取得的投资资产，以购买价款为成本；

（二）通过支付现金以外的方式取得的投资资产，以该资产的公允价值和支付的相关税费为成本。

第七十二条 企业所得税法第十五条所称存货，是指企业持有以备出售的产品或者商品、处在生产过程中的在产品、在生产或者提供劳务过程中耗用的材料和物料等。

存货按照以下方法确定成本：

（一）通过支付现金方式取得的存货，以购买价款和支付的相关税费为成本；

（二）通过支付现金以外的方式取得的存货，以该存货的公允价值和支付的相关税费为成本；

（三）生产性生物资产收获的农产品，以产出或者采收过程中发生的材料费、人工费和分摊的间接费用等必要支出为成本。

第七十三条 企业使用或者销售的存货的成本计算方法，可以在先进先出法、加权平均法、个别计价法中选用一种。计价方法一经选用，不得随意变更。

第七十四条 企业所得税法第十六条所称资产的净值和第十九条所称财产净值，

是指有关资产、财产的计税基础减除已经按照规定扣除的折旧、折耗、摊销、准备金等后的余额。

第七十五条 除国务院财政、税务主管部门另有规定外，企业在重组过程中，应当在交易发生时确认有关资产的转让所得或者损失，相关资产应当按照交易价格重新确定计税基础。

第三章 应纳税额

第七十六条 企业所得税法第二十二条规定的应纳税额的计算公式为：

应纳税额＝应纳税所得额 × 适用税率 - 减免税额 - 抵免税额

公式中的减免税额和抵免税额，是指依照企业所得税法和国务院的税收优惠规定减征、免征和抵免的应纳税额。

第七十七条 企业所得税法第二十三条所称已在境外缴纳的所得税税额，是指企业来源于中国境外的所得依照中国境外税收法律以及相关规定应当缴纳并已经实际缴纳的企业所得税性质的税款。

第七十八条 企业所得税法第二十三条所称抵免限额，是指企业来源于中国境外的所得，依照企业所得税法和本条例的规定计算的应纳税额。除国务院财政、税务主管部门另有规定外，该抵免限额应当分国（地区）不分项计算，计算公式如下：

抵免限额＝中国境内、境外所得依照企业所得税法和本条例的规定计算的应纳税总额 × 来源于某国（地区）的应纳税所得额 ÷ 中国境内、境外应纳税所得总额

第七十九条 企业所得税法第二十三条所称5个年度，是指从企业取得的来源于中国境外的所得，已经在中国境外缴纳的企业所得税性质的税额超过抵免限额的当年的次年起连续5个纳税年度。

第八十条 企业所得税法第二十四条所称直接控制，是指居民企业直接持有外国企业20%以上股份。

企业所得税法第二十四条所称间接控制，是指居民企业以间接持股方式持有外国企业20%以上股份，具体认定办法由国务院财政、税务主管部门另行制定。

第八十一条 企业依照企业所得税法第二十三条、第二十四条的规定抵免企业所得税税额时，应当提供中国境外税务机关出具的税款所属年度的有关纳税凭证。

第四章 税收优惠

第八十二条 企业所得税法第二十六条第（一）项所称国债利息收入，是指企业持有国务院财政部门发行的国债取得的利息收入。

第八十三条 企业所得税法第二十六条第（二）项所称符合条件的居民企业之间的股息、红利等权益性投资收益，是指居民企业直接投资于其他居民企业取得的投资收益。企业所得税法第二十六条第（二）项和第（三）项所称股息、红利等权益性投资收益，不包括连续持有居民企业公开发行并上市流通的股票不足12个月取得的投资

收益。

第八十四条 企业所得税法第二十六条第（四）项所称符合条件的非营利组织，是指同时符合下列条件的组织：

（一）依法履行非营利组织登记手续；

（二）从事公益性或者非营利性活动；

（三）取得的收入除用于与该组织有关的、合理的支出外，全部用于登记核定或者章程规定的公益性或者非营利性事业；

（四）财产及其孳息不用于分配；

（五）按照登记核定或者章程规定，该组织注销后的剩余财产用于公益性或者非营利性目的，或者由登记管理机关转赠给予该组织性质、宗旨相同的组织，并向社会公告；

（六）投入人对投入该组织的财产不保留或者享有任何财产权利；

（七）工作人员工资福利开支控制在规定的比例内，不变相分配该组织的财产。

前款规定的非营利组织的认定管理办法由国务院财政、税务主管部门会同国务院有关部门制定。

第八十五条 企业所得税法第二十六条第（四）项所称符合条件的非营利组织的收入，不包括非营利组织从事营利性活动取得的收入，但国务院财政、税务主管部门另有规定的除外。

第八十六条 企业所得税法第二十七条第（一）项规定的企业从事农、林、牧、渔业项目的所得，可以免征、减征企业所得税，是指：

（一）企业从事下列项目的所得，免征企业所得税：

1. 蔬菜、谷物、薯类、油料、豆类、棉花、麻类、糖料、水果、坚果的种植；

2. 农作物新品种的选育；

3. 中药材的种植；

4. 林木的培育和种植；

5. 牲畜、家禽的饲养；

6. 林产品的采集；

7. 灌溉、农产品初加工、兽医、农技推广、农机作业和维修等农、林、牧、渔服务业项目；

8. 远洋捕捞。

（二）企业从事下列项目的所得，减半征收企业所得税：

1. 花卉、茶以及其他饮料作物和香料作物的种植；

2. 海水养殖、内陆养殖。

企业从事国家限制和禁止发展的项目，不得享受本条规定的企业所得税优惠。

第八十七条 企业所得税法第二十七条第（二）项所称国家重点扶持的公共基础设施项目，是指《公共基础设施项目企业所得税优惠目录》规定的港口码头、机场、铁路、公路、城市公共交通、电力、水利等项目。

企业从事前款规定的国家重点扶持的公共基础设施项目的投资经营的所得，自项目取得第一笔生产经营收入所属纳税年度起，第一年至第三年免征企业所得税，第四年至第六年减半征收企业所得税。

企业承包经营、承包建设和内部自建自用本条规定的项目，不得享受本条规定的企业所得税优惠。

第八十八条 企业所得税法第二十七条第（三）项所称符合条件的环境保护、节能节水项目，包括公共污水处理、公共垃圾处理、沼气综合开发利用、节能减排技术改造、海水淡化等。项目的具体条件和范围由国务院财政、税务主管部门商国务院有关部门制订，报国务院批准后公布施行。

企业从事前款规定的符合条件的环境保护、节能节水项目的所得，自项目取得第一笔生产经营收入所属纳税年度起，第一年至第三年免征企业所得税，第四年至第六年减半征收企业所得税。

第八十九条 依照本条例第八十七条和第八十八条规定享受减免税优惠的项目，在减免税期限内转让的，受让方自受让之日起，可以在剩余期限内享受规定的减免税优惠；减免税期限届满后转让的，受让方不得就该项目重复享受减免税优惠。

第九十条 企业所得税法第二十七条第（四）项所称符合条件的技术转让所得免征、减征企业所得税，是指一个纳税年度内，居民企业技术转让所得不超过500万元的部分，免征企业所得税；超过500万元的部分，减半征收企业所得税。

第九十一条 非居民企业取得企业所得税法第二十七条第（五）项规定的所得，减按10%的税率征收企业所得税。

下列所得可以免征企业所得税：

（一）外国政府向中国政府提供贷款取得的利息所得；

（二）国际金融组织向中国政府和居民企业提供优惠贷款取得的利息所得；

（三）经国务院批准的其他所得。

第九十二条 企业所得税法第二十八条第一款所称符合条件的小型微利企业，是指从事国家非限制和禁止行业，并符合下列条件的企业：

（一）工业企业，年度应纳税所得额不超过30万元，从业人数不超过100人，资产总额不超过3000万元；

（二）其他企业，年度应纳税所得额不超过30万元，从业人数不超过80人，资产总额不超过1000万元。

第九十三条 企业所得税法第二十八条第二款所称国家需要重点扶持的高新技术企业，是指拥有核心自主知识产权，并同时符合下列条件的企业：

（一）产品（服务）属于《国家重点支持的高新技术领域》规定的范围；

（二）研究开发费用占销售收入的比例不低于规定比例；

（三）高新技术产品（服务）收入占企业总收入的比例不低于规定比例；

（四）科技人员占企业职工总数的比例不低于规定比例；

（五）高新技术企业认定管理办法规定的其他条件。

《国家重点支持的高新技术领域》和高新技术企业认定管理办法由国务院科技、财政、税务主管部门商国务院有关部门制订，报国务院批准后公布施行。

第九十四条 企业所得税法第二十九条所称民族自治地方，是指依照《中华人民共和国民族区域自治法》的规定，实行民族区域自治的自治区、自治州、自治县。

对民族自治地方内国家限制和禁止行业的企业，不得减征或者免征企业所得税。

第九十五条 企业所得税法第三十条第（一）项所称研究开发费用的加计扣除，是指企业为开发新技术、新产品、新工艺发生的研究开发费用，未形成无形资产计入当期损益的，在按照规定据实扣除的基础上，按照研究开发费用的50%加计扣除；形成无形资产的，按照无形资产成本的150%摊销。

第九十六条 企业所得税法第三十条第（二）项所称企业安置残疾人员所支付的工资的加计扣除，是指企业安置残疾人员的，在按照支付给残疾职工工资据实扣除的基础上，按照支付给残疾职工工资的100%加计扣除。残疾人员的范围适用《中华人民共和国残疾人保障法》的有关规定。

企业所得税法第三十条第（二）项所称企业安置国家鼓励安置的其他就业人员所支付的工资的加计扣除办法，由国务院另行规定。

第九十七条 企业所得税法第三十一条所称抵扣应纳税所得额，是指创业投资企业采取股权投资方式投资于未上市的中小高新技术企业2年以上的，可以按照其投资额的70%在股权持有满2年的当年抵扣该创业投资企业的应纳税所得额；当年不足抵扣的，可以在以后纳税年度结转抵扣。

第九十八条 企业所得税法第三十二条所称可以采取缩短折旧年限或者采取加速折旧的方法的固定资产，包括：

（一）由于技术进步，产品更新换代较快的固定资产；

（二）常年处于强震动、高腐蚀状态的固定资产。

采取缩短折旧年限方法的，最低折旧年限不得低于本条例第六十条规定折旧年限的60%；采取加速折旧方法的，可以采取双倍余额递减法或者年数总和法。

第九十九条 企业所得税法第三十三条所称减计收入，是指企业以《资源综合利用企业所得税优惠目录》规定的资源作为主要原材料，生产国家非限制和禁止并符合国家和行业相关标准的产品取得的收入，减按90%计入收入总额。

前款所称原材料占生产产品材料的比例不得低于《资源综合利用企业所得税优惠目录》规定的标准。

第一百条 企业所得税法第三十四条所称税额抵免，是指企业购置并实际使用《环境保护专用设备企业所得税优惠目录》《节能节水专用设备企业所得税优惠目录》和《安全生产专用设备企业所得税优惠目录》规定的环境保护、节能节水、安全生产等专用设备的，该专用设备的投资额的10%可以从企业当年的应纳税额中抵免；当年不足抵免的，可以在以后5个纳税年度结转抵免。

享受前款规定的企业所得税优惠的企业，应当实际购置并自身实际投入使用前款规定的专用设备；企业购置上述专用设备在5年内转让、出租的，应当停止享受企业所得税优惠，并补缴已经抵免的企业所得税税款。

第一百零一条　本章第八十七条、第九十九条、第一百条规定的企业所得税优惠目录，由国务院财政、税务主管部门商国务院有关部门制订，报国务院批准后公布施行。

第一百零二条　企业同时从事适用不同企业所得税待遇的项目的，其优惠项目应当单独计算所得，并合理分摊企业的期间费用；没有单独计算的，不得享受企业所得税优惠。

第五章　源泉扣缴

第一百零三条　依照企业所得税法对非居民企业应当缴纳的企业所得税实行源泉扣缴的，应当依照企业所得税法第十九条的规定计算应纳税所得额。

企业所得税法第十九条所称收入全额，是指非居民企业向支付人收取的全部价款和价外费用。

第一百零四条　企业所得税法第三十七条所称支付人，是指依照有关法律规定或者合同约定对非居民企业直接负有支付相关款项义务的单位或者个人。

第一百零五条　企业所得税法第三十七条所称支付，包括现金支付、汇拨支付、转账支付和权益兑价支付等货币支付和非货币支付。

企业所得税法第三十七条所称到期应支付的款项，是指支付人按照权责发生制原则应当计入相关成本、费用的应付款项。

第一百零六条　企业所得税法第三十八条规定的可以指定扣缴义务人的情形，包括：

（一）预计工程作业或者提供劳务期限不足一个纳税年度，且有证据表明不履行纳税义务的；

（二）没有办理税务登记或者临时税务登记，且未委托中国境内的代理人履行纳税义务的；

（三）未按照规定期限办理企业所得税纳税申报或者预缴申报的。

前款规定的扣缴义务人，由县级以上税务机关指定，并同时告知扣缴义务人所扣税款的计算依据、计算方法、扣缴期限和扣缴方式。

第一百零七条　企业所得税法第三十九条所称所得发生地，是指依照本条例第七条规定的原则确定的所得发生地。在中国境内存在多处所得发生地的，由纳税人选择其中之一申报缴纳企业所得税。

第一百零八条　企业所得税法第三十九条所称该纳税人在中国境内其他收入，是指该纳税人在中国境内取得的其他各种来源的收入。

税务机关在追缴该纳税人应纳税款时，应当将追缴理由、追缴数额、缴纳期限和缴纳方式等告知该纳税人。

第六章　特别纳税调整

第一百零九条　企业所得税法第四十一条所称关联方，是指与企业有下列关联关系之一的企业、其他组织或者个人：

（一）在资金、经营、购销等方面存在直接或者间接的控制关系；

（二）直接或者间接地同为第三者控制；

（三）在利益上具有相关联的其他关系。

第一百一十条　企业所得税法第四十一条所称独立交易原则，是指没有关联关系的交易各方，按照公平成交价格和营业常规进行业务往来遵循的原则。

第一百一十一条　企业所得税法第四十一条所称合理方法，包括：

（一）可比非受控价格法，是指按照没有关联关系的交易各方进行相同或者类似业务往来的价格进行定价的方法；

（二）再销售价格法，是指按照从关联方购进商品再销售给没有关联关系的交易方的价格，减除相同或者类似业务的销售毛利进行定价的方法；

（三）成本加成法，是指按照成本加合理的费用和利润进行定价的方法；

（四）交易净利润法，是指按照没有关联关系的交易各方进行相同或者类似业务往来取得的净利润水平确定利润的方法；

（五）利润分割法，是指将企业与其关联方的合并利润或者亏损在各方之间采用合理标准进行分配的方法；

（六）其他符合独立交易原则的方法。

第一百一十二条　企业可以依照企业所得税法第四十一条第二款的规定，按照独立交易原则与其关联方分摊共同发生的成本，达成成本分摊协议。

企业与其关联方分摊成本时，应当按照成本与预期收益相配比的原则进行分摊，并在税务机关规定的期限内，按照税务机关的要求报送有关资料。

企业与其关联方分摊成本时违反本条第一款、第二款规定的，其自行分摊的成本不得在计算应纳税所得额时扣除。

第一百一十三条　企业所得税法第四十二条所称预约定价安排，是指企业就其未来年度关联交易的定价原则和计算方法，向税务机关提出申请，与税务机关按照独立交易原则协商、确认后达成的协议。

第一百一十四条　企业所得税法第四十三条所称相关资料，包括：

（一）与关联业务往来有关的价格、费用的制定标准、计算方法和说明等同期资料；

（二）关联业务往来所涉及的财产、财产使用权、劳务等的再销售（转让）价格或者最终销售（转让）价格的相关资料；

（三）与关联业务调查有关的其他企业应当提供的与被调查企业可比的产品价格、定价方式以及利润水平等资料；

（四）其他与关联业务往来有关的资料。

企业所得税法第四十三条所称与关联业务调查有关的其他企业，是指与被调查企业在生产经营内容和方式上相类似的企业。

企业应当在税务机关规定的期限内提供与关联业务往来有关的价格、费用的制定标准、计算方法和说明等资料。关联方以及与关联业务调查有关的其他企业应当在税务机关与其约定的期限内提供相关资料。

第一百一十五条 税务机关依照企业所得税法第四十四条的规定核定企业的应纳税所得额时，可以采用下列方法：

（一）参照同类或者类似企业的利润率水平核定；

（二）按照企业成本加合理的费用和利润的方法核定；

（三）按照关联企业集团整体利润的合理比例核定；

（四）按照其他合理方法核定。

企业对税务机关按照前款规定的方法核定的应纳税所得额有异议的，应当提供相关证据，经税务机关认定后，调整核定的应纳税所得额。

第一百一十六条 企业所得税法第四十五条所称中国居民，是指根据《中华人民共和国个人所得税法》的规定，就其从中国境内、境外取得的所得在中国缴纳个人所得税的个人。

第一百一十七条 企业所得税法第四十五条所称控制，包括：

（一）居民企业或者中国居民直接或者间接单一持有外国企业10%以上有表决权股份，且由其共同持有该外国企业50%以上股份；

（二）居民企业，或者居民企业和中国居民持股比例没有达到第（一）项规定的标准，但在股份、资金、经营、购销等方面对该外国企业构成实质控制。

第一百一十八条 企业所得税法第四十五条所称实际税负明显低于企业所得税法第四条第一款规定税率水平，是指低于企业所得税法第四条第一款规定税率的50%。

第一百一十九条 企业所得税法第四十六条所称债权性投资，是指企业直接或者间接从关联方获得的，需要偿还本金和支付利息或者需要以其他具有支付利息性质的方式予以补偿的融资。

企业间接从关联方获得的债权性投资，包括：

（一）关联方通过无关联第三方提供的债权性投资；

（二）无关联第三方提供的、由关联方担保且负有连带责任的债权性投资；

（三）其他间接从关联方获得的具有负债实质的债权性投资。

企业所得税法第四十六条所称权益性投资，是指企业接受的不需要偿还本金和支付利息，投资人对企业净资产拥有所有权的投资。

企业所得税法第四十六条所称标准，由国务院财政、税务主管部门另行规定。

第一百二十条 企业所得税法第四十七条所称不具有合理商业目的，是指以减少、免除或者推迟缴纳税款为主要目的。

第一百二十一条 税务机关根据税收法律、行政法规的规定，对企业作出特别纳税调整的，应当对补征的税款，自税款所属纳税年度的次年6月1日起至补缴税款之日止的期间，按日加收利息。

前款规定加收的利息，不得在计算应纳税所得额时扣除。

第一百二十二条 企业所得税法第四十八条所称利息，应当按照税款所属纳税年度中国人民银行公布的与补税期间同期的人民币贷款基准利率加5个百分点计算。

企业依照企业所得税法第四十三条和本条例的规定提供有关资料的，可以只按前款规定的人民币贷款基准利率计算利息。

第一百二十三条 企业与其关联方之间的业务往来，不符合独立交易原则，或者企业实施其他不具有合理商业目的的安排的，税务机关有权在该业务发生的纳税年度起10年内，进行纳税调整。

第七章 征收管理

第一百二十四条 企业所得税法第五十条所称企业登记注册地，是指企业依照国家有关规定登记注册的住所地。

第一百二十五条 企业汇总计算并缴纳企业所得税时，应当统一核算应纳税所得额，具体办法由国务院财政、税务主管部门另行制定。

第一百二十六条 企业所得税法第五十一条所称主要机构、场所，应当同时符合下列条件：

（一）对其他各机构、场所的生产经营活动负有监督管理责任；

（二）设有完整的账簿、凭证，能够准确反映各机构、场所的收入、成本、费用和盈亏情况。

第一百二十七条 企业所得税法第五十一条所称经税务机关审核批准，是指经各机构、场所所在地税务机关的共同上级税务机关审核批准。

非居民企业经批准汇总缴纳企业所得税后，需要增设、合并、迁移、关闭机构、场所或者停止机构、场所业务的，应当事先由负责汇总申报缴纳企业所得税的主要机构、场所向其所在地税务机关报告；需要变更汇总缴纳企业所得税的主要机构、场所的，依照前款规定办理。

第一百二十八条 企业所得税分月或者分季预缴，由税务机关具体核定。

企业根据企业所得税法第五十四条规定分月或者分季预缴企业所得税时，应当按照月度或者季度的实际利润额预缴；按照月度或者季度的实际利润额预缴有困难的，可以按照上一纳税年度应纳税所得额的月度或者季度平均额预缴，或者按照经税务机关认可的其他方法预缴。预缴方法一经确定，该纳税年度内不得随意变更。

第一百二十九条 企业在纳税年度内无论盈利或者亏损，都应当依照企业所得税法第五十四条规定的期限，向税务机关报送预缴企业所得税纳税申报表、年度企业所得税纳税申报表、财务会计报告和税务机关规定应当报送的其他有关资料。

第一百三十条 企业所得以人民币以外的货币计算的，预缴企业所得税时，应当按照月度或者季度最后一日的人民币汇率中间价，折合成人民币计算应纳税所得额。年度终了汇算清缴时，对已经按照月度或者季度预缴税款的，不再重新折合计算，只就该纳税年度内未缴纳企业所得税的部分，按照纳税年度最后一日的人民币汇率中间价，折合成人民币计算应纳税所得额。

经税务机关检查确认，企业少计或者多计前款规定的所得的，应当按照检查确认补税或者退税时的上一个月最后一日的人民币汇率中间价，将少计或者多计的所得折合成人民币计算应纳税所得额，再计算应补缴或者应退的税款。

第八章　附　则

第一百三十一条 企业所得税法第五十七条第一款所称本法公布前已经批准设立的企业，是指企业所得税法公布前已经完成登记注册的企业。

第一百三十二条 在中国香港特别行政区、中国澳门特别行政区和中国台湾地区成立的企业，参照适用企业所得税法第二条第二款、第三款的有关规定。

第一百三十三条 本条例自2008年1月1日起施行。1991年6月30日国务院发布的《中华人民共和国外商投资企业和外国企业所得税法实施细则》和1994年2月4日财政部发布的《中华人民共和国企业所得税暂行条例实施细则》同时废止。

附录三

美国企业所得税法简述

一、概述

（一）简介与历史

美国公司所得税的纳税主体是在联邦的47个州和哥伦比亚特区内被视为公司的实体，某些城市还会在市一级政府管辖范围内加征公司所得税。所有在美国境内的公司及在美国展开经营活动或有收入的外国公司均为公司所得税的纳税主体。对于联邦来说，在联邦内的任意州内设立的公司都被视为境内公司；而对每个州来说，在本州内设立的被视为境内公司，在本州外设立的公司被视为境外公司。

第一部联邦所得税法于1861年颁布，并于1871年被国会终止。另一部所得税法（威尔逊—哥曼法案）于1894年颁布，但国会认为法案中的所得税部分违宪。1909年，国会通过了对以公司形式开展业务的实体征收消费税的法案，其税率为超过5000美元的销售额部分的1%，这个法案即是现行公司所得税法的原型。在美国宪法第十六修正案通过后，此法案成为联邦所得税法中的公司相关条款，自此以后，与公司收入相关的税法修正案不断地推出，其税率也在不断调整，1969年其边际税率上限竟达52.8%。2018年，随着税改政策的实施，所得税税率统一变更为21%。

（二）税率

2017年12月20日，特朗普政府的减税和就业法案通过后，公司所得税税率自2018年1月1日起，统一变更为21%。而在2018年前，美国的企业税率结构分有8个税率等级，边际税率从15%到39%不等。

除了联邦所得税，几乎所有的州和某些地方政府都对公司收入征收所得税，州与州之间的征税规定也是各不相同。许多州计算应纳税所得额时会以公司根据联邦政府规定计算出的应纳税所得额为基础并做出相应的调整。各州不允许对所得税进行税收减免（无论是联邦规定的，还是各州规定的），然而，州和地方税收可用于抵扣联邦所得税，因此最终每个公司的实际税率并不是联邦和州税率的简单相加。此外，在联邦一级的免税利息收入，在州一级会作为应税收入，同时国际税收约定也不适用于州一级。

（三）纳税实体分类

纳税人经营的企业组织形式有很多种，包括独资企业、普通合伙企业、有限责任公司和有限合伙企业；以及通常的C股份公司和S股份公司（本章涉及）。常见的C股份公司作为独立的合法纳税实体征税，而S股份公司被视为类似于合伙企业的转嫁税收实体。

在美国纳税的公司必须提交联邦和州所得税纳税申报表，对于不同类型的公司或从事专门业务的公司，联邦和各州对纳税申报表的要求也不一样。美国基本的1120表格有13种不同形式，分别适用于C公司、S公司、保险公司、国内国际销售公司、外国公司和其他类型实体，这13类1120表格的内容也根据实体组织形式的不同而有着相应的变化。

一些州的纳税申报表附带着非常重要的表格，反映了这些州的税收系统不同于联邦税收系统的一些特点。

（四）纳税年度

公司可以自由选择纳税年度，一般来说，纳税年度必须为12个月或52/53周。在财务账簿齐全的情况下，纳税年度不必与财务报告年度或日历年度相一致。经美国国税局同意，公司可以改变他们的纳税年度。大多数州所得税申报截止日期与同一年度的联邦所得税申报截止日期相同。

从2015年12月31日以后的纳税年度起，公司所得税汇算清缴的截止日期为年末后第四个月的第十五天，通常情况下，经申请，可以延长六个月。因此，公司所得税汇算清缴的截止日期是4月15日，延长之后的截止日期是10月15日。如果有些公司的纳税年度截止日期为6月30日，那么这些公司的所得税汇算清缴截止日为9月15日，并可以申请延长至次年的4月15日。如果截止日期是周末或假期，则顺延至下一个工作日。因为2018年4月15日是周日，而2018年4月16日又逢假期，所以2018年的公司所得税汇算清缴截止日期是4月17日。为了避免罚款，公司必须在截止日期前缴付所有税款。

公司在纳税年度须根据收入预交税款，在公司纳税年度的第四个月、第六个月、第九个月和第十二个月的第十五天，分期缴纳税款。

逾期申报或未申报公司所得税的企业，将被联邦和州一级处以罚款。此外，如果纳税申报表填写有误，也会被处以罚款。如果公司故意不提交或故意提交不正确的纳税申报表，相关人员会被刑事处罚。

编制公司纳税申报表是一项耗费大量时间的工作。根据美国国税局统计，即使对于那些选择相对简单的组织形式的企业，如私人控股公司，填写1120S表格所需的平均时间也超过56小时，这还不包括记账时间。

（五）延期缴税

延期缴税允许美国跨国公司对海外的利润延迟纳税。根据美国税法，公司可以在很多年之内，甚至是无限期的时限内不必为其海外子公司的利润缴税，直到利润返回美国为止。这也是美国公司纳税较低的原因之一，即使美国的公司所得税税率是世界上最高的（35%）税率之一（到 2018 年 1 月 1 日，美国的企业税率被统一调整为 21%）。

相对于其他外国的竞争对手，延期纳税可以使美国公司相对有利地筹集资金。它们的海外子公司可以将盈利进行再投资，而无须缴纳额外的税收，从而使公司得以快速发展。延期纳税对在全球范围内经营的美国公司更有价值，尤其是对那些在低税率国家有收入的公司。一些规模最大、利润最高的美国公司通过在所谓的避税天堂国家设立子公司，享受极低的税率。根据美国政府的数据显示，美国 100 家最大的上市公司中有 83 家在被列为避税天堂或保护财务隐私的国家拥有子公司。

但是，延期缴税鼓励了美国公司将就业机会转移海外，即使在美国进行类似的投资，在不考虑税收的情况下，也更有利可图。此外，即使公司在美国有实际投资和就业，他们也会利用财务手段将利润计入海外公司。这就解释了为什么美国公司在一些低税国家（如荷兰、卢森堡和百慕大），尽管并没有展开真正的经济活动，但利润最大。

（六）税收抵免

与其他纳税实体一样，公司可以享受各种税收抵免，从而降低联邦、州或地方所得税。根据统计，最大的抵免是联邦外国税收抵免。这一抵免允许纳税人抵扣缴纳给其他国家的税款。这项抵免旨在减轻两个或两个以上国家对同一纳税人的同一收入双重征税，其他抵免包括支付某些工资、投资某些种类资产（包含某些车辆）、使用替代燃料和非公路车辆、自然资源相关的抵免等等。

二、具体相关规定

（一）应纳税所得额

在美国，应纳税所得额以净利润为基数，即总收入减去允许扣除的部分。

（二）资本利得与损失

1. 资本利得

如果公司产生资本利得，资本利得应该包含在正常收入中，应纳税额按正常税率计算。立法机构倾向于公司正常收入和资本利得税率保持一致，因此，即使公司有长期的资本利得也没有税率优惠。

2. 资本损失

税法规定，公司不允许从正常收入中扣除资本损失，资本损失只能用于抵扣资本利得。如果某年资本损失不能被抵扣，则可将资本损失用于抵扣以往三年到未来五年的资本利得。当长期资本损失被转入另一年度时，则被视为短期资本损失，并可以被用于抵消长期或短期资本利得。

（三）扣除项目

1. 股息收入扣除

当一家公司拥有另一家公司的股份时，如果没有特殊条款规定，第一家公司的利润至少要纳税三次。首先，第一家公司的利润要缴纳所得税，其次，持有第一家公司股份的公司在收到股息分配时，将要缴纳所得税。最后，当第二家公司将收益作为股息分配给股东时，股东还要缴纳所得税。为了缓解对公司所得三重征税的可能性，税法规定，公司可以对从国内公司获得的全部或部分股息进行扣除。公司有权根据其控股比例获得股息扣除，扣除百分比如表 13-1 所示：

表 13-1　股息扣除百分比比率表

所有权比例	所得股息扣除百分比
少于 20%	70%
20%—80%	80%
多于 80%	100%

股息收入扣除额度为下列两种计算结果较低者；第一种是适用扣除百分比乘以股息收入，另一种是适用扣除百分比乘以扣除以下三项内容（股息收入扣除、营运亏损扣除及资本损失）之后的应纳税所得额。但是，如果公司的收入减去股息收入扣除后出现经营亏损，则扣除额度没有限制。

2. 开办费用及启动费用

新企业在开业之前可能会产生各种费用。合伙企业、有限责任公司或公司在组成经营企业的实体过程中都会产生各种支出。

公司可以分 180 个月摊销合规的开办费用，并且可摊销的数额没有上限。公司可以选择在开始经营的一年里扣除 5000 美元的开办费用，这 5000 美元要从超过 50000 美元的开办费中扣除。公司也可以选择开业的第一年，按比例在 180 个月期间摊销开办费用。一般来说，可以摊销的开办费用包括与组织有关的法律和会计服务、临时董事和组织会议的费用，以及向国家支付的设立费用。公司接受转让资产的费用和出售公司股票相关的费用不属于开办费用，因此不可摊销。

新企业的启动费用与开办费用适用的税收政策相同。启动费用包括调查费用和启动前费用。调查费用是指在决定是否从事某项业务之前，进行可行性研究的费用。启动前费用是指，纳税人决定开展业务，但业务没有实际开始之前发生的费用，其包括培训新雇员、广告费用和支付给顾问以及专业人员的咨询服务费用。

3. 慈善捐赠

公司可以扣除对符合条件的慈善组织的捐款。一般来说，当年付款的慈善捐款允许在当年被扣除。如果一个公司会计政策采用权责发生制，并在年底前做出捐赠承诺，如果实际付款在纳税年度结束后第三个月的第 15 天之前发生，那么实际付款可以作为捐赠承诺当年的扣除数。公司的慈善捐款扣除数以应纳税收入的 10% 为限，此处的应纳税收入应该是在扣除慈善捐款、弥补亏损、弥补资本损失、股息收入扣除之前的数值。任何超过 10% 的捐赠都可结转至未来 5 个年度，但结转金额同样遵循 10% 的限额，并且先扣除当年的慈善捐款扣除数。

4. 留存收益税及个人控股公司税

在许多情况下，纳税人为了避免股东成员缴纳所得税，允许公司每年的利润进行留存，而不是作为应纳税股息分配。为了防止这种情况的发生，国会制定了两项特殊税收法规：留存收益税和个人控股公司税。

留存收益税是为了防止公司股东通过保留公司的收益，不分配股息而避免公司股东缴税，是一种追加在企业所得税上的惩罚性税种，留存收益税对看起来不合理的留存收益部分征收 20% 的税款。除会计、法律和医疗保健公司服务类型公司以外，其他类型公司留存收益中的第一笔 25 万美元是免税的，服务类型公司留存收益中的第一笔 15 万美元也是免税的。如果一个公司可以证明留存收益是为了满足企业的合理需求，那么即使超过免税金额的留存收益部分也不会被征税。

个人控股公司是指股东较少、主要通过投资获得收入的公司，这种类型的公司除了要缴纳公司所得税，还要对其未分配的收益征收 20% 的税。但是，同一年度内不能对此类公司同时征收留存收益税和个人控股公司所得税。

5. 公司组建入资

当纳税人组建公司并将高估值、低原值的财产转让到公司以换取公司股票时，相当可观的收益由此产生，而此收益以其所获得的股票价值减去所转让财产的价值来衡量。

某些税收优惠政策，适用于上述情况，这使得许多纳税人可以推迟确认组建入资当年获得的收益。

（1）为了获得这项优惠政策，纳税人必须满足以下要求：

•纳税人必须将财产或现金转让给公司

•转让必须仅以公司股票作为交换

•股东必须在转让后拥有至少 80% 的股份

股东必须向公司转让财产或者现金，通过提供服务以换取公司股票的行为并不能获得上述税收优惠。提供服务的股东必须确认收入，其金额要等同于所收到股票的价值。如果股东转让现金或财产后，获得除公司股票以外的其他资产（差价），在满足上述要求的前提下，该交易可以享受部分税收优惠。

一般来说，控股方入股资产附带的债务不能被认为是差价。例如，如果股东将土地转让给公司以获得股份，而土地本身附带有债务，通常这种转让不会确认任何收益。但是，如果这种转让没有任何商业目的，或涉及任何避税行为的可能，则需要确认任何已实现的收益。此外，当股东转让给公司的资产附带债务金额超过股东资产的原值时，无论收益是否已经实现，超额部分都必须确认收益。

（2）股东股权原值

股权转让后，股东的股权原值由以下公式确定：转让财产原值 – 差价 + 已确认的收益 – 随财产转让的债务。

（3）公司的股权原值

公司的股权原值确定取决于股东转让的股权原值，即在转让财产过程中增加的任何收益都会导致公司股权原值的增加。

（四）S 公司组织形式

符合条件的公司可以按照《国内收入法》第 S 章的规定，选择 S 公司的组织形式，以类似合伙企业的方式纳税。S 公司本身不纳税，纳税义务由其股东承担。成立 S 公司的目的是减轻普通 C 公司在税收方面的某些劣势，如对收入的双重征税。

1. S 公司必须具有以下几个特征：

•国内企业

•公司股东人数小于等于 100，参股资金来源于个人，房地产，信托，金融机构，或者其他免税组织

•公司有且只有一类股票

•所有股东必须是美国公民或者永久居民

如果想选择 S 公司的组织形式，必须在纳税年度前一年或纳税年度中的前两个半月申请。如果未按规定时间申请，某些税法宽免条款可以允许稍后申请。

S 公司的组织形式可以保留到自愿撤销或被依法终止。如果该公司不再符合 S 公司的资格（例如，该公司在一年内有 102 名股东），则会被依法终止。此外，当一家公司连续 3 年，其 25% 或以上的总收入都是从被动投资中获得，且该公司连续 3 年每年都有留存收益和利润，则 S 公司形式即告终止。在依法终止的情况下，公司的组织形式

改变即时生效。例如，在6月1日S公司形式被依法终止，从那天起S公司就变成了普通的C公司。

经拥有多数表决权的股东同意，S公司组织形式可以自愿撤销。如果此决定在该纳税年度中的前两个半月内做出，则S公司的组织形式终止可以被认定从该纳税年度年初生效。股东可以指定在撤销之日或之后的某个日期，作为S公司组织形式变更的生效日期。在股东没有指定明确变更日期的情况下，如果S公司在某一纳税年度中的第三个月的第十五天之后完成变更，则S公司的组织形式变化日期应被确认为下一个纳税年度的第一天。

2. 申报收入

即使S公司实体不缴纳联邦所得税，也必须在1120S表格（S公司的美国所得税申报表）上报告其收入和其他项目，S公司的纳税申报表应在纳税年度结束后第四个月的第十五天前提交。S公司可以申请报税期延长六个月，S公司的每一位股东应申报与自己在公司的股权比例中相对应的收入，S公司的应纳收入的计算方式与合伙企业相同。

S公司股东的收入、扣减项的计算是基于其持有股份份额及天数计算的。表1120 S的附表K–1除了用来归集S公司每位股东的日常收入或损失的项目，还要归集所有单独分列的收入或损失项目。公司股东在计算自己的应税收入时，应包括上述项目。如果公司股东死亡，股东的最终纳税申报表应包括其在S公司相应股份对应的收入与损失。

3. S公司损失

S公司的损失也会转嫁给各位股东。但是，股东承担的损失金额以其调整后的公司股票份额对应的价值加上股东向公司提供的贷款的金额为限，任何超过上述金额的损失都是不允许的，超出部分变为结转损失。如果在整个纳税年度内股东有所变更，那么损失必须按天分配给股东（卖方在出售日期获得抵扣）。这样可以防止股东通过出售S公司的股份，在年底将损失转卖给另一个纳税人。

4. 转嫁税收项目

以下这些项目将转嫁给S公司股东，用于股东的应纳所得税额的计算，并在股东纳税申报表表上保留其相应的税务属性：

- 资本利得与损失
- 1231资产条款（1231资产是指企业持有超过一年的可以计提折旧的资产）相关的收益与损失
- 股息收入
- 慈善捐赠
- 免税利息
- 大部分抵免

5. 特殊税收项目

在某些情况下，S公司可能会像普通公司一样被征收所得税。例如，如果S公司在变更组织形式之前发生资产增值，则增值部分会被征收所得税。此外，如果某些公司有大量的被动投资收入，如股息和利息收入，可能也会被征税。总之，关于S公司的这些税收规则十分复杂。

（五）合伙企业

合伙企业可以为纳税人提供很多灵活性，合伙企业的主要好处之一是，合伙企业的收入只在合伙人一级征税。普通公司纳税人（不包括S公司）既要在公司一级纳税，又要在股东一级纳税，这导致公司被双重征税。由于合伙企业的收入转嫁到合伙人，所以在企业无须缴纳所得税。合伙企业相对于普通公司的缺点之一是合伙人要负担无限责任，而普通公司的股东只承担有限责任。近年来，逐渐兴起的有限责任公司（LLC）和有限责任合伙（LLP）形式也同样为合伙人提供了有限责任保护，并且具有合伙企业一样的税收优势。

1. 合伙企业组建和运营

通常情况下，合伙企业或合伙人在利用其资产换取合伙权益的过程中，任何收益或损失都不被确认。当合伙人以向合伙企业提供服务换取合伙企业的权益时，合伙人需确认收入。另外，如果合伙人将资产转让给合伙企业，而该财产附带的债务超过合伙人的份额基数时，合伙人也必须确认收入。

2. 合伙企业税收规则

即使合伙企业不缴纳联邦所得税，也必须在《美国合伙收入申报表》1065上申报其收入和其他项目。在申报合伙企业应纳税所得额时，某些交易必须单独列报，而不是作为普通收入的一部分进行申报。单独列报的项目包括资本利得和损失，1231条款收益和损失，股息，利息收入，意外收益和损失，免税收入，退休基金，慈善捐款和大多数扣减项目。表格1065的附表K–1列出每名合伙人的一般收入或损失、特殊收入及扣减。合伙人应该在自己的纳税申报表相应栏目填写K–1附表的金额。

3. 合伙分配的税务处理方式

除非是合伙人的权益基数变为零，否则合伙人从合伙企业得到的分配收益将不被确认为此合伙人的收益，当合伙人的权益基数为零时，合伙人确认收益的金额为分配金额与其在合伙企业的权益金额之差。

合伙人通过提供服务或使用合伙人资本而收到合伙企业的付款，这些付款不能算入合伙企业的收入，它们被称为被保证付款。对合伙企业来说，处理被保证付款的方式与处理其他非合伙人的付款方式相同，均会作为合伙企业的扣除数。被保证付款对于合伙人的来说就是普通收入。

4. 纳税年度

税法规定，每个合伙人在纳税年度申报自己的收入时，必须也将其在合伙企业取得的收入计入，由于合伙人与合伙企业纳税年度不一致会造成合伙人延迟纳税的问题，因此，有非常严格的法律限制合伙纳税年度的选择问题。

5. 合伙人与合伙企业之间交易的税务处理

一般来说，在与合伙企业的交易中，合伙人被视为外部方。其交易处理应与其他无关联关系交易的处理一致。但是如果发生下列情况，则交易损失不予确认：（1）合伙企业在与本合伙企业中有超过50%权益的合伙人之间的交易；（2）同一合伙人在两个合伙企业中的权益均超过50%，这两个合伙企业之间的交易。如果合伙人在合伙企业中拥有超过50%的权益，并且出售或转让给受让人的财产不是资本资产，则合伙人与合伙企业之间的交易所得将按普通收入缴税。

（六）汇总申报

集团公司可以在联邦一级为集团的成员提交合并的税收申报，也就是汇总申报；如果不在同一个税收管辖区的关联双方提交合并申报，则关联方需遵守转让定价规则。税务机关可以根据这些规定调整关联双方的交易价格。

附录四

2018年企业所得税税收法规部分新增政策

一、《国家税务总局关于修订〈中华人民共和国企业所得税年度纳税申报表（A类，2017年版）〉部分表单样式及填报说明的公告》（2018年第57号）

为贯彻落实《中华人民共和国企业所得税法》及有关政策，税务总局对《中华人民共和国企业所得税年度纳税申报表（A类，2017年版）》部分表单和填报说明进行修订。现将有关情况公告如下：

（一）对《中华人民共和国企业所得税年度纳税申报表（A类，2017年版）》封面、《企业所得税年度纳税申报表填报表单》《企业基础信息表》（A000000）、《纳税调整项目明细表》（A105000）、《职工薪酬支出及纳税调整明细表》（A105050）、《资产折旧、摊销及纳税调整明细表》（A105080）、《资产损失税前扣除及纳税调整明细表》（A105090）、《企业所得税弥补亏损明细表》（A106000）、《免税、减计收入及加计扣除优惠明细表》（A107010）、《研发费用加计扣除优惠明细表》（A107012）、《所得减免优惠明细表》（A107020）、《减免所得税优惠明细表》（A107040）、《高新技术企业优惠情况及明细表》（A107041）、《软件、集成电路企业优惠情况及明细表》（A107042）、《境外分支机构弥补亏损明细表》（A108020）的表单样式及填报说明进行修订。

（二）对《中华人民共和国企业所得税年度纳税申报表（A类）》（A100000）、《投资收益纳税调整明细表》（A105030）、《境外所得税收抵免明细表》（A108000）的填报说明进行修订。

（三）本公告适用于2018年度及以后年度企业所得税汇算清缴纳税申报。《国家税务总局关于发布〈中华人民共和国企业所得税年度纳税申报表（A类，2017年版）〉的公告》（国家税务总局公告2017年第54号）中的上述表单和填报说明同时废止。

二、《国家税务总局关于简化小型微利企业所得税年度纳税申报有关措施的公告》(2018 年第 58 号)

为切实减轻小型微利企业纳税申报负担，根据《国家税务总局关于进一步深化税务系统“放管服”改革 优化税收环境的若干意见》(税总发〔2017〕101 号) 有关精神，现就实行查账征收企业所得税的小型微利企业（以下简称“小型微利企业”）填报《中华人民共和国企业所得税年度纳税申报表（A 类，2017 年版）》(国家税务总局公告 2017 年第 54 号发布，国家税务总局公告 2018 年第 57 号修订) 有关事项公告如下：

（一）《中华人民共和国企业所得税年度纳税申报表（A 类）》(A100000) 为小型微利企业必填表单。

（二）《企业所得税年度纳税申报基础信息表》(A000000) 中的“基本经营情况”为小型微利企业必填项目；“有关涉税事项情况”为选填项目，存在或者发生相关事项时小型微利企业必须填报；“主要股东及分红情况”为小型微利企业免填项目。

（三）小型微利企业免于填报《一般企业收入明细表》(A101010)、《金融企业收入明细表》(A101020)、《一般企业成本支出明细表》(A102010)、《金融企业支出明细表》(A102020)、《事业单位、民间非营利组织收入、支出明细表》(A103000)、《期间费用明细表》(A104000)。

上述表单相关数据应当在《中华人民共和国企业所得税年度纳税申报表（A 类）》(A100000) 中直接填写。

（四）除本公告第一条、第二条、第三条规定的表单、项目外，小型微利企业可结合自身经营情况，选择表单填报。未发生表单中规定的事项，无须填报。

（五）本公告所称小型微利企业，是指符合《中华人民共和国企业所得税法》及其实施条例、《财政部　税务总局关于进一步扩大小型微利企业所得税优惠政策范围的通知》(财税〔2018〕77 号) 等规定的企业。上述政策规定发生调整的，按照最新政策规定执行。

（六）本公告适用于小型微利企业 2018 年度及以后年度企业所得税汇算清缴纳税申报。

三、其他相关政策

（一）《财政部　税务总局关于企业职工教育经费税前扣除政策的通知》(财税〔2018〕51 号)

自 2018 年 1 月 1 日起，企业发生的职工教育经费支出，不超过工资薪金总额 8% 的部分，准予在计算企业所得税应纳税所得额时扣除；超过部分，准予在以后纳税年度结转扣除。

（二）《财政部　税务总局关于创业投资企业和天使投资个人有关税收政策的通知》（财税〔2018〕55号）

自2018年1月1日起，公司制创业投资企业采取股权投资方式直接投资于种子期、初创期科技型企业（以下简称初创科技型企业）满2年（24个月，下同）的，可以按照投资额的70%在股权持有满2年的当年抵扣该公司制创业投资企业的应纳税所得额；当年不足抵扣的，可以在以后纳税年度结转抵扣。

有限合伙制创业投资企业（以下简称合伙创投企业）采取股权投资方式直接投资于初创科技型企业满2年的，该合伙创投企业的法人合伙人可以按照对初创科技型企业投资额的70%抵扣法人合伙人从合伙创投企业分得的所得；当年不足抵扣的，可以在以后纳税年度结转抵扣。

（三）《财政部　税务总局　科技部关于企业委托境外研究开发费用税前加计扣除有关政策问题的通知》（财税〔2018〕64号）

自2018年1月1日起，委托境外进行研发活动所发生的费用，按照费用实际发生额的80%计入委托方的委托境外研发费用。委托境外研发费用不超过境内符合条件的研发费用三分之二的部分，可以按规定在企业所得税前加计扣除。

（四）《财政部　税务总局关于延长高新技术企业和科技型中小企业亏损结转年限的通知》（财税〔2018〕76号）

自2018年1月1日起，当年具备高新技术企业或科技型中小企业资格（以下统称资格）的企业，其具备资格年度之前5个年度发生的尚未弥补完的亏损，准予结转以后年度弥补，最长结转年限由5年延长至10年。

（五）《国家税务总局关于责任保险费企业所得税税前扣除有关问题的公告》（国家税务总局公告2018年第52号）

自2018年度及以后年度企业所得税汇算清缴，企业参加雇主责任险、公众责任险等责任保险，按照规定缴纳的保险费，准予在企业所得税税前扣除。

（六）《财政部　税务总局关于公益性捐赠支出企业所得税税前结转扣除有关政策的通知》（财税〔2018〕15号）

自2017年1月1日起，企业通过公益性社会组织或者县级（含县级）以上人民政府及其组成部门和直属机构，用于慈善活动、公益事业的捐赠支出，在年度利润总额12%以内的部分，准予在计算应纳税所得额时扣除；超过年度利润总额12%的部分，准予结转以后三年内在计算应纳税所得额时扣除。

自2017年2月24日，企业发生的公益性捐赠支出，在年度利润总额12%以内的部分，准予在计算应纳税所得额时扣除；超过年度利润总额12%的部分，准予结转以后三年内在计算应纳税所得额时扣除。（中华人民共和国主席令第64号、财税〔2008〕160号）

（七）《财政部　国家税务总局　科技部关于提高研究开发费用税前加计扣除比例的通知》（财税〔2018〕99号）

企业开展研发活动中实际发生的研发费用，未形成无形资产计入当期损益的，在按规定据实扣除的基础上，在2018年1月1日至2020年12月31日期间，再按照实际发生额的75%在税前加计扣除；形成无形资产的，在上述期间按照无形资产成本的175%在税前摊销。

（八）《关于进一步扩大小型微利企业所得税优惠政策范围的通知》（财税〔2018〕77号、国家税务总局公告2018年第40号）

1. 自2018年1月1日至2020年12月31日，对年应纳税所得额低于100万元（含100万元）的小型微利企业，其所得减按50%计入应纳税所得额，按20%的税率缴纳企业所得税。

前款所称小型微利企业，是指从事国家非限制和禁止行业，并符合下列条件的企业：

（1）工业企业，年度应纳税所得额不超过100万元，从业人数不超过100人，资产总额不超过3000万元；

（2）其他企业，年度应纳税所得额不超过100万元，从业人数不超过80人，资产总额不超过1000万元。

2. 本通知第一条所称从业人数，包括与企业建立劳动关系的职工人数和企业接受的劳务派遣用工人数。

所称从业人数和资产总额指标，应按企业全年的季度平均值确定。具体计算公式如下：

季度平均值=（季初值+季末值）÷2

全年季度平均值=全年各季度平均值之和 ÷4

年度中间开业或者终止经营活动的，以其实际经营期作为一个纳税年度确定上述相关指标。

（九）《财政部税务总局关于设备、器具扣除有关企业所得税政策的通知》（财税〔2018〕54号）

企业在2018年1月1日至2020年12月31日期间新购进的设备、器具，单位价值不超过500万元的，允许一次性计入当期成本费用在计算应纳税所得额时扣除，不再分年度计算折旧。

（十）国家税务总局关于发布《企业所得税税前扣除凭证管理办法》的公告（国家税务总局公告2018年第28号）

自2018年7月1日起，税前扣除凭证按照来源分为内部凭证和外部凭证。

内部凭证是指企业自制用于成本、费用、损失和其他支出核算的会计原始凭证。内部凭证的填制和使用应当符合国家会计法律、法规等相关规定。

外部凭证是指企业发生经营活动和其他事项时，从其他单位、个人取得的用于证明其支出发生的凭证，包括但不限于发票（包括纸质发票和电子发票）、财政票据、完税凭证、收款凭证、分割单等。

1. 从个人零星采购满足条件不需要发票作为税前扣除凭证

从事小额零星经营业务的个人，其支出以税务机关代开的发票或者收款凭证及内部凭证作为税前扣除凭证。即个人从事应税项目经营业务的销售额不超过增值税相关政策规定的起征点。根据《中华人民共和国增值税暂行条例》及实施细则、《财政部税务总局关于延续小微企业增值税政策的通知》（财税〔2017〕76号）等政策规定，小额零星经营业务可按以下标准判断：按月纳税的，月销售额不超过3万元；按次纳税的，每次（日）销售额不超过300元–500元（具体标准根据各省规定执行）。但需要特别指出的是，如果个人销售额超过上述规定，相关支出仍应以发票（包括按照规定由税务机关代开的发票）作为税前扣除凭证。

2. 对方注销、撤销、依法被吊销营业执照、被税务机关认定为非正常户等特殊原因无法取得发票税前扣除补救措施

企业在补开、换开发票、其他外部凭证过程中，因对方注销、撤销、依法被吊销营业执照、被税务机关认定为非正常户等特殊原因无法补开、换开发票、其他外部凭证的，可凭以下资料证实支出真实性后，其支出允许税前扣除：

（1）无法补开、换开发票、其他外部凭证原因的证明资料（包括工商注销、机构撤销、列入非正常经营户、破产公告等证明资料）；

（2）相关业务活动的合同或者协议；

（3）采用非现金方式支付的付款凭证；

（4）货物运输的证明资料；

（5）货物入库、出库内部凭证；

（6）企业会计核算记录以及其他资料。

前款第一项至第三项为必备资料。

3. 租房水电费分割单可以作为税前扣除凭证

企业租用（包括企业作为单一承租方租用）办公、生产用房等资产发生的水、电、燃气、冷气、暖气、通信线路、有线电视、网络等费用，出租方作为应税项目开

具发票的，企业以发票作为税前扣除凭证；出租方采取分摊方式的，企业以出租方开具的其他外部凭证作为税前扣除凭证。

4. 企业取得私自印制、伪造、变造、作废、开票方非法取得、虚开、填写不规范等不符合规定的发票，以及取得不符合国家法律、法规等相关规定的其他外部凭证，不得作为税前扣除凭证。

5. 发放给消费者个人的小额电子红包或优惠券等，以内部凭证作为税前扣除凭证，内部凭证的填制和使用企业仍须符合国家会计法律、法规等相关规定。

6. 企业从境外购进货物或者劳务发生的支出，以对方开具的发票或者具有发票性质的收款凭证、相关税费缴纳凭证作为税前扣除凭证。

四、其他关注要点

（一）职工教育经费计算基数的确定

职工教育经费的计算基数为企业发生的合理的工资薪金支出。"合理工资薪金"是指企业按照股东大会、董事会、薪酬委员会或相关管理机构制定的工资薪金制度规定实际发放给员工的工资薪金总和。不包括企业的职工福利费、职工教育经费、工会经费以及养老保险费、医疗保险费、失业保险费、工伤保险费、生育保险费等社会保险费和住房公积金。属于国有性质的企业，其工资薪金，不得超过政府有关部门给予的限定数额；超过部分不得计入企业工资薪金总额，也不得在计算企业应纳税所得额时扣除。

政策依据：

1.《中华人民共和国企业所得税法实施条例》第三十四条

2.《国家税务总局关于企业工资薪金及职工福利费扣除问题的通知》（国税函〔2009〕3号）

（二）职工教育经费的列支范围

企业职工教育培训经费列支范围可参照以下十一项：

1. 上岗和转岗培训；

2. 各类岗位适应性培训；

3. 岗位培训、职业技术等级培训、高技能人才培训；

4. 专业技术人员继续教育；

5. 特种作业人员培训；

6. 企业组织的职工外送培训的经费支出；

7. 职工参加的职业技能鉴定、职业资格认证等经费支出；

8. 购置教学设备与设施；

9. 职工岗位自学成才奖励费用；

10. 职工教育培训管理费用；

11. 有关职工教育的其他开支。

以下两种情况不得从职工教育经费中列支：

1. 企业职工参加社会上的学历教育以及个人为取得学位而参加的在职教育，所需费用应由个人承担，不能挤占企业的职工教育培训经费。

2. 对于企业高层管理人员的境外培训和考察，其一次性单项支出较高的费用应从其他管理费用中支出，避免挤占日常的职工教育培训经费开支。

政策依据：

《财政部、全国总工会等部门关于印发〈关于企业职工教育经费提取与使用管理的意见〉的通知》（财建〔2006〕317 号）

（三）部分行业职工教育经费允许全额扣除

1. 集成电路设计和符合条件软件企业的职工培训费用

2. 动漫企业的职工培训费用

3. 航空企业的空勤训练费用

4. 核电企业的操纵员培养费

政策依据：

1.《财政部　国家税务总局关于进一步鼓励软件产业和集成电路产业发展企业所得税政策的通知》（财税〔2012〕27 号）第六条

2.《财政部　国家税务总局关于扶持动漫产业发展有关税收政策问题的通知》（财税〔2009〕65 号）第二条

3.《国家税务总局关于企业所得税若干问题的公告》（国家税务总局公告 2011 年第 34 号）第三条

4.《国家税务总局关于企业所得税应纳税所得额若干问题的公告》（国家税务总局公告 2014 年第 29 号）第四条

北京中普惠会计师事务所有限公司简介

北京中普惠会计师事务所有限公司是在国家财政部备案，经北京市工商局注册登记成立的具有执业资格的法人单位。我所有一批会计专家教授和一批年富力强长期从事审计、验资和咨询业务的中青年骨干队伍，他们当中有海外归来的知识精英，有国内名牌大学毕业的研究生和本科生，有的还考取了CMA。北京中普惠会计师事务所有限公司在股东会的领导下，实行主任会计师负责制，从业人员三十余人。

我们的经营服务宗旨是：以质量求生存，以信誉求发展，竭诚为客户服务。坚持独立、客观、公正、求实的原则，信守合同，注重执业质量，为客户保密。

我公司及主要从业人员服务过的客户：中国移动通信集团有限公司、SOHO中国、合众人寿、恒华集团、中发集团、众美集团、法政实业集团有限公司、中国合格评定国家认可中心、新能国际投资有限公司、水利自动化研究所、中铁置业集团有限公司、中油金鸿能源投资股份有限公司、中材人工晶体研究院有限公司、中国华文教育基金会、北京中医药大学东直门医院、联想（北京）有限公司、中国邮政集团公司、中国中铁股份有限公司。

恒华集团简介

一、企业概况

恒华集团成立于2001年，历经近二十年的砥砺前行，地产开发经营能力近百万平米，已成为一家以房地产业为支柱，以资产管理、典当金融投资、传媒等行业为辅的综合性企业集团。

自成立以来始终将专业化、品牌化作为发展方向，将高档物业的开发、管理和经营作为主要发展目标。

二、主要投资领域和业绩

（一）地产篇

1. 恒华国际商务中心

“恒华国际商务中心”位于“金融街”商圈，北京市西城区月坛北街26号。项目总建筑面积约10万平方米，是集写字楼、金融、商务公寓、珠宝商业于一体的综合性项目。

2. 世方豪庭

“世方豪庭”位于“燕莎商圈”，北京市朝阳区新源里16号。项目总建筑面积约4万平方米，是集高档居住公寓、商业为一体的综合性建筑。

3. 琨莎中心

“琨莎中心”位于“燕莎商圈”，北京市朝阳区新源里16号，项目总面积约9万平方米，目前入住众多实力客户，吸引了诸多机构和成功人士的青睐。

4. 恒华安纳湖项目

恒华安纳湖项目，由恒华商业街、恒华湖公馆和恒华安纳湖小区组成，位于顺义新城核心。项目占地25.2万平方米，建筑面积约37万平方米，倾力打造欧式古典文雅风格的建筑群落。恒华商业街至今已吸引了近百家商户入驻经营，为当地居民的工作、生活条件改善提供了充足的选择。

（二）物业服务篇

天华泰平国际物业管理（北京）有限公司成立于2003年6月，是一家以物业管理服务为核心业务的专业化物业管理企业。

历年来为社会提供就业岗位500多个，在行业长期处于微利的背景下，尽最大可能贡献财政税收。

（三）典当金融等投资篇

北京天华融泰典当有限责任公司于2010年11月经国家商务部依法批准并在北京市工商局注册登记。

由资深专业人士组成的管理团队竭诚为广大客户提供专业的服务。近年来公司经营业绩逐步上升，丰富并满足了社会各界对金融产品的不断需求。

（四）影视传媒篇

2017年5月恒华集团投资经营的恒华国际影城自开业运营以来，以其先进的技术和运营理念、舒适优雅的环境、专业的放映系统和环绕音响为广大观影者提供了高品质的观影体验，在顺义地区打造了创新文化的高端影城。公司成立以来不仅丰富了当地居民的业余文体生活，还为当地城区提供了几十个就业岗位。

三、企业文化

1. 发展理念

恒华集团秉承“诚信务实、客户至上、创新进取、回报社会”的企业经营理念。

2. 管理制度

企业的管理制度是一个企业运行系统化、规范化、标准化的决策管理体系。恒华集团已形成一整套完善、规范、系统的管理体制，2017年完成公司办公OA系统上线，对各公司、部门、岗位、员工、业务流程等均实行规范化的系统管理。2018年编制了《恒华集团房地产开发制度及业务流程汇编》，制度建设始终围绕资源组合效率、成本费用控制、品牌质量控制、创新激励的主题，保障了集团主业开发产品品质和服务于社会的良好机制。

3. 社会责任

恒华集团自创立以来一直热衷于社会福利及公益事业。2004年9月，全资资助收集了方志敏烈士的遗作，并将其集结出版为《可爱的中国》一书。

当前，国家将解决城市低收入家庭住房困难作为改善民生、促进社会和谐的重要内容。2009年，恒华集团投资开发北京市顺义区牛栏山半壁店住宅项目建设用地，该项目为社会提供约1000套政策保障性住房。

恒华集团每年为国家人均贡献财政税收70多万元，2018年恒华集团荣获怀柔区属政府颁发的“财政收入突出贡献奖”。

四、结束语

恒华集团根植于社会基层，十八年来以创新进取的姿态稳建发展，脚踏实地，昂首前行。

我们相信，在恒华人的共同努力下，在社会各界的鼎立支持下，恒华集团的未来会更加精彩。

期待与您携手，共创美好明天。

恒华房地产开发集团

2019年2月